U0524747

本书为国家"十五"规划青年自选项目
(01CZS004) 的研究成果

获得郑州大学中原历史文化一流学科经费资助
获河南省优势特色学科建设工程一期建设学科
"中原历史文化"特色学科群资助

秦汉魏晋南北朝
人口性比例研究

高凯 ◎ 著

中国社会科学出版社

图书在版编目(CIP)数据

秦汉魏晋南北朝人口性比例研究/高凯著. —北京：中国社会科学出版社，2019.8
ISBN 978-7-5203-4476-0

Ⅰ.①秦… Ⅱ.①高… Ⅲ.①人口性别构成—研究—中国—秦汉时代—文集②人口性别构成—研究—中国—魏晋南北朝时代—文集 Ⅳ.①C924.2-53

中国版本图书馆 CIP 数据核字(2019)第 101179 号

出 版 人	赵剑英
责任编辑	张　浩　李炳青
责任校对	林玉萍
责任印制	李寡寡

出　　版	中国社会科学出版社
社　　址	北京鼓楼西大街甲 158 号
邮　　编	100720
网　　址	http://www.csspw.cn
发 行 部	010-84083685
门 市 部	010-84029450
经　　销	新华书店及其他书店

印刷装订	北京市十月印刷有限公司
版　　次	2019 年 8 月第 1 版
印　　次	2019 年 8 月第 1 次印刷

开　　本	710×1000　1/16
印　　张	26.75
插　　页	2
字　　数	385 千字
定　　价	108.00 元

凡购买中国社会科学出版社图书，如有质量问题请与本社营销中心联系调换
电话：010-84083683
版权所有　侵权必究

序

中国古代人口史问题的研究，自20世纪70年代末至今已近四十年，业已取得丰硕的成果，有数十部著作问世。然则多数成果最关注的是历代人口数量、人口规模、人口消长规律、人口消长原因、人口移动轨迹、家庭规模等问题。近年来，移民史、少数民族人口史、边疆人口史等领域的研究，仍没有改变人口史研究的模式。与现代人口学研究相比较，历史人口的研究对人口性比例、出生率、死亡率及人口质量等相关问题很少关注，对地理环境与人类生存的关系，以及人类自身因素对人类自身再生产的影响等方面也没有给予足够的重视。因此，对历代人口规模和人口消长规律及消长的深层次原因，例如古代人口性比例问题的产生、发展和人口性比例失调问题对当时社会人口消长、政治、经济、民族交往、社会疾病与社会保障系统以及诸多文化现象产生的影响等一系列重大问题，未能得到应有的重视。高凯新作《秦汉魏晋南北朝人口性比例研究》一书，即试图从人口性比例角度，对当时有关人口的一些深层次问题作较深入的探讨。

本书有几个亮点，是值得关注的：

一是利用考古材料，对文献中缺乏直接记载的有关男劳动力丧失，以致性比例失调的问题，加以论证。如对秦刑徒墓人数的怀疑，认为秦王朝频繁使用男性劳动力，造成人口性比例严重失调，进而影响秦王朝人口繁衍；又根据居延汉简数据，认为居延的地理环境中土壤微量元素

序

有效锌含量减少，造成居延边关戍卒疾病和死亡现象增多，导致因成年戍卒死亡而形成的两汉时期的"女户"；又据连云港尹湾汉墓竹简《集簿》材料出土，就西汉末年东海郡的人口性比例失调问题产生与发展的原因提出新的见解；利用《长沙走马楼三国吴简》（壹）所提供的户籍中疾病人口的数据，对孙吴时期长沙郡临湘侯国的疾病类型与现代疾病分类的关系，以及这些疾病类型对当时的人口性比例问题和社会生活的影响两大方面做了详细的论述。

二是从少数民族婚姻制度探讨北方游牧民族地区性比例失调问题。作者认为汉魏时期匈奴的"收继婚"制度，是在特殊历史地理环境下所产生的一种社会制度。原因是其主要活动区域属于土壤微量元素严重缺乏锌的区域，由此引发生活在此的青壮年女性人口的大量死亡现象，从而形成了匈奴男女育龄人口中的男多女少的性比例失调问题。而为了保证匈奴民族正常的、必需的种的繁衍，有效地利用有生育能力的妇女，并使之在能够有效生育的前提下、去尽可能多地孕育后代，便成为匈奴族的选择这种婚姻制度的原因。同样的原因，造成了鲜卑族育龄妇女在妊娠过程中的大量死亡。而鲜卑这种人口性比例失调问题的产生，也为汉魏时期鲜卑西迁"匈奴故地"与入主中原的过程中，与匈奴和汉族的大融合提供了契机，才使得孝文帝迁都洛阳和实行汉化改革有了坚实的基础。

三是从宗教传播看性比例问题。作者认为：由于汉晋时期西域佛教兴盛地区地理环境恶劣，造成土壤微量元素有效锌、碘等生命元素的缺乏，进而造成了该区域严重的男多女少的人口性比例失调问题和许多恶性疾病如麻风病的肆虐流行，在这种恶劣的生存环境下，佛教传播者为了更好地传播思想，有意识地将佛教义理俗化。而同时在此过程中，也正是佛教逐步向中原传播的过程，故此，反映在汉晋时期中原佛教义理的翻译过程中，许多经典佛经中有关医疗、养生方面的内容被一次又一次地翻译，不仅吸引了封建国家最高统治者——皇帝和达官贵人的注意，逐步吸引了广大百姓的眼光，而且，也引发了魏晋以后汉地僧侣屡次西天取经的活动，从而为最终开启佛教在中土迅速传播的大门奠定了基础。同样的情况是，道教源自于中国本土，由于自东汉中期"贱杀女子"等残害妇女的现象大肆泛滥，东汉中后期出现了比较严重的性比例失调问题，故而道教在许多方面讲究的是今生的修炼，自然是十分重视对男女两性生活的追求与提炼，而这些内容不仅仅是道教"房中术"所强调的方面，更是道教中的高层分子自东汉以后关注民生、关注社会安定与国家发展的"兴国广嗣之术"的思想根源。

故而本书与以往中国人口史研究模式有所不同：一，没有用过多的内容去纠缠历史上有多少人口、有多少男人、战争杀死多少男人、徭役占用了多少男人的婚育时间等具体的问题，也没有过多地纠缠各个时期有多少女人死于溺婴、难产以及有多少女人被各级统治者所占有以致丧失婚育机会等说不清、道不明的事，而是把主要研究内容，放在了探讨人口性比例问题与国家政策制度、军事制度、民族融合、宗教信仰、经济发展等重大问题的方向上。二，本书所研究的人口性比例问题，不以婴幼儿的出生性比例和老年男女的人口性比例为主题，而是主要研究青壮男女（即育龄阶段）的人口性比例状况及其社会影响。因为只有这样，才能按照各个时期来自于正史与其他文献记载和前人研究所得出的总人口数据，按照不同年龄段人口所占的比例，大致推测出青壮男女的人口数和人口性比例值。三，本书在研究方法上，运用了考古学当中的人类学资料、现代医学、土壤微量元素学等自然科学的成果来辅助说明问题。

以上研究在人口史领域里具有开创性意义，虽然其结论不免有可商榷处，但是这正是学术创新的必有之义。希望能得到学界的批评和讨论。

复旦大学历史地理研究所　邹逸麟
2013 年 7 月 17 日

目　　录

前言 / 1
　第一节　1990—2010 年以来的研究综述 / 2
　第二节　秦汉魏晋南北朝性比例失调的原因及特征 / 23

第一编　从出土材料看汉魏时期的人口性比例问题

第一章　从秦刑徒墓的发现看秦代的性比例问题及其影响 / 47
　第一节　对秦刑徒墓研究的学术回顾及问题的提出 / 47
　第二节　秦朝的人口性比例问题及其影响 / 51

第二章　从居延汉简看汉代的"女户"问题 / 59
　第一节　学术回顾及两汉时期居延地区的地理环境概况 / 60
　第二节　两汉时期居延地区的历史气候变化 / 63
　第三节　两汉时期居延土壤微量元素的变化及其规律 / 66
　第四节　两汉时期居延地区微量元素与戍卒的疾病及
　　　　　死亡现象的关系 / 70
　第五节　从居延汉简戍卒的疾病问题看两汉时期"女户"问题 / 83

目录

第三章　从尹湾汉简看汉末东海郡的性比例问题及其影响 / 95
　　第一节　学术界对东海郡人口性比例问题的研究综述 / 96
　　第二节　目前研究存在的问题和新的解释途径 / 100

第四章　从吴简看孙吴时期的性比例失调和疾病人口问题 / 108
　　第一节　学术回顾及孙吴初期临湘侯国地理环境的简况 / 109
　　第二节　孙吴初期长沙郡临湘侯国的地理环境及人文环境简况 / 111
　　第三节　《长沙走马楼三国吴简·吏民田家莂》所反映的"女户"情况 / 115
　　第四节　吴简疾病人口信息与现代疾病分类之关系及其影响 / 120

第二编　从人口、性别政策看汉魏时期国家治理

第一章　从人口性比例失调看汉初的人口政策 / 155
　　第一节　关于研究汉初人口政策的学术回顾及问题的提出 / 155
　　第二节　人口性比例失调问题与汉初的人口政策 / 161

第二章　从人口性比例失调看匈奴的婚姻制度及其影响 / 171
　　第一节　汉魏时期匈奴的婚姻制度——"收继婚"的由来和研究概况 / 171
　　第二节　汉魏时期匈奴的渊源、世系及其主要活动的地理区域 / 180
　　第三节　地理环境下土壤微量元素的变化与汉魏时期匈奴的"收继婚"的关系问题 / 185

第三章　从人口性比例再论汉魏时期鲜卑与汉族的融合问题 / 235
　　第一节　汉魏时期鲜卑的渊源、世系及其主要活动的地理区域 / 236
　　第二节　地理环境下土壤微量元素的变化与汉魏时期鲜卑人口性比例问题 / 243

第三节　人口性比例问题与北魏时期拓跋鲜卑与汉族
　　　　　　大融合的关系 / 269

第四章　从人口性比例失调看汉魏时期道教的兴盛 / 284
　　第一节　问题的提出和汉魏时期人口性比例问题的产生 / 285
　　第二节　"兴国广嗣之术"的由来与道教的初步发展 / 294
　　第三节　魏晋南北朝时期"兴国广嗣"思想的发扬与光大 / 301

**第五章　从人口性比例和疾病状况看西域在汉晋时期
　　　　　佛教东渐中的作用 / 313**
　　第一节　学术回顾及相关问题的提出 / 313
　　第二节　汉晋时期西域地区的土壤微量元素锌、碘变化
　　　　　　与西域佛教 / 316

第六章　从人口性比例失调看南北朝时期的妇女地位 / 352
　　第一节　南北朝时期的人口性比例失调问题 / 352
　　第二节　有关南北朝时期妇女地位的研究概况 / 360
　　第三节　人口性比例失调问题与南北朝时期妇女社会
　　　　　　地位的关系 / 364

总结 / 374

参考文献 / 389

后记 / 416

前　言

　　中国古代人口史问题的研究，自20世纪70年代末至今已近四十年，业已取得丰硕的成果。然而，具体分析这些成果，人们又不难发现人口史的研究与现代人口学相比较，存在着某些盲点和误区。例如，三十多年来人口史研究倍受关注的是历代人口数量、人口规模、人口消长规律、人口消长原因、人口移动轨迹和家庭规模等显而易见的问题。虽然，近年来移民史、少数民族人口史、边疆人口史等领域得以拓展，但从总体情况看，这仍没有改变人口史研究的模式；同时，与现代人口学研究相比较，历史人口的研究对人口性比例、出生率、死亡率及人口质量等相关问题很少关注，对地理环境与人类的关系和人类自身因素对人类自身再生产的影响等方面也没有给予足够的重视；其次，许多学者在研究历代人口规模和人口消长规律及消长原因时，往往仅看到了生产力和生产关系的决定作用，而常常忽视地理环境与人类再生产的关系以及人类自身再生产规律的作用，以致作为人口史研究中重要内容之一的古代人口性比例问题的产生、发展和人口性比例失调问题对当时社会人口消长、政治、经济、民族交往、社会疾病与社会保障系统以及诸多文化现象产生的影响等一系列重大问题一直为学术界所遗忘，其相关成果也屈指可数。有鉴于斯，笔者以为应就中国古代"人口性比例"[①] 失调问

---

　　① 佟新：《人口社会学》，北京大学出版社2000年版，第236—237页。人口性比例又称性别比（sex ratios）或男性比（masculinity ratio），是指一定时段、一定区域内同一年龄组内每100名女性所对应的男性数。

前言

题做一专题研究，以求达到抛砖引玉的目的。

第一节 1990—2010年以来的研究综述

如前所述，受现代人口学的影响，关于中国古代人口史的研究自20世纪70年代末进入迅速发展期。由于年代久远和资料缺乏，笔者只能就目力所及的材料，从20世纪90年代开始，对之后的关于中国古代人口性比例失调问题的研究做一回顾，或可推动对这一问题的进一步研究。不当之处，敬请方家指正！

一 1991—1995年关于中国古代人口性比例失调问题的研究

葛剑雄在其《中国人口发展史》第十三章"性别构成"一节中，用两页的篇幅，阐述了他对古代人口性比例失调问题的初步认识：他认为：《周礼·职方》所载男女数不可信，有关性别的统计数只见于明代以后的地方志；中国古代就人口总数的性比例而言，是男多于女。同时，在第十三章"婚姻状况"一节中，又用两页篇幅说明了影响男子平均初婚年龄的因素之一是人口中性比例的不平衡和造成严重的性比例失调问题的因素是多妻制的观点；并且认为"性比率的不平衡程度肯定会因时间、地点、民族、阶层等差异而有不同"[①]。

冻国栋在其《唐代人口问题研究》第六章的第三节及第四节当中，对敦煌及吐鲁番文书中所见唐代前期西州、沙州两地区的户口簿籍材料进行了详细的分析和研究。他认为：从吐鲁番文书看唐太宗、高宗期西州地区，"男多女少的现象十分突出"；到武后、中宗、睿宗时期，西州地区人口则出现了"女性明显多于男性"的现象，特别是中宗神龙年间《点籍样》中的女性人口比男性多出近一倍；玄宗开元、天宝时期，虽然四件户籍册中总的"男女性别比约略相等"，但户籍亦反映出

---

① 葛剑雄：《中国人口发展史》，福建人民出版社1991年版，第6页。

"丁男多数无妻"和"丁寡居多"现象；其原因大致与逃避赋役和户籍作伪有关。同时，他认为：从敦煌文书看唐沙州地区人口在武后至玄宗开元年代的男女性别比大体均衡；到天宝年间，亦出现女明显多于男子的现象；到代宗大历年间，沙州人口中男口在全部口数中有所上升，约占六成左右；至于天宝年间敦煌文书中所见女口的激增，应与军机调发的严重、男丁死而不返和伪籍密不可分①。

宋镇豪在其《夏商社会生活史》第二章第三节"夏商王邑人口分析"当中，利用殷墟商代后期王邑"中小平民墓的几批人骨年龄、性别鉴定报告"的材料进行了定量分析与研究。他认为：殷墟王邑的人口性别构成以青壮男性为多，女性以青年为多，壮、中、老三级别女性呈急剧减少趋势，男女性别比为183：100，男性人数大大高于女性。同时，他认为：男多女少现象早在史前社会就已十分突出。为此，他统计了裴李岗文化、仰韶文化、龙山文化及大汶口早中晚期文化等遗址中人骨年龄与性别鉴定的情况，从而得出史前社会的"性别比约为190.4，男子几乎多出女子一倍"的结论。至于出现这一结果的原因，他认为有三：从受精开始，女就少于男；史前女性早婚早育，加之卫生条件差，故"常导致女性过早夭亡"；商代有重男轻女的社会痼俗，妇女社会地位低下，受折磨和摧残尤甚，以致寿命短促，从而加剧了男女性比例失调②。

姜涛在其《中国近代人口史》第十二章"性别与年龄结构"一节中，作者对人口性比例问题的认识主要来自于对美籍学者何炳棣《1368—1953年中国人口研究》一书以及陈长蘅《清末民政部户口调查之新研究》、江桥《清朝前期宗室人口状况的初步统计与分析》等文的研究和评价。他认为：何氏所着力搜集的1748—1845年能够反映人口性别与年龄结构的32条统计资料，是经过精心筛选的："因为同期一些人口性

---

① 冻国栋：《唐代人口问题研究》，武汉大学出版社1993年版，第2页。
② 宋镇豪：《夏商社会生活史》，中国社会科学出版社1994年版，第9页。

前言

别比过高的资料竟一条也未在此出现。"至于江桥文中所论宗室人口"系小范围的特殊人群，不足以说明清代整个人口性别比偏高的原因，更不能否定清代普遍存在的溺女婴和女性少报、漏报的根本事实。"同时，他认为：清代中叶（太平天国革命前），中国人口性别比约在113—119之间。而民国时期各种人口调查数据中关于性别方面的材料，可信性较差[①]。

李中清、郭松义主编之《清代皇族人口行为和社会环境》一书中，收录了13篇研究清代皇族人口相关问题的论文，其中刘素芬《清代皇族婚姻与宗法制度》一文涉及皇族人口中的性比例问题。她利用记录近三百年清代皇族宗谱——《玉牒》中约8万人的相关资料，对皇族婚姻进行了量化分析，进而认为："18世纪中叶之后皇族男性可能有晚婚的趋势"，19世纪以后重男轻女匿报女婴或以性别选择进行人为生育控制的现象日益严重，造成了男女性比例失调，进而导致了皇族内部生育率的下降[②]。

袁祖亮在其《中国古代人口史专题研究》的"中国古代人口的自然增长率"部分，利用他人在《李绿园生平及家世》一文中所整理的清康熙年间《歧路灯》的作者李绿园家族人口材料，研究并认定："中国与世界上男女性别比例关系相仿，一般是男性略高于女性。"这亦反映了每个家族在性别比上都有一个基本相同的固定数额。故此他断言"一个家族的性别比例与一个地区、一个国家乃至全世界的性别比例基本上是一个常数。"另外，在"中国古代的制土分民思想"部分，他引用《周礼·职方》所载男女性比例失调数据，并认为：对此数据"不要轻易持否定态度，也许是古代人口增长率低，人口繁衍是由女性的多少来主宰，所以女性多于男性"[③]。

[①] 姜涛：《中国近代人口史》，浙江人民出版社1994年版，第9页。
[②] ［美］李中清、郭松义：《清代皇族人口行为和社会环境》，北京大学出版社1994年版，第101—110页。
[③] 袁祖亮：《中国古代人口史专题研究》，中州古籍出版社1994年版，第10页。

前言

　　高凯的《从性比例失调看南越国的建立和巩固》一文，是国内学界将古代人口性比例失调问题的研究与政治史、民族融合史结合起来的第一篇文章。此文就人口性比例失调和南越国时期的政治与民族融合关系的研究做了有益的尝试。他认为：秦王朝针对岭南的大规模军事行动，使得数十万戍守岭南的将士中出现了十分严重的男多女少的性比例失调问题，而岭南由于地处温暖潮湿、多瘴疠、猛兽毒虫横行的蛮荒之地，有自然条件恶劣、生产力水平低下等原因，出现了"丈夫早夭"的女多男少的性比例失调问题，这就为秦末赵佗在岭南越人原居地实行"和辑越人"政策创造了前提，进而亦为南越国的建立与巩固提供了良好的契机[①]。

　　李晓玲在《人口动态平衡的历史分析》一文中，将现代生态学中逻辑斯缔方程运用到历史人口学研究中，对人口性比例问题做出了一些估测性分析。她认为："性比的变化既有生理的原因，也有社会的原因。引起性比失调的原因很多"：既有生活贫困、卫生条件差和战争频繁的原因，又有多妻制和宗教信仰的因素[②]。

　　高凯在其《论中国古代人口性比例失调问题》一文中，综合探讨了中国古代人口性比例失调问题的两大特点和产生原因。他认为：形成中国古代人口性比例失调问题的原因主要有八个方面：分别因"自然环境恶劣""战争""徭役""统治者多妻""杀婴行为""人牲人殉及守丧习俗""婚姻制度或婚姻习俗""古代社会宗教信仰"等造成了中国古代人口性比例失调问题的出现。在这些原因中，既有自然原因，又有社会原因，且经常占主导地位的是社会原因。同时，中国古代人口性比例失调问题还表现出两个显著的特点，即绝对化与相对化的区别。如由于战争、徭役、杀婴、杀殉等造成人口大量死亡，从而形成永久性、绝对化的性比例失调问题；由于战争、徭役等在一定时间内占用大量劳动

　　[①]　高凯：《从性比例失调看南越国的建立和巩固》，载丘权政《佗城开基客安家》，中国华侨出版社1997年版，第12页。
　　[②]　李晓玲：《人口动态平衡的历史分析》，《史学月刊》1998年第1期。

前言

力或因守丧习俗、婚姻制度、婚姻习俗延缓婚嫁时间，而形成暂时性、相对化的性比例失调问题。而且，这两种性比例失调问题贯穿中国历史始终，对历史上人口的繁衍起了巨大的作用①。

姜涛在其《人口与历史——中国传统人口结构研究》一书的"'乾道成男，坤道成女'——传统人口的性别与年龄结构"一章中，在大量引用、评价他人研究成果的基础上，论述了他对传统人口性比例问题的认识。他认为：中国传统人口的性别结构，处于不断的变动之中，而这种变动，又是有规律可循的，是可以认识的；中国传统人口的性别结构在总体上并非男女持平，而是明显呈男多女少的高性别比。这种性别比结构，是男尊女卑、重男轻女的传统礼教，尤其是溺弃女婴习俗长期作用的结果；此外，育龄妇女卫生条件差以及女性人口的漏报也是造成传统人口高性别比的重要原因②。

高大伦在其《尹湾汉墓木牍〈集簿〉中户口统计资料研究》一文中，针对1993年江苏连云港东海县尹湾六号汉墓出土的《集簿》所提供的东海郡102：100的男女性比例材料做了研讨。他认为：汉武帝时代战争频繁，男性死亡率大增，人口性别比中男性比重降低。但汉武帝末年到西汉末年有近百年，既无大的战争，社会又相对安定，性别比应恢复至正常水平。故此他断言尹湾汉简"《集簿》的人口性别统计数字不确"。同时，《集簿》所提供的性别比中女性比上一年多出7000余人的原因，"应与当时男女对国家承担的赋税义务种类有别相关，"由此他认定"当时隐瞒丁口的情况是颇为严重的"。③

高凯在其《从人口性比例失调看蜀汉政权之败亡——兼评刘备、诸葛亮为政之失》一文中，从分析三国时期蜀汉国家人口性比例失调状况

---

① 高凯：《论中国古代人口性比例失调问题》，《史学月刊》1998年第3期。实际上高凯其文于1996年8月在中山大学举行的"中国秦汉史学会第七届年会暨国际学术讨论会"上，以"从性比例失调看中国古代人口繁衍的稳定性与曲折性"为题公开发表，后经修改，于《史学月刊》1998年第3期发表。
② 姜涛：《人口与历史——中国传统人口结构研究》，人民出版社1998年版，第7页。
③ 高大伦：《尹湾汉墓木牍〈集簿〉中户口统计资料研究》，《历史研究》1998年第5期。

入手，就蜀汉人口与国家治理的关系提出了新的观点。他认为：统治者采取的穷兵黩武、连年征战的军政策略，不仅造成了严重的性比例失调问题，使得人口繁衍长期出现停滞局面；而且还带来兵源补充困难、劳动力资源匮乏和物力、财力严重削弱等一系列问题。为了摆脱危机，蜀汉不得不加强对南中地区人力、物力的依赖和盘剥，并由此激化了民族矛盾，进而大大加快了蜀汉国家灭亡的步伐①。

高凯在其《从性比例失调看北魏时期拓跋鲜卑与汉族的融合》一文中，从人口学角度中的性比例失调问题入手去研究北魏拓跋鲜卑与汉族的融合途径，并做了尝试性的理论推导研究。他认为：民族发展和民族融合都会受到人类自身再生产规律的制约。即一个要发展的民族，其先决条件是必须保证种的繁衍。正如拓跋鲜卑在入主中原的过程中，为解决种的繁衍，而打破阶级与上下区别，长期与北方汉族保持婚姻关系一样。为了证明其观点，文章分析了北魏文成帝、孝文帝关于禁止"与非类婚偶"的三条诏令及诏令中所涉及的"皇族、师傅、王公侯伯及士民之家"和"百工、伎巧、卑姓"的民族构成与阶级构成，分析了北魏中期以前皇后出身的卑贱化和族属情况，分析了北魏多次放免宫女和掠夺他族妻女班赉将士的史实，从理论上证明了北魏拓跋鲜卑在入主中原的过程中存在着男多女少的性比例失调问题。同时，通过研究北部鲜卑到拓跋鲜卑的变化，再到迁都洛阳、改汉姓、说汉话、与汉族高门联姻的过程，进而认为北魏的民族融合主要完成于孝文帝迁都洛阳之前，而孝文帝迁都洛阳后所进行的汉化改革中的政治婚姻制度是历史的倒退现象②。

综观1991—2000年的中国古代人口性比例失调问题的情况，学术界不难注意到：首先，从葛剑雄、袁祖亮等人对性比例失调问题的推

---

① 高凯：《从人口性比例失调看蜀汉政权之败亡——兼评刘备、诸葛亮为政之失》，《郑州大学学报》1999年第4期。
② 高凯：《从性比例失调看北魏时期拓跋鲜卑与汉族的融合》，《史学理论研究》2000年第2期。

前言

断,到姜涛对前人为数不多的成果的评价,再到冻国栋利用敦煌吐鲁番文书对唐前期西州与沙州人口性比例状况的研究、宋镇豪利用殷墟商代王邑人骨性别鉴定材料与史前遗址人骨性别材料对史前社会和商代人口性比例失调状况的研究以及李中清、郭松义、刘素芬等人利用清代皇族《玉牒》材料对性比例失调问题及其对生育率的影响所做的研究等,均反映了学者们对这一问题的敏锐思考和十分可贵的探索。其次,高凯对产生性比例失调的诸多因素、性比例失调问题的特点与类型的研究,姜涛对前人自史前社会到清朝末年人口性比例状况研究的概括与总结,高大伦利用尹湾汉简材料对汉代人口性比例状况及户籍真实性的研究,都要比 90 年代初期的研究深入一些;再次,李晓玲对生态学与人类性比例关系的研究,高凯对秦汉魏晋南北朝时期人口性比例失调与政治史、民族融合史之间关系的研究,也反映了性比例失调问题的研究领域有所拓展。而在此十年之中,学者们的各种思考和探索,无疑为 2000 年以后的人口性比例失调问题的进一步研究奠定了相当的基础。

二 2000 年以来关于人口性比例失调问题研究的综述

进入新世纪以来,中国人口史的研究有了新的发展,一方面出现多部中国人口通史或某一地区的人口史专著,如路遇和滕泽之《中国人口通史》①、薛平栓《陕西历史人口地理》② 等;另一方面对利用地下出土的新材料进行人口史研究的学者在增多,如高凯、于振波对走马楼吴简人口研究等。具体情况如下:

路遇和滕泽之《中国人口通史》、薛平栓《陕西历史人口地理》和袁祖亮主编的《中国人口通史·东汉卷》③ 作为 2000 年以后出版的三部人口史专著,没有关注中国古代人口性比例问题,这是十分遗憾的事。

2002 年出版的《中国人口史》第一卷《导论、先秦至南北朝时期》

---

① 路遇、滕泽之:《中国人口通史》,山东人民出版社 2000 年版,第 1 页。
② 薛平栓:《陕西历史人口地理》,人民出版社 2001 年版,第 7 页。
③ 袁祖亮:《中国人口通史·东汉卷》,人民出版社 2007 年版,第 4 页。

由葛剑雄所著。其中第七章"两汉时期的人口数量"的"人口结构"一节中对人口性比例问题有所议论：首先，葛著对学界某些学者认为《周礼·职方》中所记载的"九州"男女性比例是我国最早的性别结构记录的观点持批评态度，但同时认为：《周礼》记载的"真正价值在于它多少反映了作者对当时各地男女结构比例的直觉印象，证明当时存在着性别比不平衡，并且很多地方是女性多于男性"①。葛著在"人口结构"一节中谈到"影响婚姻的另一因素是性别比"，至于论述影响性别比的原因时，葛著强调了杀婴、多妻制和妇女再嫁、改嫁的问题②。但实际上，葛著在第二章第三节"婚姻和生育状况"小节中所议论的影响中国古代人口再生产的因素，其实质是在议论人口性比例问题。为此，葛著列举出"妇女的初婚年龄是人口再生产的一项决定性因素""生育间隔的影响""妇女本身的死亡率""徭役制度的影响""孝道的影响""一夫多妻制的影响""一妻多夫等特殊婚俗的影响"；在"婴儿死亡率"小节的内容中谈到了"中国古代曾有惊人的婴儿死亡率""广泛存在的杀婴现象"，其中杀婴现象包括杀男婴和女婴两个方面；此外，葛著还谈到"战争死亡率""疾病死亡率""灾害死亡率""刑罚导致的死亡率"和"其他死亡率"等几方面也是影响古代人口再生产的因素。

谭平在其《性比例失调与国家的治乱兴衰》一文中，着重从两大方面来论述他的观点：首先，关于中国古代和近代历史上的性比例失调问题的产生原因，他认为一夫多妻制、重男轻女的传统、专制政权蔑视底层人民和弱势群体的基本要求和封建社会倡导"节烈"观等在一定程度上加剧了性比例失调；其次，关于性比例失调的危害，他认为性比例失调造成了中国历代发达的娼妓行业，为反政府的帮会、邪教、土匪等组织提供了大量的"光棍"成员，拐卖人口成为历史悠久的罪恶行

---

① 葛剑雄：《中国人口史》，复旦大学出版社2002年版，第67页。
② 同上书，第352—355页。

业，使佛道等宗教团体中混入许多的淫徒等①。

高凯在其《从走马楼吴简看孙吴时期长沙郡的人口性比例问题》一文中，利用新出土的《长沙走马楼三国吴简·〈吏民田家莂〉》②中所提供的以女子为户主的"女户"姓名，对孙吴时期长沙郡的人口性比例问题进行了研究。他认为：孙吴时期长沙郡的人口性比例问题应当存在两种类型，一是因丈夫死亡而形成的已婚妇女过剩而形成的人口性比例问题，一是因未婚女子过剩而形成的人口性比例问题；与之相关，已婚妇女过剩是由于大量青壮男性死于战火，而未婚女子过剩是高温高湿的自然生存条件所决定的③。

于振波在其《走马楼户籍性别与年龄分析》一文，利用《长沙走马楼三国吴简》(壹)④的户籍材料分别从"性别结构与年龄结构"和"残疾人员构成情况"两方面进行了研究。首先，在研究性别结构与年龄结构之后，自称"笔者不懂医学，不敢妄做判断"，随即他认为"现代医学研究和人口统计资料表明，男性在生存率、抗病率、事故率及长寿率等方面均略低于女性，但吴简残疾患者4：1性别比例，绝不是一般意义上的研究或统计结果所能解释清楚的。吴简中大量残疾患者的存在，既有自然方面的原因，更有社会方面的原因。尽管单纯从统计数字上看，多数残疾似乎都是由自然因素造成的，而事实上，社会因素除了其本身所造成的众多残疾者而外，在很大程度上也加重了自然因素的致残作用。男性是战争的参加者，也是赋税和徭役的主要承担者，与此相应，他们也就有更多的机会受导致残疾的自然因素的影响，男性之所以在残疾人中占绝对多数，恐怕主要还是由社会原因造成的。"其次，在"残疾人员构成情况"一节中，他认为：《史记》中所说的"江南卑湿，丈夫早夭"，于史无据。《淮南子》所说的"暑气多夭，寒气多寿"与

---

① 谭平：《性比例失调与国家的治乱兴衰》，《成都大学学报》2002年第4期。
② 走马楼简牍整理组：《长沙走马楼三国吴简·嘉禾吏民田家莂》，文物出版社1999年版。
③ 高凯：《从走马楼吴简看孙吴时期长沙郡的人口性比例问题》，《史学月刊》2003年第8期。
④ 走马楼简牍整理组：《长沙走马楼吴简·壹》，文物出版社2003年版。

前　言

"山气多男，泽气多女"，基本上是阴阳五行思想与自然现象的比附，不可轻信。走马楼户籍简中老年人的性别结构及其在总人口中所占的较高比例，为《史记》《淮南子》上述诸说提供了反证。走马楼户籍简中14岁以下人口性别比例的严重失调，恐怕主要是百姓不堪忍受沉重的赋税徭役而弃婴的结果——由于男尊女卑思想的影响，弃婴的主要受害者当然是女婴，于是男性在未成年人口中便占据了绝对优势，使性别结构呈现出畸形[①]。

高凯在其《从吴简蠡测长沙郡临湘侯国的疾病人口问题》一文中，利用《长沙走马楼三国吴简》（壹）所提供的户籍中疾病人口的数据，对孙吴时期长沙郡临湘侯国的疾病类型与现代疾病分类的关系以及这些疾病类型对当时的人口性比例问题和社会生活的影响两大方面做了详细的论述。他认为："通过对孙吴初期长沙郡临湘侯国疾病人口所做的一些统计与分析，可在具体史实上印证司马迁《史记·货殖列传》记载的江南地区存在'丈夫早夭'现象的真实性；同时，也从对吴简中男女各年龄段疾病数的统计资料分析结果中，证明了在中国古代社会完全可能出现儿童高死亡率的现象"[②]。

高凯在其《从人口性比例失调看汉初的人口政策》文中，除详细回顾自20世纪中叶到20世纪初的50年间前人及今人研究状况外，还从十个方面论述了秦末汉初产生人口性比例失调问题的原因；并从七大方面入手，分析了西汉初年采取"与民休息"、鼓励生育的人口政策及其对汉初社会经济发展的意义所在[③]。

高凯在其《从人口性比例失调看汉魏时期道教的兴盛》文中，除回顾20世纪七八十年代以来学界对汉魏时期道教研究的成果外，还以汉魏时期各个时段内阶级与社会矛盾的发展为线索，重点阐述了道教中"兴国广嗣之术"与汉魏时期人口性比例失调问题的关系，同时，通过

---

① 于振波：《走马楼吴简初探》，文津出版社2004年版，第105—141页。
② 高凯：《从吴简蠡测长沙郡临湘侯国的疾病人口问题》，《史学月刊》2005年第12期。
③ 高凯：《从人口性比例失调看汉初的人口政策》，《学术研究》2007年第9期。

统治者对道教所采取的政策，也揭示了汉魏时期道教从民间信仰上升到国家宗教的变化历程①。

高凯在其《秦代人口比例与人口的繁衍——从秦刑徒墓的发现来看》文中，除回顾20世纪80年代以来考古学和史学界学界对秦始皇刑徒墓研究的成果外，还利用秦始皇刑徒墓志所提供的信息，详细探讨了秦王朝时期人口比例、赋役制度、秦代人口数与人口下降的问题②。

尚新丽《西汉人口问题研究》是在其2003年5月《西汉人口研究》博士论文基础上修改而成，其中虽有西汉"性别构成"一节，文中除引《周官·职方氏》和江苏连云港尹湾汉简《集簿》中的材料并进行简要分析外，没有对葛剑雄《中国人口发展简史》（1991年版）、《中国人口史》（2002年版）和高凯《论中国古代人口性比例失调问题》等论著内容进行任何引注和进一步分析，从而使西汉时期人口性别构成这一重要内容过于单薄③。

高凯在其《从尹湾汉简看西汉末年东海郡的人口性比例问题》文中，就1993年连云港尹湾汉墓竹简《集簿》材料出土之后的学术界的研究状况做了详细的分析与研究，并在高大伦、葛剑雄二人之说的基础上，就西汉末年东海郡的人口性比例失调问题产生与发展的原因提出新的见解。他认为：不仅尹湾汉墓简牍《集簿》所反映的男女性别问题完全属实，秦汉时期的女子也是赋役对象；而且当时的人口性比例与东海郡的地理环境和社会环境也密切相关，有其存在的必然性④。

高凯在其《从人口性比例和疾病状况看汉晋时期西域在佛教东渐中的作用》文中，除回顾20世纪20年代以来学界对汉魏时期佛教、佛教传播、佛教医学等方面研究的成果外，还就汉晋时期西域地区的地理环

---

① 高凯：《从人口性比例失调看汉魏时期道教的兴盛》，《史林》2007年第4期。
② 高凯：《秦代人口比例与人口的繁衍——从秦刑徒墓的发现来看》，《文史哲》2007年第5期。
③ 尚新丽：《西汉人口问题研究》，线装书局2008年版，第83—84页。
④ 高凯：《从尹湾汉简看西汉末年东海郡的人口性比例问题》，《中国历史文物》2008年第9期。

境、气候、土壤及土壤微量元素与当时当地疾病、人口性比例的关系进行了分析与研究，进而得出了一系列新的观点。他认为：汉晋时期西域佛教兴盛地区地理环境恶劣，造成土壤微量元素有效锌、碘等生命元素的缺乏，进而造成了西域佛教兴盛区比较严重的男多女少的人口性比例失调问题和许多恶性疾病的肆虐流行，在这种恶劣的生存环境形势下，佛教传播者为了更好地传播佛教思想，有意识使佛教义理走向俗化。而同时此过程也正是佛教逐步向中原传播的过程，故此，反映在汉晋时期中原佛教义理的翻译过程中，许多经典佛经中有关医疗、养生方面的内容被一次又一次翻译，不仅吸引了作为封建国家最高统治者——皇帝和封建达官贵人的注意，逐步吸引了广大百姓的眼光，而且，也引发了魏晋以后汉地僧侣屡次西天取经的活动，从而为最终开启佛教在中土迅速传播的大门奠定了基础①。

郭林生在其《南北朝和隋朝人口研究》（博士学位论文）中虽有"性别构成"一节，文中除引用日本学者池田温《中国古代籍帐研究》和山本达郎《敦煌发现计帐式文书残简》等研究西魏时期的户口残卷的研究状况、并进行简要分析外，并未对葛剑雄《中国人口发展简史》（1991年版）、《中国人口史》（2002年版）、宋镇豪《夏商社会生活史》和高凯《论中国古代人口性比例失调问题》等论著的内容进行任何引注和进一步分析，从而使其博士论文所反映的南北朝时期人口性别构成这一重要内容显得过于单薄②。

综观2001—2010年以来中国人口性比例失调问题的研究，既有创新之作，又有比较严重的学术品德的问题存在。

首先，统观2002年新出的《中国人口史》第一卷③，其内容应是集大成之作，但遗憾的是与《中国人口发展史》中下编将"性别构成"

---

① 高凯：《从人口性比例和疾病状况看汉晋时期西域在佛教东渐中的作用》，《史林》2008年第6期。
② 郭林生：《南北朝和隋朝人口研究》，博士学位论文，郑州大学，2006年，第4页。
③ 葛剑雄：《中国人口史》，复旦大学出版社2002年版。

前言

作为一个专节来讨论相比①，新出《中国人口史》却根本没有"性别构成"的专节，这着实让人费解；同时让人遗憾的是，虽然新出《中国人口史》没有"性别构成"的专节，但在第七章"人口结构"小节中和第二章第三节"婚姻和生育状况"小节中，实际议论的都是与人口性比例问题相关的内容；而且，从议论的内容看，其中在"战争死亡率""徭役制度的影响""孝道的影响""一妻多夫等特殊婚俗的影响"等条下，明显借助了别人的研究成果，而未提供任何相应的标注。② 与之相关的是谭平《性比例失调与国家的治乱兴衰》、于振波《走马楼吴简初探》、袁延胜《中国人口通史·东汉卷》、尚新丽《西汉人口问题研究》、郭林生《南北朝和隋代人口研究》（博士论文），或在文首部分缺乏相应的学术回顾，或明显存在借助别人的研究成果而未提供任何相应标注的问题。

其次，新世纪开始的十年里，关于人口性比例失调问题的研究也取得了一些新的进步：一，谭平《性比例失调与国家的治乱兴衰》一文，针对性比例失调与国家治乱兴衰之间关系的全面论述，推进了相关的研究；二，高凯利用吴简《吏民田家莂》所提供的"女户"资料，对孙吴时期性比例失调问题产生原因和类型的论述以及高凯对秦始皇刑徒墓志、尹湾汉墓竹简、人口性比例与佛教及道教的密切关系等方面的考察都在前人研究的基础上有所推进。三，于振波利用《长沙走马楼三国吴简·壹》中的户籍材料所进行的"性别结构和年龄结构"和"残疾人员构成情况"的研究以及高凯利用《长沙走马楼三国吴简·壹》中的户籍材料所进行的疾病人口的研究，在利用地下出土资料进行新的历史研究上，无疑推进了一步。尤其是于振波，虽有部分抄袭之嫌，但他对《长沙走马楼三国吴简·壹》内所有户籍材料的排比、统计与分析之功还是令人钦佩的。

---

① 葛剑雄：《中国人口发展史》，福建人民出版社1991年版，第298—300页。
② 高凯：《论中国古代人口性比例失调问题》，《史学月刊》1998年第3期；曹树基：《太平天国战争对苏南人口的影响》，《历史研究》1998年第2期。

通过对自1990—2010年以来的20年关于中国古代人口性比例问题研究成果的综述看,相关的研究确实都取得了新的进展,这就为我们对这一问题的进一步研究创造了条件。同时,秦汉魏晋南北朝是中国古代社会中重要的承先启后的重要时期,中国古代社会许多的政治、经济、文化和军事制度等,都是在这一时期萌芽、发展和完善的;虽然,我个人曾对中国古代人口性比例失调问题的特点、形成原因等做过一些研究,但拙意以为要更好地认识秦汉魏晋南北朝的人口性比例失调问题和其与这段历史的关系所在,就十分有必要对这一时期的中国古代的人口性比例失调问题的产生原因做一个比较全面的梳理。

三 研究缘起、研究方法及章节安排

我个人从儿时开始即喜欢中国历史。大约自大学期间起,便开始关注中国历史上的人口问题。1988年曾公开发表《关于实行超生人口税的建议》一文,文中以康熙五十年实行"摊丁入亩"、取消人头税为据,提出中国古代人口由数千万人不等到清代康熙之后迅猛攀登至上亿至四亿规模,实由康熙五十年取消人头税而起;同时,鉴于国家控制人口的政策,我建议国家对超生人口实行超生人口税[①]。1996年曾发表关于中国古代人口性比例失调问题产生原因的专文,当时主要是从八大社会因素去探讨的;但有一些问题没有解决,那就是:人类生活在地球之上,人类周围的地理环境肯定会影响到人类的自身繁衍和社会的变迁,那么,地理环境是如何影响人类生育过程的?影响的程度又如何?地理环境到底与中国古代社会变迁的关系又是什么?这些问题一直萦绕在我的脑海里。2000年的时候,我即有想利用微量元素与历史气候相结合的办法去研究中国历史人口的思路,无奈当时既无空暇时间,更无资料与精力去专心探究。2003年9月,有幸进入复旦大学,跟随邹逸麟先

[①] 高凯:《关于实行超生人口税的建议》,《学术百家》1988年第3期。此文论点为《文摘报》摘要,引起了学界的关注。

前言

生攻读（历史地理学）博士学位，这终于使我可以静下心来关注此问题。经过大量阅读土壤学、矿物学、化学、医学、历史地理学和考古学等方面的宏量文献后，窃以为找到了地理环境下的气候、水文、土壤及土壤微量元素与中国古代人口性比例问题、疾病人口等问题之间的一些联系，并且了解到地理环境下的气候、水文、土壤及土壤微量元素等因素通过与中国人口繁衍的关系，进而可以影响到中国社会的变迁问题。故此我认为：人类与地理环境的关系应是"人地关系"中最基本的组成部分；地理环境对人类的影响和作用，首先应是土壤环境、水环境和气候环境通过人类的饮食、起居而对人体的生理产生影响；其次才是疾病、健康等生理影响扩大到对人的心理、精神和社会风俗等社会学层面上的影响；这些影响累加起来，进而会影响到人类社会的前进与发展。有鉴于此，本课题的研究，并非只有单纯意义上的历史学研究，而是在许多章节和问题的研究过程中加入了自然科学的因素与成果，并与历史科学的具体研究结合了起来。如以地理环境的变化为切入点，研究地理环境下的土壤微量元素与汉魏时期匈奴、鲜卑"收继婚"问题的关系、尹湾汉简所反映人口性比例的合理性问题、居延汉简所反映的"女户"问题、汉晋时期西域环境对中印佛教传播产生的影响问题等都属于这一类型。

　　至于我个人为什么坚持这样不讨巧地去研究汉魏时期的人口性比例问题呢？这实源自于对国内外疾病状况与人类历史的关系的关注。古人常言："一方水土养一方人"，实际上谈的就是水、土壤与人类健康和疾病的密切关系；而从现代医学的成果看，水、土壤影响人类，是通过水及土壤中的微量元素来发挥作用的，于此就引起了我对国内外土壤微量元素学、微量元素与医学科学所取得的迅猛发展和国内相关学科所获成果的关注。事实上，国外对土壤微量元素的研究早在19世纪60年代便已开始。国内的相关研究虽然晚了一个世纪，但从20世纪50年代也已开始；至于世界各国医学界对人体微量元素作用的研究已经非常之深入，而这些成果居然多年来未受到国内外史学界应有的关注，不能不说是一件非常遗憾的事情。由此，拙著以为简要回顾微量元素分析学的发展史显得十分有必要。因为，从全球范围看，微量元素分析学这一学科分支的研究可分为两个方面，一是对土壤微量元素的分析研究；二是对人体微量元素的分析研究。与之相关的是这一学科分支的发展也可划分为两个阶段：第一阶段是从19世纪60年代—20世纪60年代，在这一时期，相关的研究主要集中在查明微量元素对动植物营养的必要性、生理功能以及土壤中微量元素的含量分布情况上；其中从20世纪初到60年代是高峰期，世界范围内的相关研究获得迅猛发展，学术影响最大的著作莫过于美国J. J. Connor等撰写的《美国大陆某些岩石、土壤、植物及蔬菜的地球化学背景值》一书①。由于土壤中的微量元素对动植物和人类的作用日益为科学家所重视，所以，日欧、澳大利亚和苏联等国土壤学家纷纷加入到对自己国家中土壤微量元素分布的研究中。由苏联专家A. P. VinogradoV编著的 The Ceochemistry of Rareand Diemical Elements in Soils 一书的俄文版于1957年刊行，记录了土壤学家对微量元素在不同土壤和土壤剖面中的分布情况，也是有名的经典之作。第二阶段：是西方各国专家逐步发现土壤微量元素对促进农作物生长的作用，并进而推动农业化学和以人体微量元素作用为研究内容之一的人类生命科学以及地方病防治学等相关学科获得长足发展的时期。在这一时期，关于土壤微量元素的丰缺与地方病的关系的研究，首推A. II. 维诺格等人在1949年和1960年相继发表的《生物地区化学省》和《论生物地化学省成因》的著作。中国的土壤微量元素研究开始于20世纪50年代，到70年代时，相关工作断断续续，最著名的土壤学家是刘铮，其主要研究成果收录在1995年出版的《中国土壤微量元素》一书中②。至1982年中国部分省份开始针对锌、铜、铁、钼、锰和硼等土壤微量元素进行检测工作；到"七五"期间，国家更是把土壤微量元素值研究

---

① 史崇文等：《山西土壤元素背景值及其特征》，《华北地质矿产杂志》1994年第2期。
② 邢光熹、朱建国：《土壤微量元素和稀土元素化学》，科学出版社2003年版。

前言

列入国家重点科技攻关课题,涉及除台湾省之外的全国各省区。而且,各省自20世纪八九十年代以来大都出版了进行全国性土壤两次大普查的汇编性成果,以供研究者参考。至于人体微量元素的研究成果,国内外发展的速度也各不相同。如1985年日本野见山一生报道,日本在20世纪80年代,每年有关人体微量元素的研究报告有八千余篇之多,发表的相关论文几乎占医学论文的40%左右;在论文的内容上,则涉及微量元素与临床医学、预防医学、环境医学、营养学等许多方面。这以后,微量元素与癌症的关系,在全球医学界也引起广泛的关注。从美国1981—1990年底的10年间文献统计情况看,涉及恶性肿瘤的文献有284097篇,其中以30种微量元素与恶性肿瘤为研究对象的文献有7062篇,占论文总数的9.4%;而其中涉及锌与恶性肿瘤的论文就有371篇之多,占到论文总量的5%。[①] 与之同时,中国学者对微量元素与健康方面的研究则刚刚起步,继1979年化学家裘家奎教授编纂《元素与人》之后,1982年孔祥瑞编纂《必需微量元素的营养、生理、及临床意义》一书,成为中国关于微量元素与人类健康关系研究的主要著作之一;1991年化学家王夔《生命科学中的微量元素》和1994年周济桂主编的《临床微量元素学》相继出版,更进一步推动了相关领域的研究[②]。近年医学界对人体微量元素进行了大量的研究,不断有新的科研成果面世,例如有宫尾益英著、周形海译《微量元素与疾病》[③];徐经采《食品、微量元素与健康》[④];秦俊法《微量元素与脑功能》[⑤];于占洋、侯哲主编《微量元素与疾病诊断及治疗》[⑥];于占洋、侯哲主编《微量元素与优生优育》[⑦] 等。此外,还有大量的医学论文可资参考,限于篇

---

① 顾公望:《微量元素与恶性肿瘤》,上海科学技术文献出版社1993年版,第3—4页。
② 苗健等:《微量元素与相关疾病·绪论》,河南医科大学出版社1997年版。
③ [日] 宫尾益英:《微量元素与疾病》,周形海译,人民军医出版社1987年版。
④ 徐经采:《食品、微量元素与健康》,贵州科技出版社1994年版。
⑤ 秦俊法:《微量元素与脑功能》,原子能出版社1994年版。
⑥ 于占洋、侯哲:《微量元素与疾病诊断及治疗》,人民卫生出版社2001年版。
⑦ 于占洋、侯哲:《微量元素与优生优育》,人民军医出版社1999年版。

幅，这里也不一一列举了①。

20世纪90年代，中国地理学界有学者提出了要建立历史医学地理学的建议，如华东师范大学的方如康教授撰写的《中国医学地理学》一书，提出了要进行医学地理调查、医学地理制图、医学地理评价、医学地理区划和医学地理模拟等新的研究方法②。之后又有龚胜生发表《历史医学地理学刍议》一文，并认为"创建历史医学地理学是地球系统科学与现代地理学发展的需要，也是历史地理学和医学地理学发展的需要。历史医学地理学是研究历史时期人类疾病、健康与地理环境相互作用关系及其空间分布变迁规律的新兴学科，具有综合性和交叉性特点，属于历史地理学分支，主要研究领域有：历史疾病地理、历史健康地理、历史药物地理、历史灾害医学地理、历史医学地理学史、历史医学文化地理、历史环境医学地理、历史军事医学地理"等方面③，龚胜生教授因此获得了国家自然基金资助，而他个人的研究成果如《2000年来中国瘴病分布变迁的初步研究》④《中国先秦两汉时期的医学地理学思想》⑤《中国宋代以前矿泉的地理分布及其开发利用》⑥《2000年来中国地甲病的地理分布变迁》⑦《中国古代长寿点区的地理分布及其环境背景的初步研究》⑧《先秦两汉时期疟疾地理研究》⑨《中国疫灾的时空分布变迁规律》⑩ 等，在瘟疫史、地甲病、长寿分布等方面取得丰硕

---

① 高凯：《地理环境与中国古代社会变迁三论》，天津古籍出版社2006年版，第15—18页。
② 方如康：《中国医学地理学》，华东师范大学出版社1993年版，第5—7页。
③ 龚胜生：《历史医学地理学刍议》，《中国历史地理论丛》1998年第4期。
④ 龚胜生：《2000年来中国瘴病分布变迁的初步研究》，《地理学报》1993年第4期。
⑤ 龚胜生：《中国先秦两汉时期的医学地理学思想》，《中国历史地理论丛》1995年第3期。
⑥ 龚胜生：《中国宋代以前矿泉的地理分布及其开发利用》，《自然科学史研究》1996年第4期。
⑦ 龚胜生：《2000年来中国地甲病的地理分布变迁》，《地理学报》1999年第4期。
⑧ 龚胜生：《中国古代长寿点区的地理分布及其环境背景的初步研究》，《中国历史地理论丛》1997年第3期。
⑨ 龚胜生：《先秦两汉时期疟疾地理研究》，《华中师范大学学报》1996年第4期。
⑩ 龚胜生：《中国疫灾的时空分布变迁规律》，《地理学报》2003年第6期。

前言

的研究成果；但无论是他个人，还是其他的相关学者，仍然没有从土壤微量元素入手来研究历史上"人地关系"的成果面世。同时，由中国科学院南京土壤研究所黄标承担的国家自然科学资助项目——《江苏如皋市长寿人群产出的地球化学条件》于 2005 年年底结项，再次证实"长寿与土壤环境密切相关"[①]。在这种氛围和自然科学新成就的鼓舞下，拙著在许多的章节和问题研究中拟引入地理环境下土壤微量元素的变化与汉魏时期人口性比例问题的研究就有了一丝抛砖引玉的意味了！

至于拙著的章节安排，拟采取"前言""秦汉魏晋南北朝形成性比例失调的原因、特点和大致状况""从秦刑徒墓的发现看秦代的性比例问题及其影响""从居延汉简看汉代的'女户'问题""从人口性比例失调看汉初的人口政策""从尹湾汉简看汉末东海郡的性比例问题及其影响""从人口性比例失调看匈奴的婚姻制度及其影响""从吴简看孙吴时期的性比例和疾病人口问题""从人口性比例失调看汉晋时期西域在佛教东渐中的作用""从性比例失调再论北魏时期拓跋鲜卑与汉族的融合问题""从人口性比例失调看汉魏时期道教的兴盛""从人口性比例失调看南北朝时期的妇女地位"来展开研究的。大致是以时间的先后为序。

拙著之所以撷取此 11 个问题来进行重点探讨，是认为其中有着密切的内在联系：其一，要研究秦汉魏晋南北朝时期人口性比例问题，要先了解各个时期大致的总人口数、大致的性比例状况和产生这些性比例问题的原因等才可以进行下一步的研究。其二，拙著之所以用较多的篇幅去研究秦汉时期北方地区的"匈奴"和汉魏时期的"鲜卑"性比例问题，是因"匈奴"和"鲜卑"实与秦汉魏晋南北朝时期中原政权的政治、经济、军事、文化、民族融合、民俗民风、人口迁徙以及疆域变

[①] 王海平：《"长寿之乡"解密拜"土质"之恩》，《新民晚报》2005 年 9 月 27 日第 25 版。

迁、朝代更替等许多问题有着密不可分的重大关系。从地域上讲，匈奴起源于鄂尔多斯高原，夏商周三代时期一度进入黄土高原及关中地区而与商周百姓错居；春秋战国时期受到赵、秦、燕三国的挤压而退至阴山之北；鲜卑之前身"山戎"，原散居在山西北部、河北京滦等地区，春秋战国时期受到齐、燕两国的挤压而退至燕山之北；此时匈奴与鲜卑虽所处地方不同，但所处东西纬度大致是平行的，只是匈奴所据地域更大一些；到了两汉之际，随着北匈奴的灭亡，鲜卑又尽据其地；所以，从匈奴与鲜卑的主要活动区域上看，两者具有很大的重合性。从"匈奴""鲜卑"活动区域中土壤的成土母质看，无论是阴山以北地区，还是阴山以南的鄂尔多斯高原、黄土高原、关中平原等，多是风成黄土的分布区，那么，自蒙古高原到黄淮海平原的广大区域内，土壤的成土母质具有高度的一致性；所不同的是南北存在纬度高低之别，距离海洋远近不同，所处存在季风区与非季风区的差别和降水量及蒸发量存在多少之别等而已，以致其土壤产生了诸如有机质含量、土壤酸碱度（pH值）等细微差别的问题。其三，从生活在其上的民族构成来看，其间亦有着一些内在的联系：先秦时期，匈奴与鲜卑的先祖一度与诸夏杂居，其间的通婚与融合当在情理之中；以后，匈奴势力强大，虽汉匈之间常年兵戎相见，但汉匈之间的"和亲"之举屡见于史籍；随着匈奴的分裂、南匈奴的内迁以及北匈奴的西迁，匈奴与鲜卑也逐渐内迁，两族直至魏晋南北朝时期完全融入中华民族的大家庭之中。所以，魏晋隋唐以后，居住在全国范围内的中华民族大多有着血缘上的关系，属于蒙古利亚种。正因为如此，拙著以为须加以重点的关注与研究。其四，人口性比例问题与佛教、道教的关系也十分密切：佛教虽来自于印度，但自传入中国后，因西域地区的人口性比例问题而致小乘教独自盛行[1]；又因早在佛教产生前印度就有麻风病盛行，故佛教传入中国时亦

---

[1] 高凯：《从人口性比例和疾病状况看汉晋时期西域在佛教东渐中的作用》，《史林》2008年第6期。

前言

将麻风病带入中国①，以致为防止此病传播，梁武帝进行宗教改革，禁止僧侣结婚与进行性生活，进而造成了因宗教信仰而产生的人口性比例问题等。道教则源自于中国本土，在许多方面讲究的是今生的修炼，自然是十分重视对男女两性生活的追求与提炼，而这些内容不仅仅是道教"房中术"所强调的方面，更是道教中的高层分子自东汉以后关注民生、关注社会安定与国家发展的"兴国广嗣之术"的思想根源。所以，人口性比例问题与汉魏时期佛教传播、道教发展的密切关系也是拙著的关注重点。其五，20世纪初至今的100余年，是中国简牍大发现与简牍学大发展的时期，对秦汉魏晋南北朝时期的传世文献有着重大纠讹、补缺与互证价值的地下出土简牍的研究也是拙著研究的重要方面。为此，拙著中"从居延汉简看汉代的'女户'问题""从尹湾汉简看汉末东海郡的性比例问题及其影响""从吴简看孙吴时期的性比例和疾病人口问题"等章节都有重点的分析与研究。最后，拙著中"从秦刑徒墓的发现看秦代的性比例问题及其影响""从人口性比例失调看汉初的人口政策""从人口性比例失调看南北朝时期的妇女地位"等部分，或侧重于利用考古材料对传世文献记载史实的辨析，或侧重于利用简牍的内容与传世文献记载史实相比较后的重新理解，或侧重于以汉魏时期妇女生活为对象的对比性研究。

总之，拙著虽题为《秦汉魏晋南北朝人口性比例研究》，但与前人及今人的中国人口史研究模式大有不同：一，拙著既没有用过多的内容去纠缠历史上有多少人口、有多少男人、战争杀死多少男人、徭役占用了多少男人的婚育时间等具体的问题，也没有过多地纠缠各个时期有多少女人死于溺婴、难产以及有多少女人被各级统治者所占有以致丧失婚育机会等说不清、道不明的事，而是把更多的精力与内容，放在了探讨

---

① 高凯：《从麻风病的传播蠡测汉唐时期中印佛教应对措施的差别》（未刊稿）；《从汉唐时期佛教的传播路线蠡测中国麻风病的分布特点》（未刊稿）；《从西南夷道的开通蠡测印度麻风病传入中国西南地区的时间》（未刊稿）；《从麻风病的传播蠡测梁武帝宗教改革的一个重要原因》（未刊稿）。

人口性比例问题与国家政策制度、军事制度、民族融合、宗教信仰、经济发展等重大问题的方向上。二，拙著所研究的人口性比例问题，既不是受孕人口性比例①与婴幼儿的出生性比例，也不是老年男女的人口性比例，而是青壮男女（即育龄阶段）的人口性比例状况。因为只有这样，才能按照各个时期来自于正史与其他文献记载和前人所研究得出的总人口数据，按照不同年龄段人口所占的比例，大致推测出青壮男女的人口数和人口性比例值。其三，拙著在研究方法上，没有死搬硬套传统历史学研究的方法，而是在具体问题的研究中灵活运用了考据学、王国维"二重证据法"和计量史学等史学研究法；与此同时，在研究"匈奴""鲜卑"人口性比例产生原因的方面以及疾病人口等问题时，还大量利用了考古学当中的人类学资料、现代医学、土壤微量元素学等自然科学的成果来辅助说明问题。

第二节　秦汉魏晋南北朝性比例失调的原因及特征

20世纪90年代至21世纪近十年来出版的多部中国人口通史都把对历史上的人口性比例问题的研究视为危途，但我个人仍坚持认为：包括秦汉魏晋南北朝时期在内的中国古代社会存在相当严重的性比例失调问题。虽然，历史典籍中关于这方面的直接数字材料奇少，但是，有关性比例失调的间接史料屡见于史书，如《史记·货殖列传》载秦汉时期江南地区有"丈夫早夭"的现象，谢承《后汉书》载西汉后期燕赵地区有"三男共娶一女"现象，《太平经》载东汉后期社会有"男多而女少不足"现象等，这些都应属于我们今天人口学概念中性比例失调的范畴，都是直接或间接影响中国古代人口繁衍的重要因素。那么，秦汉魏晋南北朝时期社会产生这种人口性比例失调问题的具体原因是什么呢？

---

① 佟新：《人口社会学》，北京大学出版社2000年版，第236—237页。受孕人口性比例，也称第一性别比，指妊娠妇女刚刚怀孕时的人口性比例，在世界范围内，这一比例大约在120—130之间。

前　言

下面我想从 10 个方面试列举论述如下：

现代人口的统计资料表明，世界上绝大多数民族的人口性比例是比较均衡的，一般水平为 106∶100，即每出生 100 个女婴，就相应有 106 个男婴。但是，拙著所研究的人口性比例问题，既不是受孕人口性比例与 106∶100 的婴幼儿的出生性比例，也不是 65 岁以上老年男女中女多于男的人口性比例，而是青壮男女（即育龄阶段）的人口性比例状况。因为在包括秦汉魏晋南北朝时期在内的几千年的中国古代社会中，这一比例常常是失衡的，以致各个朝代都有不同程度的性比例失调问题。造成秦汉魏晋南北朝时期人口性比例失调的原因很多，既有政治、经济、文化、风俗习惯等人为化和社会性因素，又有自然条件等因素造成的地域化差异；同时，在以上诸多因素影响下，历史上的性比例失调问题也表现出两个耐人寻味的特点。

一　因自然环境恶劣而造成的性比例失调问题

在宗法观念、宗法制度十分严格的中国古代社会里，男性是维系家庭和血缘关系的根本因素。因此，早在夏、商、周三代时期，人们已形成很强的重男轻女的思想，如《诗经·小雅·斯干》中的"乃生男子，载寝之床，载衣之裳，载弄之璋，其泣喤喤，朱芾斯皇，室家君王。乃生女子，载寝之地，载衣之裼，载弄之瓦，无非无仪，惟酒食是议，无父母诒罹"① 就是很好的证明；到了春秋战国时期，社会更是形成了"产男则相贺，产女则杀之"② 的风气，然而，这些种种做法和风气还是不能改变劳动生产过程中成年男性高死亡的局面，其主要原因，就是经常性地受到生产力水平低下和自然环境恶劣的共同影响。众所周知，生产力就是人类适应自然和改变自然的能力，而能够体现生产力水平高低的就是劳动工具，从三代到秦汉魏晋南北朝时期，无论是农业生产技

---

① 《十三经注疏·毛诗正义》卷 11《小雅·斯干》，中华书局 1980 年影印本，第 437—438 页。
② 陈奇猷：《韩非子集释》，上海古籍出版社 1974 年版，第 78 页。

术，还是手工业生产技术都有一定的提高，但是，终不能脱离简单重复性劳动的人海战术和缺乏劳动保护措施的生产模式；而且，有很多的劳动工具几百年、甚至上千年一贯制。在这种简单、重复、缺乏劳动保护作业和使用陈旧劳动工具的生产条件下，大量的成年男性劳动力的死亡是不可避免的。同时，社会生产力的水平越低，地理环境对人类的制约力就越强。如秦汉魏晋南北朝时期的采矿业、冶铸业、造船业等手工业，大都布点于山高路远、道路险阻、条件恶劣的边远地区，受恶劣的自然环境和极为低下的社会生产力共同制约，成年男性的高死亡更是难以避免。《周礼·职方》和《汉书·地理志》记载，早在先秦时期的西周统治初期，全国范围内普遍存在着程度不等的性比例失调问题；天下九州之中除雍州、冀州存在男多女少的问题外，其余七州的人口中都有女多男少的现象，而扬州、荆州女多男少的现象尤为严重，其性比例分别为（男）40：（女）100，（男）50：（女）100；扬州、荆州远在长江流域，在西周灭商纣的战争中受到的影响最少，战争消耗其男性的因素几乎不成立，所以，扬州、荆州地区女多男少的主要原因只能归结为社会生产力水平低下和地理环境恶劣这两个方面了；另从《史记·货殖列传》等书所载来看，至迟到秦汉时期，长江以南地区女多男少的现象仍没有改变。《史记·货殖列传》载："楚越之地，地广人稀，饭稻羹鱼，或火耕水耨"，可见，与黄河流域相比，江南地区采用的还是"火耕水耨"的生产方式，再加上"江南卑湿"的恶劣环境，"丈夫早夭"是必然的①。此外，大量的考古发掘统计资料和医学发展的成果表明：地理环境对人类自身繁衍的影响还明显表现在蒙古高原、鄂尔多斯高原等高纬度、干燥寒冷的北方内陆和高纬度、高温干燥且多沙漠戈壁分布的西部内陆地区，加之土壤缺乏微量元素有效锌，致使育龄妇女在妊娠过程中大量死亡和成年育龄男女中出现男多女少的性比例问题，再加上这些地区人口密度很低，以至于为了保证正常的种族繁衍，秦汉魏晋南

---

① 高凯：《从吴简蠡测长沙郡临湘侯国的疾病人口问题》，《史学月刊》2005年第12期。

前言

北朝时期生活在其中的匈奴、鲜卑、突厥等北方少数民族不得不采取"收继婚"的婚制①。

二 因战争而造成的性比例失调问题

历史上的战争，无论是局部的，还是全国性的，无不对人口的自身发展产生轻重不同的影响，以往曾有人根据历史资料对全球的战争进行过统计：从公元前1496到1861年，人类共打了3130年的战争，仅有227年人们才生活在比较平和的环境里②。中国历史作为世界历史的一个重要组成部分，战争的情况又是怎样的呢？作为四大文明古国的中国，5000年前就进入了阶级社会，战争是阶级社会的伴生物，中国自然也没有能逃脱战争对她的残酷蹂躏，而且，持续数十年、杀伤数十万，甚至上百万的大战争屡见于史册。如在春秋战国后期到嬴政完成统一全国的战争期间，见于史书记载的死亡人数达三四百万。如此惨烈的战争，对当时的人口繁衍产生了巨大的负面影响。其具体表现如下：

（1）在战争的准备和进行当中，需要数倍于军队实际人数的精壮劳动力进行后勤保障工作，这种费工费时的保障工作，使得大批男性婚姻失时，社会上也会出现高女性率；而高女性率的出现，实际上就是一种特殊的性比例失调现象。如汉武帝在位前期，连年征伐：仅对匈奴的战争就持续了三十多年，动用的汉军最多达三十多万，最少也有数万人，同时，武帝还征发数倍于军队的农民转运粮食给养，并多次征调农民到边境筑城、屯田；如元朔二年（前127年）兴十万余人迁徙朔方，元狩四年（前120年）迁徙山东贫民70万实新秦中等，由于大批的农民被迫离开了土地或家园，奔波于千里迢迢之外，所以武帝"外事四夷，内兴功利"③的举措，不仅浪费了汉代大量的人力物力，而且也使

---

① 高凯：《地理环境与中国古代社会变迁三论》，天津古籍出版社2006年版，第21—132页。
② 高学训：《全世界军事精粹》，国防大学出版社1990年版，第9页。
③ 《汉书》卷24《食货志》，中华书局1962年标点本，第1137页。

百万人以上的丁壮男性丧失了婚配或生育的机会，从而形成了封建国家因战争占用丁壮男性婚配或生育机会而形成的性比例失调问题。

（2）战争开始以后，随着战争的深入，交战双方大批男性死于战火，从而使社会上出现一代甚至几代人中的性比例失调问题。如秦王朝大肆征集民力进行了北伐匈奴、南征岭南的大规模战争，史载秦"北筑长城四十余万，南戍五岭五十余万，阿房、骊山七十余万。十余年间，百姓死没相踵于路。陈、项又肆其余烈，故新安之坑，二十余万；彭城之战，睢水不流。至汉祖定天下，民之死伤，亦数百万……自孝惠至文、景，与民休息，六十余岁，民众大增，是以太仓有不食之粟，都内有朽贯之钱。武帝乘其资畜，军征三十余岁，地广万里，天下之众亦减半矣。"① 王玉哲先生曾根据传世文献的内容，对秦自献公21年（公元前365年）至秦始皇13年（公元前234年）斩杀敌首级进行统计，约共计170多万。② 而且，就秦汉魏晋南北朝时期战争发生的频率和战争爆发的规模看，除秦建立之前和之后为战争多发期外，还有西汉初年的"楚汉战争"、汉初灭异姓王及同姓王之战、武帝时期对匈奴的系列战役、西汉末年农民战争以及东汉时期对匈奴、西羌的战争和东汉末年的黄巾起义等。而史载建安五年（公元200年）时，东汉已经出现"天下户口减耗，十裁一在"的局面③。进入魏晋南北朝，改朝换代的战争更加频繁、激烈，这必然使得为战争所直接杀死的人数远多于秦汉时期。仅据正史记载的情况看，西晋"太康元年（公元280年）平吴，大凡户二百四十五万九千八百四十户，口一千六百一十六万三千八百六十三"④；以《晋书·郡国志》所记载的西晋极盛时期的这个人口数，与同书同传所记载的东汉桓帝永寿三年"户千六十七万七千九百六十，口五千六百四十八万六千八百五十六"的人口数相比较，西晋极盛时期

---

① 《后汉书》卷19《郡国志》，中华书局1965年标点本，第3388页，刘昭注引皇甫谧《帝王世纪》。
② 王玉哲：《有关西周社会性质的几个问题》，《历史研究》1957年第5期。
③ 《三国志》卷8《张秀传》，中华书局1959年标点本，第262页。
④ 《晋书》卷14《地理志》，中华书局1974年标点本，第415页。

前言

人口只有东汉极盛时期人口约29%，可见，这一时期人口耗减之多。即使按王育民先生所研究的三国至西晋时期荫庇人口多，屯田客、士家、吏户、官私奴婢和流散客等均未计入总人口①，再考虑其间发生的灾害和疾疫的因素，我们也无法想象当时会出现人口减少一半以上的恶劣局面。

三　因徭役而造成的性比例失调问题

众所周知，徭役是古代国家强迫平民（主要是编户齐民）从事的无偿劳役，一般有力役、军役及其他杂役的区别。中国古代的徭役起源很早。《礼记·王制》中就已有关于西周征发徭役的规定，《孟子》中也有"力役之征"的记载。不过三代以前，国家的徭役负担较轻，所谓"古者使人，岁不三日"②就是例证。随着时间的推移，国家疆域的扩张和统治者个人私欲的极度膨胀，封建国家越来越频繁地强迫农民为其从事繁重而无偿的劳役，这不仅使农民不得不长年累月奔波在外，影响着农业生产的发展；而且，负担徭役的多是丁壮男性，他们背井离乡地出外服徭，必然影响婚配和生育事实的完成，这实际上就是一种性比例失调问题。如秦统一六国后，没有采取任何与民休息、发展生产的措施，反而更变本加厉地奴役六国的广大百姓，秦朝除修建"东西一百步，南北五十丈，上可以坐万人，下可以建五丈旗"的阿房宫和动用"吏徒数十万人，旷日十年"，建成"下彻三泉，合采金石，冶铜锢其内，漆涂其外，被以珠玉，饰以翡翠，中成观游，上成山林"③的规模庞大、极尽奢华的骊山墓外，还有许多大规模的徭役征发，其中如筑长城、开灵渠、戍边塞和修驰道等，虽然它们在客观上对国家统一有相当的积极作用，但由于秦王朝是短时期内百役并兴，且旷日持久，则必定占用生产、生活领域中大多数的丁壮男性。据统计，秦朝全国人口约两

---

① 王育民：《中国人口史》，江苏人民出版社1995年版，第137—142页。
② 《晋书》卷75《范宁传》，中华书局1974年标点本，第1986页。
③ 《史记》卷6《秦始皇本纪》，中华书局1959年标点本，第256页。

千万，而每年被迫服役的丁壮男性不下二百万人①。按100∶100的性比例计算，秦朝的男女各半；在一千万人男子中，老年、稚童、少壮（十五始服役、六十岁老免）②各占三分之一，这就是说秦朝三百万左右的少壮男子之中，每年至少有二百万人不得不去服役；按同样的计算方法，秦朝成年女性也应有三百万人左右，那么扣除二百万成年男子服役的因素后，秦朝成年男女的实际比例应在（男）67∶（女）100左右。这么严重的性比例失调问题，怎么能不影响人口的繁衍呢？无怪乎当时的歌谣这样唱道："生男慎勿举，生女哺用脯，不见长城下，尸骸相支柱"。③如果不是秦始皇的暴政给人民带来太多太多的灾难，人民怎么能不发出这样令人心酸的悲叹呢？！

当然，在漫长的封建社会里，徭役征发的对象，并不完全都是丁男。在统治者剥削程度极度加重，或人口总量较少，可供征发徭役的丁男又缺乏之时，丁女也往往成为徭役的征发对象，丁女服役与丁男服役一样，也会影响人口的繁衍，只是影响的程度有轻重之别。例如秦朝在大规模征用丁男之外，也使用过丁女服役。秦王朝每年征发二百万以上的丁男服役，所以秦的大部分农业生产和家庭手工业的重任只能落在丁女身上，例如，秦在对匈奴、岭南十几年的征战中，丁女就充当着后勤保障的重任。如《汉书·严安传》载，"秦王……使蒙恬将兵以攻强胡，辟地进境，戍于北河，飞刍挽粟，以随其后。又使尉屠睢将楼船之士攻越，使监禄凿渠运粮，入越地……行十余年，丁男被甲，丁女转输，苦不聊生，自经于道树，死者相望"④。可见在秦王的暴政下，当时丁女的人数损失也十分惨重，以致到汉初，黄河南北的广大地区出现了男多女少的性比例失调问题。如《汉书·惠帝纪》所载惠帝诏令

---

① 白寿彝、高敏、安作璋：《中国通史·秦汉卷（上）》，上海人民出版社1995年版，第912页。
② 同上。
③ 《太平御览》卷571《乐部九·歌二》，河北教育出版社1994年版，第514页。
④ 《汉书》卷64《严安传》，中华书局1962年标点本，第2811页。

前言

"女子年十三以上至三十不嫁,五算"就是明证①。汉代对成年人每人征一百二十钱的算赋,对商人和奴婢征收二百四十钱的算赋,而对"女子年十三以上至三十不嫁"者惠帝却征收六百钱的算赋,我认为惠帝此举,除了反映鼓励早婚早育的政策外,还反映了当时社会男多女少的现状,反映了惠帝极为反感社会上以未婚女子为奇货,借婚姻之机横加邀财的做法。同时,盛行于汉代的妇女再嫁改嫁之风②,汉初后妃出身的低贱以及文帝在位期间多次下令放免"后宫美人,令得嫁"③的作法,也从侧面反映了汉代男多女少的性比例失调问题。

四　因多妻制和等级婚姻制度而造成的性比例失调问题

首先,在普通大众一夫一妻制的中国古代,最高统治者的后宫制度却历来都是很完备的。《礼记·昏义》载:"古者天子后立六宫,三夫人,九嫔,二十七世妇,八十一御妻。"④所以,远在春秋、战国之交,著名的思想家墨翟就对此提出了严厉的批评,他说:"当今之君,其蓄私也,大国拘女累千,小国,累百,是以天下之男多寡无妻,女多拘无夫,男失时,故民少。"并尖锐地指出:"君实欲民之众而恶其寡,当蓄私不可不节。"⑤然而,统治者为了自己荒淫无耻和毫不节制的生活,根本不会考虑当时老百姓的生活,更不可能接受墨翟一厢情愿的政治主张。首先,从史书记载看,历代统治者后宫的妃嫔人数有增无减,如秦:"除皇后,自昭仪以下,秩至百石,几十四等"⑥。到西汉时期,除上承秦王朝之称号外,还有美人、良人、八子、长使、少使之号;至武帝,"制婕妤、娙娥、容华、元使各有爵位,而元帝加昭仪之号,凡十

---

① 《汉书》卷24《食货志》,中华书局1962年标点本,第1117—1188页。
② 彭卫:《汉代婚姻形态》,三秦出版社1988年版,第195—248页。
③ 《汉书》卷4《文帝纪》,中华书局1962年标点本,第105—136页。
④ 《十三经注疏·礼记正义》卷61《昏义》,中华书局1980年影印版,第1681页下栏。
⑤ 《新编诸子集成·墨子校注》卷1《辞过》,中华书局1993年版,第45—60页。
⑥ 《汉书》卷97《外戚传》,中华书局1962年标点本,第3933—4012页。

四等"①。统治者除拥有数目众多的妃嫔外,还在皇宫内霸占了成千上万的宫女。如秦始皇的后宫中有列女万余人②;汉武帝时,又多娶好女,至数千人以充后宫③;三国时,吴孙皓"后宫数千,而采择不已",其后又增至万余④;西晋武帝"内宠甚众,掖庭多至万人"⑤。其次,从历代宫掖的来源看,统治者霸占妇女手段也极为无耻:如荒淫侈靡的晋武帝在泰始九年(273年)"诏聘公卿以下子女,以备六宫采择,未毕,权禁断婚姻"⑥;太康二年(281年)又"诏选孙皓妓妾五千入宫。"⑦更有甚者,为了霸占女色,某些统治竟然厚颜无耻地抢夺吏民妻子:如曹魏明帝曾"录夺士女前已嫁为吏民妻者,还以配士,既听从生口自赎,又简选其有姿色者,内之掖庭。"⑧又如五胡乱华时,石季龙曾"夺人妇九千余人,""百姓妻有美色,豪势因胁之,率多自杀","自初发至邺,诸杀其夫及夺而遗之,缢死者三千余人。"⑨手段之毒辣,影响之恶劣,无不令人发指。

与最高统治者的皇宫对照,历代达官贵人的府第之中妻妾成群的现象也非常严重,而且贵族之间豪侈相竞,以多为尚之例举不胜举。如两汉公卿豪民以蓄妾相尚,《盐铁论·散不足篇》载:"今诸侯(妻妾)百数,卿大夫十数,中者侍御,富者盈室,是以女或旷怨失时,男或放死无匹。"⑩另《后汉书·仲长统传》记载当时"豪人之室连栋数百,膏田满野,奴婢千群……妖童美女,填乎绮室。"⑪进入魏晋南北朝,豪门权贵竞相蓄妾之风愈演愈烈:如《晋书·陶侃传》载:"媵妾数

---

① 《汉书》卷97《外戚传》,中华书局1962年标点本,第3933—4012页。
② 《史记》卷6《秦始皇本纪》,中华书局1959年标点本,第223—294页。
③ 《汉书》卷72《贡禹传》,中华书局1962年标点本,第3055—3101页。
④ 《三国志》卷48《孙皓传》,中华书局1959年标点本,第1162—1182页。
⑤ 《晋书》卷3《武帝纪》,中华书局1974年标点本,第49—88页。
⑥ 同上。
⑦ 同上。
⑧ 《三国志》卷3《明帝纪》,中华书局1959年标点本,第91—116页。
⑨ 《晋书》卷160《石季龙载记传》,中华书局1974年标点本,第2761—2780页。
⑩ 王利器:《盐铁论校注》卷6《散不足》,天津古籍出版社1983年版,第348—399页。
⑪ 《后汉书》卷49《仲长统传》,中华书局1965年标点本,第1643—1666页。

十，家僮千余"，①《晋书·殷仲文传》"后房妓妾数十，丝竹不绝音。"②在南朝门阀士族更是侈风相承，姬妾益盛：《宋书·南郡王义宣传》载其"多畜嫔媵，后房千余，尼媪数百"③，《宋书·臧质传》载其"据妾百房，尼僧十计，败道伤俗，悖乱人神。"④又《梁书·曹景宗传》记载："景宗好内，妓妾至数百；穷极锦绣。"⑤北魏献文帝以后，社会风气渐趋侈靡，贵族公卿蓄妻之盛丝毫不亚于南朝：《魏书·献文六王列传上》载："（咸阳王）姬妾数十，意尚不已。（高阳王雍）伎侍盈房。⑥"《周书·李迁哲传》亦载其"妾媵数百，男女六十九人。"⑦

从以上所列举的十几个事例中可以看出：秦汉魏晋南北朝时期的最高统治者和达官贵人霸占了当时社会上众多的女性人口，这对当时社会的人口繁衍造成了极大的危害。首先，虽然统治者霸占了众多的女性，但真正能够有生育机会的女性却寥寥无几，正因为这众多女性只有很少的婚姻机会，那么这则必定造成社会上局部范围内十分严重的性比例失调问题，从而大大影响了人口繁衍。其次，每一历史时期，社会上的女性人口数是一定的，统治者们霸占的女性多，社会上就必然会有相当的男性处于无妻状态，有时成年男子为了完成婚姻和解决生理上的需要，不得不数人合娶一妻。如西汉后期，燕赵之间便有一妻多夫的现象。据《太平御览》卷二三一引谢承《后汉书》载："范延寿，宣帝时为延尉。时燕、赵之间有三男共娶一女，生四子，长，各求离别，争财分子……至闻于县，县不能决。"成书于西汉后期的《焦氏易林·节》中也记述了类似的现象。西汉后期出现这种一妻多夫现象的原因，应与当时宫廷和达官贵人府第中多蓄养燕赵女子有着极大的关系⑧。一妻多夫制，历

---

① 《晋书》卷66《陶侃传》，中华书局1974年标点本，第1768—1778页。
② 《晋书》卷99《殷仲文传》，中华书局1974年标点本，第2604—2608页。
③ 《宋书》卷68《南郡王义宣传》，中华书局1977年标点本，第1798—1806页。
④ 《宋书》卷74《臧质传》，中华书局1977年标点本，第1909—1920页。
⑤ 《梁书》卷9《曹景宗传》，中华书局1973年标点本，第178—181页。
⑥ 《魏书》卷21《献文六王列传》，中华书局1974年标点本，第533—571页。
⑦ 《周书》卷44《李迁哲传》，中华书局1971年标点本，第790—792页。
⑧ 彭卫：《汉代婚姻形态》，三秦出版社1988年版，第195—248页。

来与中国传统的婚姻制度和道德准则大相径庭,然而,这种婚姻形式直到明清时期仍能在中国社会找到其踪迹,这不能不与社会上统治者长久霸占了众多女性的原因有密切关联。

其次,秦汉魏晋南北朝时期盛行等级婚姻制,由于历史的局限性和制度本身的片面性,必然会对当时人口的繁衍产生影响,并可能由此衍生出新的性比例失调问题。如《张家山汉墓竹简·二年律令》中涉及奴隶迎娶自由人时,法律规定:"奴取(娶)主、主之母及主妻、子以为妻,若与奸,弃市,而耐其女子以为隶妾(简190)"①,即汉朝政府严禁奴隶与自由人之间良贱婚行为的法律条文。进入魏晋南北朝时期,良贱婚行为同样遭遇法令的禁止。尤其是在豪门士族对社会政治、经济长期垄断、控制的时期里,豪门士族为了维护自己至高无上的政治地位,便千方百计地限制其他阶层的介入,为此这一时期的婚姻制度和婚姻习俗也反映了这一特点。如北魏文成帝、孝文帝曾多次下令严禁百工卑姓与贵族吏民为婚,就是很好的例证。据《魏书·高宗文成帝纪》载:和平四年(464年)诏:"夫婚姻者,人道之始,是以夫妇之义,三纲之首,礼之重者,莫过于斯,尊卑高下,宜令区别。然中代以来,贵族之门,多不率法,或贪利财贿,或因缘私好,在于苟合,无所选择,令贵贱不分……今制,皇族、师傅、王公侯伯及士民之家,不得与百工伎巧卑姓为婚,犯者加罪。"② 北魏孝文帝在位期间又分别于太和二年(476年)和太和十七年(492年)两次下诏强调文成帝之令,太和二年五月诏:"皇族贵戚及士民之家,不顾养氏族,下与非类婚偶,先帝亲发明诏,为之科禁,而百姓习常,仍不肃改。朕今宪章旧典,只案先制,著之律令永为定准,犯者以违制论。"③ 太和十七年九月下诏:"厮养之户不得与士民婚。"④ 从文成帝、孝文帝三条诏令看,至少是在

---

① 张家山247号汉墓竹简整理小组:《张家山汉墓竹简》,文物出版社2001年版,第34页。
② 《魏书》卷5《高宗文成帝纪》,中华书局1974年标点本,第111—124页。
③ 《魏书》卷7《高祖孝文帝纪》,中华书局1974年标点本,第135—190页。
④ 同上。

文成帝到孝文帝统治的四、五十年间,"皇族、贵戚及士民之家,不顾氏族,下与非类婚偶"已颇成风俗;同时,从更深一层看,北魏的"皇族贵戚及士民之家"存在着男多女少的性比例失调问题,否则他们怎么肯自降身价而与"百工人巧卑姓"相婚偶呢?! 关于北魏拓跋鲜卑族存在男多女少的性比例失调问题,亦可从考古发掘中大量的人骨统计资料来侧面证明之。① 另外,笔者统计过《魏书·皇后列传》:北魏时期共有皇后28人,其中四分之一的皇后是微贱出身或坐事入宫者②;另从孝文帝太和三年(477年)春秋两次放免宫女,以配代郡(今大同附近地区)鳏贫之人看,北魏鲜卑族确实存在着男多女少的性比例失调问题,而文成帝、孝文帝多次下诏严禁"皇族贵戚及士民之家"与"百工人巧卑姓"为婚,并诉诸法令,必然使民间很多适龄男女不敢婚嫁,这难道不是因北魏婚姻制度的局限性、片面性而造成的新的性比例失调吗?!

五 因杀婴行为而造成性比例失调问题

中国古代社会各个历史时期都有程度不同的杀婴行为,且这种杀婴行为不仅仅限于杀溺女婴,有时杀溺男婴的现象也很多见。虽然,杀溺男婴的做法,与儒家思想和历代统治者增殖人口的政策相违背,但是在不同历史时期、不同历史背景下的杀溺男婴现象还是屡见于史册。如汉武帝时期"重赋于民,民户子三岁则出口钱,故民重困,至于生子辄杀。"③ 汉宣帝时,由于"聘妻送女无节,则贫人不及,故不举子。"④ 到东晋,由于徭役负担十分沉重,百姓致有"生子不复养,鳏寡不敢妻娶"⑤ 的现象。

---

① 高凯:《地理环境与中国古代社会变迁三论》,天津古籍出版社2006年版,第21—132页。
② 《魏书》卷13《皇后列传》,中华书局1974年标点本,第322—344页。
③ 《汉书》卷72《贡禹传》,中华书局1962年标点本,第3055—3101页。
④ 《汉书》卷72《王吉传》,中华书局1962年标点本,第3055—3101页。
⑤ 《晋书》卷75《范宁传》,中华书局1974年标点本,第1984—1988页。

相对于杀溺男婴的做法，中国古代社会杀溺女婴的恶习则起源更早，这其中除了中国古代很早就有重男轻女思想的原因外，还和统治者的剥削政策有密切关系。如东汉中后期土地兼并十分严重，农民生活状况进一步恶化，为了减轻家庭的经济负担，社会上形成了严重的杀溺女婴的风气。成书于东汉中后期的《太平经》记载："天下失道以来，多贱女子，而反贼杀之"，以致女婴大量死亡，从而造成了东汉后期"男多而女少不足"的社会问题①。正是这个社会问题，不仅使人口的繁衍受到遏制，而且也造成了魏晋时期十分严重的性比例失调问题。如陈寿《三国志·魏书·后妃传》载：曹操的夫人郭氏约束宗族不要纳妾，其原因是"今世妇女少，当配将士，不得因缘娶以为妾"②；同书《杜畿传》注引鱼豢《魏略》载：杜畿和赵俨相继做河东太守时，曾多次掳夺民间的寡妇和士妻之寡者以嫁士家，以保证国家对兵源增长的需求③；西晋武帝在泰始九年（273年）下诏令："制女年十七父母不嫁者，使长吏配之"④，不仅如此，西晋武帝还在咸宁元年（275年）下诏："以将士应已娶者多，家有五女者给复"，⑤ 想借减免赋税的办法来奖励百姓多育女儿。众所周知，从东汉后期到西晋武帝咸宁年间，战火连绵不断，持续了近百年之久，其间全国人口的损耗，尤其是战争中丁壮男性的损耗十分严重，但即使是这样，西晋时期社会上男多女少的局面还是没有根本地改观，可见，从东汉中后期起，社会上杀溺女婴的风气，给东汉及魏晋人口的繁衍造成了极大的困难。

六　因人牲、人殉所造成的人口性比例失调问题

中国古代各个历史时期有不同的丧葬制度，它们或多或少地影响着

---

① 王明：《太平经合校》卷35《分别贫富法》，中华书局1960年版，第29页。
② 《三国志》卷5《后妃传》，中华书局1959年标点本，第156—170页。
③ 《三国志》卷14《杜畿传》，中华书局1959年标点本，第493—507页；高敏：《曹魏士家制度的形成与演变》，《历史研究》1989年第5期。
④ 《晋书》卷3《武帝纪》，中华书局1974年标点本，第49—88页。
⑤ 同上。

前言

当时的人口繁衍，造成了一定范围的性比例失调问题，其具体表现在人牲、人殉两个方面。从夏、商、周三代开始直至秦王朝时期，统治者残酷的人牲、人殉暴行，也造成了当时十分严重的人口性比例失调问题。

在奴隶制社会，三代时期奴隶主的人牲、人殉现象十分严重，殷商卜辞中记载的"伐妾""刖羌"一次便要杀死几个到几十人；卜辞中所谓豐妾、沉妾、伐妾，指的就是以斩杀女奴隶祭祀神灵的几种仪式①。据胡厚宣先生研究，殷商卜辞中反映商代统治者用羌人做人牲的数量达7426人之多，其中最多的一次便杀了400个人作祭品，而卜辞中记载以女奴作祭品的只有173人，另有68条未记人数②。另据1976年考古工作者在安阳武官村殷商王陵区发掘的191个商代祭祀坑的人骨资料，这些祭祀坑共埋葬奴隶1178人；同时，通过对人骨的性别年龄鉴定，考古工作者发现这些人绝大多数为15—35岁的青壮年男性，此外还有少数的青年女性和14岁以下的儿童③。春秋、战国时期，社会上的杀殉现象更为普遍，由于当时"天子杀殉，众者数百，寡者数十，将军、大夫杀殉，从者数十，寡者数人"，④所以遭到社会上许多有识之士的严厉谴责。到秦二世统治时期，为了埋葬始皇帝，二世下令始皇后宫中凡无子者，一律殉葬；同时，为了防止工匠泄密，二世还下令将全部工匠闭死在墓内，史称秦始皇葬于郦山之阿，曾"多杀宫人，生埋工匠，计以万数。"⑤ 秦朝以后历代都有杀殉现象，但无过秦王朝之烈者。由以上数例可知，统治者的杀殉行为，必然造成杀殉对象婚配或生育机会的永久丧失，从而形成了一定范围内的性比例失调问题。

---

① 翦伯赞：《中国史纲要》，人民出版社1995年版，第7—10页。
② 胡厚宣：《中国奴隶社会的人殉和人祭》，《文物》1974年第8期。
③ 胡厚宣：《安阳殷墟祭祀坑人骨的性别年龄鉴定》，《考古》1977年第3期。
④ 《新编诸子集成·墨子校注》卷6《节葬下》，中华书局1993年版，第262—292页。
⑤ 《史记》卷6《秦始皇本纪》，中华书局1959年标点本，第223—294页。

七　因守丧和财婚习俗而造成的男女性比例失调问题

秦汉魏晋南北朝时期丧葬制度中有十分烦琐的守丧规定与习俗，影响了当时人口的繁衍，造成了一定时间范围内的性比例失调问题。按照儒家礼法，"君死，丧之三年；父母死，丧之三年；妻与后子死者，五皆丧之三年；然后伯父叔父兄弟孽子其；族人五月；姑姊甥舅皆有月数。则毁瘠必有制矣，使面目陷陬，颜色黧黑，耳目不聪明，手足不劲强，不可用也。又曰上士操丧也，必扶而能起，杖而能行，以此共三年。若法若言，行若道，苟其饥约，又若此矣，是故百姓冬不仞寒，夏不仞暑，作疾病死者，不可胜计也。此其为败男女之交多矣。"① 在丧期中服孝的男女，不仅需要缩减衣食，抑郁寡欢，而且还严禁谈婚论嫁与生儿育女。同时，由于秦汉魏晋南北朝时期社会里丧期太长，居丧名目繁多，且丧期内严禁婚嫁的规定为历代法律所重视，所以，守丧之礼必然造成成年男女的婚嫁失时，从而形成一定时间范围内的性比例失调问题。如果遭遇瘟疫大行，也会连带亲属在守丧中出现大面积死亡现象。如东汉末年建安时期北方瘟疫流行，曾经致数以百万计人口的死亡②。汉末张仲景《伤寒论》"余宗族素多，向余二百。建安纪年以来，犹未十年，其死亡者三分有二，伤寒十居其七"的记载可证③，必有为亲属守丧而致连带死亡者。

秦汉魏晋南北朝时期还盛行财婚。秦汉时期"七科谪"中有名为"赘婿"的人，即由于家贫无以聘妻而入赘妇家、其身份等同于债务奴隶的特殊人群的代称。又《史记·世家》第二十六记汉初一代名臣陈平，亦有年少因家贫无钱聘妻而屡遭邻人白眼的故事。史称"陈丞相平者，阳武户牖乡人也，少时家贫，好读书。有田三十亩，独与兄

---

① 《新编诸子集成·墨子校注》卷6《节葬》，中华书局1993年版，第262—292页。
② 葛剑雄：《中国人口史·导论》，复旦大学出版社2002年版，第53页。
③ 刘渡舟：《伤寒论校注》，人民卫生出版社2013年版，第24页。

伯居……及平长，可娶妻，富人莫肯与者"①。东晋南朝盛行的财婚习俗尤为严重。据《晋书·阮籍传附从子修传》载："修居贫，年四十余，未有室，王敦等敛钱为婚"②。《宋书·颜延之传》载："颜延之，字延年，少孤贫，居负郭，室巷甚陋，好读书……年三十，犹未婚"③。《梁书·刘勰传》载："刘勰，字和，东莞莒人……早孤，笃志好学，家贫不婚嫁，依沙门僧祐，与之居处，积十余年"④。《南齐书·刘瓛传》载："刘瓛……宋大明四年举秀才……住在檀桥，瓦屋数间，上皆穿漏……年四十余，未有婚对。建元中，太祖与司徒褚为娶王氏女"⑤。从上引的四个事例看，东晋南朝盛行财婚习俗，守贫者虽博学知名之士亦不能得妻。可见，财婚习俗的盛行，使东晋南朝出现了新的人口性比例失调问题。

八　由于古代社会宗教信仰而造成的性比例失调问题

宗教，作为一种特殊的社会文化现象，在特定的历史时期和一定的历史背景下，也会影响人口的繁衍，从而造成古代社会因宗教信仰而衍生出来的新的性比例失调问题。如魏晋南北朝佛教大为盛行，据魏收《魏书·释老志》记载：文成帝兴安元年（公元452年）曾下诏"制诸州郡县，于众居之所，各听建佛图一区，任其财用，不制会限。其好乐道法，欲为沙门，不问长幼，出于良家，性行素笃，无诸嫌秽，乡里所明者，听其出家。率大州五十、小州四十人，其郡遥远台者十人"，以鼓励和支持自拓跋焘灭佛之后的佛教发展；至文成帝和平初（公元460年）时，佛教已出现"僧祇户、粟及寺户，遍于州镇"局面。所以，孝文帝延兴二年（公元472年）曾下诏称"比丘不在寺舍，游涉村落，交通奸猾，经历年岁。令民间五五相保，不得容止。无籍之僧，精加隐

---

① 《史记》卷56《陈平世家》，中华书局1959年标点本，第2051—2064页。
② 《晋书》卷49《阮籍传附从子修传》，中华书局1974年标点本，第1366—1367页。
③ 《宋书》卷73《颜延之传》，中华书局1977年标点本，第1891—1903页。
④ 《梁书》卷50《刘勰传》，中华书局1973年标点本，第710—712页。
⑤ 《南齐书》卷39《刘瓛传》，中华书局1972年标点本，第677—680页。

括，有者送付州镇，其在畿郡，送付本曹。若为三宝巡民教化者，在外赍州镇维那文移，在台者赍都维那等印牒，然后听行。违者加罪"的法令，来规范佛教行为，限制私度僧人、与国争民的现象；然而，这一时期佛教的传播已不为政府所能控制，以至于"正光已后，天下多虞，王役尤甚，于是所在编民，相与入道，假慕沙门，实避调役，猥滥之极，自中国之有佛法，未之有也。略而计之，僧尼大众二百万矣，其寺三万有余"的规模①。另据李唐法琳《辨证论》载：南朝到萧梁时，共有僧尼82700人，比东晋时寺院增加一千余所，僧尼数量增加三倍多。可见，南北朝时期佛教势力极度膨胀。

汉魏时期寺院的大量修建，不仅浪费了巨大的社会财富，影响了社会的进步程度，而且也使得从佛教传入中国后历朝历代都有数以万计的僧侣由此丧失了婚配与生育的宝贵机会，从而形成了因宗教信仰而产生的性比例失调问题。

九 由于古代社会男女坚守单身而造成的性比例失调问题

早在秦汉魏晋南北朝时期之前，中国古代社会就已形成了"不孝有三，无后为大"的观念②。然而，就是在儒家宗法思想熏染下的汉魏时期，却多有着男性和女性单身不婚的现象。如《隋书·食货志》记载：北齐"旧制，未娶者输半床租调，阳翟一郡，户至数万，籍多无妻。有司劾之，帝以为生事。由是奸欺尤甚。户口租调，十亡六七。"③从最新出版的《长沙走马楼三国吴简（壹）》看，其中至少存在23例男性未婚现象。如果加上简1404所反映的"□十一人，各单身□"和简牍本身的残缺情况，单身现象可能更多。例如：简6615："佐礼新利班年廿，单身"；简6632："师攸利硕年卅四，单身，见"；简5153，简6614，简6641，简6656，简6663，简6668，简6713，简6720，简6724，简

---

① 《魏书》卷114《释老志》，中华书局1974年标点本，第3025—3062页。
② 《新编诸子集成·孟子正义》卷14《离娄上》，中华书局1987年版，第473—502页。
③ 《隋书》卷24《食货志》，中华书局1973年标点本，第671—694页。

前言

7455，简 7463 等均属这种男性未婚者①。从吴简反映的情况看，当时吏民以 15 岁作为向国家交纳算赋的成年标志，而以上 23 例中的男性年龄从 17 岁至 60 岁以上不等，明显属于成年男性；且 23 例未婚者中有 80% 的男性是长沙郡的下属官吏，即属于"诸吏"阶层。但同时，长沙郡既存在大量丈夫已死的寡妇，又存在大量尚未婚配的未婚女子；《长沙走马楼三国吴简·吏民田家莂》中以女子为户主的就有 86 户之多②。而当时之所以存在成年男性的未婚现象，其原因应与孙吴国家所实行的贯穿始终的"吏役制"有着密切关系。关于孙吴实行"吏役制"的情况，据《三国志·吴书·孙休传》记载永安元年十一月诏令即可明了。其诏曰："诸吏家有五人，三人兼为重役，父兄在都，子弟给郡县吏，既出限米，军出又从，至于家事无经护者……"可见，当时"吏户"之家受剥削之沉重程度。从《吏民田家莂》所反映的情况看，仅嘉禾四年、五年的田家莂中就有郡吏 55 户，县吏 65 户。如临湘侯国的"仓吏"与"库吏"的李金、潘有、潘慎、陈通等人，都是作为"县吏"来租种官府土地的，但和其他佃户一样所租种的"常限田"每亩需交纳税米一斛二斗，"余力田"每亩交米四斗五升六合和亩收布二尺等；但有所不同的是，他们所担任的职务在同一年内是经常调换的，即其任职本身，就是为官府服役的一种方式，甚至他们在 12、13 岁尚未成年即开始为政府服役。如简 7638："郡吏黄士年十二"；简 8494："郡吏黄葛年十三"所记。所以，吏家出身的男性，不仅在租种政府土地上没有享受一丝优惠，而且还要额外承担国家的徭役负担，以致其社会地位低下而出现无人愿意嫁给他们的现象。加之，孙吴初期对负役户口有特殊规定，如新版吴简 4233 规定："女户下品之下不任调"，而男性不婚，其家訾必在女户下品之下，这样未婚的单身男子除了承担本身现有的职役外，便可逃避掉

---

① 走马楼简牍整理组：《长沙走马楼三国吴简（壹）》，文物出版社 2003 年版，第 1002—1048 页。

② 高凯：《从走马楼吴简看孙吴时期长沙郡的人口性比例问题》，《史学月刊》2003 年第 8 期。

国家的其他经济负担。因此,孙吴初期长沙郡中某些成年男性和女性的不婚现象或习俗,应与《隋书·食货志》所记载的北齐阳翟郡"籍多无妻"一样,可能就是为逃避沉重经济负担的无奈之举①。

十 因秦汉魏晋南北朝刑罚制度而形成的人口性比例问题

秦汉魏晋南北朝时期是中国封建时代刑罚制度发展与完善的重要时期,尤其是对于秦王朝,历来史家谈论秦之速亡,无不指摘其严刑酷法。从睡虎地秦简所涉及的刑名看,其中就有叛乱、逃籍、投书、降敌、贼杀、盗杀、擅杀、斗杀、任人不善、犯令等几十种之多②。史籍亦载:自秦始皇兼吞六国之后,"遂毁先王之法,灭礼谊之官,专任刑罚,躬操文墨,昼断狱,夜理书,自程决事,日县石之一"③。秦朝繁复的法令,令百姓防不胜防,以致"奸邪并生,赭衣塞路,囹圄成市,天下愁怨"④;故仅以当时修筑秦陵者,就为秦始皇提供了七十余万劳作的刑徒。又如《汉书·刑法志》所记:"至孝武即位,外事四夷之功,内盛耳目之好,征发烦数,百姓贫耗,穷民犯法,酷吏击断,奸宄不胜。于是招进张汤、赵禹之属,条定法令"。除汉武帝后元年间下诏"高年老长,人所尊敬也;鳏寡不属逮者,人所哀怜也。其著令:年八十以上,八岁以下,及孕者未乳,师、侏儒当鞠系者,颂系之"之外,汉武帝时汉朝的律令已经达到"凡三百五十九章,大辟四百九条,千八百八十二事,死罪决事比万三千四百七十二事"的规模,以致史称当时"文书盈于几阁,典者不能遍睹。是以郡国承用者驳,或罪同而论异。奸吏因缘为市,所欲活则傅生议,所欲陷则予死比,议者咸冤伤之……自昭、宣、元、成、哀、平六世之间,断狱殊死,率岁千余口而一人,

---

① 高凯:《从走马楼吴简看孙吴初期长沙郡吏民的社会生活》,《光明日报》2004年5月18日。
② 张晋藩、王志刚、林中:《中国刑法史新论》,人民法院出版社1992年版,第402—425页。
③ 《汉书》卷23《刑法志》,中华书局1962年标点本,第1079—1116页。
④ 同上。

耐罪上至右止,三倍有余……今郡国被刑而死者岁以万数,天下狱二千余所,其冤死者多少相覆"的程度①。从后世追述两汉时期的法律,确实有"集诸法律,凡九百六十卷,大辟四百九十条,千八百八十二事,死罪决比,凡三千四百七十二条,诸断罪当用者,合二万六千二百七十二条"如此大的规模,而且是"后汉二百年间,律章无大增减"②,只是到汉元帝统治时期才有一些削减刑罚的举措。关于这一点,正如《魏书·刑罚志》所云:"元帝初元五年(公元前44年),轻殊刑三十四事,哀帝建平元年(公元3年)尽四年,轻殊死者刑八十一事,其四十二事,手杀人皆减死罪一等,著为常法。自是以后,人轻犯法,吏易杀人,吏民俱失,至于不羁"③。

进入魏晋南北朝,各地方割据政权的刑罚制度与秦汉时期相较,总体来看是略为减轻。据《晋书·刑法志》记曹丕篡汉(公元220年)以后,"改汉旧律不行于魏者皆除之,更依古义制为五刑。其死刑有三,髡刑有四,完刑、作刑各三,赎刑十一,罚金六,杂抵罪七,凡三十七名,以为律首。"魏收《魏书·刑罚志》追述曹魏、西晋的刑法时,亦称"魏武帝造甲子科条,犯钛左右趾者,易以斗械。明帝改士民罚金之坐,除妇人加笞之制。晋武帝以魏制峻密,又诏车骑贾充集诸儒学,删定名例,为二十卷,并合二千九百余条"。至于拓跋代时期,法律制度尤为简单,仅"昭成建国二年(公元338年),当死者,听其家献金马以赎;犯大逆者,亲族男女无少长皆斩;男女不以礼交,皆死;民相杀者,听与死家马牛四十九头,及送葬器物以平之;无系讯连、逮之坐;盗官物,一备五,私则备十。法令明白,百姓晏然"而已;但至北魏太和年间,"诏中书令高闾集中秘官等修改旧文",所以,到太和五年(公元481年)以后,北魏政权的法律也达到"凡八百三十二章,门房之诛十有六,大辟之罪二百三十五,刑三百七十七,除群行剽劫首谋门

---

① 《魏书》卷111《刑罚志》,中华书局1974年标点本,第2871—2892页。
② 同上。
③ 同上。

诛，律重者止枭首"① 的严酷程度。总之，在秦汉魏晋南北朝时期各王朝的滥刑酷法之下，每年必然都有稍微触犯刑法，而被杀、被流徙、谪戍、徒作和被处肉刑等残害肢体及宫刑者；其中刑徒被杀和处宫刑者，将永远丧失生育权，而被流徙、谪戍、徒作者也会因刑期长短而暂时丧失生育权，这难道不是因为封建国家的刑法制度而造成的人口性比例失调问题吗？

拙著所涉及的许多问题与研究方法，前人及今人都很少尝试，其难度可想而知。加之敝人才疏学浅、身体欠佳，在知难而上的过程中难免产生许多疏漏、甚至错误，故恳请各位专家不吝赐教。如拙著的研究方法造成了读者的误解与不适，还请各位多多理解与海涵。

---

① 《魏书》卷111《刑罚志》，中华书局1974年标点本，第2871—2892页。

第一编

从出土材料看汉魏时期的人口性比例问题

第一章 从秦刑徒墓的发现看秦代的性比例问题及其影响

1978年9月，考古工作者在东距始皇帝陵封土1.5公里，西距临潼县2公里的赵背户村探明秦代墓葬159座，并清理了99座；其中84座发现有人骨架，15座为空墓。这些墓葬中，除仅M1有瓦棺外，其余墓均无葬具，而是直接将尸体埋入墓中，仅在坑底垫铺一层厚0.3—0.5厘米的淡黄灰烬而已。已清理的84座有骨架的墓葬中，计出土人骨架219具；经对出土骨架的初步鉴定，发现有198具为青壮年男性；21具性别未定，但其中明显有妇女和两具6—12岁的幼儿尸骨。所有尸骨中有6具可明显看出是杀戮后掩埋的。这批人基本无葬具，且多数墓穴埋2—4人，少数埋5—14人，埋1人的仅占墓穴的27.38%[①]。而这一墓葬群，就是著名的秦始皇陵徭役刑徒墓葬群。

第一节 对秦刑徒墓研究的学术回顾及问题的提出

关于秦始皇刑徒墓的研究，学术界多是从考古学的角度来探讨的。如由陕西省考古研究所和临潼县文物工作队共同编写的《秦陵徭役刑徒墓》一书，从研究意义、发掘经过、墓区分布、墓志分析等方面做了详

---

① 袁仲一：《秦始皇陵的考古发现与研究》，陕西人民出版社1986年版。

第一编　从出土材料看汉魏时期的人口性比例问题

细的研究①；袁仲一《秦始皇陵考古发现与研究》对秦陵徭役刑徒墓葬中的人骨统计、随葬品的种类和秦的徭役征发制度做了相关的研究②；张政烺《秦汉刑徒的考古资料》一文，从"秦上郡戈""后汉洛阳刑徒砖志"的出土，来讨论秦汉时期"兵""刑"关系、刑徒、刑名、刑期与官奴隶的关系以及秦汉国家对刑徒的管理与剥削等问题③；谢高文《咸阳塔儿坡秦墓墓主身份考》从塔儿坡秦人墓地与临潼赵背户村秦陵徭役刑徒墓葬的葬式情况，对两处墓葬群中墓主人的身份特征进行了比较研究④等等。

然而，从目前的情况看，仅从考古学的角度来研究秦徭役刑徒墓，而忽视其与秦朝社会经济史之间关系的研究，无疑是一个缺憾。有鉴于此，笔者愿从秦陵徭役刑徒墓所提供的人骨信息入手，来探讨秦王朝的人口性比例问题及其影响，以求教于方家。

众所周知，秦始皇陵墓的修筑在秦嬴政即位之后就开始了。据《史记·秦始皇本纪》记载秦始皇三十七年"九月，葬始皇郦山"时，追述"始皇初即位，穿治郦山。及并天下，天下徒送诣七十余万人，穿三泉，下铜而致椁，宫观百官奇器珍怪徙藏满之"，秦在统一六国后，"天下徒送诣七十余万人"，即当时使用了来自全国的刑徒70多万人来劳作；然《史记·秦始皇本纪》在秦始皇三十五年条下又记载："作宫阿房，故天下谓之阿房宫。隐宫徒刑者七十余万人，乃分作阿房宫，或作丽山。发北山石椁。乃写蜀、荆地材皆至。关中计宫三百，关外四百余"；据此而论，秦始皇修阿房宫和骊山秦始皇陵，使用"隐宫徒刑者七十余万人"；那么，秦始皇修阿房宫和骊山秦始皇陵是只使用了"隐宫徒刑者七十余万人"，还是单单修始皇陵就使用了"天下徒送诣七十余万人"呢？

---

① 陕西省考古研究所、临潼县文物工作队：《秦陵徭役刑徒墓》，陕西旅游出版社1992年版。
② 袁仲一：《秦始皇陵的考古发现与研究》，陕西人民出版社1986年版。
③ 张政烺：《秦汉刑徒的考古资料》，《历史教学》2001年第1期。
④ 谢高文：《咸阳塔儿坡秦墓墓主身份考》，《咸阳师范学院学报》2006年第3期。

第一章　从秦刑徒墓的发现看秦代的性比例问题及其影响

事实上，在秦陵东赵赵背户村所发现的徭役刑徒墓葬中的墓志文，却提供了与《史记·秦始皇本纪》所记载的秦始皇三十五年和三十七年条内容均异的材料。据相关研究者对徭役刑徒墓葬中出土的十八件刻有死者籍贯的所在地名、服役性质、爵名、死者姓名等项内容的残瓦的研究发现：八件瓦上实刻十九人。其记录格式与洛阳东汉刑徒墓砖不尽相同，但性质上都属于刑徒的墓志文；从已发现的瓦文材料看，涉及原三晋、齐、楚故地的十个县；瓦文所载的十九个死者中，有十人系服居赀劳役，其中有爵位的九人，包括公士三人、上造一人、不更五人，分别属于秦爵中的一等爵、二等爵和四等爵。未注明服役性质的九人中，有上造、不更各一人；"居赀"服役有两种情况：一是以服劳役的形式去偿付赀项（罚款）或赎免所犯的过错；一是用服劳役来抵偿所欠官府的债务。严格地说，"居赀"服役者并不等同于刑徒。但是，墓葬中埋有相当多的"居赀"服役者，他们同样被输往骊山筑陵，除了在是否带刑具等待遇上可能与刑徒存在某些差别外，实际上与刑徒的命运是没有什么不同的。所以，笼统地称之为刑徒，并无不可。①

针对同样的材料，陕西省考古研究所、临潼县文物工作队的专家们认为："志文的19人中，有10人的身份为居赀。居赀一词秦律中有不少记载，它是以用劳役的形式来抵偿罚款。所以在秦代，居赀也可以说是一种拘役名称。服居赀劳役的人员，大约有以下四种，一是无力偿还罚款的免任官吏，二是一些平民，三是私家奴隶，四是官府的隶臣妾。这四种人员中，根本无现任官吏和大地主贵族；秦代爵位分为20级，公士为一级，上造为二级，不更为四级，所以这些人，应是免任的下级小吏，尤其是公士和上造爵位，他们也可能是一般未曾任过职的自由民"；板瓦上所书写的"9个县名中，属于原来三晋的有东武、平田、杨民、平阴，属于原齐国的有博昌，属于原楚国的有兰陵、邹、赣榆。

---

① 中国社会科学院考古研究所：《新中国的考古发现和研究》，文物出版社1984年版，第389页。

第一编 从出土材料看汉魏时期的人口性比例问题

按今日的地域，属山东省的为四地，计10人，江苏省的一地1人；河南省的三地3人，河北省的一地3人，这些地域基本上都在原来秦国的东部"①。

从以上分属中国社会科学院考古研究所与陕西省考古研究所、临潼县文物工作队专家们的观点看，虽然关于"居赀"的类型、"居赀"与刑徒的关系、对有爵位死者身份类型的确认和死者籍贯所在县的数量存在差别外，其他的关于死者的身份，两者都认为在秦始皇陵劳作过的"七十余万"人中既有刑徒又有有爵位的平民。而这与《史记·秦始皇本纪》所记载的情况有很大的差别。这些差别表现在：其一，《史记·秦始皇本纪》三十五年条下为七十余万为"隐宫刑徒"；其二，三十七年条则明确为七十余万刑"徒"；其三，实际的发掘秦陵徭役刑徒墓葬的资料表明是平民服役和刑徒服刑两者皆有。而由此来看这种差别，实际上意味着秦始皇时代仅仅是在造骊山墓、修阿房宫的庞大工程时，使用了包括服徭役的平民、刑徒和隐宫者在内远远超出"七十余万"规模的劳动力。关于这一点，正如相关研究者所认为的那样，即依据20世纪70年代对秦始皇陵的调查钻探后发现，秦始皇"陵区范围面积大约60平方公里，尤其陵园内外，地面，地下各种建设工程所需工数，也应远远超出70万人次的劳动工日。"而且，他们还认为："70余万人完全容纳在山北麓的秦陵园内，显然是不可能的。若是按先后参加建陵工程的人次计，陵园建设持续38年之久。这样平均年用劳力尚不足两万人次，平均每日用劳也仅五六百人次。"②

但这种说法显然是有问题的：诚然70余万人劳动力不可能完全容纳在山北麓的秦陵园内，但以《史记·秦始皇本纪》三十五年条"或作丽山，发北山石椁。乃写蜀、荆地材皆至"和三十七年条"始皇初即位，穿治郦山。及并天下，天下徒送诣七十余万人，穿三泉，下铜而

---

① 陕西省考古研究所、临潼县文物工作队：《秦陵徭役刑徒墓》，陕西旅游出版社1992年版，第36页。

② 同上书，第41—42页。

第一章 从秦刑徒墓的发现看秦代的性比例问题及其影响

致椁,宫观百官奇器珍怪徙臧满之。令匠作机弩矢,有所穿近者辄射之。以水银为百川江河大海,机相灌输,上具天文,下具地理。以人鱼膏为独,度不灭者久之"和《皇览》曰:"坟高五十余丈,周回五里余①"的记载看,为了进行秦始皇陵的修建,在骊山60平方公里的地下、地面等大兴工程之外,还应包括"写蜀、荆地材"、冶铸青铜和水银、各种"宫观百官奇器珍怪"的采集与制作等各项工程,而这些工程也是需要大量劳动力来完成的。除此以外,阿房宫与秦陵两者之间也并不是毫无关系可言,至少"写蜀、荆地材"时木材、石料可两地并用;此外,在秦二世时期赦免以郦山徒攻打周章起义军之后,阿房宫的建设暂时停顿下来,而从阿房宫的建设工程撤下来的刑徒和服役者也参与了秦始皇陵的后期建设和覆土工程。关于这一点,正如《史记·秦始皇本纪》所载"二世还至咸阳,曰:'先帝为咸阳朝廷小,故营阿房宫。为室堂未就,会上崩,罢其作者,复土郦山。郦山事大毕,今释阿房宫弗就,则是章先帝举事过也。'复作阿房宫。外抚四夷,如始皇计②"。所以,我认为:通过把司马迁《史记》的记载与对秦陵徭役刑徒墓的研究的结果联系起来看,便不难得出秦始皇陵的修建所用劳动力,还有可能超过《史记·秦始皇本纪》所载"天下徒送诣七十余万人"的结论。

第二节 秦朝的人口性比例问题及其影响

如上所述,我们除了可以看到秦王朝为了建秦始皇陵,除了至少有"天下徒送诣七十余万人"的青壮劳动力参与进来之外,实际上,秦在统一六国之后,秦始皇所进行的大工程和大的战役还有许多。关于这一方面,正如《史记·秦始皇本纪》所记载:

---

① 《史记》卷6《秦始皇本纪》,中华书局1959年标点本,第223—294页。
② 同上。

第一编 从出土材料看汉魏时期的人口性比例问题

"秦初并天下"（公元前246年）后，即"北据河为塞，并阴山至辽东"修建了万里长城；又载"秦每破诸侯，写放其宫室，作之咸阳北阪上，南临渭；自雍门以东至泾、渭，殿屋复道周阁相属；所得诸侯美人钟鼓，以充入之"，而这些行宫的修建，应是在建阿房宫之前。

秦始皇二十七年，又"作信宫渭南，已更命信宫为极庙，象天极。自极庙道通郦山，作甘泉前殿。筑甬道自咸阳属之。"关于秦驰道的相关情况，又可参见《汉书·贾山传》所言"秦为驰道于天下，东穷燕、齐，南极吴、楚，江湖之上，滨海之观毕至。道广五十步，三丈而树，厚筑其外，隐以金椎，树以青松"的记载。

秦始皇二十八年"始皇东行郡县，上邹峄山"，封禅、立石；过蓬莱后，又"遣徐市发童男女数千人，入海求仙人"；过洞庭，"使刑徒三千人皆伐湘山树，赭其山。"

秦始皇二十九年，秦始皇再次出巡，史载"二十九年，始皇东游……登芝罘，刻石"而还；

秦始皇三十二年"始皇之碣石，……刻碣石门。坏城郭，决通堤防。……始皇巡北边，从上郡入。……乃使将军蒙恬发兵三十万人北击胡，略取河南地。"

秦始皇三十三年"发诸尝逋亡人、赘婿、贾人略取陆梁地，为桂林、象郡、南海，以适遣戍。西北斥逐匈奴。自榆中并河以东，属之阴山，以为三十四县，城河上为塞。又使蒙恬渡河取高阙、陶山、北假中，筑亭障以逐戎人。徙谪，实之初县。"

秦始皇三十四年，"谪治狱吏不直者，筑长城及南越地。"又《太平御览》卷571《乐部九·歌二》引"杨泉《物理论》曰：始皇起骊山之冢，使蒙恬筑长城，死者相属。民歌曰：'生男慎勿举，生女哺用脯。不见长城下，尸骸相支柱'。"应是秦始皇暴政的真实写照。

秦始皇三十五年，"除道。道九原抵云阳，堑山堙谷，直通之。于是始皇以为咸阳人多，先王之宫廷小，吾闻周文王都丰，武王都镐，丰、镐之间帝王之都也。乃营作朝宫渭南上林苑中。先作前殿阿房，东

第一章　从秦刑徒墓的发现看秦代的性比例问题及其影响

西五百步,南北五十丈,上可以坐万人,下可以建五丈旗。周驰为阁道,自殿下直抵南山。表南山之颠以为阙。为复道,自阿房渡渭,属之咸阳,以象天极阁道绝汉抵营室也。阿房宫未成,成欲更择令名名之。作宫阿房,故天下谓之阿房宫。隐宫徒刑者七十余万人,乃分作阿房宫,或作丽山。发北山石椁。乃写蜀、荆地材皆至。关中计宫三百,关外四百余。"

秦始皇三十七年,秦始皇再次出巡,史载"三十七年十月癸丑,始皇出游。左丞相斯从,右丞相去疾守。少子胡亥爱慕请从,上许之。十一月,行至云梦,望祀虞舜于九疑山。浮江下,观籍柯,渡海渚。过丹阳,至钱唐。临浙江……上会稽,祭大禹,望于南海,而立石刻……还过吴,从江乘渡。……至之罘,见巨鱼,射杀一鱼。遂并海西……七月丙寅,始皇崩于沙丘平台……九月,葬始皇郦山……二世曰:'先帝后宫非有子者,出焉不宜。'皆令从死,死者甚众。葬既已下,或言工匠为机,藏皆知之,藏重即泄,大事毕,已藏,闭中羡,下外羡门,尽闭工匠藏者,无复出者。树草木以象山"。

胡亥继立秦二世后,便于"春,二世东行郡县,李斯从。到碣石,并海,南至会稽,而尽刻始皇所立刻石,石旁著大臣从者名,以章先帝成功盛德焉……至辽东而还";

秦二世二年(公元前208年)"四月,二世还至咸阳,复作阿房宫。外抚四夷,如始皇计。尽征其材士五万人为屯卫咸阳,令教射狗马禽兽。当食者多,度不足,下调郡县转输菽粟刍稿,皆令自赍粮食,咸阳三百里内不得食其谷。用法益刻深。……二年冬,陈涉所遣周章等将西至戏……二世乃大赦天下,使章邯将,击破周章军而走……"

以上仅是从《史记·秦始皇本纪》所记载的秦统一六国后(公元前246年)至秦二世二年(公元前208年)间所兴起的大役的情况。另外,据《史记·秦始皇本纪》三十三条下注引徐广言秦王朝征岭南时用"五十万人守五岭"。在秦始皇三十四年条下注引《律说》记载:"'论决为髡钳,输边筑长城,昼日伺寇虏,夜暮筑长城'。城旦,四岁

第一编 从出土材料看汉魏时期的人口性比例问题

也。"《史记·淮南衡山列传》记载秦始皇时"使尉佗逾五岭攻百越。尉佗知中国劳极,止王不来,使人上书,求女无夫家者三万人,以为士卒衣补。秦皇帝可其万五千人。①"又《史记·平津侯主父传》记载秦始皇统一六国后"秦祸北构于胡,南挂于越,宿兵无用之地,进而不得退。行十余年,丁男披甲,丁女转输,苦不聊生,自经于道树,死者相望②"。

由此看秦王朝在始皇元年到二世二年的短短28年中,除修建秦始皇陵时动用"天下徒送诣七十余万人"以外,有明确的记载还有修阿房宫时动用"隐宫刑徒七十余万"、又使蒙恬将三十万人北取"河南地"和征服岭南动用"五十万人守五岭"等,如果再加上开驰道、修长城、通运河、维护正常的中央政府及各级郡县行政事务运行的人员和陪护秦始皇、二世多次巡游天下,故此,有专家推测每年秦王朝在外服役的青壮男性会有200万人以上③;而我认为如果再加上女性服役人口,当时秦王朝每年的青壮男女服役和服刑人口将在300万以上。由于秦王朝每年要有300万人在外服役,这就必然占用此300万人的婚育时间,从而形成因延缓婚育时间而造成的人口性比例失调问题;同时,由于繁重的劳动、漫长的刑期和恶劣的生存环境,许多服役和服刑者非自然死亡,如秦陵徭役刑徒墓所反映的那样。此外,还有大量身受腐刑的"隐宫"者,从身受腐刑的那一天起,就意味着永远丧失生育的机会;如果再加上秦始皇三十三年征服岭南后,有大约五十万的"七科谪"和"中县之民"被征发谪戍岭南,随着秦末农民战争的兴起和南越国的建立,他们则永远丧失与家人团聚的机会④;而这些所发生的情况都必然会形成因劳累、服刑至死、战争直接杀死、病死和人为隔绝而形成的绝

---

① 《史记》卷118《淮南衡山列传》,中华书局1959年标点本,第3075—3098页。
② 《史记》卷112《平津侯主父列传》,中华书局1959年标点本,第2949—2966页。
③ 白寿彝、高敏、安作璋:《中国通史·秦汉史卷(第5卷)》,上海人民出版社1995年版,第230页。
④ 高凯:《从人口性比例失调看南越国的建立与巩固》,载文化部客家研究所《佗城开基客安家》,中国华侨出版社1997年版,第168—179页。

第一章 从秦刑徒墓的发现看秦代的性比例问题及其影响

对性的人口性比例失调问题。故此,这些人口性比例失调问题的出现,必然对秦王朝的人口繁衍造成极大的危害!

关于秦王朝刚统一六国时和秦灭亡时的全国人口数,不仅是近几十年来学术界普遍关注的问题,而且早在一千多年前即有古代学者关注。如范晔《后汉书》无志,刘昭为之作注时,将司马彪《续汉书》中"八志"补入《后汉书》;其中在《后汉书·郡国志》中刘昭注引西晋皇甫谧《帝王世纪》一书,其中即谈到皇甫氏对自传说时期的黄帝、三代、春秋、战国、秦汉乃至曹魏时期人口数量与垦田之数关系的认识。其中涉及春秋、战国及秦汉时期,皇甫氏其言称:

> 当春秋时,尚有千二百国。二百四十二年之中,杀君三十六,亡国五十二,诸侯奔走不得保社稷者,不可胜数。至于战国,存者十余。于是从横短长之说,相夺于时,残民诈力之兵,动以万计。故崤有匹马之祸,宋有易子之急,晋阳之国,县釜而炊,长平之战,血流漂卤。周之列国,唯有燕、卫、秦、楚而已。齐及三晋,皆以篡乱,南面称王。卫虽得存,不绝若线。然考苏、张之说,计秦及山东六国,戎卒尚存五百余万,推民口数,尚当千余万。及秦兼诸侯,置三十六郡,其所杀伤,三分居二;犹以余力,行参夷之刑,收太半之赋,北筑长城四十余万,南戍五岭五十余万,阿房、骊山七十余万。十余年间,百姓死没相踵于路。陈、项又肆其余烈,故新安之坑,二十余万,彭城之战,睢水不流。至汉祖定天下,民之死伤,亦数百万。是以平城之卒,不过二十万,方之六国,五损其二。
>
> 自孝惠至文、景,与民休息,六十余岁,民众大增,是以太仓有不食之粟,都内有朽贯之钱。武帝乘其资畜,军征三十余岁,地广万里,天下之众亦减半矣。及霍光秉政,乃务省役,至于孝平,六世相承,虽时征行,不足大害,民户又息。元始二年,郡、国百三,县、邑千四百八十七,地东西九千三百二里,南北万三千三百

第一编 从出土材料看汉魏时期的人口性比例问题

六十八里,定垦田八百二十七万五百三十六顷,民户千三百二十三万三千六百一十二,口五千九百一十九万四千九百七十八人,多周成王四千五百四十八万五十五人,汉之极盛也①。

关于皇甫氏所认定的人口数,单以近现当代学者的评判看,即可明显分为两方:其一,以陈彩章的《中国历代人口变迁之研究》②,胡焕庸的《人口研究论文集》③,赵文林、谢淑君的《中国人口史》④,袁祖亮的《中国古代人口史专题研究》⑤ 等学者的中国人口史专著为代表,对皇甫氏的观点均持肯定态度;其二,宋镇豪《夏商社会生活史》⑥,王育民《中国人口史》⑦,姜涛《人口与历史——中国传统人口结构研究》⑧,路遇、滕泽之的《中国人口通史》⑨ 和葛剑雄主编的《中国人口史》⑩ 等则持基本否定或完全否定态度。如葛剑雄在其主编的《中国人口史·先秦至秦时期的人口数量》一节,对除陈彩章、路遇及滕泽之以外的各家说法做出了评判之外,还认为皇甫谧之说完全是于史无证的。

拙见以为,无论西晋皇甫谧之说,还是杜佑《通典》之言,都应是古人历史研究的一个片断而已,代表的只是前人认识中国历史上某一现象的一个过程。与之相关的是,我们今天之所以有诸多学者对皇甫

---

① 《后汉书》志19《郡国志》,中华书局1965年标点本,第3385—3554页。
② 陈彩章:《中国历代人口变迁之研究·人口增殖》,商务印书馆1946年版,第15页。
③ 胡焕庸:《人口研究论文集·中国人口史提要》,华东师范大学出版社1983年版,第30页。
④ 赵文林、谢淑君:《中国人口史》,人民出版社1988年版。
⑤ 袁祖亮:《中国古代人口史专题研究·中国古代人口规模发展变化及其规律》,中州古籍出版社1994年版。
⑥ 宋镇豪:《夏商社会生活史·人口》,中国社会科学出版社1994年版,第99页。
⑦ 王育民:《中国人口史·先秦时期中原及其周围地区的人口》,江苏人民出版社1995年版,第43—50页。
⑧ 姜涛:《人口与历史——中国传统人口结构研究》,人民出版社1998年版。
⑨ 路遇、滕泽之:《中国人口通史》,山东人民出版社1999年版,第16—19页。
⑩ 葛剑雄:《中国人口史·先秦至秦时期的人口数量》,复旦大学出版社2002年版,第265—274页。

第一章　从秦刑徒墓的发现看秦代的性比例问题及其影响

谧之说给予充分肯定，想必皇甫氏之说尚有可信的成分存在。如皇甫氏有言"考苏、张之说"，以长沙马王堆三号汉墓所出《战国纵横家书》而言，它是一部纵横家苏秦等人的书信、说辞的古佚书。可见，至少在西汉初年，社会上仍流行着以苏秦等人的游说之辞为主的战国纵横家言论的辑本[①]；而此辑本亦可能流传于西晋时期。同时，至少以《史记·秦始皇本纪》等正史的记载和考古的发掘资料表明，秦始皇也确实大量征用过服役人员和刑徒参与秦王朝的许多大工程和大的战役，以致大大地损耗秦王朝的人口，延缓了当时的人口繁衍；至于当时到底有多少人，已经是不那么重要的事情了。因为，关于秦王朝灭六国之后的人口数量，范文澜《中国通史简编》持两千万左右说[②]。此说多为现当代各种版本的中国通史所沿用：如白寿彝、高敏、安作璋所主编《中国通史·秦汉史卷》[③]。赵文林、谢淑君《中国人口史》认为"秦末汉初已降到二千万以下"，故此他们亦认为"一些历史学家从不同角度估计秦初有两千多万人口，还是比较恰当的"[④]。王育民《中国人口史》认为战国人口在二千万左右，秦王朝因为开拓疆土的原因，人口没有减少，而应有二千多万人[⑤]。袁祖亮《中国古代人口史专题研究》认为：三代时期全国人口有1300多万，到战国时期人口增加3倍，故此推测"战国后期的全国人口约有3000万"[⑥]。路遇、滕泽之的《中国人口通史》则认为战国时期的人口应有"二千五六百万"，到战国中期的人口约有2630万[⑦]；而秦王朝初年有2000万人[⑧]。葛剑雄《中国人口史》

---

① 岳南：《西汉亡魂——马王堆汉墓发掘之谜》，新世界出版社1992年版，第412—418页。
② 范文澜：《中国通史简编》，人民出版社1964年版，第18页。
③ 白寿彝、高敏、安作璋：《中国通史·秦汉史卷（第5卷）》，上海人民出版社1995年版，第230页。
④ 赵文林、谢淑君：《中国人口史》，人民出版社1988年版，第20—21页。
⑤ 王育民：《中国人口史》，江苏人民出版社1995年版，第78页。
⑥ 袁祖亮：《中国古代人口史专题研究·中国古代人口规模发展变化及其规律》，中州古籍出版社1994年版，第36页。
⑦ 路遇、滕泽之：《中国人口通史》，山东人民出版社1999年版，第46—50页。
⑧ 同上书，第73—75页。

第一编 从出土材料看汉魏时期的人口性比例问题

则认为秦王朝初年人口可能接近4000万，而秦始皇去世时的人口至少应有3000—3600万，西汉初年人口有1500—1800万[①]。

从以上诸家之说看，由于存在于史无证的缺憾，故以上诸家之说均为推论。而且，无论是议论秦王朝初年及末年人口者，还是议论汉初人口者，其中心都只涉及秦王朝对青壮男性劳动力的大量使用问题。然而，从《史记》《汉书》的相关记载和近年秦陵徭役刑徒墓的发掘情况看，实际上秦王朝时期大工程和战争的后勤保障队伍中都有着青壮女性的身影。如《史记·淮南衡山列传》中赵佗向秦始皇提出"求女无夫家三万人以为士卒衣补，秦皇可其万五千人"的记载以及《史记·平津侯主父传》记载秦始皇统一六国后"秦祸北构于胡，南挂于越，宿兵无用之地，进而不得退。行十余年，丁男披甲，丁女转输，苦不聊生，自经于道树，死者相望[②]"。故此，我认为：大量青壮男性和大量育龄妇女进入服役队伍，必然影响到人口的正常繁衍，而秦初如有2000万以上人口，经过秦王朝末年，人口可能下降到1800万，而经过秦末到汉初的楚汉战争之后，汉初人口可能降至1200万左右，这应是符合历史事实的。

总之，从秦始皇陵徭役刑徒墓的发掘看，秦王朝每年确实使用200万以上的青壮男性参与各种大工程和大战役；如果再加上大量育龄妇女进入这些服役人的队伍，那么可能当时青壮年服役男女会达到300—400万，如果再加上徭役及战争中病死、累死或被杀因素，就必然会造成各种类型的人口性比例失调问题，必定会严重地影响了秦王朝正常的人口繁衍，从而最终危及秦王朝及汉初社会的安定与发展。

[①] 葛剑雄：《中国人口史·先秦至秦时期的人口数量》，复旦大学出版社2002年版，第300—304页。

[②] 《史记》卷112《平津侯主父列传》，中华书局1959年标点本，第2949—2966页。

第二章 从居延汉简看汉代的"女户"问题

1930年4月，由中国和瑞典联合组成的西北科学考察团，在我国额济纳河两岸和黑城的卅井塞首次发现汉简一万余枚；1973—1974年夏秋季，由甘肃省博物馆等单位组成的居延考古队，又在甲渠候官（破城子）、甲渠塞第四隧和肩水金关等新发掘出土汉简近两万枚。这两批汉简就是在20世纪秦汉史研究中占据极为重要地位的、著名的"居延汉简"。关于居延汉简的性质，正如《居延汉简释文合校·前言》中所言：它是属于汉代张掖郡肩水和居延都尉两辖区的行政文书档案，为研究两汉时期的政治、经济、军事和典章制度等方面，提供了极为珍贵的第一手资料[①]。

自1930年和1974年相继发现大批居延汉简以来，国内外出版了大量有重要参考价值的论著。据不完全统计，仅与1930年所发现的居延汉简有关的释文、考证、图版、论文和专著，就多达数百种；如果再加上对1974年所新发现的居延汉简的研究，相关的论著已有上千种[②]。然而，从对前人及今人的研究状况看，就居延汉简来研究特定地理环境下

---

① 谢桂华、李均明、朱国炤：《居延汉简释文合校》，文物出版社1987年版，第1—2页。
② 初世宾、李永平：《居延新简研究著作、论文目录》，简帛研究网2005年1月15日。张国艳：《居延汉简论著目录》，简帛研究网2005年4月30日。

第一编 从出土材料看汉魏时期的人口性比例问题

土壤微量元素的变化与汉代边关戍卒的疾病状况及其与汉代"女户"的关系问题，前人及今人都没有很明确地做过。有鉴于斯，笔者愿就此提出浅薄的见解。

关于两汉时期居延地区土壤微量元素的变化与汉代边关戍卒的疾病状况及其与汉代"女户"的关系问题，我认为：两汉时期居延地区和当时中国北方的其他地区一样，经历了从西汉中期之前比较温暖、湿润的阶段到之后逐渐趋于寒冷的时期，在这一大的气候变动和人为因素的双重作用下，居延的地理环境发生变化，土壤微量元素有效锌含量减少，造成居延边关戍卒疾病和死亡现象增多，进而带来因成年戍卒死亡而形成的两汉时期的"女户"问题；为了逐步展开我的讨论，拙文拟从关于居延汉简疾病问题的学术回顾、两汉时期居延地区的地理环境及历史气候变化、两汉时期居延地区土壤微量元素有效锌的变化及其规律、两汉时期居延地区微量元素与戍卒的疾病及死亡问题的关系、两汉时期"女户"问题的由来等几个方面来论述。

第一节 学术回顾及两汉时期居延地区的地理环境概况

从目前不完全统计的资料看，关于学术界利用居延汉简的材料来研究汉代边关戍卒的疾病和死亡状况的论著，大致有罗福颐《祖国最古的医方》[1]、陈直《玺印木简中发现的古代医学史料》[2]、张寿仁《居延汉简、敦煌汉简中所见之病例与药方值》[3]、马明达《汉代居延边塞的医药制度》[4]、戴应新《解放后考古发现的医药资料考述》[5]、李均明《居

---

[1] 罗福颐：《祖国最古的医方》，《文物参考数据》1956年第9期。
[2] 陈直：《玺印木简中发现的古代医学史料》，《科学史集刊》1958年第1期。
[3] 张寿仁：《居延汉简、敦煌汉简中所见之病例与药方值》，《简牍学报》1978年第6期。
[4] 马明达：《汉代居延边塞的医药制度》，《甘肃师大学报》1980年第4期。
[5] 戴应新：《解放后考古发现的医药资料考述》，《考古》1983年第2期。

延汉简中的"病书"牒》①、徐元邦《居延汉简中所见记吏卒病伤述略》②、张寿仁《居延汉代医简之证、方、药值再探》③、孙其斌《〈居延汉简〉中的医务制度》④、赵宇明、刘海波《〈居延汉简甲乙编〉中医药史料》⑤、高大伦《居延汉简中所见疾病和疾病文书考述》⑥、李振宏《汉代居延屯戍吏卒的医疗卫生状况》⑦、李戎《居延汉简医、药、伤、病简文整理研究报告》⑧、张寿仁《居延医方略论稿——居延新简》⑨、孙其斌《〈居延新简〉中的医药简》⑩、王子今《居延汉简所见"戍卒行道物故"现象》⑪ 等⑫，或以新闻形式加以报道，或通过材料排比进行研究，或以传世文献相印证，或如李振宏、王子今文分别计算出当时戍卒的疾病率和死亡率，从而取得了许多发人深省的成果。

然而，无论是肯定汉代边关具有详备的医疗卫生制度者，还是认定汉代边关环境恶劣，士卒多生病、死亡现象者，都没有深入探讨过居延地区当时的地理环境，尤其是在西汉中期气候变化以后，当地地理环境下土壤微量元素变化对汉代边关士卒生命健康所造成的威胁；同时，两汉时期西北边关屯戍将士的高死亡率，必然造成因丈夫、儿子死亡而形成的"女户"问题。有鉴于此，我以为再就居延汉简所提供的士卒疾病、亡故的材料做进一步的分析，或可推进与之相关的汉代"女户"问题的研究。

---

① 李均明：《居延汉简中的"病书"牒》，《文物天地》1988年第2期。
② 徐元邦：《居延汉简中所见记吏卒病伤述略》，《中国历史博物馆馆刊》1989年第12期。
③ 张寿仁：《居延汉代医简之证、方、药值再探》，《简牍学报》1985年第9期。
④ 孙其斌：《〈居延汉简〉中的医务制度》，《中华医史杂志》1993年第2期。
⑤ 赵宇明、刘海波：《〈居延汉简甲乙编〉中医药史料》，《中华医史杂志》1994年第3期。
⑥ 高大伦：《居延汉简中所见疾病和疾病文书考述》，《简牍学研究》1998年第2期。
⑦ 李振宏：《汉代居延屯戍吏卒的医疗卫生状况》，《中原文物》1999年第4期。
⑧ 李戎：《居延汉简医、药、伤、病简文整理研究报告》，《医古文知识》2001年第4期。
⑨ 张寿仁：《居延医方略论稿——居延新简》，《国际简牍学会刊》2001年第3期。
⑩ 孙其斌：《〈居延新简〉中的医药简》，《甘肃中医》2002年第4期。
⑪ 王子今：《居延汉简所见"戍卒行道物故"现象》，《史学月刊》2004年第5期。
⑫ 张国艳：《居延汉简论著目录》，简帛研究网2005年4月。

第一编 从出土材料看汉魏时期的人口性比例问题

汉代居延地区位于今内蒙古自治区阿拉善盟管辖的阿拉善高原荒漠地带，汉代时隶属于张掖郡；而张掖是汉武帝打败居于河西走廊的匈奴浑邪王后、于元鼎六年之后相继设置的管辖匈奴故地的河西四郡之一。关于这一点，正如《史记·平准书》汉武帝元鼎六年所载："初置张掖、酒泉郡，而上郡、朔方、西河、河西开田官，斥塞卒六十万人戍田之。中国缮道馈粮，远者二千，近者千余里，皆仰给大农。边兵不足，乃发武库工官兵器以赡之。"

关于汉代居延地区的古地理环境状况，从《文献通考·舆地考八》甘州条记载："《禹贡》曰'导弱水，至于合黎，余波入于流沙'即此地也。又黑水之所出焉。春秋及秦，并为狄地。汉初，为匈奴所居，武帝开之，置张掖郡。后汉、魏、晋并同。沮渠蒙逊始都于此"；其下注文称："合黎水、弱水并在张掖县界。其北又有居延泽，即古流沙也"；到宋代时仍有"麝香、野马革、冬柰、枸杞实"等物产。从文献的记载看，说明至少宋代之前，居延地区既有流沙，又有居延泽的存在；而有贡品"冬李、枸杞实"的存在，亦说明此地有灌丛存在。然而，参考古地理学家于1983年对内蒙古额济纳旗的汉代烽燧遗址的考察结果：地处巴丹吉林沙漠北缘，额济纳河下游的汉代居延地区，现代植被却属温带荒漠区，植物区系成分和植被组成均以适应荒漠环境的植物科属为特征，其中麻黄、白刺、藜、藁是其重要的区系成分。通过在烽燧遗址距地表30—80cm之间地层出土的"建平四年（公元前6年）"和"河平四年（公元前28年）"的汉简看，可证明该地层是形成于汉哀帝到汉成帝期间的西汉晚期堆积。同时，通过对地层中孢粉的分析，发现西汉晚期的花粉组合中以沼生、水生植物香蒲、眼子菜的花粉占优势（64.4%），其次是旱生的禾本科。这说明该地区尚有一定偏淡的湖沼，但缺少森林，有中旱生的草本或小灌木，也可能种植禾本科谷物。同时，亦说明内蒙古额济纳旗地区在汉代的气候较今温暖而湿润一些，周围环境中水源也比较充足[①]。由

---

① 张丕远：《中国历史气候变化》，山东科学技术出版社1996年版，第53—56页。

此看来，西汉武帝设张掖郡，置居延塞的时候，居延地区还是远较今天温暖、湿润，有河流湖泊存在的比较适合人类生产、生活的农牧交错地区。

第二节 两汉时期居延地区的历史气候变化

关于历史上气候的变化，宋代沈括和明代刘献廷早有怀疑，清末以后欧美气象学家和地理学家亨丁顿、苏韦佩、斯文赫定、魏特夫等人也曾研究过中国历史气候问题①。在20世纪二三十年代，中国老一辈学者中也不乏开始研究历史时期气候的先驱者。如1920年蒙文通先生即发表《中国古代北方气候考略》一文②；之后，竺可桢先生在1926年发表《中国历史上气候的变迁》一文③；1944年还有胡厚宣先生《气候变迁与殷代气候之检讨》发表④。然而，真正在科技史占据重要地位，并由此引发对中国历史时期气候的变化进行大规模研究热潮的还是竺可桢于1972年发表在《考古学报》杂志上的"中国近五千年来气候变迁的初步研究"一文。

竺可桢认为：公元前3000—前1100年，黄河流域的年均温度较今约高摄氏2℃，冬季温度则高3℃—5℃；西周初期还较为温暖，但至周孝王时（发生在前903和前897年）有两次汉江结冰现象，表明公元前10世纪处于寒冷期。到春秋、战国时期气候再次变暖。关于秦汉、三国时期的气候变化，竺可桢认为：直到公元之初，历史气候"有趋于寒冷的趋势。……但东汉的冷期时间不长"，"三国时期气候比西汉武帝时代寒冷"⑤。然而，又有台湾学者刘昭民认为：中国秦汉时期的气候变化，实际上从西汉末年即已开始；从西汉末至隋初（即汉成帝建始四

---

① 刘昭民：《中国历史上气候之变迁》，台湾商务印书馆1982年版，第1—2页。
② 蒙文通：《中国古代北方气候考略》，《史学杂志》1920年第3期。
③ 竺可桢：《中国历史上气候的变迁》，《中国科学社论文集》，中国科学社1926年版，第1—12页。
④ 胡厚宣：《气候变迁与殷代气候之检讨》，《中国文化研究汇刊》1944年第10期。
⑤ 竺可桢：《中国近五千年来气候变迁的初步研究》，《考古学报》1972年第1期。

第一编 从出土材料看汉魏时期的人口性比例问题

年到隋文帝开皇二十年，前29年—公元600年）"气候转寒旱，为中国历史上第二个小冰河期"，反映在"在史书记载中只有大寒大雪及大旱之记录，而无'冬无雪'、'夏大燠'，或'冬暖无冰'等之记载，可见当时气候寒旱之甚"①。另有中国大陆学者提出"公元前2世纪中叶至2世纪末（西汉中叶到东汉末时期）为温暖气候；3世纪初至6世纪中叶（魏晋南北朝）为一寒冷气候，随后转至隋至盛唐的温暖气候"的观点。此说与竺可桢先生及刘昭民的观点差异甚大②。

但根据《汉书》及《后汉书》的记载，从汉"文景之治"后，恶劣气候变化之现象确实屡见于史籍。如《汉书》卷27《五行志》中记载："文帝四年六月，大雨雪……武帝元光四年四月，陨霜杀草木……武帝元狩元年十二月，大雨雪，民多冻死……元鼎二年三月，雪，平地厚五尺……元鼎三年三月水冰，四月雨雪，关东十余郡人相食……元帝建昭二年十一月，齐、楚地大雪，深五尺……建昭四年三月，雨雪，燕多死……阳朔四年四月，雨雪，燕雀死……元帝永光元年三月，陨霜杀桑；九月二日，陨霜杀稼，天下大饥"等反常气候的出现和对当时社会所造成的影响即明证③。又《后汉书》卷30《襄楷传》亦记载：桓帝延熹九年"其冬大寒，杀鸟兽，害鱼鳖，城傍竹柏之叶有伤枯者。"④又《后汉书》卷105《五行志·大寒》三记载："灵帝光和六年冬，大寒，北海、东莱、琅琊井中冰厚尺余。……献帝初平四年六月，寒风如冬时。"⑤ 这说明西汉中期以后至东汉时期的气候确实处于经常性的波动当中，确有渐趋寒冷的过程。

以上所述，主要是汉魏时期中原地区的气候变化，而具体到位于今内蒙古自治区阿拉善高原之上居延塞的气候，肯定也会随中原地区气候恶化的趋势而有渐趋寒冷的变化过程。而与之相对应的是在《汉书·晁

---

① 刘昭民：《中国历史上气候之变迁》，台湾商务印书馆1982年版，第69—70页。
② 张丕远：《中国历史气候变化》，山东科学技术出版社1996年版，第430—431页。
③ 《汉书》卷27《五行志》，中华书局1962年标点本，第1424—1427页。
④ 《后汉书》卷30《襄楷传》，中华书局1965年标点本，第1076页。
⑤ 《后汉书》卷105《五行志》，中华书局1965年标点本，第3313页。

第二章 从居延汉简看汉代的"女户"问题

错传》中的记载,实际说明即使是在气候较为温暖、湿润的秦王朝,由于秦卒屯戍于纬度相同地区的"胡貉之地",也有"木皮三寸,冰厚六尺",而"秦之戍卒不能其水土,戍者死于边,输者偾于道"的记载①。

此外,关于两汉时期居延地区的气候条件,我们还可以参考20世纪四五十年代苏联学者彼斯帕洛夫对蒙古国气候和环境研究的成果。今蒙古国南部的戈壁地区,即两汉时期正史中经常提及的"大幕"地区,据20世纪四五十年代的气温、降水调查情况看:7月的戈壁绝对最高温度常常达39℃—40℃。相反地,戈壁的冬季最低温度在-35℃左右,远远低于同纬度地区。季节性降水是今蒙古戈壁气候的第二个重要特征:蒙古国南部戈壁的年平均降水不超过110mm—130mm,夏季降水量最大,且普遍以暴雨的形式降下;春、秋两季较少,冬季最少,只有4mm—7mm。同时,与汉代居延相连的南部戈壁地区,每年4—5月间白天温度达22℃—23℃,凌晨常降至-4℃—6℃;北部4月凌晨可达-10℃;5月上旬,戈壁上强烈变热达25℃—35℃,但这一时期草木尚未萌发,而且北风烈烈,风力常达最大速度。7—8月为夏季,干燥无风。9月—10上旬为秋季。10月中下旬小溪和河流结冰②。由此我们不难看出:虽然汉代居延地区有河流、湖泊存在,且比较适合屯戍,但从其北部毗邻的今蒙古国南部的大面积戈壁、荒漠环境和干旱、少雨、多风以及夏季酷热、冬季漫长而寒冷的气候特征看,居延地区的生存环境实际上十分恶劣,并且不太适合大规模屯戍活动的开展。按照西汉武帝前中原地区气候年均温度较今约高2℃、冬季温度则高3℃—5℃的变化规律看③,秦王朝至西汉前期的居延地区,应该较现在温暖、湿润一些,但终不能改变冬季严寒、夏季酷热,降水少和蒸

---

① 《汉书》卷49《晁错传》中华书局1962年标点本,第2296页。
② [苏]彼斯帕洛夫:《蒙古人民共和国的土壤》,方文哲译,科学出版社1959年版,第22—24页。
③ 竺可桢:《中国近五千年来气候变迁的初步研究》,《考古学报》1972年第1期。

第一编　从出土材料看汉魏时期的人口性比例问题

发量大的基本气候特点。至于在公元前1世纪至东汉时期北半球气候日趋寒冷之后，居延地区的气候肯定更加恶劣。同时，由于公元前1世纪至东汉时期北半球气候日趋寒冷这一气候的重大变化，远在今蒙古国北部地区的匈奴也必然由此加剧了对东汉王朝边关的骚扰和冲击，以致东汉王朝不得不于公元39年将雁门、代郡、上谷三边郡居民迁居常山关（今河北唐县西北倒关马）、居庸关以东[①]。另据学者对居延新简的研究发现，居延新简所反映的汉王朝年号始于西汉武帝太始年间（公元前93—96年），止于东汉和帝永元年间（公元89—105年）[②]。可见，居延烽燧的设置时间不应晚于汉武帝太始年间，汉军撤离居延塞的时间当在东汉和帝年间。而东汉之所以放弃长期驻守之居延塞，除了因为王莽新朝对匈战争政策所造成的后果外，还应与气候变冷、生存环境恶化、军队后勤保障困难和北匈奴频繁侵扰不无关系。

第三节　两汉时期居延土壤微量元素的变化及其规律

众所周知，人体是由40多种元素组成的，可根据这些元素在体内的含量多少大致将其分成常量与微量两大类。其中常量元素，占人体体重的99.5%，它们包括碳、氢、氧、磷、硫、钙、钾、镁、钠、氯等10余种，主要构成机体组织，并在体内起电解质作用；微量元素，只占人体体重的0.5%，它们包括铁、铜、锌、铬、钴、锰、镍、锡、硅、硒、钼、碘、氟、钒等14种。这些所谓的人体微量元素在体内的含量虽然微乎其微，但却能够起到非常重要的生理作用[③]。然而，人体内微量元素与土壤微量元素是两个不同的概念范畴，但由于人类生活在生物圈中，人类就必定要与周围环境的所有成分发生关系，即人类与生

[①] 邹逸麟：《中国历史地理概述》，上海教育出版社1996年版，第103—104页。
[②] 李振宏、孙英民：《居延汉简人名编年》，中国社会科学出版社1997年版，第1—2页。
[③] 王夔：《生命科学中的微量元素》，中国计量出版社1996年版，第13—15页。

物圈、水圈、大气圈和岩石圈中的无机物会产生频繁的交换关系；而且，在生物圈中，人类生存最基本的条件都来自于土壤，所以，与人类生活有着最密切关系的土壤以及土壤中的微量元素水平必定要决定着生长、生活于此的人类本身和其周围所赖以生存的动植物体内的微量元素水平，也必定会影响到人类自身的疾病和死亡等问题。同时，医学研究的成果表明：虽然人体微量元素有铁、铜、锌、铬、钴、锰、镍、锡、硒、钼、碘、氟、镉、钒等14种之多，但各元素在人类的生存和再生产繁衍中所起的生理作用各不相同[1]。例如锌是构成人体26种必需元素之一和14种微量元素中唯一没有生理毒性的元素，与人体中80多种酶的活性有关；它不仅参与200多种酶、核酸及蛋白质的合成，而且与DNA、RNA聚合酶关系密切；锌可通过含锌酶的作用，促进核酸和蛋白质的合成，加速激素的产生和释放，进而促进细胞的生长和分裂；锌能改善食欲及消化机能；缺锌会提高大肠癌、肺癌、肝癌等肿瘤的发生率，会导致神经衰弱等。可见，微量元素锌不仅是人体生长发育过程的必需物质，还是癌症、冠心病等疑难杂症的防治因子和预防胎儿畸形的重要元素[2]。有鉴于此，本节拟主要探讨一下居延地区土壤微量元素有效锌的变化及其变化规律问题。

自然科学的研究成果证明：土壤微量元素有效锌的变化与成土母质、河水、大气、有机质含量、土壤酸碱度（pH值）以及人类不合理的开发与利用密切相关。为此，我们可以根据土壤微量元素有效锌的变化规律与国家在20世纪八九十年代所进行的内蒙古自治区土壤微量元素含量的调查资料相结合，来了解两汉时期居延地区土壤微量元素有效锌含量及其变化规律。

如前所述，两汉时期居延地区属于由今阿拉善盟管辖的阿拉善高

---

[1] 王夔：《生命科学中的微量元素》，中国计量出版社1996年版，第9页。
[2] 徐国平：《妊娠与锌营养》，《国外医学卫生学分册》1988年第1期；涂明华、王野坪：《微量元素锌的生理作用及其临床》，《九江医学》1995年第3期；管宁等人：《微量元素锌与儿科疾病》，《微量元素与健康研究》1995年第3期。

第一编 从出土材料看汉魏时期的人口性比例问题

原荒漠地带。灰漠土、灰棕漠土是这一地区主要的土壤类型，其土壤成土母质、pH值、有机质含量、降水量、蒸发量和有效锌值分别是：（一）灰漠土是发育在温带沙漠边缘地区的地带性土壤，属荒漠土范畴，是内蒙古西部分布广泛的土壤类型；它以贺兰山为界，北起东经107度的中蒙国界，东经狼山西侧，绕过乌兰布和沙漠东缘，向西南止于甘肃景泰。这条界线以东属荒漠化草原地带，以西属草原化荒漠地带；在内蒙古境内主要分布在巴彦淖尔市、乌兰布和沙漠边缘和阿拉善左旗的东、中部，占自治区总面积的2.24%；气候属于温带干旱荒漠气候带，干旱、少雨、多风沙是其气候特征，年降水量100—150mm，蒸发量是降水量的10倍以上；植被属草原化荒漠，地表多砂质，属于无径流区，地下水质差且矿化度高；土壤有机质平均含量在3.5k—5g/kg之间，pH值在8.8—9.2之间；有效锰3.65mg/kg，有效锌0.34mg/kg，属极缺土壤[①]。（二）灰棕漠土是我国西北荒漠地区重要的土壤类型之一，它广泛分布在内蒙古自治区、甘肃省、青海省及新疆维吾尔自治区的漠境地带；灰棕漠土在内蒙古主要分布在巴彦淖尔盟的乌拉特后旗和阿拉善盟的阿拉善左旗、阿拉善右旗、额济纳旗和西北部荒漠戈壁之上，它是阿拉善盟的主体土壤；阿拉善盟气候极度干旱，大部分地区年降水量在50mm左右，蒸发量是降水量的50—100倍，植被以旱生及超旱生的深根、肉质、具刺的灌木和小半灌木为主，属典型的荒漠植被；该区属贫水区，地下水深且矿化度高；地表水主要为祁连山冰雪融水，沿黑河水系的弱水流入境内，但水量逐年减少，以致东西居延海已干涸多年；在极端干旱少雨的条件下，该区土壤的淋溶作用甚微，成土母质粗骨性强，壤质、黏质土极少；有机质含量在1.7g—4.1g/kg之间，pH值在8.3—9.5之间；有效锰1.9mg/kg，有效锌0.16mg/kg，均属土壤微量元素有效锌极缺土壤；灰漠土可

[①] 内蒙古自治区土壤普查办公室、内蒙古自治区土壤肥料工作站：《内蒙古土壤》，科学出版社1994年版，第330—347页。

分为典型灰漠土、石膏灰棕漠土和碱化灰棕漠土三大亚类；其中典型灰漠土是阿拉善高原上的主要土壤类型，占灰漠土的63%，主要分布在阿拉善左旗中北部、阿拉善右旗（除巴丹吉林沙漠外）的大部以及额济纳旗大部分地区，年降水量在50—100mm之间，成土母质为冲积物、洪积物和风积物，植被以超旱生的半灌木、灌木为主，pH值在8.3—9.1之间，有效锰2.18mg/kg，有效锌0.16mg/kg；石膏灰漠土是阿拉善盟又一主要土壤类型，占灰漠土总面积的37%，成土母质为冲积物、洪积物和风积物，年降水量在50mm之下，土壤多砾石，植物生长极为困难；土壤有机质1.2g—5.1g/kg，pH值7.5—9.1之间，有效锰1.3mg/kg，有效锌为0.14mg/kg。[①]

此外，关于两汉时期居延地区土壤微量元素有效锌的日趋减少问题，除了与气候变干变冷、土壤成土母质等自然因素有关外，还应与在这种脆弱环境中人类的破坏有着密切的关系。从居延汉简所反映的情况看，当时戍卒的日常工作就是"画沙中天田"，即将土壤中本来生长着的草类和灌丛拔去，沿边境开辟一块平坦、开阔的细沙地，以观察人类或动物过往边界的痕迹。而这对本属半干旱干旱地区的居延来说，是一种极为恶劣的破坏。现代农业中大量的实验表明：草地退化意味着植被和土地退化，由此必然会引发生态环境的恶化；植被作为土地的保护伞，具有拦截雨水，缓和雨水冲击，减慢雨水流速，固结土壤，增加土壤有机质，改善土壤结构的功效；植被一旦被破坏，土壤侵蚀随即就会发生。

一般地说，土壤侵蚀可分为水蚀和风蚀两种类型。水蚀是由降水和地表径流造成的；土壤风蚀与气候干旱，缺少植被保护和风速大及大风日数多密切关联。汉代居延所在的阿拉善高原，现当代牧区年降水量仅40—150mm，主要集中在7、8、9三个月，且冬春大风日数可达70—80

---

① 内蒙古自治区土壤普查办公室、内蒙古自治区土壤肥料工作站：《内蒙古土壤》，科学出版社1994年版，第349—359页。

天，环境十分恶劣。所以，一旦植被被破坏，土壤在风力和水力等外力的作用下，必然发生严重的侵蚀①。而土壤发生严重的侵蚀，即意味着富含有机质、土壤有效锌和较低 pH 值的土壤表层的丧失，其结果必然是土壤有效锌的降低和生存环境的继续恶化。

总之，由以上 20 世纪八九十年代对内蒙古阿拉善盟阿拉善高原荒漠带土壤微量元素和气候、降水条件的调查看，汉代居延所在的今额济纳旗地区，是生存环境极度恶劣和土壤微量元素有效锌极缺的地区。虽然，土壤有效锌的含量会随气温升高和潮湿程度升高而增加，且公元前 1 世纪的汉代气温较今为高，当时河流、湖泊较今水量为大，有禾本植物、水生物和灌丛生长，土壤有机质高于今天；但由于古居延地区土壤多为风成物，黏度差，含锌量低，故土壤有效锌含量也不会较今高太多，应仍属于土壤有效锌极低地区。而如前所述，如果土壤微量元素有效锌含量极低，这就必然影响到生物链中食物有效锌的含量，进而必然影响到生活在当地的人类和动物的微量元素锌的水平；根据现代医学研究的成果，土壤有效锌水平低，必然造成生活于当地的人们的生理有效锌水平低下，容易导致人体免疫力下降，造成疾病和死亡现象的多发。而关于这一点，今人对居延汉简疾病简的研究和统计资料的成果即可充分验证之。

第四节 两汉时期居延地区微量元素与戍卒的疾病及死亡现象的关系

关于两汉时期居延屯戍士卒的疾病及死亡现象与这一时期居延地区土壤微量元素的关系，实与两汉时期戍边服役年限和士卒来源问题有着密切的关联。而从史籍的记载看，汉武帝时期之后的戍边制度与秦王朝

---

① 许志信、李永强：《草地退化与水土流失》，《中国国际草业发展大会暨中国草原学年会第六代表大会论文》，2000 年。

第二章 从居延汉简看汉代的"女户"问题

和西汉文帝时期已有着很大的差别。据《史记·汉兴以来将相名臣年表》的记载,西汉文帝十三年(公元前166年)曾颁布"除肉刑及田租律、戍卒令",而与除戍卒令相关的是,文帝之所以颁布此令,有学者认为,晁错之言"也许就是十三年除戍卒令的原因"①。关于这一点,可参见《汉书·晁错传》记载文帝时晁错上书言"守边备塞、劝农力本,当世急务"时所称:

"臣闻秦时北攻胡貉,筑塞河上,南攻杨粤,置戍卒焉。其起兵而攻胡、粤者,非以卫边地而救民死也,贪戾而欲广大也,故功未立而天下乱。……秦之戍卒不能其水土,戍者死于边,输者偾于道。秦民见行,如往弃市,因以谪发之,名曰'谪戍'。先发吏有谪及赘婿、贾人,后以尝有市籍者,又后以大父母、父母尝有市籍者,后入闾,取其左。发之不顺,行者深怨,有背畔之心。……今使胡人数处转牧行猎于塞下,或当燕、代,或当上郡、北地、陇西,以候备塞之卒,卒少则入。陛下不救,则边民绝望而有降敌之心;救之,少发则不足,多发,远县才至,则胡又已去。聚而不罢,为费甚大;罢之,则胡复入。如此连年,则中国贫苦而民不安矣。陛下幸忧边境,遣将吏发卒以治塞,甚大惠也。然令远方之卒守塞,一岁而更,不知胡人之能,不如选常居者,家室田作,且以备之。以便为之高城深堑,具蔺石,布渠答,复为一城,其内城间百五十步。要害之处,通川之道,调立城邑,毋下千家,为中周虎落。先为室屋,具田器,乃募罪人及免徒复作令居之;不足,募以丁奴婢赎罪及输奴婢欲以拜爵者;不足,乃募民之欲往者。皆赐高爵,复其家。予冬夏衣,廪食,能自给而止。郡县之民得买其爵,以自增至卿。其亡夫若妻者,县官买予之。人情非有匹敌,不能久安其处。塞下之民,禄利不厚,不可使久居危难之地。胡人入驱而

---

① 熊铁基:《秦汉军事制度史》,广西人民出版社1990年版,第145页。

第一编 从出土材料看汉魏时期的人口性比例问题

能止其所驱者,以其半予之,其民。如是,则邑里相救助,赴胡不避死。非以德上也,欲全亲戚而利其财也。此与东方之戍卒不习地势而心畏胡者,功相万也。以陛下之时,徙民实边,使远方亡屯戍之事,塞下之民父子相保,亡系虏之患,利施后世,名称圣明,其与秦之行怨民,相去远矣。上从其言,募民徙塞下。错复言:臣闻古之徙远方以实广虚也,相其阴阳之和,尝其水泉之味,审其土地之宜,观其中木之饶,然后营邑立城,制里割宅,通田作之道,正阡陌之界,先为筑室,家有一堂二内,门户之闭,置器物焉,民至有所居,作有所用,此民所以轻去故乡而劝之新邑也。为置医巫,以救疾病,以修祭礼,男女有昏,生死相恤,坟墓相从,种树畜长,室屋完安,此所以使民乐其处而有长居之心也。……习地形知民心者,居则习民于射法,出则教民于应敌。故卒伍成于内,则军正定于外。服习以成,勿令迁徙,幼则同游,长则共事。夜战声相知,则足以相救;昼战目相见,则足以相识;欢爱之心,足以相死。如此而劝以厚赏,威以重罚,则前死不还踵矣。"

《晁错传》所记载的内容,既涉及秦王朝及汉文帝前元十三年之前"一岁而更"的屯戍制度,又涉及晁错建言"徙民实边"之策和汉文帝"从其言,募民徙塞下"的举措。而且,从居延汉简所反映的情况看,晁错所提出的"为置医巫,以救疾病"的医疗卫生保障制度,在居延地区也确实存在着。

同时,从《汉书·贾山传》记载文帝"减外徭卫卒,止岁贡";《汉书·武帝纪》记载元狩三年"减陇西、北地、上郡戍卒半"与《汉书·武帝纪》记元狩"四年冬,有司言关东贫民徙陇西、北地、西河、上郡、会稽凡七十二万五千口"的记载结合来看[①],西汉文帝

---

① 《汉书》卷6《武帝纪》,中华书局1962年标点本,第178页。

以后，尤其是汉武帝之后，频繁而大量征发戍卒的现象为大规模"募民徙塞下"所替代。这一政策的施行，不仅使得"一岁而更"的戍卒大幅减少和定居型移民大幅增多，而且汉代边关戍卒的守边任务也由单纯军事行为向着既戍且田的"戍田"化转变①。关于这一点，正如前引《汉书·食货志》所言，汉武帝元鼎年间"初置张掖、酒泉郡，而上郡、朔方、西河、河西开田，官斥塞卒六十万人戍田之"②。而从居延汉简所反映的情况来看，两汉时期居延屯戍士卒的任务除屯田之外，还包括日常画沙中天田、候望、日迹、传送烽火、缮修器物及设施、运粮、伐茭和运茭等与明烽火、谨候望、备盗贼，确保汉塞沿边的安全和军情的传递等相关的活动。而从居延汉简多有《日迹簿》《劳作簿》《治壄簿》等记录戍卒的日常劳动以备考核的情况，亦可窥其一斑。例如：

简 E. P. T5：17 "甲渠第廿六隧北到第廿七隧二里百八十一步，候史一人，隧长一人，卒三人，凡吏卒五人"。

简 E. P. T51：211 "第十七隧七月戊子卒吴信迹，尽壬寅积十五日。七月癸酉，卒郭昌省茭"。

·凡迹积卅日，毋人马兰越塞天田出入迹

然而，值得关注的是，虽然居延汉简反映了自汉文帝和汉武帝大举"募民徙"以后，边关戍卒及其随军家属有着如《晁错传》所记"予冬夏衣，廪食"和"置医巫，以救疾病"的优遇，但仍然在居延汉简中多见士卒疾病、病亡和"物故"的事例。如《居延汉简释文合校》③ 4·4A 和 4·4B 一支简所记：

简 4·4A

第廿四燧卒高自当以四月七日病头痛四节不举

---

① 熊铁基：《秦汉军事制度史》，广西人民出版社1990年版，第146—147页。
② 《汉书》卷24《食货志》，中华书局1962年标点本，第1137页。
③ 谢桂华、李均明、朱国炤：《居延汉简释文合校》，北京文物出版社1987年版，第1页。下文称《合校》者，不另加注。

鉼燧卒周良四月三日病苦……

第二燧卒江谭以四月六日病苦心腹丈满

第卅一队卒王章以四月一日病苦伤寒

第一燧卒孟庆以四月五日病苦伤寒

简4·4B

第卅七燧卒苏赏三月旦病两祛煎急少愈

第卅三燧卒公孙谭三月廿日病两祛煎急未愈

第卅一燧卒尚武四月八日病头痛寒炅饮药五齐未愈

简287，24

戍卒觚得安国里毋封建国病死官袭一领官绔一两……

简293.5

田卒平干国襄垣石安里李疆年卅七本始五年二月丁未疾心腹丈满死右农前丞报□

简T59：638

戍夜僵卧草中以□行谨案德横□到橐他尉辟推谨毋刀刃木索迹德横皆证所言它如爰书敢

简F22：80—82

建武三年三月丁亥朔己丑城北燧长党敢言之

乃二月壬午病加两脾雍种匈胁丈满不耐食饮未能视事敢言之

三月丁亥朔辛卯城北守候长匡敢言之谨写移燧长党病书如牒

敢言之今言府请令就医

简206.24　其八人物故　一人固病先罢见食二百九十一人

简265.27　右佐史七十人　其四人病六十六人不上功

简101.35　戍卒行道居署物故……

新简EPT56.116　戍卒行道居署物故兵部各有数檄到尉士吏

简311.8　二月甲申，病时痛种，丙巳死"

从居延汉简中所谈及的戍卒疾病类型的名称看，大致有"头痛四节不举""心腹丈满""苦伤寒""两祛煎急""头痛寒炅""两脾雍种匈胁丈满不耐食""头痛"①（《新简》EPT51.102）"挛右胫雍种"（《新简》EPT53.14）"病心腹"（《合校》275.8）"左足癃□刺"（《新简》EPT56.339）等几种类型；其中"苦伤寒"的"苦"，实际上是表示疾病厉害程度的副词②；谈及戍卒病亡的类型有"心腹丈满死"等；谈及戍卒"物故"也有"戍卒行道物故""戍夜僵卧草中"等类型；有学者认为，居延汉简中所见"戍卒物故"，其死因多属于非战争因素，在某种程度上或许与来自内地的军人未能完全适应当地环境有关。③ 我以为此言甚是。

为了更进一步研究居延汉简中造成戍卒疾病、病亡的原因及其对汉代"女户"问题所造成的影响，我以为鉴别居延汉简中所涉及的这些疾病的名称，并尽可能找到它们与现代疾病分类之间的对应关系，就显得尤为重要了。而从现代流行于内蒙古自治区地区疾病的传播范围、传播特点、主要症状等和传统文献记载的角度，来与居延汉简所提供的疾病信息相对比，无疑是最好的研究方法之一。为此，我认为可将居延汉简中戍卒所患疾病归纳为以下三种类型。

其一，从居延汉简中"头痛四节不举""苦伤寒""头痛寒炅""头痛"等疾病名称看，应与伤风、感冒病有关。

单纯从汉简中所列举的疾病名称看，"头痛四节不举"一词，实为因头痛而引起的四肢无力症，当属严重的伤风、感冒所带来的症状；"苦伤寒"中之"伤寒"与现代医学中的由伤寒杆菌引起的经道化道传染的急性传染病，即具有长程发热、相对缓脉、肝脾肿大等临床特征的现代"伤寒"病是两回事。此处的"伤寒"，应以汉代张仲景《伤寒杂病论》中所论"伤寒"的概念来解释；以张仲景的"伤寒论"看"太阳病，或已发热，或未发热，必恶寒，体病，呕逆，脉阴阳俱紧者，名

---

① 甘肃省文物考古研究所、甘肃省博物馆、文化部文献研究室、中国社会科学院历史研究所：《居延新简》，文物出版社1990年版，第78页。以下称《新简》者皆是，不另加注。
② 高凯：《从吴简蠡测孙吴初期临湘侯国的疾病人口问题》，《史学月刊》2005年第12期。
③ 王子今：《居延汉简所见"戍卒行道物故"现象》，《史学月刊》2004年第5期。

第一编 从出土材料看汉魏时期的人口性比例问题

为伤寒";关于"伤寒"的诸多症状中即有"太阳病,头痛至七日以上自愈者,以行其经尽故也。……风家,表解而不了了者,十二日愈;病人身大热,反欲得衣者,热在皮肤,寒在骨髓也;身大寒,反欲不近衣者,寒在皮肤,热在骨髓也……";关于治愈"伤寒"的方剂,《伤寒杂病论》中列举了"桂枝汤方""桂枝加葛根汤方""桂枝加附子汤方""桂枝麻黄各半汤方"等,这些汤剂方中多桂枝、生姜、甘草、大枣、勺药、附子、麻黄、细辛等草药,多有解辛发汗去风寒之用。然而,从居延汉简中(简136.26)"□□蜀椒四分桔梗二分姜二分桂□□□……"(简89.20)"伤寒四物乌喙十分、细辛六分、术十分、桂四分,以温汤饮,一刀刲日三,夜再行解不出汗"(简T9:7AB)"大黄十分、半夏五分、桔梗四分……"等简文看,两者所用草药的种类、药性都有惊人的相似性。可见,居延汉简所言"伤寒"类似于今天的伤风、感冒症状。又居延汉简"头痛寒炅"病名中的"炅",裘锡圭以为此"炅"字就是"热"的异体,与《说文》"炅"字形同实异①。朱德熙认为"'炅'由'日'、'火'二字合成,火和日都能发热,'日'字的读音也与'热'很相近②"。故居延汉简中"头痛寒炅"中的"寒炅"实指今天病人因身体某个部位炎症而引起的发热过程;由此看"头痛寒炅"亦属严重伤风感冒症的症状之一。

如前所述,从苏联学者对与两汉时期居延地区东北部相连的今蒙古国南部地区的气候调查情况看,戈壁7月绝对最高温度常常达39℃—40℃。相反地,戈壁的冬季最低温度在-35℃左右,远远低于同纬度地区;季节性降水是今蒙古戈壁气候的第二个重要特征:蒙古国南部戈壁的年平均降水不超过110—130mm,夏季降水量最大,且普遍以暴雨的形式下降;春、秋两季较少,冬季最少,只有4—7mm。同时,与汉代居延相连的南部戈壁地区,每年4—5月间白天温度达22℃—23℃,凌

---

① 裘锡圭:《古文字论集》,中华书局1992年版,第716页。
② 裘锡圭、李家浩整理:《朱德熙古文字论集》,中华书局1995年版,第145页。

晨常降至 -4℃—6℃；北部 4 月凌晨可达 -10℃；5 月上旬，戈壁上强烈变热达 25℃—35℃，但这一时期草木尚未萌发。而且北风烈烈，风力常达最大速度。7—8 月为夏季，干燥无风。9 月—10 上旬为秋季。10 月中下旬小溪和河流结冰①。而两汉时期的居延地区虽然纬度略低于今蒙古国戈壁地区，但从方位看，居延地区离海更远，加上四周山脉的阻挡，就很少有湿润气流到达这里，所以，现代气候调查资料显示，古居延所在的阿拉善高原年降水量仅 50—100mm，而蒸发量是降水量的十倍以上；冬春多北风，年有风日数在 70—80 天；1 月份平均气温零下 10℃—12℃，4 月份平均气温 7℃—8℃，7 月份平均气温 23℃—26℃，10 月份进入秋季，月均气温 7℃—8℃，冬季在 6 个月以上，春秋夏三季短促②。尽管西汉中期之前，气候和地理环境较今优越，但终不能改变古居延地区干旱、少雨，冬季寒冷、夏季酷热无风的气候特征。而现代医学发展的成果证明：在干燥、寒冷、风沙很大的地区，人体水分蒸发极快，皮肤要分泌脂肪来防止干裂；人体皮下要积蓄比较厚的脂肪，防止冻伤，因此，这些地区的居民要多摄入脂肪和食用肉类、多喝水，才能保证身体具备正常体能来抵抗严寒；否则，感冒、皲裂和冻伤就会袭击其身③。从居延汉简反映的情况看，两汉政府对士卒仅提供正常的粮食供应，且汉简中少有诸如牛、羊等肉类食品的简文，想来两汉边关戍卒的副食供应极为单调。此外，古居延地区夏季酷热无风，可以想见戍卒日常巡逻中汗液排泄量极大，而随汗液排泄，人体盐分和微量元素有效锌、钙质也必然大量流失；而在居延干燥的环境和缺乏副食的生活中，随时补充水分、盐分和微量元素显然是不可能的。据何双全对汉简中戍卒籍贯所进行的研究④，当时居延地区戍卒多

---

① ［苏］彼斯帕洛夫：《蒙古人民共和国的土壤》，方文哲译，科学出版社 1959 年版，第 22—24 页。
② 王文辉、王长根：《内蒙古气候》，农业出版社 1990 年版，第 2—3 页。
③ 迟钝：《我国的地方病》，新华书店 1956 年版，第 1—3 页。
④ 何双全：《汉简·乡里志及其研究》，《秦汉简牍论文集》，甘肃人民出版社 1989 年版，第 145—235 页。

第一编 从出土材料看汉魏时期的人口性比例问题

来源于长江以北、燕山以南的较为温暖、湿润的亚热带和暖温带的关东地区。所以，严寒酷热的生存环境和年复一年极其辛苦的日迹工作，如（《新简》E.P.T51：411）简文所记"日迹行廿三里，久视天田中，目玄"那样，常年不避寒风酷暑、奔走在荒漠之中的戍卒，身体质量必然下降，故此，士卒冬春季节罹患伤风感冒等病症是不可避免的。关于这一点，实际上居延汉简中多见"苦候望春"（《合校》简45.6B）"始春未和"（《合校》简435.4）"始春不节"（《新简》E.P.T43：56）"方春时气不调"（《新简》E.P.T.50：50）等简文和前引《合校》4.4A和4.4B简文中有关戍卒罹病记录，这些亦多是春季四月患病的事例，都可充分说明之。而李振宏所论证的两汉居延戍卒有4.28%的罹病率[①]和王子今所论证的两汉居延戍卒有约3%—15%的死亡率[②]，就显得毫不奇怪了。

其二，从居延汉简中"心腹丈满""病心腹""两脾雍种匈胁丈满不耐食""挛右胫雍种""左足癃□刺"等名称看，可能与地方病—克山病和大骨节病的发作有关联。

单纯从汉简中所列举的疾病名称看"心腹丈满""病心腹""两脾雍种匈胁丈满不耐食"，三种病症的特点皆在心脏、腹腔部位：其中"心腹丈满"的"丈"是"胀"字的通假字，有皮肉鼓胀之意。《黄帝内经·灵枢·胀论》称："夫胀者皆在藏府之外，排藏府而郭胸胁，胀皮胃，故命曰胀"。又东汉王充《论衡·道虚》亦称："人或咽气，气满腹胀，不能厌饱"。"两脾雍种匈胁丈满不耐食"中的"雍种""匈胁""丈满"三个词，实都采用了通假字，分别应是"壅肿""胸胁""胀满"；两连缀起来，简F22：80-82中戍卒的疾病应为"两脾壅肿、胸胁胀满、不耐食"；以现代医疗知识解之，应是两脾和心脏及肺部器官发炎肿胀，以致病人不能饮食的重症。然而，以上"心腹丈满""病

---

① 李振宏：《汉代居延屯戍吏卒的医疗卫生状况》，《中原文物》1999年第4期。
② 王子今：《居延汉简所见"戍卒行道物故"现象》，《史学月刊》2004年第5期。

心腹""两脾雍种匈胁丈满不耐食"三种病症的发生部位和发病特征都与地方病中——克山病的发生部位和特征相类似。此外,"挛右胫雍种""左足癃□刺"中的"挛右胫雍种"亦使用通假字,实为"挛右胫雍肿",其中"挛",按《辞海》之解,应为痉挛,即蜷曲不能伸直状①。故"挛右胫雍肿"之意,应为自右膝至脚跟的胫骨部分发炎肿胀而引起蜷曲不能伸直的症状。而"左足癃□刺"中的"癃"字,按《辞海》所解,应为"手足不灵活之病"。②从"挛右胫雍种""左足癃□刺"两种病症的发生部位和发病特征看,与地方病中克山病的"姊妹病"—大骨节病相类。

地方病,又称风土病,是与气候、地形、土质、水源、动植物、寄生虫种类及其分布等因素有着极密切关系的疾病类型。我国的地方病种类较多,其中克山病、大骨节病、碘缺乏病等都属于对中华民族造成比较严重危害的地方病类型。现代医学研究的成果表明:克山病是一种原因不明的慢性地方性心血管病,病人有恶心、呕吐、胸闷、烦躁不安、四肢发冷、心力衰竭、口吐黄水等症状,病情严重者可在一至两天内因心力衰竭而死亡。该病因1935年11月发现于黑龙江克山县,故称之为"克山病"。克山病可根据其发病的急缓程度和心脏功能的代偿情况分为四种类型:(一)在一两天内死亡、多发于11月至翌年1月之间的急性型克山病;(二)发病缓慢、在一周左右、多发于每年的3—4月份、以充血性心力衰竭为特征的亚急型克山病;(三)发病缓慢、多发于寒冷季节、以充血性心力衰竭和心肌坏死为特征的慢型克山病;(四)平常无明显症状,常在劳动后有头晕、心悸、气短及乏力感和心脏扩大不明显、心肌有轻度坏死的潜在型克山病等四类③。大骨节病主要是关节软骨和骺板软骨的一种慢性退行性坏死的地方性骨关节病,发病缓慢,在不知不觉中发病;主要症状为

---

① 辞海编委会:《辞海(缩印本)》,上海辞书出版社1980年版,第1913页。
② 同上书,第1784页。
③ 符国禄:《地方病与水土》,民族出版社1988年版,第8—27页。

第一编 从出土材料看汉魏时期的人口性比例问题

关节疼痛，食欲不振，常感疲劳，并逐渐出现手指、踝、腕关节变形等现象①。

在中国的地方病种类中，因克山病、大骨节病都共生于同一自然环境中，故两种地方病被称为"姊妹病"②。截至1980年底，在我国已确实存在有克山病和大骨节病的地区有河北、山西、内蒙古、辽宁、吉林、黑龙江、山东、河南、四川、云南、甘肃、宁夏等十余个省区，共有320多个县被列为病区③。在东北、西北、西南地区，凡饮用沼泽泥炭、淤泥层地下水者绝大部分患病，而饮用基岩裂隙水者基本无病④。大量的医学调查和研究的资料表明，东北、西北、西南地区的病区，多位于低洼的沼泽草甸中，这些病区的土壤多为草甸土和沼泽土，成母母质以淤积物为主，也有少数洪积物和河湖相沉积物⑤。

病区土壤中几种元素的含量多寡与克山病和大骨节病有关。即病区土壤中的锶、锰、钡、铬、亚铁离子含量较高，而硒、钼、磷、锌含量较低。一般来说，病区刚开垦的沼泽土，由于长期浸水、性湿冷，不适宜农作物的生长，这种土壤里生长的农作物和果实蛋白质总量低，发热量不够，脂肪含量仅为非病区粮食含量的二分之一至三分之一；且维生素A、B、C均缺乏；病区饮用水包括土井水、河水及土泉水，水体浑浊；水中微量元素以锶、钡、锰、铜等元素含量为高，而钼、锌、硒、磷等元素则显著缺乏。人们若常饮此水，开始多感困乏，逐渐发展到关节疼痛，软骨增粗，形成大骨节；同时伴有头晕、心跳过速及气短等症状，最后发展成为心血管病变——克山病⑥。

而从两汉时期的居延地区所在位置看，它不仅处在克山病和大骨节病的发生区，而且，如前所述，当时地处巴丹吉林沙漠北缘，额济纳河

---

① 符国禄：《地方病与水土》，民族出版社1988年版，第8—27页。
② 同上书，第13页。
③ 同上书，第8页。
④ 同上书，第16页。
⑤ 同上书，第19页。
⑥ 同上书，第23—24页。

下游的汉代居延地区确实处在内陆河与内陆湖泊交错的湖沼低洼区。通过对地层中孢粉的分析，发现西汉晚期的花粉组合中沼生、水生植物香蒲、眼子菜的花粉占优势（64.4%），其次是旱生的禾本科。这说明该地区尚有一定的偏淡湖沼存在[①]；同时，从有关部门对两汉时期居延地区烽燧分布情况的考查看，当时有许多烽燧分布在居延泽及今额济纳河下游河道两侧[②]。想必当时居延地区的屯田，也应分布在居延泽及河流附近。而利用居延泽附近长期浸水、性湿冷、不适宜农作物生长的沼泽土壤生产的农作物果实，蛋白质总量、发热量、脂肪含量和维生素A、B、C均应处在较低水平上，再加上两汉时期居延地区低降水量、高蒸发量的气候条件，即使居延地区有偏淡的水体存在，这种水体也还会是多重金属、多盐碱成分，而缺少硒、钼、锌、碘等生命元素的低质水源。所以，两汉时期居延地区的戍卒，不仅生存环境恶劣，而且戍边劳动强度颇大，加上饮水、食物不洁及营养缺乏，故大量罹患疾病，甚至死亡是不可避免的。

其三，根据现代碘缺乏病的分布区域、碘缺乏致病类型和土壤微量元素变化规律看，由于两汉时期古居延地区正处在碘和土壤微量元素有效锌缺乏区，故此怀疑居延汉简中"挛右胫雍种""左足癃□刺"等疾病名称，也有可能与微量元素碘的缺乏有关。

现代医学调查的结果表明：我国缺碘的地区分布在除上海市以外的全国29个省（自治区、直辖市）的广大区域内；而且，碘缺乏病主要流行区为东北的大小兴安岭、长白山山脉一带；华北的燕山山脉、太行山、吕梁山、五台山、大青山一带；西北的秦岭、六盘山、祁连山和天山南北一带；西南的云贵高原、大小凉山、喜马拉雅山山脉一带；中南的伏牛山、大别山、武当山、大巴山、桐柏山、沂蒙山区一带；华南的十万大山等地带。已查清的病区有1762个县，据1988年报告资料，现

[①] 张丕远：《中国历史气候变化》，山东科学技术出版社1996年版，第53—56页。
[②] 甘肃省文物工作队：《额济纳河下游汉代烽燧遗址调查报告》，载甘肃省文物工作队、甘肃省博物馆《汉简研究文集》，甘肃人民出版社1984年版，第62—84页。

第一编　从出土材料看汉魏时期的人口性比例问题

在全国有地甲病人3500多万,地克病人25万多。此外,还有为数更多尚待查清的亚临床克汀病人。据河北、广东、河南等地调查,亚临床克汀病发病率为16%左右,其概率相当大①。关于历史上的碘缺乏病问题,国内学者亦有研究②。现代医学大量的实验和调查结果证明:碘是通过甲状腺素发挥作用的。人体甲状腺素的生物作用包括促进蛋白质合成,调节能量转换,加速生长发育,维持中枢神经系统结构,保持正常的生理机能和新陈代谢等重要功能。幼儿缺碘,会引起甲状腺功能低下,生长发育将显著受阻,特别是骨骼和神经方面更为明显,因而会形成呆小病。又因病人的组织蛋白合成会发生障碍,故体形矮小,性器官发育不良。成人缺碘会引起地方性甲状腺肿和地方性克汀病。甲状腺肿大的患者颈部粗大,当它压迫周围器官时,会产生呼吸和吞噬困难;克汀病是在地方性甲状腺肿病区的居民后代中出现的一种以智力低下、甲状腺功能低下和生长发育迟缓为特征的先天性疾病,其患病率可高达10%—100%。该病临床表现为智力低下、聋哑、生长发育迟缓、身材矮小、神经运动障碍及甲状腺功能低下等症状。医学发现,人体缺碘可以通过经常食用含碘丰富的海产品,如海带、紫菜等进行补充③。另外,碘的吸收还可以从土壤及饮水中获取。一般说来,土壤的成土母质决定了沙质土和沼泽土含碘最少;从人类饮水的角度看,一般地面水含碘量较地下水低,约为2—20ug/L,深层地下水含碘量可高达几百 ug/L。从人体对碘的需要量看,人体碘的来源中80%—90%来自食物,10%—20%来自饮水,5%左右来自空气。植物中的碘主要是无机碘,以碘化物或碘酸盐形式存在,动物体的碘量取决风干饲料中的碘量,淡水鱼的含碘量远低于海鱼。动物体的碘主要以有机络合物形式存在。医学调查表明:现代缺碘地区大都生产落后,经济不发达,食品单调,主要以谷

---

① 安笑生、符绍莲:《环境优生学》,北京医科大学、中国协和医科大学联合出版社1995年版,第68—69页。
② 龚胜生:《2000年来中国地甲病的地理分布变迁》,《地理学报》1999年第4期。
③ 邢光熹、朱建国:《土壤微量元素和稀土元素化学》,科学出版社2003年版,第8页。

物维持生命，所以，碘的摄入量极低①。而从1988年由卫生部葛继乾收集和由中国地图出版社周德芳、张桂兰编绘的全国碘缺乏病分布图所显示的内容看，内蒙古自治区西部与新疆东部及其附近属于碘缺乏病的分布区②；而且，如前所述，两汉时期居延地区由于气候逆转和人为破坏等因素的共同影响，土壤微量元素有效锌极为缺乏，由此影响了戍卒对微量元素的吸收，造成免疫力下降，加剧了疾病的侵害。所以，在2000多年前的两汉时期，完全有可能因为医学知识的贫乏，或因为商品经济的不发达，人们没有机会进食含碘和含锌丰富的食物，从而造成"挛右胫雍种""左足癃□刺"等严重的疾病问题。

总之，从上面的分析看，两汉居延地区不仅气候有严寒酷暑、降水少的特点，而且生存环境多沙、土壤微量元素有效锌和碘严重缺乏，加之饮食条件差和戍卒劳动强度颇大的因素，所以，两汉时期居延戍卒的疾病率达到4.28%和死亡率达到3%以上是可以想见的。③ 而男性戍卒的大量死亡，又与汉代的"女户"问题有着必然的联系。

第五节 从居延汉简戍卒的疾病问题看两汉时期"女户"问题

关于汉代的"女户"问题，国内在张家山汉简公布之前极少有人论及，以致有关"女户"的形成特点、类型和对汉代社会所产生的影响等问题，几乎成为不为人知的谜团。实际上，日本学者西嶋定生对汉代"女户"问题的研究早在20世纪60年代即已完成④，远远走在国内

---

① 安笑兰、符绍莲：《环境优生学》，北京医科大学、中国协和医科大学联合出版社1995年版，第73—76页。
② 同上书，第69页。
③ 李振宏：《汉代居延屯戍吏卒的医疗卫生状况》，《中原文物》1999年第4期；王子今：《居延汉简所见"戍卒行道物故"现象》，《史学月刊》2004年第5期。
④ [日] 西嶋定生：《中国古代帝国的形成与结构——二十等爵制研究》，武尚清译，中华书局2004年版。

第一编　从出土材料看汉魏时期的人口性比例问题

学者的前面。随着大量地下简牍材料的面世，国内学者也开始关注与"女户"问题相关的方面。如于琨奇《"赐女子百户牛酒"解——兼论秦汉时期妇女的社会地位》，从文献与考古发现相结合的角度，论证了"女子"是政府对女性户主家庭的赏赐，是秦汉时期妇女政治、经济、社会地位明显高于后世的表现[①]。我个人在2002年秦汉史第九届年会提交的《从张家山汉简〈二年律令〉看汉代的"女户"问题》一文，则从张家山汉简的简文出发，对汉代"女户"问题的形成、特点、类型和影响等方面做过一点分析工作。因自慊其弊，一直没有公开发表。此后不久，笔者即从此文中摘出要点，以《〈二年律令〉与汉代女性权益保护》为名发表[②]。此后，随着秦汉史学界以张家山汉简所公布的《二年律令》为研究对象的论文纷至沓来，其中多有就汉简内容而涉及"女户"问题者，由于篇数太多，故此不一一赘述了。然而，纵观前人及今人的研究，尚无从居延汉简中戍卒患病及死亡的角度来探讨两汉时期的"女户"问题者，有鉴于此，笔者就此提出浅薄的见解，以求教于方家。

汉代"女户"一词，最早见于《后汉书》卷3《肃宗孝章帝纪》中唐代李贤为东汉章帝元和二年五月诏令所作的案语之中。汉章帝元和二年五月诏曰："其赐天下吏爵，人三级。高年、鳏、寡、孤、独帛，人一匹。《经》曰：'无侮鳏寡，惠此茕独。'加赐河南女子百户牛酒，令天下大酺五日。"其中，针对章帝诏令中"加赐河南女子百户牛酒"一句和对"女子"身份进行定性的问题，唐代李贤所作的案语认为："此女子百户，若是户头之妻，不得更称为户。此谓女户头，即今之女户也。天下称庆，恩当普洽，所以男户赐爵，女子赐牛酒。"从而在这里，李贤最早明确提出了"女子百户牛酒"中的"女子"即以女子为户主和汉唐社会都存在"女户"现象的观点。

[①] 于琨奇：《"赐女子百户牛酒"解——兼论秦汉时期妇女的社会地位》，《中国历史博物馆馆刊》1999年第1期。

[②] 高凯：《〈二年律令〉与汉代女性权益保护》，《光明日报》2002年11月2日第5版。

第二章 从居延汉简看汉代的"女户"问题

众所周知，在整个两汉时期，涉及赐"女子百户牛酒"的事例开始于西汉文帝即位之初，在此后的西汉武帝、宣帝、元帝、成帝、王莽新朝以及东汉王朝的章帝统治阶段，这样的事例加起来就多达20余次。所以，针对两汉历朝皇帝赐"女子百户牛酒"问题，为《史记》《汉书》《后汉书》作注的注释家仅在文字的理解问题上就产生了三种不同的说法。除了上述唐代李贤所指出的"此女子百户"，"即今之女户也"的观点之外，尚有《史记·文帝纪》"女子百户牛酒"条下司马贞《索隐》记载"乐彦云：妇人无夫，或无子，不沾爵，故赐之也"的观点与之相近。此外，还有两种不同的观点：其一是《史记集解》引苏林语，称此事实际上是"男赐爵，女子赐牛酒。"这里苏林并没有明言"女子"到底是何种身份；其二是同条《汉书音义》引南朝姚察语，云此事实则是"女子谓赐爵者之妻。"至于"百户牛酒"的数量问题，《史记·封禅书》有"百户牛一头，酒十石"的记载。又据《汉书·文帝纪》中"朕初即位，其赦天下，赐民爵一级，女子百户牛酒，晡五日"文下所引唐代颜师古注释语，认为："赐爵者，谓一家之长得之也。女子谓赐爵者之妻也。率百户共得牛若干，酒若干石，无定数也。"

从《史记》《汉书》的记载和汉唐时期为《史记》《汉书》作注的注释家的争议看，我们显然不能对汉代"女子百户牛酒"中"女子"的身份定性问题给予一个确定的答案。然而，随着张家山汉简《二年律令》出土及文物出版社2001年11月出版《张家山汉墓竹简》①，对这一问题的模糊认识亦随之明晰起来。

《张家山汉墓竹简·二年律令》所记录的内容，就是西汉高祖五年到吕后二年施行的法律；它为我们提供了西汉前期的法律制度、刑罚体系，是反映西汉初年有关当时政治、经济和复杂社会关系的最原始、最真实的史料。从对《二年律令》内容的分析结果看，关于汉代存在着以女子充当户主、女子可以继承夫爵、子爵和财产等问题，就能够在

---

① 张家山247号汉墓竹简整理小组：《张家山汉墓竹简》，文物出版社2001年版。

《户律》和《置后律》里找到许多直接的法律依据。简单而论，约表现在以下几个方面：其一，在《二年律令》中有汉初国家由女子充当户主的法律规定。如《二年律令·户律》规定："民大父母、父母、子、孙、同产、欲相分予奴婢、马牛羊、它财物者，皆许之，辄为定籍。孙为户，与大父母居，养之不（简337）善，令孙且外居……孙死，其母而代为户。令毋敢逐夫父母及入赘（简338），及道外取其子财（简339）"，在法律确立了祖母、母亲在男户主死亡之后的正常权益。其二，对于"为人妻者"是否可以成为户主的问题，《二年律令·户律》反映了汉代"女户"的确立，必须是在家庭中缺乏其他男子为户主的条件下才能完成的法律意志。如具体的简文称："为人妻者不得为户。民欲别为户者，皆以八月户时，非户时勿许。（简345）"其三，在《二年律令·置后律》中，就"女子"的继承权问题和立户条件也有着数条详细的法律依据。如《二年律令·置后律》规定："□□□□为县官有为也，以其故死若伤二旬中死，皆为死事者，令子男袭其爵，毋爵者，其后为公士。毋子男以女，毋女（简369）以父，毋父以母，毋母以男同产，毋男同产以女同产，毋女同产以妻。诸死事当置后，毋父母、妻子、同产者，以大父，毋大父（简370）以大母与同居数者（简371）。"关于这种情况，正史中不乏其例。如《汉书·高惠高后文功臣侯表第四》记载奚涓"以舍人从起沛，至咸阳为郎，入汉，以将军定诸侯，四千八百户，功比舞阳侯，死军事"，汉高祖"六年，（鲁）侯涓无子，封母底为侯，十九年薨"，正是这种子死母继现象的真实写照。其四，在《二年律令·置后律》规定"女子"户可以继承丈夫的爵位。如"女子比其夫爵（简372）"和"寡为户后，予田宅，比子为后者爵。（简387）"的规定。其五，关于尚未出嫁的女户主，在出嫁后如何恢复对原有财产的控制和如何恢复其户主身份，《二年律令·置后律》也有相关的法律规定。如"女子为父母后而出嫁者，令夫以妻田宅盈其田宅。宅不比，弗得。其弃妻，及夫死，妻得复取以为户。弃妻，畀之其财。（简384）"的规定。

第二章 从居延汉简看汉代的"女户"问题

总之,透过对《二年律令》中《户律》和《置后律》的相关法律简文的简要分析,我们几乎可以清楚地得出这样的结论:

首先,在经历几十年战乱和深刻社会动荡之后,汉初社会不仅存在着大量的以女子为户主的"女户"现象的可能性,而且也正是这些可能性的存在,为汉代国家制定相关法律条文提供了必要的社会基础。所以,汉初国家在严禁"为人妻者不得为户"的律令条件下,还能够制定出详细的法律法规,来严格保护寡妇、女儿、母亲、女同产和祖母在财产继承权和家庭控制权方面的权益,这并不是偶然的历史现象,而是顺应汉代社会时代要求所采取的正常的措施。加之吕后以女性身份登上政治舞台,更推动了这种保护女性立户权和财产继承权的做法。

其次,从以上所罗列的《二年律令》中《户律》和《置后律》的相关法律规定看,在汉初社会和个人家庭生活中,"女子"不仅拥有依次继承家业的权力,而且还拥有继立成为户主、并组建为汉朝国家法律所承认的正式编户中的一员——"女户"的权力。同时,结合1999年9月文物出版社出版的长沙走马楼吴简《吏民田家莂》中反映嘉禾四、五年租佃国有土地的"女户"有86户之多的情况,这反映了以女子为户主的现象在孙吴初期的长沙郡临湘侯国中亦普遍存在着①;所以,从历史的延续性规律来看,西汉初年到三国孙吴初年的400多年时间里,出现汉初保护"女子"继承权及家庭控制权方面的严密法规与孙吴时期"女户"的普遍存在,都不是历史的偶然性问题,这也充分说明了"女户"现象,实际上是汉魏时期中长期存在的社会问题。

再次,从《户律》和《置后律》的相关法律规定看,汉初"女户"的构成至少可归纳为以下几种情况:其一,"孙死,其母而代户"(简338);不过限定其母"令毋敢逐夫父母及入赘及道外取其子财。"(简339)② 其二,父死,既"毋子男代户"(简379),又无父亲代户者,

---

① 高凯:《从走马楼吴简看孙吴时期长沙郡的人口性比例问题》,《史学月刊》2003年第8期。
② 张家山247号汉墓竹简整理小组:《张家山汉墓竹简》,文物出版社2001年版,第55页。

第一编 从出土材料看汉魏时期的人口性比例问题

母亲可以继立为户主。其三，丈夫死亡，无子男、父母"代户"者（简379），寡妇可以继立为户主。其四，父死，无子男、祖父母、母亲"代户"者，女儿可以继立为户主。其五，孙死，无子男、父母、妻子、女儿、玄孙、祖父者，祖母可以继立为户主（简380）。其六，"其弃妻，及夫死，妻得复取以为户（简384）"[①]。而在确定了"女户"的构成有上述六种类型后，我们大致上便可以认定唐代李贤在《后汉书·肃宗孝章帝纪》中所作案语，即汉唐都存在"女户"的观点以及在赐"女子百户牛酒"中的"女子"，是以女子为户主的观点确实是真知灼见！

既然汉代社会存在正如《二年律令》里《户律》和《置后律》中诸多保护"女子"在继承权和家庭控制权方面的详细的法令法规，而且，汉代社会也至少有六种由"女子"建立的"女户"家庭存在；同时，结合从西汉文帝到东汉章帝多达20余条诏令的情况，这都反映了"女户"现象在两汉社会长期存在着。那么，我们不禁要问：为什么"女户"现象会长期存在着？产生这些"女户"的原因是什么？这些"女户"的存在又对汉代社会产生了怎样的影响呢？

如前所述，《二年律令》所记录的内容，反映的是西汉高祖五年到吕后二年即从公元前201年到公元前187年的法律法规，这一时期正是汉初国家确立统治思想、制定安国之策和加强统治基础的重要时期。所以，通过把正史的记载与《二年律令》的内容相结合，我们可以由此透视出西汉初年政治、经济和社会关系等方面的诸多信息。而具体到汉初"女户"的产生和长期存在的问题上，我认为虽然其中原因很多，但最为重要的应是以下几个方面。

首先，汉初国家之所以能够制定出一系列烦琐的保护"女子"户权益的律令，是因为存在制定这些律令的广泛的社会经济基础。

---

① 张家山247号汉墓竹简整理小组：《张家山汉墓竹简》，文物出版社2001年版，第60—61页。

第二章 从居延汉简看汉代的"女户"问题

众所周知，早在秦王朝时期即有"女子"出现在经济领域和军事领域的个别现象存在。如为秦始皇所奖掖的"巴寡妇清"；如司马迁《史记·货殖列传》记载"巴寡妇清，其先得丹穴，而擅其利数世，家亦不訾。清寡妇能守其业，用财自卫，人不敢犯。始皇以为贞妇而客之，为筑女怀清台。"即说明早在秦始皇时期，寡妇清不仅继续了累世的家产，而且继立户主"能守其业，用财自为"；在军事领域里，亦有女子的身影出现：如从《史记·淮南衡山列传》记载"又使尉佗逾五岭攻百越。尉佗知中国劳极，止王不来，使人上书，求女无夫家者三万人，以为士卒衣补。秦皇帝可其万五千人"和从《史记·平津侯主父列传》记载"当是时，秦祸北构于胡，南挂于越，宿兵无用之地，进而不得退。行十余年，丁男披甲，丁女转输，苦不聊生，自经于道树，死者相望"的情况看，秦王朝丁女从事着秦军的后勤保障工作，应与丁男一样承担着对国家应尽的义务。而从《二年律令·置后律》"寡为户后，予田宅，比子为后者爵"和"女子比其夫爵"的规定看，不仅仅是汉初从法律上保护以寡妇为户主的"女户"的各项政治、经济和社会权益那么简单，同时，亦说明当时妇女与男子一样拥有封建国家所要求承担的算赋、徭役等社会责任[1]。同时，1999年9月文物出版社出版的《长沙走马楼三国吴简·吏民田家莂》及2003年出版的《长沙走马楼三国吴简（壹）》所反映的孙吴长沙郡存在大量的女户现象和"女户下品之下不任调"[2]的简文，既充分说明"女户"现象实际上是汉魏时期长期存在的社会问题，又充分证明了"女户"对国家所应承担的义务与男子相同[3]。所以，从这个角度看，张家山汉简《二年律令》的制定，仅仅是当时社会实况的反映，而不是为了笼络人心、安定社会那么简单。

---

[1] 高凯：《〈二年律令〉与汉代女性权益保护》，《光明日报》2002年11月2日第5版。
[2] 走马楼简牍整理组：《长沙走马楼三国吴简（壹）》，文物出版社2003年版，第982页。
[3] 高凯：《从走马楼吴简看孙吴时期长沙郡的人口性比例问题》，《史学月刊》2003年第8期。

第一编 从出土材料看汉魏时期的人口性比例问题

其次，汉初国家之所以制定出一系列烦琐的保护"女子"户权益的律令，还因为汉初国家需要以之来扩大政治和经济统治的基础。

秦末之所以发生大规模的农民起义，直接的原因是秦王朝所实行的横征暴敛、残刑酷法和连年征战的暴政，造成了当时社会"父战死于前，子斗伤于后，女子乘亭鄣，孤儿号于道，老母寡妇饮泣巷哭"的人间惨剧①。所以，从秦王朝实行暴政的后果看，秦王朝时期的社会必然就有大批青壮男性战死、累死和病亡之后所留下的大量"女户"家庭。而如上所述，秦王朝时期成年"女子"拥有与丁男一样的封建义务和财产，是具有经济独立性和支配权的群体，如"巴寡妇清"即为一例。所以，西汉的建立，不仅承继了秦的政权，也承继了秦王朝国家的大量"女户"。这些"女户"，既是暴秦的受害者和牺牲品，也是刘邦政权建立过程中的同情者和支持者。汉朝建立后，没有理由不保护她们既得的政治和经济利益。同时，这些"女户"也是西汉王朝国家赋役的征发对象。因此，汉初国家所制定出的保护"女子"户权益的律令，不仅符合汉朝国家的政治利益，也符合汉朝国家的经济利益。

再次，从西汉文帝到东汉章帝的 260 多年的时间看，以女子为户主的现象长期存在，这其中的原因除了男性户主不断有正常死亡的情况外，还因为两汉社会经常发生战争和动荡以及在平常边关戍守中因士卒的疾病而造成男性户主大量死亡。关于这一点，前文论证的居延汉简所反映的戍边士卒的十分严重的疾病问题，即可为我们说明两汉时期"女户"现象的大量产生提供了很好的佐证。因为，居延汉简所反映的情况仅仅是汉代庞大的西北边关防御系统的一个缩影。所以，从某种程度上讲，大量而长期存在着的"女户"问题，实际上是两汉时期国家与匈奴、鲜卑、羌之间的战争和两汉时期边关士卒与恶劣生存环境抗争下的必然产物。

于此，在两汉时期的边关戍守制度中还有一个值得注意的方面：即

---

① 《汉书》卷 64《贾捐之传》，中华书局 1962 年标点本，第 2833 页。

如前所述，汉代"女户"与男子一样，拥有对封建国家的相同的赋役义务和权利。而《汉书·晁错传》"募民徙塞下"的上奏，确实言及"募民"中有"寡妇"存在。其言称"予冬夏衣，廪食，能自给而止。郡县之民得买其爵，以自增至卿。其亡夫若妻者，县官买予之。人情非有匹敌，不能久安其处"中所谓"其亡夫若妻者"，即指寡妇；其后两汉王朝凡募刑徒戍边，除了以"妻子自随"处理刑徒妻子和刑徒子女徙边的问题外，对于刑徒中的女刑徒没有明显不用戍边的优待政策出现。如《后汉书·明帝纪》记载永平六年（公元63年）诏令称"诏三公募郡国中都官死罪系囚，减罪一等，勿笞，诣度辽将军营，屯朔方、五原之边县；妻子自随，便占著辽县；父母同产欲相代者，恣听之。其大逆无道殊死者，一切募下蚕室。亡命者，令赎罪各有差。凡徙者，赐弓弩衣粮。"

然而，东汉时期自章帝之后，女刑徒戍边政策有所改变。据《后汉书·章帝纪》记载，到东汉章帝建初六年（公元81年），政府规定"天下系囚减死一等，勿笞，诣边戍；妻子自随，占著所在；父母同产欲相从者，恣听之；有不到者，皆以乏军兴论。及犯殊死，一切募下蚕室；其女子宫。系囚鬼薪、白粲已上，皆减本罪各一等，输司寇作。"即明确规定女刑徒不用戍边而"输司寇作"，从事"使择米白粲粲然"的劳作[①]。又《后汉书·章帝纪》记载，元和元年（公元84年）再次下诏称"郡国、中都官系囚减死一等，勿笞，诣边县；妻子自随，占著在所。其犯殊死，一切募下蚕室；其女子宫。系囚鬼薪、白粲以上，皆减本罪一等，输司寇作。"《后汉书·安帝纪》记载元初二年（公元108年）亦下诏称"郡国中都官系囚减死一等，勿笞，诣冯翊、扶风屯，妻子自随，占著所在；女子勿输。亡命死罪以下赎，各有差。其吏人聚为盗贼，有悔过者，除其罪。"而从章帝两次诏令到安帝时期再次下诏，除说明刑徒戍边，"妻子自随"已成定制之外，女刑徒不用戍边也已成

---

① 《后汉书》卷3《章帝纪》，中华书局1965年标点本，第143页。

第一编 从出土材料看汉魏时期的人口性比例问题

为定制。然而,从居延汉简所反映的情况看,从西汉武帝元鼎年间初置"张掖、酒泉郡",到东汉安帝、顺帝时期将陇西、安定、北地、西河、上郡等郡治和辖民内迁至渭水流域和山西中部,其间经历了二百多年的历史。在此二百多年的时间里,虽有汉武帝大举"募民徙塞下"之举,如《汉书·武帝纪》记元狩"四年冬,有司言关东贫民徙陇西、北地、西河、上郡、会稽凡七十二万五千口"的记载,但这并不代表所募之民和刑徒及其"妻子自随"可以完全替代了边关戍卒的存在。关于这一点,从所有的居延汉简中仅能找到65条载有戍卒家庭人口的资料①,由此便可窥其一斑。即使不排除其中有简文缺损的问题,亦可说明两汉时期以"妻子自随"的"募民徙塞下"的规模相当有限。所以,从这一角度看,即使两汉时期不断有所募之民和刑徒战死与病亡于边关,由此而形成的"女户"数量应当也是比较少的。

与之相对应的是,由两汉国家统一调发的边关戍卒因战争和病死所造成的"女户"问题应是大量存在的。事实上,居延汉简戍边士卒疾病问题的严重性,即说明当时戍边士卒的非战斗减员是十分惊人的。单把前引《汉书·武帝纪》记载元狩三年"减陇西、北地、上郡戍卒半"和与《汉书·武帝纪》记元狩"四年冬,有司言关东贫民徙陇西、北地、西河、上郡、会稽凡七十二万五千口"的记载与《汉书·食货言》所言汉武帝元鼎年间"初置张掖、酒泉郡,而上郡、朔方、西河、河西开田,官斥塞卒六十万人戍田之"的记载结合来看,汉武帝元鼎年间"陇西、北地、上郡"此三地应有至少100万人屯戍者。"北地、上郡"因位于有森林分布的鄂尔多斯高原上,地理环境应比"陇西"优越一些。如以敦煌汉简中(简779)所记"春时风气不和"、(简1448)"方春不和时"和(简1409B)"莫乐于湿莫悲于寒"的记载看②,两汉敦煌地区戍边士卒所处的恶劣地理环境当与居延地区相似。而按当时居延

---

① 贾丽英:《从居延汉简看汉代随军下层妇女生活》,《石家庄师范专科学校学报》2004年第6期。

② 王子今:《居延汉简所见"戍卒行道物故"现象》,《史学月刊》2004年第5期。

戍边士卒3%的病死率计算,此时汉武帝元鼎年间,每年也至少会有3万人死于疾病。以《汉书·武帝纪》记载元狩三年"减陇西、北地、上郡戍卒半",每年地处"陇西、北地、上郡"的戍边士卒至少也有50万人,以3%的病死率计算,每年也会有1.5万青壮戍边士卒非战斗减员。如再加上战斗减员的戍卒人数,每年就会出现一个相当惊人的数字。所以,从居延汉简所反映的情况看,单单因戍边士卒的疾病而造成的病亡戍边,会使两汉时期每年平添成千上万户的"寡妇",即出现成千上万户的"女户"问题。可见,两汉时期"女户"问题的产生和存在有着深厚的社会基础和历史背景。

总之,从汉初国家制定出一系列保护"女子"户权益的律令和居延汉简所反映的情况看,汉初及其后两汉时期,国家存在大量"女户"现象并不是偶然的,而应是两汉国家经济和社会现实的必然反映。同时,与产生汉代"女户"问题的原因相关,汉初相关律令的颁布和"女户"现象的存在,也至少对两汉王朝数百年时间的统治和汉代社会产生了三个方面的影响:

其一,汉初国家所制定出的一系列保护"女子"户权益的律令,虽不同于《汉书·高帝纪》记载的从高祖五年(前202年)到高祖十二年所采取的发展生产、安定社会和轻徭薄赋的一系列政策,但从实质上来看,《二年律令》所包含的内容,无疑会起到安定军心和民心的双重作用。所以,这些律令虽然不为正史所记载,但无疑会对汉初国家所采取的启动经济发展、促进社会安定的措施起到良好的辅助作用。同时,汉初国家所制定的这些律令与西汉文帝即位之初直至东汉章帝统治时期所采取的赐"女子百户牛酒"的诏令,在政策精神的制定上也具有历史的连贯性。

其二,从西汉文帝即位到东汉章帝元和二年时期,历时265年,其间在文帝、武帝、宣帝、元帝、成帝、王莽新朝以及东汉王朝的章帝统治时期里,一共颁布赐"女子百户牛酒"的诏令达20多次。这些诏令的颁布,一方面反映了汉代社会"女户"现象长期和大量存在的

第一编 从出土材料看汉魏时期的人口性比例问题

事实;另一方面也反映了大量产生"女户"现象的不良社会背景仍长期存在着。

其三,汉代国家所实行的赐"女子百户牛酒"的政策,往往成为统治者施行德政或弥补政策过失的补救性措施。从西汉文帝到东汉章帝元和二年的260多年里,颁布赐"女子"诏令最多者要数西汉宣帝时期的十次和汉元帝时期的六次。以汉宣帝统治时期为例:宣帝作为汉武帝的曾孙,他和汉昭帝都承继了汉武帝时期国家基础出现严重动摇后的烂摊子,虽然昭、宣两帝都采取一系列发展生产、稳定民心和缓和矛盾的措施,汉代社会又出现了"昭宣中兴"的局面,但是来自西北边陲的匈奴入侵和西羌叛乱等巨大战争压力以及国内水旱灾害频仍的事实,始终困扰着汉宣帝,所以,屡屡采取赐吏民爵位和赐"女子百户牛酒,鳏寡孤独高年帛"的优抚政策,对于汉代国家笼络百姓、安定社会和缓和社会矛盾都起到了一定的作用。至于元帝时期亦曾六次实行赐"女子百户牛酒"的举措,这应与汉代所实行政策的连续性有关。

第三章　从尹湾汉简看汉末东海郡的性比例问题及其影响

1993年2—4月，在江苏省连云港市东海县温泉镇尹湾村的M6汉墓出土了一批汉代简牍①，内容涉及西汉末年的政治、经济、军事及社会生活等许多方面。其中的《集簿》中有涉及西汉末年东海郡的户口统计资料，为我们了解汉代户籍管理制度提供了重要依据。随着滕昭宗《尹湾汉墓简牍释文选》一文的发表和包括《集簿》在内的部分释文公布②，它们很快便引起了学术界对尹湾汉墓简牍的关注与研究热潮。

关于东海郡西汉末期元延年间的户口资料，《集簿》的记载如下：

……乡百七十，□百六，里二千五百卌四，正二千五百卌二人。……户廿六万六千二百九十，多前二千六百廿九，其户万一千六百六十二获流。口百卅九万七千三百卌三，其四万二千七百五十二获流。……［男子］七十万六千六十四人，［女子］六十八万八千一百卅二人，女子多前七千九百廿六。［年］八十以上三万三千八百七十一，六岁以下廿六万二千五百八十九，凡廿九万六千四百五十九。［年］九十以上万一千六百七十人，年七十以上受杖二千

---

① 连云港博物馆：《江苏东海县尹湾汉墓群发掘简报》，《文物》1996年第8期。
② 滕昭宗：《尹湾汉墓简牍释文选》，《文物》1996年第8期。

第一编 从出土材料看汉魏时期的人口性比例问题

八百廿三人，凡万四千四百九十三，多前七百一十八。

据《续汉书·百官志》刘昭注引胡广《汉官解诂》称"秋冬岁尽，各计县户口、垦田、钱谷出入、盗贼多少，上其集薄"看尹湾汉墓中的"集薄"，应该就是学习秦汉史的学者所经常论及的"上计薄"。

第一节 学术界对东海郡人口性比例问题的研究综述

从笔者目前所掌握的情况看，学术界对《集薄》中男女性比例问题的研究概况大致有：

谢桂华《尹湾汉墓新出〈集薄〉考述》一文，当属对《集薄》中人口问题进行最早研究者。该文对尹湾汉墓《集薄》部分进行了逐句考述，其中关于《集薄》当中户口统计资料的考述十分详细，为我们了解西汉时期的户籍管理和上计制度提供了重要的依据①。

高敏《〈集薄〉的释读、质疑与意义探讨——读尹湾汉简札记之二》一文中谈及"女子多前七千九百廿六"问题，他认为：此数是说上计之年比前一年的女子增加了7926人；可见，"汉代各郡向中央报告人口数字时，是区分为男女分别上报的。这中间也许包含有官府注意了男女的性别比例问题。可疑的是：这里的男女人口数相加，较前所述总人口1397343人少几千，不知何故？"②。

高恒《汉代上计制度论考——兼评尹湾汉墓木牍〈集薄〉》一文，谈及对户籍材料中女子"多前"问题的研究。他认为："《集薄》作者如此写的用意，是不难理解的。就是说，虽然东海郡男多女少，不平衡，但此状不会长期影响本郡人口增殖，因为女性人口会逐渐增

---

① 谢桂华：《尹湾汉墓新出〈集薄〉考述》，《中国史研究》1997年第2期。
② 高敏：《〈集薄〉的释读、质疑与意义探讨——读尹湾汉简札记之二》，《史学月刊》1997年第5期。

第三章 从尹湾汉简看汉末东海郡的性比例问题及其影响

多。……《汉书·循吏传》中的6位循吏，就有3位有'户口岁增'、'户口增倍'之类的评语。东海郡太守不能不注意本郡男女人口的比例问题。"①

谢桂华《尹湾汉墓所见东海郡行政文书考述（上）》一文中，关于《集簿》中男女口数问题，他注意到"东海郡的男子比女子多17932人，女子比上一年度增长7926人，但男子与女子人数的和为1394196人，"比"东海郡人口总数1397343人少3147人，未知何故？"②

高海燕、乔健《从尹湾简牍〈集簿〉谈西汉东海郡的人口、土地、赋税》一文认为："汉代各郡向朝廷报告人口数字时，是分别以男女性别上报的"；以"东海郡户口数量除去获流人口之外，实际上比前一年减少了，其原因就在于农民脱离叛籍而流离失所者多；"另外，作者认为：《汉书·地理志》所记载的东海郡的人口数是"元延之际的统计"与尹湾汉墓简牍〈集簿〉记载的人口"统计数字有出入，口数相差不大，但户数相差较大。"可见"《集簿》统计数字并不是想象之作，基本数字是可信的"。③

高大伦《尹湾汉墓木牍〈集簿〉中户口统计资料研究》一文，既是较早地全面研究《集簿》中户口资料的论文，又是就如何看待考古资料的真实性和对汉代人口问题研究方面产生影响最大的文章。该文从户口统计数据入手，对"户口及户与口之比、流民、男女性别比、老年及老少比、高年受王杖制度"等由统计资料所暴露出来的深层社会问题做了一一讨论。其中关于〈集簿〉中所反映的男女性比例问题，他认为《集簿》中男女数"是中国最早的一组按郡统计的人口分性别统计数字……对研究汉代乃至古代人口性别构成是极为珍贵的

---

① 高恒：《汉代上计制度论考——兼评尹湾汉墓木牍〈集簿〉》，《东南文化》1999年第1期。
② 谢桂华：《尹湾汉墓所见东海郡行政文书考述（上）》，载连云港市博物馆、中国文物研究所《尹湾汉墓简牍综论》，科学出版社1999年版，第22—45页。
③ 高海燕、乔健：《从尹湾简牍〈集簿〉谈西汉东海郡的人口、土地、赋税》，载连云港市博物馆、中国文物研究所《尹湾汉墓简牍综论》，科学出版社1999年版，第144—147页。

第一编 从出土材料看汉魏时期的人口性比例问题

资料";他计算出东海郡当时的人口性别比大约是102;并认为"在古代,老年人口不多,由于普遍早婚,生活负担沉重,劳动强度大,医疗水平低,保健条件差,社会上重男轻女等原因,造成女性死亡率远远高于男性,从而导致男多女少的性比例严重失调。……汉代的人口性别比正常值似乎应介于先秦和近现代之间。所以说,有充分理由怀疑《集簿》的性别统计数字不确。";"统计数字中,一方面是男性数字无变化,另一方面是女性比上一年多出7千多人。性别比中女性偏高,多出来的又恰恰全是女性。女性人口的不实(偏多),应与当时男女对国家承担的赋税义务种类有别相关。……汉民一生,在适龄期内要服兵役、劳役。如不愿前往,也可交钱相抵,故名更赋。服各种兵役、劳役的都是成年男性,它实际上是按男丁摊派税役性质的赋。只要存在按丁口交赋税的规定,管理上又有空子可钻的话,百姓总可能向官府,下级定会向上级隐瞒丁口数目,以逃避服役或贪污税赋款。以男充女也应是常用办法之一。……综上所论,不但《汉志》中的人口数有较多的水分,未能反映出西汉末全国人口的准确状况,连作为考古出土第一手资料《集簿》中的户口统计,从年龄段分布、获流数、性别比,到高年受杖人数都与当时实际情形有较大出入,尤其是少儿和高龄人口数,根本就令人无法相信。在使用这些统计数据时,应该慎之又慎。[①]"

葛剑雄《中国人口史·导论、先秦至南北朝时期》第七章"两汉时期的人口数量"中对尹湾汉墓简牍中《集簿》所提供的户口数字给了充分的肯定。他认为"《集簿》所载户数与口数与《汉志》所载元始二年的户口数完全可以对应,某些数字稍有异常的现象可以得到合理的解释。"对于《集簿》中的男女性比例问题,他先对高人伦义中约102的性别比做了更正,认为应该是102.6;其次,他认为《集簿》中男女数相加之和1394196,比《集簿》中的人口总数少了3147。"如果这正是漏掉的男子增加数,……性别比就提高到103.1……当然也存在着另

---

① 高大伦:《尹湾汉墓木牍〈集簿〉中户口统计资料研究》,《历史研究》1998年第5期。

第三章　从尹湾汉简看汉末东海郡的性比例问题及其影响

一种可能性,即高大伦所认为的,由于赋役主要是由男子承担的,所以男子的数量已隐匿少报,但这种可能性并不大,正因为男子是赋役征集的重点,所以也是上级考核的主要指标,而对于女子数往往不太重视。假如贪官要隐瞒少报男子数,为什么不连女子数也一起少报,留下这样的漏洞呢?"①

以上学者的研究都对《集簿》中所涉及的男女性比例问题给予了高度的重视。谢桂华先生两篇详细的考述文章,无论内容的差别有多少,无疑都为后来的研究者提供了帮助。高敏先生就《集簿》所涉及的男女性别问题,做出了"汉代各郡向中央报告人口数字时,是区分为男女分别上报的。这中间也许包含有官府注意了男女的性别比例问题"的判断,这无疑是正确的。然而,他对于《集簿》中男女口数相加,较总人口少几千人的问题,仅提出了疑问,而没有做出解答。高恒先生对《集簿》中女子"多前"问题,提出了新看法:即"《集簿》作者如此写的用意,是不难理解的。就是说,虽然东海郡男多女少,不平衡,但此状不会长期影响本郡人口增殖,因为女性人口会逐渐增多。"然而,此说仍不足说明女子"多前"问题。高海燕、乔健的文章,就《集簿》中总人口减去获流人口后、实际比前一年减少的问题,提出了"其原因就在于农民脱离叛籍而流离失所者多"的观点,但错误地认为《汉书·地理志》所记载的东海郡的人口数是"元延之际的统计";关于女子"多前"问题,高、乔二人未提出新见解。高大伦的论文对"户口及户与口之比、流民、男女性别比、老年及老少比、高年受王杖制度"等由统计资料所暴露出来的深层社会问题做了大胆的讨论。他指出当时东海郡的性别比为102,并认为:"汉代的人口性别比正常值似乎应介于先秦和近现代之间。……有充分理由怀疑《集簿》的性别统计数字不确。"这种数字不准确,表现在"女性人口的不实(偏多),

---

① 葛剑雄:《中国人口史·导论、先秦至南北朝时期·两汉时期的人口数量》,复旦大学出版社2002年版,第323—327页。

第一编 从出土材料看汉魏时期的人口性比例问题

应与当时男女对国家承担的赋税义务种类有别相关";而且汉代"服各种兵役、劳役的都是成年男性,它实际上是按男丁摊派税役性质的赋。"通过一系列的论证,他认定:"不但《汉志》中的人口数有较多的水分,未能反映出西汉末全国人口的准确状况,连作为考古出土第一手资料《集簿》中的户口统计,从年龄段分布、获流数、性别比,到高年受杖人数都与当时实际情形有较大出入,尤其是少儿和高龄人口数,根本就令人无法相信。"而葛剑雄《中国人口史·导论、先秦至南北朝时期》第七章"两汉时期的人口数量"对尹湾汉墓简牍的议论,主要是就高大伦文中的观点提出了反驳的意见。葛剑雄认为:高大伦文中约102的性别比"应该是102.6";其次,他认为《集簿》中男女数相加之和1394196,比《集簿》中的人口总数少了3147。"如果这正是漏掉的男子增加数,……性别比就提高到103.1";而且,正因为男子是赋役的对象,是政府考核政绩的主要指标,所以,东海郡就没有必要隐瞒少报男子数。

第二节 目前研究存在的问题和新的解释途径

前面诸位先生的讨论都很有启发性。而且,纵观各位对女子"多前"问题的讨论看,葛剑雄的意见无疑是具有说服力的。然而,尽管如此,以上诸文还有两个问题是没有给予充分注意的:一,无论是传世文献的记载,还是地下出土文献的记载,都反映出秦汉时期的女子也是赋役对象的问题;这就是说,尹湾汉墓简牍《集簿》所反映的男女性别问题完全属实,当时地方政府既不用隐瞒少报男子的数量,也不必因为男女赋役有免状况不同而隐瞒少报女子的数量。二,按葛剑雄的观点看,即使尹湾汉墓《集簿》中反映的性别比为103.1,与世界范围内常见的男106:女100的性比例来比较,尹湾汉墓反映的男103.1:女100的性比例仍然处在较低水平上;但以当时的历史背景与东海郡所处的地理环境看,这种尹湾汉墓所反映的东海郡的人口性比例值是有其存在的必然性的。关于这两点，我拟提出浅薄的见解，以求教于方家。

首先，关于秦汉时期女子也是国家赋役对象的问题，大致可从以下几个方面得到证实。

（一）根据《史记》《汉书》，秦汉时期女子多有服兵役的记载。王子今从女子从军现象的角度做过研究①。如《史记·淮南衡山列传》记载：秦始皇时期"使尉佗逾五岭攻百越。尉佗知中国劳极，止王不来，使人上书，求女无夫家者三万人，以为士卒衣补。秦皇帝可其万五千人。"《史记·项羽本纪》记载"汉之三年……汉王夜出女子荥阳东门，被甲二千人，楚兵四面击之"；《汉书·贾捐之传》记载汉武帝时期"北却匈奴万里，更起营塞，制南海以为八郡，则天下断狱万数，民赋数百，造盐铁酒榷之利以佐用度，犹不能足。当此之时，寇贼并起，军旅数发，父战死于前，子斗伤于后，女子乘亭鄣，孤儿号于道，老母寡妇饮泣巷哭，遥设虚祭，想魂乎万里之外"；又《后汉书·郑太传》记载"关西诸郡，颇习兵事，自顷以来，数与羌战，妇女犹戴戟操矛，挟弓负矢，况其壮勇之士，以当妄战之人乎！其胜可必"。从以上所列举的传世文献的记载来看，秦汉时期女子服兵役的情况中既有从事后勤保障的"丁女转输""为士卒衣补"等类别，又有女子"被甲""乘亭鄣"等直接参与战争的类别。同时，关于这一点，我们还可以在传世文献记载之外的居延汉简中找到许多例证，如：（简 E. P. T40：18）"第廿三部建平三年七月家属妻子居署省名籍"；（简 E. P. T65：134）《戍卒家属居署名籍》；（简 185.13）《卒家属在署名籍》；（简 58.15A）"□官女子周舒君等自言责隧"等，均表明两汉时期居延地区的戍卒家属也有从事与边关戍守相关的职责。

（二）从《史记》《汉书》的记载看，秦汉时期女子也是徭役的重要对象：如《汉书·高祖纪》记载：高祖八年春"民产子，复勿事二岁。"关于这一点，颜师古亦称所谓"勿事"，即为"不役使也"；应是

---

① 王子今：《女子从军史》，军事译文出版社 1998 年版，第 54—63 页。

奖励产妇生育的一种措施。又如《汉书·惠帝纪》记载"三年（公元前191年）春，发长安六百里内男女十四万六千人城长安，三十日罢"；《汉书·惠帝纪》记载惠帝六年（公元前189年）"春正月，复发长安六百里内男女十四万五千人城长安，三十日罢"；再如《汉书·平帝纪》记载元始元年"复贞妇，乡一人"的举措等，均证明秦汉时期的女子是承担国家徭役的重要对象之一。

（三）秦汉时期的女子具有相对独立的经济地位和社会地位。从《史记·货殖列传》记载秦始皇时代的"其先得丹穴，而擅其利数世，家亦不訾……能守其业，用财自卫，不见侵犯。秦皇帝以为贞妇而客之，为筑女怀清台"的掌管家资巨万，"能守其业，用财自卫"的"巴寡妇清"，到《汉书·文帝纪》记载"女子百户牛酒"再到在整个两汉时期，从西汉文帝即位之初赐"女子百户牛酒"之后的西汉武帝、宣帝、元帝、成帝、王莽新朝以及东汉王朝的章帝统治阶段，加起来就有23次之多。同时，在《史记》《汉书》之外，地下出土文献《张家山汉简·二年律令》亦反映出汉代女子具有较高的社会地位：从对《二年律令》内容的分析看，汉代存在着以女子充当户主、女子可以继承夫爵、子爵和财产等权利，且能够在《户律》和《置后律》里找到许多直接的法律依据。简单而论，约表现在以下几个方面：其一，在《二年律令》中有汉初国家由女子充当户主的法律规定。如《二年律令·户律》规定："民大父母、父母、子、孙、同产、欲相分予奴婢、马牛羊、它财物者，皆许之，辄为定籍。孙为户，与大父母居，养之不（简337）善，令孙且外居……孙死，其母而代为户。令毋敢逐夫父母及入赘（简338），及道外取其子财（简339）"，在法律确立了祖母、母亲在男户主死亡之后的正常权益。其二，对于"为人妻者"是否可以成为户主的问题，《二年律令·户律》反映了汉代"女户"的确立，必须是在家庭中缺乏其他男子为户主的条件下才能完成的法律意志。如具体的简文称："为人妻者不得为户。民欲别为户者，皆以八月户时，非户时勿许。（简345）"其三，在《二年律令·置后律》中，"女子"

第三章　从尹湾汉简看汉末东海郡的性比例问题及其影响

的继承权问题和立户条件方面也有着数条详细的法律依据。如《二年律令·置后律》规定："□□□□为县官有为也，以其故死若伤二旬中死，皆为死事者，令子男袭其爵，毋爵者，其后为公士。毋子男以女，毋女（简369）以父，毋父以母，毋母以男同产，毋男同产以女同产，毋女同产以妻。诸死事当置后，毋父母、妻子、同产者，以大父，毋大父（简370）以大母与同居数者（简371）。"关于这种情况，正史中不乏其例。如《汉书·高惠高后文功臣侯表第四》记载奚涓"以舍人从起沛，至咸阳为郎，入汉，以将军定诸侯，四千八百户，功比舞阳侯，死军事"，汉高祖"六年，（鲁）侯涓无子，封母底为侯，十九年薨"，正是这种子死母继现象的真实写照。其四，在《二年律令·置后律》规定"女子"户可以继承丈夫的爵位。如"女子比其夫爵（简372）"和"寡为户后，予田宅，比子为后者爵。（简387）"的规定。其五，关于尚未出嫁的女户主，在出嫁后如何恢复对原有财产的控制和如何恢复其户主身份，《二年律令·置后律》也有相关的法律规定。如"女子为父母后而出嫁者，令夫以妻田宅盈其田宅。宅不比，弗得。其弃妻，及夫死，妻得复取以为户。弃妻，畀之其财。（简384）"的规定。可见，汉代女子在经济上有授田宅、继承夫爵和财产，并成为家庭户主的权力。而这一点，1984年所发现的江苏扬州仪征胥浦101号西汉墓中出土《先令券书》的内容可以证明之①。

其次，按葛剑雄的观点看，即使尹湾汉墓《集簿》中反映的性别比为103.1，与世界范围内常见的男106：女100的性比例比较，尹湾汉墓反映的男103.1：女100的性比例仍然处在较低水平上；但从当时的历史背景看，这种尹湾汉墓所反映的东海郡的人口性比例值是有其存在的必然性的。

---

① 扬州博物馆：《江苏仪征胥浦101号西汉墓》，《文物》1987年第1期；陈平、王勤金：《仪征胥浦101号西汉墓〈先令券书〉初考》，《文物》1987年第1期；陈平：《再谈胥浦〈先令券书〉中的几个问题》，《文物》1992年第9期；李解民：《扬州仪征胥浦简书新考》，载《百年来简帛发现暨长沙吴简国际学术研讨会论文·长沙》2001年第8期。

第一编　从出土材料看汉魏时期的人口性比例问题

按照世界绝大多数民族的初生婴儿正常的性比例结构是男 106：女 100 的标准看，尹湾汉墓简牍《集簿》中男女所反映的性比例为男 103：女 100 的情况，这似乎显示东海郡有男性稍稍偏少的倾向。然而，关于西汉元延年间东海郡没有男子数增加的问题，实际上是完全可以解释的。例如：朱绍侯《〈尹湾汉墓简牍〉是东海郡非常时期的档案资料》[①] 一文的研究成果，即可解释这一问题。朱先生利用尹湾汉墓简牍中所提供的资料研究发现：不仅当时东海郡都尉的官秩高于郡太守；而且，东海郡有 12 个小县也设有两个县尉，所以，通过种种迹象的判别，朱绍侯先生从"东海郡的官职提升多与镇压山阳铁官苏令暴动有关及大量获流与武库储存过量兵器等反常情况"得出《尹湾汉墓简牍》是东海郡非常时期的档案文献的结论。同时，以朱先生的论证和结论看，东海郡临近山阳，而成帝永始三年（公元前 14 年），山阳暴发了铁官徒的暴动。由于这次暴动"经历郡国十九"，肯定会牵涉东海郡的防务，所以，东海郡男女性比例偏低的状况，应与苏令暴动和与镇压暴动所造成的男性大量死亡有关。关于这一点，《汉书·成帝纪》记载永始三年"十二月，山阳铁官徒苏令等二百二十人攻杀长吏，盗库兵，自称将军，经历郡国十九，杀东郡太守、汝南都尉。遣丞相长史、御史中丞持节督趣逐捕。汝南太守严䜣捕斩令等"即明证。

同时，东海郡元延年间（公元前 12 年—公元前 9 年）男女性比例偏低的原因，还应与西汉末年徭役负担沉重，造成卒徒"死者连属"有着密切的关系。关于这一点，正如《汉书·成帝纪》所记载永始元年秋七月和永始二年十二月的两条罪己诏。其中永始元年秋七月，诏曰："朕执德不固，谋不尽下，过听将作大匠万年言'昌陵三年可成'。作治五年，中陵、司马殿门内尚未加功。天下虚耗，百姓罢劳，客土疏恶，终不可成。朕惟其难，恒然伤心。夫'过而不改，是谓过矣'。其

[①] 朱绍侯：《〈尹湾汉墓简牍〉是东海郡非常时期的档案资料》，《史学月刊》1999 年第 2 期。

第三章 从尹湾汉简看汉末东海郡的性比例问题及其影响

罢昌陵,及故陵勿徙吏民,令天下毋有动摇之心";又《汉书·成帝纪》记载永始二年十二月,诏曰:"前将作大匠万年知昌陵卑下,不可为万岁居,奏请营作,建置郭邑,妄为巧诈,积土增高,多赋敛繇役,兴卒暴之作。卒徒蒙辜,死者连属,百姓罢极,天下匮竭",这些均可反映汉末徭役负担沉重乃至无以复加的事实。

最后,东海郡男女性比例偏低的原因,还与其所处的地理环境有着密切的关系。东海郡所在地区位于北半球暖温带,气候宜人,非常适合人类生产与生活,加之面朝大海,沿海有大片滩涂地,可以十分方便地为东海郡的居民提供大量的富含微量元素锌、碘等有利于减少妊娠妇女死亡率的生命元素。

根据国内外医学研究的大量成果,人体锌在妇女妊娠中确实有着巨大的作用,具体表现以下几个方面:(一)孕妇缺锌,易造成胎儿畸形、弱智或成长缓慢,从而增加孕妇流产等妊高征的机率。事实上,锌是生命从受精卵演发到一个成人的重要因素。足月分娩的正常婴儿共含锌60毫克左右,约为成人含锌总量的1/4—1/2,这与胚胎及胎儿细胞分裂和分化迅速有密切关系[①]。动物实验和人体观察均发现妊娠期缺锌可导致下一代先天畸形,同时观察到血锌低的孕妇常伴有产程异常、新生儿出生体重低、早产或过期妊娠等并发症[②]。(二)孕妇缺锌,易增加孕妇早产、过期妊娠等机率:1992年3月至7月第一军医大学妇产科随机选择进行产前检查的孕妇207例,且妊娠期无服食锌制剂者,年龄22—32岁,孕龄33—41周单胎初产妇为调查对象,并在通过血清锌的检测后发现,这些孕妇可明显分为高锌组与低锌组;此两组孕妇在分娩时,出现异常分娩并发症(如子宫收缩乏力、产程异常、产后出血等)也有明显的差别:其中高锌组91例中出现异常分娩者32例,剖宫产者

[①] 付立杰等:《畸胎学》,上海科技教育出版社1995年版,第267—268页。
[②] 安笑生、符绍莲主编:《环境优生学》,北京医科大学、中国协和医科大学联合出版社1995年版,第68—69页;钟梅等:《妊娠分娩期母血清锌与异常分娩的关系》,《中国优生与遗传杂志》1994年第4期。

第一编　从出土材料看汉魏时期的人口性比例问题

5 例；高锌组中出现异常分娩的比例为 35.16%。低锌组 106 例中有 59 例属异常分娩者，16 例剖宫产者；异常分娩者占低锌者的 55.66%。分娩正常与否决定于三大因素，除产道和胎儿外，以子宫收缩力为主的产力是主要因素，分娩的正常进展和母婴的后果主要取决于子宫肌的功能。本调查发现，妊娠后期及分娩期低血锌孕产妇易发生异常分娩，其剖宫发生率也高于对照组，说明母血锌水平对维持正常分娩起着重要的作用；西安医科大学以妊娠晚期妊高征患者 32 例，平均年龄 25—29 岁，平均孕周 35—40 周与 34 例妊娠晚期正常分娩的孕妇为对照，发现妊高征患者血清锌明显低于对照组，而且血清锌水平越低，妊高征越严重，胎儿宫内生长迟缓的发病率也越高；而血清铜与对照组无显著性差异[1]。（三）孕妇缺锌，可造成孕妇和婴幼儿免疫力下降，易感染病毒，造成死亡率提高：在延续几千年的中国社会里，妇女分娩时多由无任何医学知识的妇女接生，直到 20 世纪初妇女生产仍处在相当落后的状态，"产妇常因难产、出血而死亡……因破伤风导致的新生儿死亡率高达 50%—70%"[2]；"1920—1930 间，全国共有 20 万旧式接生员分布全国，当时产妇死亡率高达 14.9‰……婴儿死亡率为 250‰—300‰，其中近半数死亡，为破伤风感染。……早在 1897 年，我国已有妊高征的病例报道，当时的发病率为 1/71，死亡率为 12.1%，多数无产前检查。"[3] 另通过测定：孕妇缺锌还会使孕妇免疫防御机能下降、羊水抑菌能降低，羊膜易受感染，易造成胎膜早破、流产增多等[4]。从以上医学研究三个方面看，东海郡由于面朝有丰富渔业资源的大海，可以为居民提供大量富含生命元素锌、碘等有利于妇女妊娠的微量元素，从而有效地降低了成年妇女的死亡率。所以，从这一角度看，尹湾汉墓《集簿》中

---

[1] 高峻等：《妊高征患者血清钙、镁、铜、锌和铁含量的测定》，《西安医科大学学报》1996 年第 1 期。

[2] 曹泽毅：《中华妇产科学·绪论》，人民卫生出版社 1999 年版，第 5 页。

[3] 同上书，第 212 页。

[4] 岑汉群、凌梅秀：《微量元素与妊娠并发症的关系》，《广东微量元素科学》2005 年第 1 期。

所反映的男女性比例偏低的问题完全可以解释。

总之，西汉末年东海郡牵涉对山阳铁官徒苏令暴动的镇压和成帝鸿嘉（前20—前17年）年间以来日益沉重的徭役负担，必然造成丁男丁女徭役频率增多。其次，由于丁女多从事后勤保障等低伤害性工作，而丁男多从事重体力的劳动以及直接参战，这必然造成丁男大量死亡。同时，从医学研究的成果看，由于东海郡面朝有丰富渔业资源的大海，可以为居民提供大量富含生命元素锌、碘等有利于妇女妊娠的微量元素，从而有效地降低了成年妇女的死亡率。所以，从以上三个角度看，尹湾汉墓《集簿》中所反映的男女性比例偏低的问题是完全可以解释的。

第四章　从吴简看孙吴时期的性比例失调和疾病人口问题

1996年10月，长沙市文物工作队在市中心五一广场走马楼西侧发掘的22号古井里，出土了总数约14万余枚、两百余万字的三国孙吴纪年简牍。这批简牍作为公元三世纪上半叶孙吴嘉禾年间长沙郡的一批珍贵的档案文书，真实反映的正是东吴孙权政权最为兴盛时期的现实生活、经济关系、社会交往和风俗民情等，从而为研究东吴的政治、经济、军事、文化、税赋、户籍、司法、职官等方面的制度提供了难得的第一手档案资料。由于这批简牍的数量超过了以往中国各地出土简牍的总和，所以，这次吴简的发现还是20世纪以来继殷墟甲骨文、敦煌石窟文书、西北屯戍简牍发现之后，中国古代文献档案方面的又一次重大发现。随着1999年9月《长沙走马楼三国吴简·嘉禾吏民田家莂》[①]和2003年10月《长沙走马楼三国吴简（壹）》[②]两套大书的相继面世，吴简的研究亦逐步深入，佳作频出，发人深思。

而本文拟从《长沙走马楼三国吴简·嘉禾吏民田家莂》和《长沙走马楼三国吴简（壹）》中所涉及社会生活方面的信息入手，对孙吴初

[①] 走马楼吴简整理组：《长沙走马楼三国吴简·嘉禾吏民田家莂》，文物出版社1999年版。
[②] 走马楼吴简整理组：《长沙走马楼三国吴简（壹）》，文物出版社2003年版。

期长沙郡中内在联系密切的人口性比例失调问题和疾病人口问题做一些粗略的统计与分析,以求教于方家。

第一节 学术回顾及孙吴初期临湘侯国地理环境的简况

众所周知,研究中国古代某一时段、某一地区的性比例失调问题和疾病人口问题,需要有大量的家庭提供诸如家庭成员的性别、年龄、数量、疾病类型等各方面的信息,而这正是传统正史材料所无法提供的。这种缺乏史料的情况,在先秦、秦汉魏晋南北朝史的研究中尤为严重。虽然,自20世纪以来,在广大的西北地区以及山东、江苏、湖北等地出土了大量的简牍材料可以弥补正史之缺憾,但仍然缺乏像走马楼吴简那样能够提供大量的、具体到孙吴初期临湘侯国某一家庭的性别构成和疾病材料这样的详细程度。

从吴简所反映的情况看,长沙郡中的人口性比例问题和疾病人口问题存在着密切的内在联系,所以,与之相关的研究现状,就都是我们需要关注的。从目前笔者所掌握的研究现状看,以走马楼吴简中的性比例失调问题和疾病问题为研究对象的论文仅有《历史研究》杂志2001年第4期发表的汪小烜《吴简所见"肿足"解》[1]、高凯《从走马楼吴简看孙吴时期长沙郡的人口性比例问例》[2]、2004年8月1日张贴在简帛研究网《简帛研究》页面上的于振波《走马楼户籍性别与年龄结构分析》[3]、张荣强《说"罚估"——吴简所见免役资料试释》[4] 和高凯

---

[1] 汪小烜:《吴简所见"肿足"解》,《历史研究》2001年第4期。

[2] 高凯:《从走马楼吴简看孙吴时期长沙郡的人口性比例问例》,《史学月刊》2003年第8期。

[3] 于振波:《从长沙走马楼三国吴简看其户籍中的性别与年龄结构——兼论户与里的规模》,《台大历史学报》2004年第34期。

[4] 张荣强:《说"罚估"——吴简所见免役资料试释》,《文物》2004年第12期。

第一编 从出土材料看汉魏时期的人口性比例问题

《从吴简蠡测孙吴初期临湘侯国的疾病人口问题》①五篇文章。

上述五篇相关文章具体的内容分属两个方面。其中汪文认为吴简中所反映的"肿足"病是由血丝虫病引起的"象皮腿肿";"肿足"病中的"肿"字可与"踵足"病中的"踵"互通;且汪文认为《三国志·吴书·朱然传》所记"魏攻江陵……时(朱)然城中多肿病,堪战者裁五千人"的史实是"很令人怀疑"的;这些观点似乎有进一步商榷的余地。高凯《从吴简看长沙郡的人口性比例问题》以1999年出版的吴简《吏民田家莂》的87个"女户"主租佃国有土地的材料入手,认为吴简中"女户"的出现,即代表成年女子或因丈夫死亡或因成年女子过剩而形成了人口性比例失调问题;而这种问题的出现是频繁战争、繁重徭役的社会因素和高温高湿的自然环境因素共同造成的。于振波则是以2003年出版的《长沙走马楼吴简(壹)》中所提供的性别、年龄和残疾人口的户籍简材料为研究对象,他认为:"走马楼户籍简中的人口性别结构和年龄结构均呈现出失衡状态。14岁以下人口中的男性数量大大超过女性,主要是百姓不堪忍受沉重的赋税徭役而弃婴(尤其是女婴)的结果。劳动力人口中女性比例过高,是因为青壮年男性是战争和赋税、徭役的主要承担者,很多人因此而过早死亡";关于走马楼吴简中的"刑手、刑足"应与"腹心病""肿病及肿足""踵足"等疾病相类,故此,他把吴简中的疾病人员纳入残疾人员之中来进行统计,以致其统计结果与吴简中实际的疾病人数有较大的出入;关于"肿病"和"踵病"的认识,于文与汪小烜同;关于造成残疾人员众多的原因,他认为"几乎与自然因素无关,而纯粹是社会原因造成的"。从于文的研究状况看,除了简单地将诸多疾病归属为"残疾"类型外,并没有对吴简中所涉疾病类型做出相应的分析,且文中观点不乏偏颇之处;张荣强文主要从吴简中所见免役的资料入手,不仅对吴简中"罚估""刑手足"等字词做出了自己的解释,而且结合秦律、汉律和唐律对孙吴免

---

① 高凯:《从吴简蠡测孙吴初期临湘侯国的疾病人口问题》,《史学月刊》2002年第12期。

第四章 从吴简看孙吴时期的性比例失调和疾病人口问题

役的对象和"免役的其他场合"进行了研究。其中内容涉及了吴简中的疾病类型,然而缺乏对之进行相关的解释和判断①。高凯《从吴简蠡测孙吴初期临湘侯国的疾病人口问题》一文,以《走马楼三国吴简(壹)》户籍简中的221例疾病人口为对象,针对吴简中十几个具体的疾病类型做出了解释与判断,并与中国古代血吸虫、麻风病等恶性疾病的流传结合起来,认为"通过对吴简的统计与分析,可从具体史实上印证司马迁《史记·货殖列传》记载的江南地区存在'丈夫早夭'现象的真实性。同时,也从吴简中男女各年龄段病数的统计资料中,证明了在中国古代社会完全可能出现儿童高死亡率的现象"。

然而,以上汪文、于文、张文和拙文的研究情况,并未将吴简中所反映的人口性比例问题与疾病人口问题有机地结合起来;而且,关于吴简中疾病类型的分析还有进行进一步分析、研究的必要,有鉴于斯,笔者以为有必要结合孙吴初期长沙郡临湘侯国的地理环境的状况,再对吴简中所反映的疾病问题、疾病人口问题、人口性比例问题与疾病人口问题的关系及其对当时社会生活所造成的影响做进一步的研究。

第二节 孙吴初期长沙郡临湘侯国的地理环境及人文环境简况

孙吴初期长沙郡临湘侯国所在地,位于今湖南省省会长沙市。三国时期,临湘曾一度是步骘的封国或食邑。据《三国志》卷52《步骘传》记载:"益州大姓雍闿等,杀蜀所署太守正昂,与燮相闻,求欲内附。骘因承制,遣使宣恩抚纳。由是加拜平戎将军,封广信侯。延康元年,权遣吕岱代骘,骘将交州义士万人出长沙。会刘备东下,武陵蛮夷蠢动,权逆命骘上益阳。备既败绩,而零、桂诸郡,犹相惊扰,处处阻

---

① 汪小烜:《吴简所见"肿足"解》,《历史研究》2001年第4期;于振波:《从长沙走马楼三国吴简看其户籍中的性别与年龄结构——兼论户与里的规模》,《台大历史学报》2004年第34期;张荣强:《说"罚估"——吴简所见免役资料试释》,《文物》2004年第12期。

第一编 从出土材料看汉魏时期的人口性比例问题

兵。骘周旋征讨,皆平之。黄武二年,迁右将军左护军,改封临湘侯。五年,假节,徙屯沤口。"同时,结合吴简所反映的情况看,嘉禾年间(公元232—238元),临湘应还是步骘封国或食邑之地。

关于从秦到三国时期临湘的行政归属和人文环境,两《汉书》及《晋书》均有记载。据《汉书》卷28下《地理志》记载:"长沙国,秦郡,高帝五年为国。莽曰填蛮。属荆州。户四万三千四百七十,口二十三万五千八百二十五。县十三:临湘,莽曰抚睦。罗,连道,益阳,湘山在北。下隽,莽曰闰隽。攸,鄢,承阳,湘南,《禹贡》衡山在东南,荆州山。昭陵,荼陵,泥水西入湘,行七百里。莽曰声乡。"又据《后汉书》卷112《郡国志》记载:"长沙郡十三城,户二十五万五千八百五十四,口百五万九千三百七十二。临湘、攸、荼陵、安城、鄢、湘南侯国。衡山在东南。连道、昭陵、益阳、下隽、罗、醴陵。"再据《晋书》卷15《地理志》下记载:长沙郡,县十。临湘、攸、下隽、醴陵、刘阳、建宁、吴昌、罗、蒲沂、巴陵。"无论从《汉书》的记载看,还是从《后汉书》和《晋书》的记载看,临湘都属长沙郡管辖,所不同的是汉平帝元始二年(公元2年)《汉志》所记载长沙郡的人口数远不及《后汉书》所记载永和五年(公元140年)的人口数多。单以人口数值相比较,东汉永和五年(公元140年)长沙郡所控人口比西汉汉平帝元始二年(公元2年)多449%。所以,谭其骧先生在《湖南人由来考》中早就指出,从西汉末年到东汉中期长沙郡人口的急剧增长,应考虑移民增加的因素①。关于长沙郡的移民问题,我们可以关注对走马楼吴简《吏民田家莂》和《长沙走马楼三国吴简(壹)》所涉姓氏的统计资料。通过对吴简所涉及户主姓名的具体统计,我们发现:简文中提供了孙吴时期长沙郡吏民的姓氏有敖、毕、蔡、曹、昌、陈、呈、程、葱、戴、邓、丁、董、杜、顿、樊、范、逢、冯、高、龚、宫、谷、光、郭、昊、何、侯、胡、桓、辕、黄、纪、靳、椎、巨、

---

① 谭其骧:《湖南人由来考》,《长水集》,人民出版社1987年版,第300—360页。

第四章 从吴简看孙吴时期的性比例失调和疾病人口问题

雷、李、礼、利、廖、林、刘、龙、娄、庐、卢、鲁、吕、罗、马、毛、梅、米、苗、聂、区、番、潘、彭、棋、启、钱、秦、仇、屈、壬、任、石、史、舒、蒴、松、宋、孙、潭、唐、田、涂、王、卫、文、吴、五、伍、武、先、向、谢、徐、许、焉、严、杨、殷、尹、应、勇、由、于、原、张、赵、这、烝、郑、周、朱、顿、诵、史等多达160多个姓氏的信息①。具体考察这些姓氏的来源，我们发现有几种情况：（一）属于与原楚国时代没有直接关系，而是其后从外部迁入长沙郡的姓氏：如谢、赵、蒋、何、廖、雷、程、毛、樊、冯、庐、卢、马、郑、聂、林、石、龙、钱、文、高、陈、礼等数十个姓氏属于与原楚国时代无直接关系，是其后从长江以北地区或长沙郡以东地区迁入者。（二）属于楚国时期已有的土著民姓氏：如潘、孙、五、靳、罗、番、龙、屈、左、利、芈等均为原楚国时期便已产生的土著民姓氏。（三）属于春秋战国时期因国家为楚所灭而产生的姓氏：如吴简中的大姓——黄姓，还有陈、蔡、邓、鲁、朱、胡、顿、曹、许、娄等姓氏。（四）属于历代姓氏辞典中无解释或解释不多的姓氏，大抵均为土著蛮夷的姓氏：如吴简中数量最多的烝氏，巨、呙、蒴、愆姓等，遍查《风俗通义》《元和姓纂》、王符《潜夫论》和《通志》及相关正史记载等均未得其详，估计为孙吴长沙郡苗蛮之姓的可能性极大②。移民的大量迁入，不仅仅是繁荣了当地经济，增加了劳动人口；同时，我们还应看到在局部区域内所出现的土地承载量问题。虽然，吴简中没有具体的事例可以证明当时存在人口压力的问题，但是，我们仍然可以很容易地从《吏民田家莂》中找到嘉禾四年、嘉禾五年吏民向政府佃田时，所存在的佃田地块的零碎性问题；这可能即喻示着当时民户争佃国有土地的情景。而局部人口的增长，也使得麻风病等慢性传染病有了更多的传播机会；同时，局部人口的急剧增长，迫使当时人们不得不冒着感染血吸虫

---

① 根据《长沙走马楼三国吴简·吏民田家莂》《长沙走马楼三国吴简（壹）》两书后的人名索引进行统计的结果。

② 高凯：《从走马楼吴简看孙吴时期长沙郡吏民的联姻》，《史学月刊》2002年第9期。

病的危险,去从事围湖造田、捕鱼、放牧等谋生工作,而《吏民田家莂》中经常出现的"火种田""余力田"等土地类型的名称,即应属于由私人开辟的土地形式。

从临湘的地理环境看,这里地处湘中地区,有湖南第一大河——湘江自南向北穿行其中;同时,湘水在临湘侯国境内还接纳了三条支流:即浏阳河、涝水(又名捞刀河)和沩水。据北魏时期郦道元《水经注》记载:"浏水出临湘县东南、浏阳县西北,过其县东北与涝水合西入于湘。"然而,清代人陈运溶《湘城访古录》称:"浏水、涝水俱系分流,其入湘处相隔十里,《水经》云合流,误也。"由此,一证郦道元此说有误;二证湘水在临湘侯国境内,除沩水之外,还接纳了浏阳河和捞河两条支流。又据《水经注》记载:"沩水,出益阳县马头山,东经新阳县南,晋太康元年,改曰新康矣。沩水又东入临湘县,历沩口戍东,南注湘水。"[①] 由此可知,湘水在临湘确实接纳了浏阳河、涝水和沩水三条支流。另外,从现今长沙市尚拥有相当大水面的年嘉湖、咸嘉湖、南圫与金圫等湖泊的存在情况看[②],三国时期,临湘侯国境内应是河网密布、湖汊纵横的景象。

据现当代《湖南农业地理》一书介绍,今长沙地处湘中丘陵盆地区,肥力较高的土壤有潮沙泥、黑泥、黄沙泥,主要分布在沿河两岸和岗地相接的冲积平原地带,pH值6—7左右。本区地处中亚热带东部地区,气候的总特点是冬有短寒、夏有长热、春温多变、秋风送凉,雨量集中,具有前湿后干的特点[③]。具体而言:多年平均气温在16.6℃—18℃之间,无霜期为264—301天,一年中日平均气温稳定超过10℃以上的时间长达250天左右;年降水量1300—1600mm,多年平均雨日在150—180天之间。本区一般年份4—6月为多雨季节,约占全年降水量的40%—46%;但进入到夏秋7—9月,由于受副热带下沉气流的控制

---

① 郦道元:《水经注》,浙江古籍出版社2000年版,第592页。
② 陈先枢、金豫北:《长沙地名古迹揽胜》,中国文联出版社2002年版,第114—115页。
③ 湖南师范大学:《湖南农业地理》,湖南科学技术出版社1981年版,第10页。

与影响,会出现雨少、高温、蒸发量大的天气。据多年气候观察,7—9月湘中地区降水量为234—410mm,仅占年降水量的17.8%—25.7%;这时正是高温晴燥天气,蒸发量大,容易发生夏秋干旱。本区冬季平均气温在4℃—5℃,有利于越冬作物过冬①。

根据现代湖南湘中地区的气候特点,再结合东汉三国时期北半球由战国、秦汉时期比较温暖、湿润的历史气候,逐渐向干冷气候变化的过程看,孙吴初期长沙郡临湘侯国历史气候应比战国、秦汉时期略为干旱、寒冷一些;② 如《三国志·吴书·吴主孙权传》记载:孙权嘉禾五年"自十月不雨,至于夏";赤乌"三年春正月,诏曰'岁又水旱,年谷有损'";赤乌"四年春正月,大雪,平地深三尺,鸟兽死者太半"等。但同时,由于20世纪80年代气候趋于干旱,加之,三国孙吴时期临湘侯国人口较少,生产力水平低下,人类对环境的破坏较少,故三国孙吴时期土壤植被的情况应较今优越,所以,孙吴初期的降水量应多于20世纪80年代的水平。

第三节 《长沙走马楼三国吴简·吏民田家莂》所反映的"女户"情况

从目前的情况看,关于三国孙吴长沙郡的人口性比例问题,利用吴简所提供的材料来研究者,仅有高凯的《从走马楼吴简看孙吴时期长沙郡的人口性比例问例》③、于振波的《走马楼户籍性别与年龄结构分析》④和高凯的《从吴简蠡测孙吴初期临湘侯国的疾病人口问题》⑤ 三

---

① 湖南师范大学:《湖南农业地理》,湖南科学技术出版社1981年版,第120—122页。
② 邹逸麟:《中国历史地理概述》,上海教育出版社2005年版,第19页。
③ 高凯:《从走马楼吴简看孙吴时期长沙郡的人口性比例问例》,《史学月刊》2003年第8期。
④ 于振波:《从长沙走马楼三国吴简看其户籍中的性别与年龄结构——兼论户与里的规模》,《台大历史学报》2004年第34期。
⑤ 高凯:《从吴简蠡测孙吴初期临湘侯国的疾病人口问题》,《史学月刊》2002年第12期。

第一编 从出土材料看汉魏时期的人口性比例问题

篇文章；而且，如前所述，这三篇文章所利用的材料不尽相同。有鉴于此，我们不妨对《长沙走马楼三国吴简·吏民田家莂》中所涉及三国孙吴长沙郡的"女户"情况做一重新地统计与分析，或可有助于对这一时期人口性比例问题的形成特点、类型、与疾病人口的关系和对孙吴长沙郡地区人口繁衍所产生的影响等一系列问题的认识。

通过对《长沙走马楼三国吴简·吏民田家莂》所涉及户主姓名的具体统计，我们发现：简文除了提供孙吴时期长沙郡吏民姓氏有敖、毕、蔡、曹、昌等多达160多个姓氏的信息之外，还提供了嘉禾四、五年两年141个不同里丘中共计有"大女"87户的信息。其中姓名皆全的大女有：李汴、五市、黄布（2人）、利妾、廖思、左玉、唐妾（2人）、蔡穰、烝兼（2人）、张妾（2人）、烝汝、潘鸢、由合、黄昌、娄糸、李思、郭妾、谢领、何素、朱妾、谢妾、五妾、刘妾（3人）、谢忩、杨妾、谢烝、蔡妾、文妾、谷仨、赵陵、李金、张河、李婢、梅端、烝肥、黄妾（4人）、周张、文旨、番朱、石黑、潘银、李阿、烝殷、田柘、黄番、钱任、烝愁、区银、李妾、黄情、区采、吴员、廖姑、谢阿、烝沽、郑满、刘紫、刘蚕、李姑（2人）、陈命、唐忩、周妾、烝锯、谢勉、吴还、周悬、卫蔡、高禄、唐堆和姓名不全的"大女"户八则。此外，大女"烝兼"在利丘嘉禾四、五两年田家莂都曾出现，只是佃田亩数相异，怀疑为同一人，故此已公布的《吏民田家莂》简中至少有以"大女"为户主的租佃户86户。

据考证，吴简不仅是长沙郡临湘侯国吏民租佃国有土地的契约，而且还是官府收受田家纳税米、布和钱的凭证①。所以，吴简作为受当地严格保护的政府档案，它所提供的各方面材料具有很高的真实性。尽管吴简存在正如整理小组在初步研究中所已经发现的它"不是某几个乡的田家莂的全部，而只是其中一部分"的问题②，但它仍然收集了孙吴嘉

---

① 高敏：《读长沙走马楼简牍札记之二》，《郑州大学学报》2000年第4期。
② 走马楼吴简整理组：《长沙走马楼三国吴简》，文物出版社1999年版，第165页。

第四章 从吴简看孙吴时期的性比例失调和疾病人口问题

禾四年、五年涉及长沙郡临湘侯国约141个不同丘里、总数达2300多条的字数不等的简文。

前四史的诸多记载和地下简牍材料表明，从先秦、秦汉，再到三国时期，宗法制度和宗法观念都十分严格，男性是维系家庭和血缘关系的根本所在，妇女的地位则相对低下。妇女除了要遵守"未嫁从父，既嫁从夫，夫死从子"的礼教外，在先秦时期，妇女甚至连私名的权利都没有。两汉以后，虽然史籍中出现了妇女的私名，如班昭、蔡琰等，但妇女姓名皆全的现象仍不普遍。如《居延汉简甲乙编》①和范晔《后汉书·列女传》所记。因此，像吴简中出现如此大量的妇女私名，甚至以妇女充当户主租佃国有土地的实例，在存世典籍和已出土地下材料中都是极为少见的。

从文献记载的情况看，以女子充当户主的现象从秦汉时期开始即已存在。但是，这一点最早是由唐代李贤所提出的：在《后汉书·肃宗孝章帝纪》元和二年五月诏之下所引按语，针对章帝诏令中"加赐河南女子百户牛酒"一句，李贤认为："此女子百户，若是户头之妻，不得更称为户。此谓女户头，即今之女户。"从而在这里，李贤最早提出了"女子百户牛酒"中的"女子"即以女子为户主和汉唐社会都存在"女户"现象的观点。那么，汉代社会是否真的存在以女子为户主的"女户"现象呢？这种现象与孙吴时期长沙郡所出现的以"大女"充户主、租佃国有土地的现象有何内在联系呢？

首先，从2001年11月文物出版社出版的《张家山汉墓竹简·二年律令》所公布的法律条文内容看②，早在西汉初年，社会就存在一系列严格保护"女子"在继承权和家庭控制权方面的详细的法律法规③。如

---

① 谢桂华等：《居延汉简释文合校》，文物出版社1987年版。
② 参见高凯《二年律令与汉代妇女权益保护》（《光明日报》2002年11月2日第15版）和高凯的"2001中国秦汉史学会暨国际学术讨论会"参会论文《从张家山汉简〈二年律令〉看汉代的"女户"问题》中相关论点。
③ 张家山247号汉墓竹简整理小组：《张家山汉墓竹简》，文物出版社2001年版，第55—56页。

第一编　从出土材料看汉魏时期的人口性比例问题

在《二年律令·户律》中简337、338号规定当儿子为户主时儿子死亡，在其母不得驱逐丈夫的父母、招郎入赘和不得私下处置儿子的财物的情况下，该户可以由"其母而代为户"主。又如《户律》规定："为人妻者不得为户（简345）。"即国家明确制定"为人妻者"不得另立户头；而要成为真正的"女户"主，其先决条件必须是不为"人妻"。这就充分证明：汉代"女户"的确立，必须是在家庭中缺乏以其他男子为户主的条件下才能实现。同时，《二年律令·置后律》就"女子"的继承权问题和立户条件也有着数条详细的法律依据。如简369、370、371号简文规定，国家对待因公受伤致死的男性，可以"令子男袭其爵"并继立为户主，在无子男、父、祖父、男同产的情况下，其女儿、母亲、女同产、妻子和祖母依次享有继承爵位、充当户主的权力。又如《置后律》简379、380号简文规定男户主死亡后，应由"子男代户"，在无子男、父、孙、耳孙的情况下，其母、寡妻、女儿及祖母，依次享有继承权和充当家庭户主的权力。关于尚未出嫁的女户主，在出嫁后如何恢复对原有财产的控制和如何恢复其户主身份的问题，《置后律》也有相关的法律规定。由此不难看出：西汉初年由政府制定的《二年律令》，不仅给了我们证明唐代李贤认为汉唐都存在"女户"的观点以及在赐"女子百户牛酒"中"女子"即以女子为户主观点的正确性的证据，而且也反映了在经历几十年战乱和深刻社会动荡之后，大量的男性死亡，从而使得汉初社会存在着大量的以女子为户主的"女户"现象成为可能[①]。

其次，在整个两汉时期，涉及赐"女子百户牛酒"的事例开始于西汉文帝即位之初，在此后经历了从西汉武帝、宣帝、元帝、成帝、王莽新朝再到东汉王朝的章帝元和二年，历时265年的统治时间，其间一共颁布赐"女子百户牛酒"的诏令多达23次。这些诏令

---

① 参见高凯《二年律令与汉代妇女权益保护》（《光明日报》2002年11月2日第15版）和高凯："2001中国秦汉史学会暨国际学术讨论会"与会论文《从张家山汉简〈二年律令〉看汉代的"女户"问题》中相关论点。

第四章 从吴简看孙吴时期的性比例失调和疾病人口问题

的颁布,一方面反映了汉代社会"女户"现象长期和大量存在的事实;另一方面也反映了大量产生"女户"现象的不良社会背景仍长期存在着①。

再次,两汉与三国,虽属两个不同的时期,但两者之间的联系是显而易见的。这种联系不仅仅是三国时期与东汉时期在时间上所具有的密不可分的承续关系;更为重要的是魏、蜀、吴三国为了昭示各自在政治上的正统地位,纷纷采取了承袭汉统的措施。以孙吴政权为例:在吴简当中出现了建安二十五年至建安二十八年等东汉献帝时期的年号②,而事实上,东汉献帝建安年号只有25年;吴简中之所以有建安二十五年之后的年号,是因为孙权为了标榜自己的正统地位而否定曹丕代汉后在纪年方面的正统性。试想一下:孙权在曹丕代汉、东汉王朝已正式灭亡的情况下,仍然延续着东汉王朝的建安年号,那么,为了达到昭示自己正统地位的政治目的,对于东汉王朝所遗留下来的政治和社会制度,孙吴政权会轻易地放弃吗?!应该是不会的。所以,从历史的延续性规律来看,西汉初年到三国孙吴初年的400多年时间里,以"女子"为主体的特殊户籍和保护"女子"继承权及家庭控制权方面的严密法律法规都一直存在着。

总之,结合反映汉初法律的《二年律令》和正史相关记载与吴简所反映的材料看,吴简中以"大女"为户主、租佃国有土地的特殊户籍,应是两汉时期长期存在和受到政府严格保护的"女户"的延续。只是汉初出台的是保护"女子"继承权和家庭控制权的法律法规,在正史中记载的"女户"实例不多;而吴简则提供了86户有关"女户"姓名、住址、佃田和交纳租税数量等详细的实例材料,所以显得尤为珍

---

① 参见高凯《二年律令与汉代妇女权益保护》(《光明日报》2002年11月2日第15版)和高凯的"2001中国秦汉史学会暨国际学术讨论会"与会论文《从张家山汉简〈二年律令〉看汉代的"女户"问题》中相关论点。
② 宋少华、王素:《长沙走马楼简牍整理的新收获》,《文物》1999年第5期;高敏:《读长沙走马楼简牍札记之一》,《郑州大学学报》2000年第3期;高敏以唐代许嵩《建康实录》中的相关记载,认为孙吴确实采用了建安二十五至二十八年的纪年方式。

贵。同时，对照汉代《二年律令》所规定"为人妻者不得为户"的法律条文看，吴简中存在大量的以"大女"为户主的现象，实际上意味着孙吴初期长沙郡中存在着成年女子或因丈夫死亡或因过剩而形成的人口性比例失调问题。而关于这一结论，亦可从就2003年出版的《长沙走马楼三国吴简（壹）》所提供的户籍简中疾病人口的统计与分析的结论来侧面证明之。

第四节　吴简疾病人口信息与现代疾病分类之关系及其影响

一　《长沙走马楼三国吴简（壹）》中有关疾病人口的信息

经过对《长沙走马楼三国吴简（壹）》粗略的统计后，我们不难发现孙吴初期临湘侯国吏民中，不仅存在各种身份和各个年龄段的人口均有患病的事例，而且也有同一患者患两种严重疾病的数个事例。正如简5136："子男浑年十三盲目、雀两足"；简9506："义成里户人公乘李城年七十盲两目、风病"所记。从疾病人口的具体数量看，吴简中除了性别、身份或年龄不详的疾病者有 35 例外（详见表 1-1），当时 0—15 岁的未成年男女有 32 例（详见表 1-2），15 岁以上成年男女有 151 例（详见表 1-3、表 1-4）；同时，普通吏民家中所使唤的男女奴隶患病者也有 8 例之多①。从众多患者所患疾病的情况看，当时的疾病类型也颇为复杂，户籍记录中单纯的疾病名称就有"苦腹心病""腹心病""肿两足""苦肿病""踵两足""踵左足""踵右足""雀两足""雀

---

①　经笔者粗略统计，吴简反映长沙郡临湘侯国吏民中 0—15 岁的未成年男女患疾病人数为 32 人，15—75 岁成年女性患疾病人数为 39 人，15—75 岁成年男性患疾病人数为 112 人，性别、身份或年龄不详的患疾病人数为 35 人，四类人等合计 218 人。其中成年男性中有两例、未成年男性中有一例患两种疾病者，故此，吴简中有 221 个患病事例。男女奴隶所患疾病数不在本文讨论范围之内，相关情况参见后附"吴简中 15—75 岁妇女疾病资料统计""吴简中 15—75 岁成年男性疾病资料统计""吴简中 0—15 岁未成年男女疾病资料统计""吴简中性别、身份或年龄疾病不详者资料统计"等表的内容。

第四章 从吴简看孙吴时期的性比例失调和疾病人口问题

手""眇目""盲两目""盲右目""盲左目""聋耳""狂病""苦狂病""风病""苦风病""苦恿病""碓病""苦痈病"等二十多种。值得注意的是"苦腹心病""苦肿病""苦狂病"中的"苦"字,实际是表示疾病厉害程度的副词,正如简5336:"东阳里户人公乘乐龙年十八素苦腹心疾病"所记。以此论之,吴简中的疾病名称实际只有十几种;就具体病例在整个221个病例中所占的比率看,其中的"肿两足"病有46例,约占全部病例的20.8%;"腹心病"和"苦腹心病"有45例,约占全部病例的20.4%;"踵两足"病有44例,约占全部病例的19.9%;"盲两目""盲目""盲左目""盲右目"等有34例,约占全部病例的15.4%;"雀两足""雀手、雀右足、雀左足"病等10例,约占全部病例的4.5%;"风病""苦风病"有8例,约占全部病例的3.6%;"聋两耳"病有8例,约占全部病例的3.6%;"狂病""苦狂病"有5例,约占全部病例的2.3%;而且以上所列举各主要疾病数之和,占到全部221个病例的90.5%。

表1-1　　吴简中性别、身份或年龄疾病不详者资料统计

简号	身份	年龄	疾病类型
362	?	89	盲右目
876	?	?	□两足
1244	?	?	肿两足
1676	?	?	盲左目
2539	?	58	苦腹心病
2580	?	67	肿两足
2651	?	?	雀左手
2987	?	15岁以上	重(肿)两足
3043	?	15岁以上	肿两足
3776	?	15岁以上	肿两足
3790	?	30	腹心病
3833	妻	?	苦□□
4328	?	23	雀右足

第一编　从出土材料看汉魏时期的人口性比例问题

续表

简号	身份	年龄	疾病类型
4902	?	43	踵两足
5392	?	?	肿两足
5410	?	31	踵两足
5517	?	?	苦恴病
5551	?	?	苦□病
5558	?	15	苦腹心病
7563	?	28	肿两足
7632	?	19	踵两足
7635	?	43	盲右目
7715	?	18	苦腹心病
7963	?	?	肿两足
8156	?	?	被病物故
8434	?	?	…目病
8514	?	?	盲右目
8900	?	20	苦腹心病
8901	?	28	聋病
8903	?	30岁以上	□腹心病
9237	?	?	苦腹心病
9240	?	25	踵两足
9254	?	?	盲两目
9258	?	20	踵两足
9869	?	?	盲右目

表1-2　　　　吴简中0—15岁未成年男女疾病资料统计

简号	身份	年龄	疾病类型
3	侄子	7	踵两足
20	兄弟	8	苦癰病
1315	子男	7	聋两耳
2603	士伍	10	踵两足
2635	子男	7	踵足

第四章 从吴简看孙吴时期的性比例失调和疾病人口问题

续表

简号	身份	年龄	疾病类型
2905	男弟	10	踵右足
2988	子男	8	聋两耳
3052	公乘	10	腹心病
4979	子男	8	肿两足
5136	子男	13	盲目、雀两足
5441	男弟	4	盲右目
5498	子男	15	苦腹心病
5537	女弟	14	苦真狂病
7407	男弟	13	聋□耳
7681	男弟	14	腹心病
7706	仕伍	5	腹心病
7708	侄子	7	腹心病
7716	妻	15	踵两足
8618	子男	7	□病
8649	男弟	9	两耳聋病
8939	子男	11	闇
9127	男弟	11	苦腹心病
9158	子男	5	苦腹心病
9174	子男	12	腹心病
9189	男弟	7	踵左足
9229	男弟	8	苦腹心病
9331	男弟	15	苦腹心病
9374	男弟	11	踵两足
9513	男弟	5	肿两足
9657	乘	11	肿两足
10154	子男	10	苦狂病

第一编 从出土材料看汉魏时期的人口性比例问题

表1-3　　　　　　　吴简中15—75岁妇女疾病资料统计

简号	身份	年龄	疾病类型
1	妻大女	24	肿两足
2	女弟	21	肿两足
932	妻大女	49	肿两足
932	小妻大女		肿？
938	妻大女	50	肿两足
1318	大女	55	肿两足
2657	妻大女	58	肿两足
2896	妻大女	23	肿两足
2904	妻大女	45	肿？
2938	妻大女	33	肿两足
2941	小女	28	肿两足
3024	妻大女	22	盲右目
3059	小妻大女	22	肿两足
3067	妻大女	25	肿两足
3286	妻大女	33	肿两足
3320	妻大女	36	肿两足
3759	妻大女	20	肿两？
3958	妻大女	58	肿两足
3981	妻大女	33	肿右足
4222	妻大女	45	盲两目
5395	大女	20	肿两足
5480	妻大女	48	肿两足
6435	妻	31	肿两足
7680	母	71	雀两足
7759	妻大女	31	肿两足
8399	大女	72	肿右足
8514	妻大女	53	肿右足
8634	妻大女	20	雀两足
8643	妻	60	肿两足
9048	母大女	50	肿两足

续表

简号	身份	年龄	疾病类型
9126	母大女	75	肿两足
9326	妻大女	71	肿两足
9343	妻大女	28	肿两足
9488	子女	23	苦憊病
9844	妻大女	27	肿？
9880	妻大女	55	肿两足
10200	妻大女	29	雀右足
10233	妻大女	55	盲两目
10242	小妻	30	肿两足

表1-4　　吴简中15—75岁成年男性疾病资料统计

简号	身份	年龄	疾病类型
10	公乘	50	肿两足
14	公乘	60	肿两足
798	户人	80	盲目
935	公乘	62	聋耳眇目
938	子男	29	腹心病
953	公乘	20	腹心病
2529	公乘	24	苦腹心病
2539		58	苦腹心病
2619	公乘	30	肿两足
2629	公乘	16	肿？
2769	公乘	33	肿两足
2853	公乘	43	苦？
2872	公乘	45	盲左目
2910	公乘	61	肿两足
2957	公乘	54	肿两足
2979	公乘	33	苦腹心病
3041	公乘	18	肿两足
3048	公乘	40—50	盲右目

续表

简号	身份	年龄	疾病类型
3053	公乘	15—20	肿两足
3075	公乘	28	苦腹心病
3945	公乘	41	苦腹心病
4540	公乘	40	腹心病
4477	公乘	32	苦风病
4738	公乘	61	肿两足
4843	男弟	21	雀两足
4976	公乘	42	聋两耳
5162	老男	61	肿两足
5178	大男	52	肿两足
5181	大男	47	肿两足
5199	老男	72	肿两足
5234	公乘	24	肿两足
5336	公乘	18	素苦腹心病
5419	男弟	22	苦腹心病
5443	公乘	25	苦腹心病
5456	公乘	23	？右足
5458	公乘	59	盲左目
5512	公乘	39	苦腹心病
5564	公乘	21	苦腹心病
5697	大男	59	被病物故
6026	大男	20	肿两足
6158	侄子	20	聋耳
6754	大男	35	被病物故
6782			被病物故
7141	男弟	28	？两足
7325	公乘	43	肿两足
7377	男弟	20	肿两足
7633	民	35	盲左目
7651	侄	22	肿两足

续表

简号	身份	年龄	疾病类型
7652	男弟	20	盲左目
7663	小父	56	肿两足
7671	民	63	腹心病
7686	父	71	踵病
7719	男弟	20	苦腹心病
8410	小父	30	苦腹心病
8419	父	66	肿病
8433	兄	61	腹心病　肿两足
8441	公乘	69	肿两足
8443	公乘	27	苦肿病
8446	公乘	48	苦腹心病
8448	公乘	41	苦腹心病
8515	公乘	58	肿两足
8524	公乘	37	肿两足
8631	男弟	16	苦腹心病
8920	兄	31	腹心病
8934	男弟	50	腹心病
8986	民	72	肿两足
8987	民	60	肿两足
9043	民	40—45	盲右目
9054	公乘	25	苦风病
9133	男弟	31	雀两足
9136	父	60	盲两目
9160	从兄	82	盲左目
9163	男弟	20	腹心病
9212	公乘	48	雀左手
9234	公乘	52	肿两足
9462	公乘	62	苦风病
9465	公乘	50	风病
9472	公乘	56	苦腹心病

续表

简号	身份	年龄	疾病类型
9473	公乘	39	苦腹心病
9506	公乘	70	盲两目 风病
9555	子男	23	苦?病
9656	公乘		肿两足
9707	公乘	41	盲左目
9740	子男	20	苦狂病
9744	子男	27	苦狂病
9752	子男	22	盲左目
9778	从父	65	苦风病
9860	民	30	雀右足
9886	民	50	盲?目
10040	公乘		肿两足
10061	公乘	30	盲左目
10089	公乘	71	盲右目
10135	叔父	22	肿两足
10142	父	62	苦腹心病
10162	子男	17	肿两足
10230	公乘	35	肿两足
10231	男弟	23	盲左目
10238	公乘	63	盲右目
10250	公乘	51	苦腹心病
10255	子男	20	苦肿病
10263	公乘	36	盲左目
10321	公乘	76	肿两足
10327	公乘	38	苦狂病
10345	子男	17	肿两足
10368	子男	20	盲两目
10385	公乘	41	肿两足
10448	男弟	17	肿两足
10480	公乘	32	肿两足

续表

简号	身份	年龄	疾病类型
10495	公乘	36	苦腹心病
10544	公乘	21	雀两足

二 吴简中有关疾病与现代疾病分类之关系

从以上各表的统计资料，我们已大致了解了吴简中临湘侯国的疾病人口数量和疾病类型，而要研究孙吴初期疾病人口问题及其对当时社会生活所造成的影响，如何鉴别这些占主体地位的疾病名称、并尽可能找到这些疾病名称与现代疾病分类之间的对应关系就显得尤为重要了。而从现代流行于江南地区的疾病的传播范围、传播特点、主要症状等和传统文献记载、考古发现的角度，来与走马楼吴简所提供的疾病信息相对比，无疑是最好的研究方法之一。为此，我认为可将孙吴初期临湘侯国吏民所患疾病归纳为以下五种类型。

其一，从吴简中"肿两足""腹心病""苦腹心病""雀两足"等疾病名称看，孙吴初期临湘侯国的许多疾病应与在此肆虐已久的血吸虫病有着密切的关系。

血吸虫病是发展中国家的主要寄生虫病之一，传播广泛，危害十分严重。它的分布遍及世界76个国家。中国是全球4个受害最严重的国家之一。我国血吸虫病流行区分布于长江流域及其以南的今湖北、湖南、江西、安徽、江苏、浙江、云南、四川、福建、广东、广西和上海等12个省（市、自治区）中的413个市、县。有研究表明，中国血吸虫病的流行区北界线是北纬33°15′。在今江苏省宝应县实验的结果表明，钉螺不能在江苏宝应越冬的原因，主要是北方冬季寒冷的气候造成其无法繁殖下一代[①]。

[①] 梁幼生、肖荣炜等：《钉螺在不同纬度地区生存繁殖研究》，《中国血吸虫病防治杂志》1996年第8期。

第一编　从出土材料看汉魏时期的人口性比例问题

　　实验还证明：血吸虫病的分布与温度、光线、雨量和湿度等环境因素密切相关；温度和光线影响着血吸虫中间宿主——钉螺的繁殖、毛蚴的孵化及血吸虫在螺体内的发育，雨量和湿度则影响着钉螺滋生地分布。已有的钉螺生态学研究结果表明，钉螺的分布范围主要取决于以下的地理环境：以我国大陆为例，钉螺分布地区的1月份平均气温都在0℃以上，并与土壤和植被有一定的关系①。同时，按照钉螺滋生地的特点，今天我国血吸虫病流行区的自然地理类型分为湖沼、水网以及山丘型三大类。以湖沼型血吸虫病流行区来看，今湖南洞庭湖、江西鄱阳湖、湖北江汉平原、长江沿岸洲滩等，都是湖沼型血吸虫病的流行区。而在历史时期上述地区同样也是血吸虫病十分流行的地区。关于这一点，一方面可从考古发现的角度来验证：即早在战国秦汉时期，血吸虫病就已有在今湖南、湖北两地肆虐横行的痕迹了。1979年学者在长沙马王堆一号汉墓中距今约2100年前、年龄约50岁上下的女尸肝脏、直肠以及乙状结肠组织中发现了血吸虫、肝吸虫等寄生虫的成堆虫卵；每堆虫卵的数量从几个到几十个不等；尤其是在女尸肝组织中，虫卵分布于血管分叉或小血管内，不仅造成纤维组织的增生，而且它们多互相重叠，堆积成团，造成了血管的阻塞现象②。1975年在湖北江陵凤凰山168号汉墓（公元前167年），距今约2100多年前的一具年龄55岁的男尸肝脏中也发现有许多血吸虫、肝吸虫等寄生虫虫卵③。1982年在湖北江陵发现的一战国中期、距今约2300年的墓葬中的女尸里也发现了肝脏血吸虫的痕迹④。从古尸的身份看，不论是战国中期楚国墓，还是马王堆汉墓与江陵凤凰山汉墓的墓主人，均属当时的豪门贵族，他们在

---

　　①　周晓农、杨国静等：《全球气候变暖对血吸虫病传播的潜在影响》，《中华流行病学杂志》2002年第2期。

　　②　湖南医学院：《长沙马王堆一号汉墓古尸研究》，文物出版社1980年版；徐永庆、何琴：《中国古尸》，上海科学技术出版社1996年版，第97页。

　　③　魏德祥、杨文远、马家骅：《江陵凤凰山168号墓西汉古尸的寄生虫研究》，《武汉医学院学报》1980年第3期。

　　④　李友松：《中国古尸寄生虫学研究之综述》，《人类学学报》1984年第3期。

第四章 从吴简看孙吴时期的性比例失调和疾病人口问题

养尊处优的生活下都难免被血吸虫感染,那么,长年累月劳作不息的广大百姓,在生产生活的过程中就更难免与疫水反复地接触,从而造成血吸虫病的广泛流行。另一方面,传世典籍的相关记载也可证明血吸虫病的流行;同时,这些记载也反映出古人对血吸虫病的认识与防治有一个逐步加深的过程:早在殷墟的甲骨文中就已有"蛊"字出现,以汉代许慎《说文解字·虫部》释"蛊"字,称其为"腹中虫也,从虫从皿",而段注更称:蛊乃"腹中虫者,谓之腹中食蛊之毒也,自外而入,故曰中,自内而蚀,故曰虫。"《周礼·秋官·壶涿氏》:"掌除水虫"。郑玄注此称:"水虫,狐蜮之属也。"1973年长沙马王堆三号汉墓中发现成书于秦汉之际的医书《杂禁方》中有"蜮毋射"一剂药方。《说文》释"蜮"称:"蜮,短狐也。似鳖,三足,以气射害人"。而帛书《杂禁方》中的此方,实际上就是为了防治"之荆南者为蜮"的血吸虫侵扰的药方。因为,直到两晋之际,葛洪撰《肘后救卒方·他犯病》和《抱朴子内篇》时,才认识到"蜮"实际上就是"水虫",即血吸虫。他在《抱朴子·内篇》中称:"今吴楚之野,暑湿郁蒸,虽衡霍正岳,犹多毒疠也。又有短狐,一名蜮,一名射工,一名射影,其实水虫也……以气为矢,则因水而射人。中人身者即发疮,中影者亦病,而不即发疮。不晓治之者煞人,其病似大伤寒,不十日皆死"[①]。同时,葛洪又在其所著《肘后救卒方》记载南楚之野有沙虱,"沙虱水陆皆有,其新雨后及晨暮前,跋涉必著人……其大如毛发之端,初著人便入其皮里……便周行入身,其与射工相似,皆杀人"。由葛洪之说看,当时或其后虽然不乏相关记述者,但其观念仍然是模糊不清的。也有学者认为,葛洪的记述应是中国历史上最早的、同时又是与孙吴时期最近的关于血吸虫病病因和流行情况的记录了[②]。

[①] 马伯英:《中国医学文化史》,上海人民出版社1994年版,第581—582页;他认为:葛洪之说实际上是将恙虫病与血吸虫病混为一谈了。
[②] 王定寰:《血吸虫病源流及进展》,《血吸虫病中医证治研究》,湖南科学技术出版社1991年版,第1—2页。

第一编 从出土材料看汉魏时期的人口性比例问题

根据现代临床医学研究的成果，医家多将血吸虫病分为三个阶段：首先，是幼虫侵入期，侵入处奇痒，病人随即出现畏寒、高热（40℃以上）、气胀、腹泻等症状。其次，病人进入痢疾期：即在病人感染一月有余后，相关症状多出现在腹部。轻则消化不良、轻度腹泻，大便次数增多，多数表现有痢疾样症状；重则肝脏肿大，时有触痛。再次，反复或大量感染的病人，若不及时治疗则会逐渐进入晚期，即肝硬化期。这时距初次感染3、5年至十数年不等。在肝硬化初期，常有肝脾明显肿大和腹壁静脉显露的症状；后期常有贫血、腹水、腹痛、呕血、肢肿等严重的并发症状。儿童患者，常有严重的发育障碍，而出现血吸虫侏儒症。该病的产生是由于童年时代的反复感染，造成生长过程的停滞和发育上的障碍。二十多岁的青年，面容衰老，第二性征缺乏，无生育能力，发育形象类似十二三岁儿童，过去在中国重流行区的发病率高达4%。患病妇女感染血吸虫病可影响生育。所以，临床上把晚期血吸虫病分为巨脾型、侏儒型、腹水型。有时病人兼有两类以上的表现。由于虫卵在静脉及脏器中沉着等，引起结肠增厚或肝组织纤维化、腹部痞块、腹水等，严重威胁患者的生命安全。如虫卵进入脑部，可出现癫痫样发作、头痛、恶心、呕吐等症状[①]。由以上论述的情况看，无论是从血吸虫病流行的自然地理分布规律看，还是从考古发现与传世典籍的相关记载看，孙吴初期长沙郡临湘侯国所处位置正是古今血吸虫病肆虐流行的地区；而且，现代临床医学研究的成果，也简要说明了血吸虫病的主要症状。那么，吴简中的这些疾病名称又与之有何相关之处呢？

实际上，在先秦、秦汉魏晋时期的正史系统中，吴简中所涉及的"肿两足""腹心病""雀两足"等多种疾病名称都没有直接的记载，但在这一时期的古医书和秦汉简牍等非正史典籍中，我们却可以找到一些旁证。如"雀两足"病，其关键在"雀"字上。《说文》释"雀"称

[①] 浙江人民卫生实验院寄生虫病研究所：《血吸虫病、钩虫病、丝虫病、钩端螺旋体病和疟疾的防治》，浙江人民出版社1978年版，第1—12页；浙江卫生厅：《中医药防治疾病方法》，浙江人民出版社1969年版，第1—21页。

第四章 从吴简看孙吴时期的性比例失调和疾病人口问题

其乃"依人小鸟也,从小从佳";《说文》又释"佳"称其为"鸟之短尾,总名也,象形。"以《说文》之义看吴简中的"雀两足""雀右足"等,实际上是指两足或右、左足的短小症状。这种疾病的特征与晚期血吸虫造成青壮年侏儒症的体征相类。而且,"雀两足""雀右足、左足"的病例,在吴简全部疾病221例中所占的比例仅为4.5%,这也与新中国建立初期国家在血吸虫病重灾区统计的侏儒症所占4%的比率相近。关于"肿两足""腹心病"或"苦腹心病",不仅从疾病名称上便可判别其发病的主要部位,而且从古医书和简牍中也可找到某些与之相关的史料痕迹:如1986年考古发掘的湖北荆山包山二号楚墓中发现的竹简上有5处"腹心疾"的记录①,与吴简中的"腹心病"仅一字之差。《张家山汉墓竹简·脉书》记载着西汉初期之前所出现的六十多种疾病名称,并依照着从头部至足部的次序来排列。其中在记述腹部的病症时,有"其腹胗胗如肤胀状,鸣如蛙音"的记述②,即与晚期血吸虫病肝腹水的症状相类;另《脉书》中还有"身、面、足、胕尽盈,为肤胀;腹盈,身、面、足、胕尽肖(消),为水(肿)"的记述③,也分别与晚期血吸虫病的湿浊型和淤热型症状相类④。《黄帝内经·灵枢·水胀》有言"肿胀者,塞气客于皮肤之间,鼓鼓然不坚,腹大,身尽肿";水肿在《灵枢·水胀》中称之为水:"水始起也,目窠上微肿,如新卧起之状,其颈脉动,时咳,阴股间寒,足胫肿,腹乃大,其水已成矣"。以此论之,吴简中"腹心病""肿两足"等疾病都是相伴而生的,这一点即为汉代人所充分认识。同时,从近几年在湖北、江苏、湖

---

① 湖北省荆沙铁路考古队:《包山楚墓》,文物出版社1991年版,第364—444页。
② 张家山247号汉墓竹简整理小组:《张家山汉墓竹简》,文物出版社2001年版,第115页。
③ 同上书,第116页。
④ 江西省中医药研究所:《"六经"分类治疗晚期血吸虫病经验选辑》,江西人民出版社1964年版。书中言:1956年3—6月,江西省中医实验院治疗血吸虫病晚期38例。在辨症上有湿浊型、虚弱型、瘀热型三类。所谓湿浊型是以腹满肢肿,食后腹胀等为主症;虚弱型是以头晕心悸,腹胀而软,胃纳不健等为主症;瘀热型是以腹胀大而急,肌肤枯瘦,甚则肌肤甲错为主症。据不完全统计,经治患者以瘀热型较多。

第一编 从出土材料看汉魏时期的人口性比例问题

南疫区发生的血吸虫感染分析的结果看：2000—2001 年湖北仙桃血防医院收治 86 例急性感染者，临床发现感染者有畏寒、头痛、高热者 70 例，占 81.4%；腹痛、腹泻、腹胀者 16 例，占 18.6%；以上症状均存在者 14 例，占 16.3%；另有肝脾肿大者 10 例，占 11.6%；出现腹心症 6 例，约占 7%①。2001 年 4—8 月武汉市血防办对蔡甸区 99 例晚期血吸虫病的调查发现腹水型 52 例，占 52.5%；巨脾型 45 例，占 45.5%；侏儒型 1 例，占 1%；结肠增殖型 1 例，占 1%；同时，病人中 33.3% 肝功能异常，52.5% 有严重的并发症②。2002 年南京疾控中心收治 12 例晚期血吸虫病患者，其中男性 11 人，女性 1 人。年龄在 18—78 岁之间，腹水史 3—6 年，患者均有肝脾肿大、门脉高压症、腹围 80—100cm 和全身浮肿、贫血症状③。湖南益阳第四人民医院 1995—1999 年收治腹水型晚期并发自发性腹膜炎病人 38 例，其中男性 34 例，女性 4 例，年龄在 30—62 岁之间，平均年龄 51 岁，38 例中死亡率高达 29%④。这也可从科学调查的基础上对血吸虫病是以腹痛、腹泻、腹胀、全身浮肿等为主症，最终会引发患者高死亡率的事实提供有力的佐证。

其二，从吴简中所反映的"风病""苦风病""盲两目""盲左、右目""踵左足""踵右足""苦痈病"等疾病名称看，孙吴初期长沙郡临湘侯国的许多疾病应与同样肆虐已久的麻风病有着密切的关系。

麻风病作为世界三大恶性传染病（结核、梅毒、麻风），是由麻风杆菌感染的，以侵蚀皮肤、淋巴腺、骨髓、黏膜组织和周围神经为主要特点的一种慢性传染病，它主要流行于热带和亚热带地区，20 世纪 50 年代全球麻风病患者有 300 万—500 万之多。据调查，20 世纪 50 年代

---

① 黄灿、彭杏娥：《86 例急性血吸虫感染分析》，《中国血吸虫病防治杂志》2003 年第 2 期。

② 宗俊安：《99 例晚期血吸虫病人生存状态调查》，《中国血吸虫病防治杂志》2002 年第 4 期。

③ 朱玉芳、王成兰：《12 例晚期血吸虫病纤维化腹水的护理》，《中国血吸虫病防治杂志》2003 年第 3 期。

④ 邓立勇、李鹏金：《38 例腹水型晚期血吸虫病并发自发性腹膜炎诊疗的探讨》，《实用预防医学》2003 年第 2 期。

第四章 从吴简看孙吴时期的性比例失调和疾病人口问题

初，我国麻风病流行较多的地区在沿海及中南、西南地区，病人有40万左右，个别乡镇麻风病占总人口的1%以上。传染途径是居民点的接触性传染[1]。在中国历史上，麻风被称作"疠""疠风""大风"等。它的传播史同样也是非常悠久的。从考古发掘的情况看，在今山西朔州平鲁县汉代墓葬群M47号墓中就曾发现一中年女性颅骨之上，有感染麻风病、造成面部骨骼发生溶蚀萎缩的实证[2]。这一点正好与同时代或较早时代的医书以及简牍材料的记载相吻合。战国、秦汉时期的医书——《黄帝内经》《神农本草经》和东汉张仲景《金匮要略》等典籍，都有关于麻风病病理、症状、疗法等方面的内容。如《黄帝内经·素问·脉要精微论》称："脉风，成为疠"；《素问·风论》称："风寒客于脉而不去，名曰疠风"，"疠者有荣气热敷，其气不清，致使鼻柱坏而色败，皮肤溃疡"。关于该病的治疗，《黄帝内经·灵枢·四时气论》称："疠风者，刺其肿上。已刺，以锐针针其处，按出其恶气，肿尽乃止"[3]。其他典籍也有记录以药物治疗者，如《山海经·西山经》记载肥遗"食之已疠，可以杀虫"，同书《东次二经》记载珠鳖"食之已疠"；《神农本草经》则收录了更多主治麻风病的药物：如"黄芪主大风癞疾。天雄、巴戟天、姑活，主大风。枳实，主大风"等。与之相关的是地下出土的秦汉时期的简牍材料，对麻风病的症状、治疗和对麻风病人的管理等内容也多有涉及。1975年在湖北云梦睡虎地发现的秦简中即有数条关于麻风病的记录；如秦简《封诊式·疠》记载："某里典甲诣里人士五（伍）丙，告曰：'疑疠，来诣'。讯丙，辞曰：'以三岁时病疕，麋（眉）秃，不可知其何病，毋它坐。'令医丁诊之，丁言曰：'丙毋眉，艮本绝，鼻腔坏。刺其鼻不嚏。肘膝口口口到两足下奇，溃一所。其手无拔。令号，其音气败。疠也'。[4]"详细记述该麻风病者

---

[1] 叶干运：《麻风病常识》，上海卫生出版社1968年版，第4页。
[2] 张振标：《中国古代人类麻风病和梅毒病的骨骼例证》，《人类学学报》1994年第4期。
[3] 郭霭春：《黄帝内经素问校注》，人民卫生出版社1992年版。
[4] 睡虎地秦墓竹简整理小组：《睡虎地秦墓竹简·封诊式》，文物出版社1978年版，第156页。

第一编 从出土材料看汉魏时期的人口性比例问题

面庞无眉、鼻根溃烂、鼻腔无用、两足行走困难、手臂无毛、声音嘶哑等由感染麻风病而引起的诸多病变。又秦简《法律答问》中有三条涉及如何对待"疠"者的简文，其中有两条都谈到要将麻风病人送往特设的"疠迁所"隔离区①。这些简文既说明秦时麻风病的传播情况，又说明当时人已对麻风病的传染性有了比较清楚的认识。1983 年在湖北江陵发现的《张家山汉墓竹简·脉书》中也有"四节疕如牛目，麋（眉）突（脱），为疠"②的麻风病症状的记述。1973 年在甘肃武威出土的汉代医简中有东汉时期的《恶病大风方》，说明当时已经开始以"雄黄、丹砂、磐石、□兹石、玄石、消石、□长□一两，人参"等主要矿物药来作为治疗麻风病的临床药方了③。这些记载无不证明，远在孙吴政权之前，麻风病已经在我国的许多地方流行很长时间了。

从现代传染病学的角度看，我国麻风病多发地区是广东、江苏、云南、四川、台湾等省，中等发病区是山东、浙江、福建、广西、江西、安徽、湖南、湖北等省区。以往发生该病的统计资料表明，麻风病的传播有几大显著的特点：在分布上，麻风病有呈点状、集簇性传染蔓延的特征；麻风病有多沿气温高、湿度大的地区分布的特点；在北半球，麻风病的分布地区是热带比温带多，南方比北方分布广，沿海或沿江平原比内陆山区多；以麻风病感染者的年龄看，青少年发病较多，而且在性别上以男性为多；同时，麻风病作为慢性传染病，采取隔离治疗便可加以控制。从现代临床学的角度看，麻风病中有足肿病，常发于一侧，并常见于足部，基本损害为结节，常引起骨质破坏，产生畸形；麻风病还多引发足底溃疡，造成足部畸形或部分足缺失，常见的有爪趾、内翻、短足（跖骨干的远侧部分吸收骨折以致足短缩）、舟状足（足弓塌陷）等畸形；麻风病也会引发虹膜炎、角膜炎、青光眼等，甚至完全失明。在

---

① 睡虎地秦墓竹简整理小组：《睡虎地秦墓竹简·封诊式》，文物出版社 1978 年版，第 122 页。
② 张家山 247 号汉墓竹简整理小组：《张家山汉墓竹简》，文物出版社 2001 年版，第 116 页。
③ 甘肃省博物馆、武威县文化馆：《武威汉代医简》，文物出版社 1975 年版。

第四章　从吴简看孙吴时期的性比例失调和疾病人口问题

麻风病诸类中,特别是瘤型麻风病,引发耳鼻咽喉的疾病率高达82%。对耳朵的伤害是对耳壳部位,表现为皮肤浸润肿胀、结节、萎缩,偶有溃病。耳垂常为最早检测到麻风杆菌的部位之一。耳轮、耳屏皮肤亦可肿胀肥厚。引起中耳炎者较少见,未见内耳病变情况[①]。总之,无论是从麻风病流行的自然地理分布规律,还是从考古发现与传世典籍和秦汉简牍材料的相关记载看,孙吴初期的长沙郡地区,不仅气温高、湿度大,正是古今麻风病肆虐流行的地区;而且,从吴简《吏民田家莂》反映的情况看,当时人有聚族而居的特点,这一切就为麻风病的传播创造了条件。同时,根据现代临床医学研究的成果,我们也了解到了麻风病主要是由麻风杆菌引起,这种病菌传染能力不强,但能严重侵蚀皮肤和神经系统,毁坏手指、脚趾和四肢,造成永久性残废或肢体变形。那么,吴简中这些疾病名称又与之有何相关之处呢?

实际上在秦汉魏晋时期的正史系统中,吴简中所涉及的"风病""苦风病""盲左、右目""踵左足""踵右足""雀手""苦痈病"等十余种疾病名称中,除了"风病""苦风病"的名称与简牍材料和古医书中相关记载有对应关系外,其他疾病名称都没有直接的记载,但从《说文》《释名》等辞书对关键字义的解释看,或可得到某种启示。如"踵两足"疾病的关键就在"踵"字之上。《玉篇》释"踵"为"足后";《集韵》称其:"朱用切,音种。跁踵不能行貌"。《释名》:"踵,锺也,锺聚也,上体之所锺聚也。"刘安《淮南子·地形训》称"北有肢踵民",《注》曰"肢踵,踵不至地,以五指行也"。这种症状正好与麻风病常见的垂足及足畸形的症状相类。又如"痈",许慎《说文解字》释之"肿也";《释名》称"痈,雍也,气雍否结里而溃也";《正字通》释"痈"称"恶疮也"。以此论之,正好符合麻风病致人畸形残疾的溃烂症状。至于以近年全国许多地方麻风病防治过程中对该病致残率的统计资料看,吴简中所反映的"盲两目、左目、右目""踵两足、左

[①] 穆瑞五、李家耿:《麻风病学》,山东科学技术出版社1980年版,第150—248页。

足、右目""雀手"等疾病确实大量存在着;而且,在现代医疗条件下,麻风病在个别边远地区有死灰复燃之势。如2001年兴化市皮肤病防治所对全市1575例麻风病患者和治愈者进行统计,发现麻风病患者上肢神经损害发生率为41%,单侧损害(23%)高于双侧损害(17.5%),上肢神经系统损害的病人有641例之多①。2001年中国医科学院皮肤研究所对江苏省11个县市存活的2235例麻风治愈者及现症患者的垂足情况进行了调查,发现麻风垂足的患病率约为16%,单足发生率(13.6%)高于双足(2%),男性发生率(16.4%)高于女性(13.8%)。麻风病期在5年内发生垂足的少菌型麻风(72.4%)高于多菌型麻风(50.5%),发生过麻风反应的患者有垂足现象的占33.8%;垂足中有足底溃疡(21.2%)、足骨破坏(19.2%)、足畸形(27.4%)等②。河北省作为麻风病的低流行区,1952—1999年累计有1289例患者,其中男性1074例,占83%;其中有Ⅱ级以上畸残者689例,占总病例的53.45%③。2001年云南对全省在1996—2000年阻断麻风病传播的43个达标县中,新发现麻风病患者235例④。2001年四川省新发现麻风病225例,儿童占5.33%,家庭内传染者84例、占37%,外传染141例、占63%⑤;2002年四川绵阳涪城区对区内96例麻风病存活者进行调查发现:畸残率高达53.3%,其中畸残男性占74.5%;在畸残患者中,兔眼占6%,视力减退占9%,失明占6%,强直爪手10.3%,骨吸收短指4.86%,足底溃疡占14.6%,垂足占6.5%,短趾占6%,马蹄足占1.1%⑥。以上这些例证,不仅从科学调查的基础上说明了麻风病以皮肤溃疡、足底致残、双眼或单眼失明等为主症,而且也为吴简中"盲两目""盲左、

---

① 《中国医学文摘》,《中国麻风皮肤病杂志》2003年第1期。
② 同上。
③ 同上。
④ 同上。
⑤ 靳征:《四川省2001年新发现麻风病225例分析》,《预防医学情报杂志》2003年第3期。
⑥ 李小玲:《涪城区麻风畸残调查》,《预防医学情报杂志》2003年第2期。

第四章 从吴简看孙吴时期的性比例失调和疾病人口问题

右目""踵左足""踵右足""苦痈病"等疾病名称与麻风病主要症状之间的对应关系提供了有力的佐证。

其三，吴简中还有一些疾病，如"聋两耳""苦风矢病""碓病""苦恚病""苦恚狂病""狂病""苦狂病"等，应属于孙吴初期长沙郡吏民生活过程中出现的其他类型的恶性疾病。

许慎《说文解字》释"聋"，称其"无闻也，从耳从龙"；《释名》称"聋，笼也。如在蒙笼之内不察也。"《淮南子》以为"土地各以类生，水气多暗，风气多聋"；以此论之，"聋两耳"之义甚明；"风矢病"之"矢"，似通假"湿"；以长沙"卑湿"之地，难免有感染风寒、骨骼染病之嫌，故此"风矢病"或为今天的风湿病①。"苦恚病"中的"恚"字，《篇海》言之"称人切，音嗔，恚也"；《说文》释"恚"称之"恨也，从心，圭声"；又《字汇补》称"恚"乃"古文慎字"；以此论之，"苦恚病"或为因怒而生的心脏病之类的疾病。"狂病""苦狂病"，仅从字面上便可大致认定其为神经系统的疾病，或为精神失常的神经病，也可以是癫痫；如是癫痫，又有部分可归结为脑型血吸虫病影响的因素②。至于"碓病"为何，辞书无解。但以传世文献的记载看，从秦汉时期开始，"碓"多以"水碓"形式出现，并且一直沿用至今；又《史记》卷29《河渠书》有"于蜀，蜀守（李）冰凿离碓，辟沫水之害，穿二江成都之中"的记载，其下引晋灼释"碓"曰："古'堆'字"；故以此推吴简中的"碓病"，应与今人所谓的"罗锅"相类。

其四，从现代碘缺乏病的分布区域和碘缺乏致病类型看，由于孙吴初期长沙郡临湘侯国境内正在碘缺乏区，所以，吴简中的"聋两耳""盲目""雀手"等恶性疾病还可能与碘缺乏病有关联。

现代医学调查的结果表明：我国缺碘的地区分布在除上海市以外的

---

① 吴简整理小组：《长沙走马楼三国吴简（壹）》，文物出版社2003年版，第1087页。
② 唐嶂龙、唐健：《癫痫1184例临床分析及随访研究》，《实用全科医学》2003年第2期。该文调查有22例因血吸虫病引发癫痫者，约占1.86%的比重。

第一编 从出土材料看汉魏时期的人口性比例问题

全国 29 个省（市、自治区）的广大区域内；按照 1988 年由卫生部葛继乾收集和由中国地图出版社周德芳、张桂兰编绘的全国碘缺乏病分布图所显示的内容看，湖南长沙及其附近属于碘缺乏病的分布区①；那么，在 1700 多年的三国孙吴初期，完全有可能因为医学知识的贫乏，或因为商品经济不发达的缘故，人们没有机会进食含碘丰富的食物，以致造成"聋耳"、"盲目"、"雀手"等严重的疾病问题。

其五，从现当代脊髓灰质炎的流行状况看，孙吴初期长沙郡临湘侯国成年及未成年中的"雀手""雀两足""雀右足"等恶性疾病的特征，还可能与脊髓灰质炎（又称小儿麻痹症）的流行有关联。

脊髓灰质炎是一种曾在世界范围内普遍流行的急性病毒性传染病，它由脊髓灰质炎病毒引起。实验表明：该病毒属肠道病毒属微小 RNA 病毒科，其外在生存力强，对潮湿和寒冷耐受，低温（-70℃）可保存活力达 8 年之久；在水中、粪便和牛奶中可生存数月；该病毒怕高温，对干燥敏感，60℃时 30 分钟内可使之灭活，煮沸和紫外线照射亦可迅速将其杀死；但对乙醚、乙醇、淡石灰水有抵抗力。从脊髓灰质炎的发病机制和病理的情况看，病毒在通过患者的口咽部进入人体后，随即会在肠道中植入并复制，病人随即会出现病毒血病、发热症状；随着病毒侵入脊髓及脑干等部位的灰色细胞，会导致脊髓前角、脑髓质、中脑和小脑细胞的广泛变性、坏死，最后造成婴幼儿出现瘫痪现象。根据脊髓灰质炎的临床表现，该病可分为潜伏期、前驱期、瘫痪期、恢复期、后遗症期。而根据小儿瘫痪的部位，脊髓灰质炎所造成的婴幼儿瘫痪又可分为脊髓型、球型、脑炎型；其中以脊髓型瘫痪最为常见，它具有非对称性和下肢弛缓性瘫痪特征；至于球型和脑炎型脊髓灰质炎往往病情发展迅速，患者后脑颅神经受损，患儿会出现吞咽困难，甚至会出现呼吸衰竭或微循环衰竭的严重后果；故脊髓灰质炎 5%—10% 的病死

---

① 安笑生、符绍莲：《环境优生学》，北京医科大学、中国协和医科大学联合出版社 1995 年版，第 69 页。

第四章 从吴简看孙吴时期的性比例失调和疾病人口问题

率,大多是呼吸障碍所造成的。①

脊髓灰质炎患者的早期症状有体温升高、多汗、烦躁、嗜睡、感觉过敏、腹痛、恶心、腹泻,或有咳嗽、流涕等症状,故易与上呼吸道感染、胃肠炎、流感、风湿等病状相混,从而影响正常、及时的治疗。患儿瘫痪期一般会在持续1—2周后进入恢复期,但约有1%—2%的病例很难恢复而进入后遗症期,主要特征是遗留下肢肌肉萎缩、关节畸形等症状。该病多发于夏秋两季,以4个月—5岁小儿发病率最高,故称小儿麻痹。大量的病例显示,该病所造成的瘫痪如在18个月内仍不能恢复,则进入后遗症期,肌肉长期废用而萎缩,肢体发生畸形,足内翻或外翻,甚至不能行走。② 从其传染特征看,该病遍及全球,且多见于南北半球的温带地区,呈散发式流行;人类作为脊髓灰质炎病毒唯一的自然宿主,占99%以上的隐性感染和轻症瘫痪患者是本病的主要传染源,具体的传播方式以粪—口感染为主,4个月—5岁是高发年龄段;小于4个月的婴儿有来自母体的抗体,故很少发病。③ 脊髓灰质炎在发达国家现已绝迹,但在美国患过此病且至今存活者,仍有160万人,这些患者在罹病30—40年以后,约有22%再度出现症状,导致有些患者难以继续工作,甚至生活不能自理。这种症状被称为脊髓灰质炎(又称小儿麻痹症)后期综合征④;此病最常见的症状是软弱、乏力、关节和肌肉疼痛,且全球范围内尚无根本的有效疗法,也无任何药物可终止其发展⑤。

1988年世界卫生大会(WHA)提出2000年全球消灭小儿麻痹症的目标,根据1996年4月15日为止WHA所提供的信息:1995年总共有150个国家报告小儿麻痹症病例为0,有30个国家报告大于10例,27

---

① 陶静华:《脊髓灰质炎》,《实用乡村医生杂志》2002年第1期。
② 吴世英:《脊髓灰质炎》,《山东医药》1999年第11期。
③ 徐京文:《脊髓灰质炎》,《中国实用乡村医生杂志》2004年第11期。
④ Halstead I.S, *Polio syndrome: clinical experience with 132 consecutive out-patients*, Birth Defects, 1987, p.13.
⑤ 褚大由、李方都:《小儿麻痹症后期综合征》,《中华骨科杂志》1996年第16期。

个国家报告为1—10例,有7个国家未报;中国仅云南省报告了1例,是由缅甸传入的。同时,根据报告可知,全球小儿麻痹症病例在1988年有31251例,到1994年下降到8635例,到1995年又下降到6197例,1995年与1988年相比,下降了80%;以1995年病症分布区域看,非洲地区1512例,东地中海地区738例,东南亚地区3398例,西太平洋地区344例;美洲地区(包括全部西半球)自1993年之后,是第一个消灭小儿麻痹症的地区①。由WHA的报告看,1995年地理区域最接近中国的东南亚地区国家,是当年脊髓灰质炎发生病例最多的地区。2000年世界卫生组织(WHO)又报告,全球仍有20个国家报告有脊髓灰质炎病例,主要流行于中部非洲地区,尼日利亚、刚果和安哥拉是全球最大的脊髓灰质炎野病毒贮存地。此外,亚洲地区的巴基斯坦(173例)、阿富汗(27例)和东南亚(272例)也是主要流行区。虽然2000年时未达到全球消灭脊髓灰质炎的总目标,但从世界范围看,该病已成局部地区流行的地方性疾病②。

如前所述,吴简中"雀手""雀两足""雀足"等恶性疾病类型中"雀"字,许慎《说文》释"雀",称其乃"依人小鸟也,从小从隹";《说文》又释"隹"为"鸟之短尾,总名也,象形。"以《说文》之义看吴简中的"雀两足""雀右足""雀手"等,实际上是指手、足的短小症状。这与因感染脊髓灰质炎病毒、患儿因神经系统受损而造成永久性瘫痪后所形成的肌肉萎缩、关节畸形后遗症症状十分相类。

脊髓灰质炎也曾在我国流行,20世纪60年代初期,每年报告的病例有2000—4300例之多,造成了大量的儿童死亡或残疾。1960年我国成功研制成口服型脊髓灰质炎减毒活疫苗,并逐渐在全国推广这种疫苗;20世纪70年代该病的发病率与20世纪60年代相比,下降了

---

① 胡先友、王国庆:《2000年全球消灭脊髓灰质炎进展》,《预防医学情报杂志》2002年第18期。

② 陈锡骐:《1995年全球小儿麻痹症发病数下降情况》,《广东卫生防疫》1996年第3期。

37%；经过卫生防疫部门和医务工作者三十多年的共同努力，中国终于在1994年10月宣布成功地消灭了本土性脊髓灰质炎[①]。而以孙吴初期长沙郡临湘侯国的自然和生活条件看，当时气候温暖潮湿，拥有适合多种病毒生存的环境；患者带毒粪便也会因河汊湖泊纵横而有利于病毒的存活和传播；加之当时人们医疗卫生知识十分有限，所以，一旦有患儿感染脊髓灰质炎病毒，以当时的条件来看人们肯定不可能有效防止其病毒的流行。

综上所述，吴简中虽有疾病名称十余种，但以其主体看，除了我们今天常见的疾病类型外，更多的是在当时医疗条件极差、疾病认识水平有限和当地又有适合寄生虫及恶性传染病传播的条件下所流行的血吸虫病、麻风病、脊髓灰质炎等所带来的疾病类型。同时，在现代医疗条件下，从血吸虫病、麻风病、脊髓灰质炎等也都难以彻底阻断、消灭的情况来看，一千多年前的孙吴初期长沙郡临湘侯国吏民的生存环境之恶劣是不难想象的。

三 孙吴初期长沙郡人口性比例问题与疾病人口问题的关系及其影响

通过对《长沙走马楼三国吴简（壹）》的统计，我们不难发现，虽然孙吴初期长沙郡临湘侯国的疾病人口仅有218人，但是由此所透视出来的信息是不容忽视的。有鉴于斯，我以为至少应关注以下几个方面。

首先，从统计资料看，15岁以上成年男性的疾病率、死亡率远远高于15岁以上成年女性，从而完全可能以简牍材料的真实性印证司马迁《史记·货殖列传》所记载的江南地区存在的"丈夫早夭"现象和在成年男女中存在的女多男少的性比例问题。

在吴简中，15—100岁成年男性中的疾病人数为112例；而吴简中总的疾病数是218例，15—100岁成年女性的疾病数是39例；以此论之，成年男性占总疾病数的51.4%，成年女性则只占总疾病数的17.9%；

[①] 王大斌：《脊髓灰质炎》，《实用儿科临床杂志》2004年第8期。

第一编 从出土材料看汉魏时期的人口性比例问题

从疾病类型看，成年男性中患"肿两足"病者占吴简中全部"肿两足"病例的37%，占"踵两足"病中的44.4%，占"腹心病"（吴简中总计45例）的62%，占"风病"的100%，占"雀两足"病的50%，占"盲两目"病的59%，占"聋耳"病的38%，占"狂病"的60%，占"肿病"的50%；与之相比较，成年女性的"肿两足"病占全部患者（总计46例）的39%，占"踵两足"病（总计44例）的27.2%，占"盲目"病（总计34例）的8.8%，占"雀两足"病（吴简中总计10例）的30%，占"苦恚病"（总计3例）的33%，占"肿病"（总计4例）的50%；以此论之，不仅成年男性的疾病率远远高出成年女性，而且诸如"腹心病""狂病""苦风病"等一些严重的疾病，在成年女性中一例也没有；此外，吴简中有数例反映成年男性"被病物故"的事例，如简5697、简6754所记；而成年女性则少见。吴简中明显有3例身患两种疾病者，除简5136为子男外，余下两例（简8433、简9506）全为成年男性。

虽然，其中缘由不排除简牍本身存在遗漏的可能性，但即使如此，也不足以从根本上改变成年男性疾病率、死亡率远远高出成年女性的这个结论。同时，如前所述，吴简中的"腹心病""肿两足""雀两足"等许多疾病与感染血吸虫病、脊椎灰质炎等传染性疾病有密切关系，那么，从现代医学调查的结果看：在像孙吴初期长沙郡这样的血吸虫病湖沼型流行区，半数以上的急性感染都发生在仅占总人口10%至15%的儿童和20岁以下的青壮年中。同时，以今湖南湘中地区的气候条件看，4—6月为多雨季节，是该地区全年中被河水淹没的可能性最大的时期，如有血吸虫宿主钉螺滋生的话，这一时期也是污染区最大的时期；而7—9月份，湘中地区紧接着进入高温、燥热、少雨季节，人们为了避暑，出入河塘、湖汊的概率也是最高的①。在湖南湘中地区这种特殊的疾病感染环境、气候环境和水环境下，受"男主外，女主内"的观念

---

① 湖南师范大学：《湖南农业地理》，湖南科学技术出版社1981年版，第120—122页。

第四章　从吴简看孙吴时期的性比例失调和疾病人口问题

的影响,青壮年男性及儿童多从事放牛、捕鱼、割草和农业生产等户外和野外生产,所以,男性血吸虫病感染率和脊髓灰质炎感染率会明显高于女性①。

其次,从各年龄段疾病数的统计资料看,0—15岁未成年男性的健康状况堪忧,且有许多数字可以证明之,从而在一定程度上可以为解释中国古代社会儿童高死亡率现象的出现提供帮助。

在吴简218例疾病人口中,有0—15岁未成年男性疾病数30例,占到总疾病人数的13.7%,这一比率仅次于15—75岁成年女性所占的百分比;如吴简中反映有"腹心病"的男性45例,而0—15岁未成年男性就有10例,占整个男性"腹心病"患者总数的22%;又如吴简中反映患有"踵两足"疾病者44例,而0—15岁未成年男性就有6例(未成年女性仅1例),约占总数的13.7%;吴简中"聋耳"者8例,未成年男性占50%等。但同样根据统计资料看,0—15岁未成年女性患病数仅2例,只占到总疾病人数的0.91%。这一比率与未成年男性疾病率相较,显得悬殊!而且,与未成年女性仅患"踵两足"1例、患"狂病"1例相比,诸如"苦腹心病""雀两足""肿两足""盲两目""苦痈病"等重大疾病,均与未成年女性无缘。所以,从某种程度上讲,不仅成年男性的高疾病率是从未成年男性年龄段开始的,而且,我们可以断定中国古代社会儿童自然的高死亡率现象实际上是以男性儿童的高死亡率为主体的。

再次,如前所述,吴简中的许多疾病与血吸虫病、麻风病和脊髓灰质炎的传播有密切关系,尤其是血吸虫病的传播,必然造成男女中青壮劳动力的高疾病率和儿童的高死亡率,其结果肯定会给当地的人口繁衍、劳动力的使用和经济发展带来许多负面的影响。

从吴简中详细记载吏民疾病状况的角度看,吏民身体状况的好坏,在相当程度上是政府财政收入和徭役征发的重要准绳。关于这一点,不

---

① 周述龙、林建银:《血吸虫学(第二版)》,科学出版社2001年版。

第一编 从出土材料看汉魏时期的人口性比例问题

仅在传世文献中有所反映，而且在地下出土的简牍材料中亦有反映。如秦汉时期的服役制度对服役对象的身体状况有着明确的规定，百姓注册户簿时，身体羸弱或残疾者被统称为"罢癃"。不仅编户齐民服役的身高标准须在六尺五寸以上，甚至在《睡虎地秦简·秦律十八种》中也有"隶臣、城旦高不盈六尺五寸，隶妾、舂高不盈六尺二寸，皆为小"的规定。从汉承秦制的角度看，一汉尺约合今 23 厘米，故"六尺五寸"约相当今之 150 厘米；以此看秦之"隶臣""城旦"高不及 150 厘米者，"隶妾""舂"高不及约 143 厘米者，均可免除劳役。又如汉律中著名的"王杖十简"中即有"孤、独、盲、珠孺不属律人，吏毋得擅征召，狱讼毋得系……"的规定，其中"盲""珠孺"显系民众可以免除徭役负担的疾病类型[①]。故此以吴简中的许多实例看，地方政府有时不得不根据吏民的身体状况来采取是否减免负担的措施，如简 2896："妻大女誉年廿三、算一、肿两足、复"；简 2938："妻大女思年卅三、算一、肿两足、复"；简 2957："富贵里户人公乘胡礼年五十四、算一、肿两足、复"等所记。然以现代医学对血吸虫病的调查结果看，孙吴初期长沙郡临湘侯国吏民的疾病状况不容乐观：因为，仅以感染血吸虫病后，患者出现症状的比率只有 40% 看，孙吴初期长沙郡的疾病人口中的血吸虫病者就要翻一番。而且，以 1995 年的调查情况看，我国淮河以南的沿江、沿湖地区血吸虫病的感染率高达 20% 以上，有的村庄可高达 70% 以上。其中第一线居民（距湖边 500 米以内）约为 25%；二线居民（500—1000 米）为 10%，三线居民（1000 米以上）约 5%。耕牛和牲畜等家畜的感染率亦很高。虽然感染率不同，但各年龄段人群都可能感染该病。一般说来，5 岁以下幼儿与疫水接触的机会少，感染率较低。5 岁以上的儿童渐喜在河边戏水、游泳，感染率则迅速增加。成人后积极投入生产，经常会与疫水接触，故感染曲线高峰值往往在青

---

① 睡虎地秦墓竹简整理小组：《睡虎地秦墓竹简》，文物出版社 1990 年版，第 32 页；李均明、何双全：《散见简牍合辑》，文物出版社 1990 年版，第 15 页。

第四章 从吴简看孙吴时期的性比例失调和疾病人口问题

壮年时期①。以孙吴初期长沙郡湖泊、河网密布的生存环境看,儿童及青壮年的感染率也必定很高,而且与有症状反映的所占40%的比例和古人防治疾病的意识差、医疗卫生条件差相关联,无论是血吸虫病的传播,还是麻风病和脊髓灰质炎的传播,都只能是反复走入恶性循环当中。另外,1995年国家对湖南、湖北、江西、安徽、江苏、四川、云南血吸虫病流行区进行抽样调查,发现未控制流行地区晚期血吸虫病各型病例的构成比分别是巨脾型64.54%,腹水型33.42%,结肠增厚型1.02%,侏儒型1.02%②。

然而,这其中的侏儒型晚期血吸虫病的比率仍不具备代表性。因为,在新中国建立前,在我国重流行区血吸虫病侏儒症的发病率高达4%,此症除了引发全身发育不良外,还严重影响内分泌腺和生殖器官的发育。同时,从晚期血吸虫病的症状学看,患者大多有长期腹痛、腹泻和下痢史,随着病情进一步恶化,脾脏出现巨大肿胀,由于脾大而继发的脾功能亢进,或反复呕血便血,病人常有贫血、劳动后呼吸困难和下肢浮肿的症状。继而出现的是腹水症状。高度腹水时,腹大如鼓,行走困难,下肢浮肿更加明显。有少数病人出现面黄肌瘦、大肉尽脱、腹如抱瓮、行动蹒跚的症状。故此,晚期患者中部分丧失劳动力在45%左右,完全丧失劳动力者在35%左右;而结合《三国志·吴书·朱然传》记载"魏遣曹真、夏侯尚、张合等攻江陵……时(朱)然城中多肿病,堪战者裁五千人"③;《诸葛恪传》载诸葛恪围攻新城时,"士卒疲劳,因暑饮水,泄下流肿,病者太半,死伤涂地"的情况看④,足见血吸虫病在孙吴时期为害之剧⑤。以此论之,孙吴初期长沙郡临湘侯国的青壮劳动力资源可能并不充裕,最终可能影响到当地经济的开发和劳

---

① 周述龙、林建银:《血吸虫学(第二版)》,科学出版社2001年版。
② 卫生部全国地方病防治办公室、卫生部血吸虫病专家咨询委员会:《中国血吸虫病流行状况——1995年全国抽样调查》,人民卫生出版社1998年版。
③ 《三国志》卷56《朱然传》,中华书局1982年标点本,第1306页。
④ 《三国志》卷64《诸葛恪传》,中华书局1982年标点本,第1438页。
⑤ 钱惪、刘约翰:《实用血吸虫病学》,四川人民出版社1982年版,第55—78页。

第一编　从出土材料看汉魏时期的人口性比例问题

动力资源的利用，并引发人口增殖长期停滞的危机。

从次，前此，通过《吏民田家莂》的户主资料，我们了解了孙吴时期存在着成年女子或因丈夫死亡或因成年女子过剩而形成了人口性比例失调问题。而对《长沙走马楼三国吴简（壹）》户籍简中疾病人口的统计与分析的结果亦表明，在疾病人口中女性疾病人口仅占总疾病人口的17.9%，成年男性病人却占总病例的51.4%，未成年男性也占总病例的13.7%；而成年和未成年男性占总病例的65%以上。疾病人口中男女患病率的高低，不仅充分反映疾病人口中所存在的性别差别；而且，女性的低疾病率，充分说明疾病因素是孙吴时期产生成年男女中人口性比例问题的一个重要因素。

现代医学研究的成果和现代人口的统计资料表明，男性一生中，其生存率、抗病率、忍病率、事故率及长寿率等都要比女子低数个百分点，尤其是在生产力水平低下、缺乏医疗条件和基本生命保障体系的孙吴时期，青壮男性出现高死亡率具有其历史的必然性，与吴简仅反映大量"女户"存在的现象和产生孙吴初期长沙郡成年男女中女多男少的性比例失调问题相关联。生产力水平低下和自然环境条件的高热高湿以及高温高湿、湖汊纵横有利于血吸虫病、脊髓灰质炎等传染性疾病传播与高发等，都是不可忽视的重要原因。我们对吴简中86户"大女"中各个姓氏出现的次数和56户"大女"姓名皆全者的姓氏出现次数分别进行统计，便不难发现处于前列的黄姓、烝姓、李姓、谢姓、刘姓以及出现次数较少的左姓、潘姓、番姓、邓姓、梅姓、区姓、吴姓等，其姓氏起源与汉魏时期的聚居地均分布在从淮河到长江流域的"楚越之地"①。而"楚越之地"存在的女多男少现象，历史典籍中早有记载。如淮水至岭南，古称扬州，而长沙地处荆州，《周礼·职方》和《汉书·地理志》②均记载西周初年，扬州与荆州的人口性比例分别为"二男五

---

① 《史记》卷129《货殖列传》，中华书局2014年标点本，第3968页。
② 《汉书》卷28《地理志》，中华书局1962年标点本，第1539页。

第四章 从吴简看孙吴时期的性比例失调和疾病人口问题

女"和"一男二女";而与之相邻的淮南寿春地区,在东汉时期仍然有"多女而少男"的现象。司马迁《史记·货殖列传》亦记载,秦汉时期"楚越之地,地广人稀,饭稻羹鱼,或火耕而水耨",且有"丈夫早夭"的现象①。此外,刘安《淮南子·隆形篇》亦反映当时文人对自然现象的观察与总结:即"南方阳气之所积,暑湿居之,"不仅有"泽气多女"现象,而且男子亦是"早壮而夭"。② 关于《史记·货殖列传》所言"丈夫早夭"的事例,仅西汉时期相继就封长沙王的吴氏和刘氏的记载就足以说明。据《汉书·吴芮传》记载:"吴芮,秦时番阳令也。……(汉初)徙为长沙王,都临湘,一年薨,谥曰文王。"传四世,至孝文后七年,因"无子,国除。"另外,在"孝惠、高后时,封芮庶子二人为列侯,传国数世绝。"又如西汉孝景帝之子刘发"孝景前元二年"(公元前155年)被封为长沙王。据《汉书·景十三王传》记载:"长沙定王发,母唐姬,故程姬侍者。……以其母微无宠,故王卑湿贫国。"又据《史记·五宗世家·集解》引应劭言,到孝景帝后元二年(前162年),景帝又把武陵、零陵、桂阳三地纳入其子长沙王刘发的管辖之下。武帝元朔二年实行"推恩令",即允许诸侯王推"私恩",将各王国土地分给其他子弟为列侯。长沙王刘发的15个王子在元光六年后相继建立各自的侯国。据《史记·建元以来王子侯年表》《汉书·王子侯表》和《水经注》等史籍的相关记载,除4个王子分封于长沙王所辖地域之外,在长沙国、武陵郡、零陵郡、桂阳郡中,相继有安成、宜春、容陵、攸舆、茶陵、建成、夫夷、舂陵、都梁、洮阳、泉陵等11个王子建立了侯国。其中,茶陵节侯刘欣、洮阳靖侯刘拘均因传两代而无嗣、遭遇到了"国除"的命运。由《汉书》所载长沙王吴芮和刘发后代因无嗣而"国除"的事例看,即使是生活优裕的王公贵族,也无法逃避江南"泽气多女"与"丈夫早夭"的厄运。

---

① 《史记》卷129《货殖列传》,中华书局2014年标点本,第3968页。
② 刘文典:《淮南鸿烈集解》,中华书局1989年版,第145页。

第一编 从出土材料看汉魏时期的人口性比例问题

最后，形成孙吴时期人口性比例失调问题的一个重要的社会因素，就是频繁战争、繁重徭役等社会因素，造成成年男性的大量死亡、逃亡或其他的人身伤害等。

从东汉后期开始，到孙吴建立初期的时间里，长沙郡及其附近地区就多次发生惨烈的战争：据《三国志·吴书》记载，从东汉中平三年（公元186年）"时长沙贼区星自称将军，众万余人，攻围城邑，乃以（孙）坚为长沙太守。到郡亲率将士……旬月之间，克破（区）星等"之后①，此后相继又有中平五年"长沙、零桂等三郡贼周朝、苏马等"人起义所带来的社会动荡②以及其后在长沙郡附近发生的"赤壁之战"和孙刘对峙等大型战役。因此，在"军兴日久，民离农畔，父子夫妇，不听相恤"的背景下③，长沙郡出现大量青壮男性死于战火的现象是必然的结果。

同时，从《吴书》的相关记载看，孙吴中后期的战事与兵乱，仍然是多有发生，而由此带来的兵役、劳役负担也肯定会日趋加重。尤其是在孙权统治中后期，徭役及兵役负担已经到了无以复加的程度。从嘉禾四年到神凤年间的17年里，相继有"鄱阳贼彭旦为乱"、诸葛恪平灭山越叛乱、赤乌二年廖式兵乱、赤乌四年全琮攻淮南、诸葛恪攻六安等重大战事以及赤乌八年"屯田及作士三万人凿句容中道，自小其至云阳故城，通会市，作邸阁"和赤乌十年"改作太初宫，诸将及州郡皆义作"等重大工程不断发生。虽然，孙权也多次意识到"顷年以来，民多征役，岁又水旱，年谷有损，而吏或不良，侵夺民时，以致饥困"的严重性④，但大规模的军事活动和土木工程仍接连不断。重大战事的频繁发生，必然造成大量青壮男性的死亡或逃亡，从而形成了孙吴国家成年男女中的女多男少的性比例失调问题。此外，频繁的战争又带给人

---

① 《三国志》卷46《孙坚传》，中华书局1959年标点本，第1095页。
② 《三国志》卷56《朱治传》，中华书局1959年标点本，第1303页。
③ 《三国志》卷47《吴主传》，中华书局1959年标点本，第1132页。
④ 同上书，第1144页。

第四章 从吴简看孙吴时期的性比例失调和疾病人口问题

民沉重的徭役负担,而其结果又必然是占用青壮男性婚育的时间,减少他们婚育的机会。《吴书》记载:当时"征役繁数,重以疫疠",以致"民户浸寡,又多残老,少有丁夫"和民间"生产儿子,多不起养,屯田贫兵,亦多弃子"之事不绝于耳①,并由此形成新的性比例失调问题,最终抑制了人口的有效增殖。关于这一点,《长沙走马楼三国吴简(壹)》中的"郡吏黄土,年十二"户籍记载,不仅说明孙吴的负役者年龄很小,而且也说明孙权统治中后期确实对长沙郡男性劳动力资源采取了破坏性利用的措施。这种破坏性利用劳动力资源的做法,不仅必然造成由于直接死于战争、瘟疫等的男性增多,而且也由于婚育机会减少和人为杀婴的盛行,社会上劳动力资源出现严重短缺局面,进而带来国力衰退和物资财力严重匮乏等一系列问题,其结果使得女多男少的性比例失调问题更加严重,最终大大制约了人口的繁衍。无怪乎孙吴灭亡时,全国在编的民户人口只有"男女口二百三十万",与当时东吴领县三百一十二的情况极不相称!

总之,研究孙吴时期长沙郡吏民的人口性比例失调问题和疾病人口问题以及两者的关系问题有着独特的作用,不仅有助于促进我们对当时普通民众的生存环境的进一步认识;而且,有助于我们更好地认识长沙郡的人口性比例失调问题所带来的危害性。所以,我们有理由相信,将来吴简整理成果的不断面世和相关研究的不断深入,必将推动对这一时期人口史、医疗卫生史、地方病和社会经济史等相关方面的研究。

---

① 《三国志》卷 57《骆统传》,中华书局 1959 年标点本,第 1335—1336 页。

第二编

从人口、性别政策看汉魏时期国家治理

第一章　从人口性比例失调看汉初的人口政策

众所周知，秦汉时期是中国封建制度确立和完善的重要时期，也是自夏、商、周三代以后，中国历史上再一次出现长时间统一王朝的时期。所以，秦王朝速亡之后所继立的西汉王朝初期的人口政策问题，也是众多治秦汉史和中国人口史的学者们所关注过的问题。

第一节　关于研究汉初人口政策的学术回顾及问题的提出

以笔者目前所掌握的资料看，自20世纪中叶到21世纪初的50年里，大致有以下学者从人口史研究的角度，关注过汉初的人口政策问题：陈彩章《中国历代人口变迁之研究·人口增殖》一章中谈及西汉初年的人口政策，他认为："西汉一代，人口激增，其主要原因，除升平之日较多外，为当时帝皇之奖励早婚与发展农业，高祖之后为惠帝，惠帝在位积极采取人口增加政策。依当时之法律，女子十五以上至三十不嫁者有罪，罚出五算；而产子者或二岁之间免役使，或复三年之算，怀妊者与谷二斛。[①]"中国台湾学者马先醒在中国文化学院史学研究所

[①]　陈彩章：《中国历代人口变迁之研究·人口增殖》，商务印书馆1946年版，第18页。

第二编 从人口、性别政策看汉魏时期国家治理

读硕论文即《汉代人口研究》（1966年5月），其中第一章"汉代人口理论与户政"中即有"汉代人口政策"一节①；因地理分隔和时间久远，未知其详。复旦大学吴申元《中国人口思想史稿》主要谈中国历史上个人的人口思想，而很少涉及历代王朝国家所奉行的人口思想②。葛剑雄《中国人口发展史·人口数量变化的原因》第四节"政治制度"，从法令政策、赋役制度和刑法制度三方面谈及汉初的人口政策，不过，他认为"西汉惠帝六年（前189年）就形成了法令：女子年龄在十七岁以上三十岁以下而不嫁的，按五倍征收算赋"，遍查《史记》《汉书》未见其出处③。白寿彝、高敏、安作璋主编《中国通史·中古时代·秦汉时期（上册）》第四章"西汉皇朝的建立和巩固"中谈及汉初恢复生产、鼓励生育的措施④。王育民《中国人口史·秦汉时期人口大发展》中第二节"西汉人口发展的三个阶段"谈及了"汉初恢复生产和鼓励人口增殖的措施"⑤，具体而论，他将恢复农业生产秩序，推行早婚、奖励生育和加强户籍管理联系起来，认为"汉初恢复生产和鼓励人口增殖的政策，到文景时期大见成效"⑥。以王育民对汉初人口政策的论证看，此书应是上述各书论述最全面者。高凯《论中国古代人口性比例失调问题》认为汉初因秦王朝及楚汉战争而造成了男多女少的性比例问题，所以，他认为：惠帝六年诏令除可鼓励早婚早育外，还反映了惠帝极为反感社会上以未婚女子为奇货，借婚姻之机横加邀财的做法⑦。姜涛《历史与人口——中国传统人口结构研究》中"不孝有三，

---

① 吴福助：《马先醒与台湾地区的简牍学》，载中国文化大学文学院、简帛学文教基金会筹备处《简牍研究集刊——第二届简帛学术讨论会论文集》，2004年，第80页。
② 吴申元：《中国人口思想史稿》，中国社会科学出版社1987年版，第7页。
③ 葛剑雄：《中国人口发展史·人口数量变化的原因》，福建人民出版社1991年版，第289页。
④ 白寿彝、高敏、安作璋：《中国通史·中古时代·秦汉时期（上册）》，上海人民出版社1995年版，第288页。
⑤ 王育民：《中国人口史·秦汉时期人口大发展》，江苏人民出版社1995年版，第83—89页。
⑥ 同上书，第87页。
⑦ 高凯：《论中国古代人口性比例失调问题》，《史学月刊》1998年第3期。

第一章　从人口性比例失调看汉初的人口政策

无后为大——传统人口的婚姻与家庭结构"一章的"法定婚龄的历史演变"一节中，谈及汉初以增赋的方式迫使人民早婚。即惠帝六年（前189年）"女子年十五以上至三十不嫁，五算"，并以《汉书》记载皇室早婚和居延汉简反映15岁"大女"均已嫁为人妻来说明其观点[①]，颇具说服力。路遇、滕泽之《中国人口通史》（上）在第二章《秦汉三国时期人口·西汉》部分专列"鼓励人口增殖的政策措施"一节，阐述西汉初年的人口政策：（一）实行早婚：惠帝六年（前189年）"女子年十五以上至三十不嫁，五算"；（二）奖励生育：高帝七年（前200年）"民产子复勿事二岁"；（三）安排军队复员。高帝六年（前201年）"兵皆罢归家"；（四）召集流民还乡；（五）释放奴隶："民以饥饿自卖为人奴婢者，皆免为庶人"[②]。葛剑雄《中国人口史》第一卷《导论、先秦至南北朝时期·导论》中第二章"中国人口史的研究领域和具体内容"第三节第六项"人口理论、人口思想和人口政策"中谈及汉初的人口政策问题，以高帝七年（前200年）诏令"民产子，复，勿事二岁"及惠帝六年（前189年）诏令"女子年十五以上至三十不嫁，五算"，来说明汉初"调节人口自然增殖的政策"[③]。袁延胜《汉代生育思想初探》是从两汉时期来讨论生育思想的，其中涉及汉初人口政策，沿袭了前人对高帝七年和惠帝六年两诏令均属人口增殖思想的旧观点，而缺乏相应的学术回顾[④]。另有赵文林、谢淑君《中国人口史》[⑤]，袁祖亮《中国古代人口史专题研究》[⑥] 等，或因侧重点不同，均未言及汉初的人口政策问题。

纵观学者们对汉初人口政策的评价，大都肯定了汉高祖七年和惠帝六年的诏书对汉初人口繁衍的巨大推动作用，然而，关于汉惠帝六

[①] 姜涛：《历史与人口——中国传统人口结构研究》，人民出版社1998年版，第270页。
[②] 路遇、滕泽之：《中国人口通史》，山东人民出版社2000年版，第80—82页。
[③] 葛剑雄：《中国人口史（第一册）》，复旦大学出版社2002年版，第88—89页。
[④] 袁延胜：《汉代生育思想初探》，《河南科技大学学报》2004年第2期。
[⑤] 赵文林、谢淑君：《中国人口史》，人民出版社1988年版。
[⑥] 袁祖亮：《中国古代人口史专题研究》，中州古籍出版社1994年版。

第二编 从人口、性别政策看汉魏时期国家治理

年诏令"女子年十五以上至三十不嫁,五算"的原因,学者们多以之为鼓励早婚早育的措施而未做太多解释。有鉴于此,我愿就此提出浅薄的见解。

我认为:惠帝六年诏令的颁布,不仅有强制实行早婚早育之用,而且也证明当时存在女少男多的性比例失调问题,反映了惠帝极为反感社会上以未婚女子为奇货,借婚姻之机横加邀财的做法。为此,本文拟从汉初产生性比例失调问题的原因入手来分析之。

关于汉初社会存在着相当严重的性比例失调的问题,虽然传世典籍中缺乏这方面的直接数字材料,但是以《史记·货殖列传》记秦汉时期江南地区有"丈夫早夭"的现象以及《汉书·地理志》记"初,淮南王异国中民家有女者,以待游士而妻之,故至今多女而少男"的记载看,这些现象都属于我们今天人口学概念中性比例失调的范畴,都是直接或间接影响汉初人口繁衍的重要因素。那么,汉初产生这种失调问题的具体原因是什么呢?正如前言概述中所言,大致有几个方面:

其一,汉初的人口性比例问题受地理环境的影响,呈现地域性和民族性差异:在低生产力水平下的简单、重复、缺乏劳动保护作业和使用陈旧劳动工具的生产条件下的汉代初期,因社会生产力的水平低下而致自然环境对人类的制约力就越强,如汉初国家的采矿业、冶铸业、造船业等手工业,大都布点于山高路远、条件恶劣的边远地区,受恶劣的自然环境和极为低下的社会生产力的共同制约,成年男性的高死亡率更是难以避免;其次,与黄河流域相比,江南地区采用的还是"火耕水耨"的生产方式,再加上"江南卑湿"和血吸虫病、麻风病、脊髓灰质炎等恶性传染病肆虐的恶劣环境,"丈夫早夭"是难以避免的。此外,考古发掘的资料和医学发展的成果表明:地理环境对人类自身繁衍的影响还明显表现在蒙古高原、鄂尔多斯高原等高纬度、干燥、寒冷的内陆地区,加之土壤缺乏微量元素有效锌,致使匈奴的育龄妇女在妊娠过程中出现大量死亡和成年育龄男女中发生男多女少的性比例问题,以致为了保证正常的种族的繁衍,汉初生活在其上的匈奴、鲜卑等北方少数民族

第一章　从人口性比例失调看汉初的人口政策

不得不采取"收继婚"的婚制①和不断发生侵扰汉边的举动。

其二，汉初的人口性比例问题受频繁而残酷的战争的影响，呈现出绝对性与相对化的差别：关于汉初的战争，先有四年之久残酷无比的"楚汉战争"，之后又有汉刘邦剿灭异姓王的战争，文景时期还有"七国之乱"及剿灭同姓王之战等。受汉初十分频繁而残酷的战争的影响，当时必然会形成因战争直接杀死青壮男性及平民或因持续战争及战争的长期准备过程，占用和延缓了大批青壮男女性的婚育时间，而分别形成绝对性的性比例失调与相对性的性比例失调问题。

其三，汉初的人口性比例问题受繁重而频繁的徭役影响，呈现出青壮男女整体性别比例失调的态势：汉初与秦朝一样，成年男女都是服徭役的主体，如《史记·平津侯主父列传》记载"秦祸北构于胡，南挂于越，宿兵无用之地，进而不得退。行十余年，丁男披甲，丁女转输，苦不聊生，自经于道树，死者相望"②，《史记·淮南衡山列传》记载"又使尉佗逾五岭攻百越。尉佗知中国劳极，止王不来，使人上书，求女无夫家者三万人，以为士卒衣补。秦皇帝可其万五千人"③和《史记·项羽本纪》"汉之三年，项王数侵夺汉甬道，汉王食乏，恐，请和，割荥阳以西为汉……汉王夜出女子荥阳东门，被甲二千人，楚兵四面击之"的记载，均可充分证明秦汉时期，成年男女均是政府服役的对象。又如《汉书·惠帝纪》"三年（公元前191年）春，发长安六百里内男女十四万六千人城长安，三十日罢"以及《汉书·惠帝纪》记惠帝六年（公元前189年）"春正月，复发长安六百里内男女十四万五千人城长安，三十日罢"之言，证明汉初丁女仍然是国家重要的徭役征发对象。所以，汉初的人口性比例失调问题表现在无论是成年男性，还是成年女性都是服徭役的主体，都会形成因繁重徭役占用或延缓婚育时

---

① 高凯：《地理环境与中国古代社会变迁三论》，天津古籍出版社2006年版，第21—132页。
② 《史记》卷112《平津侯主父列传》，中华书局1959年标点本，第2958页。
③ 《史记》卷118《淮南衡山列传》，中华书局1959年标点本，第3086页。

第二编 从人口、性别政策看汉魏时期国家治理

间的问题。

其四,汉初人口性比例问题受婚姻习俗、杀婴的倾向等差别,呈现出一定的性别差异:《礼记·昏义》载:"古者天子后立六宫,三夫人,九嫔,二十七世妇,八十一御妻。"①秦:"除皇后,自昭仪以下,秩至百石,几十四等。"②到西汉初年,除上承秦之称号外,还有美人、良人、八子、长使、少使之号;统治者除拥有数目众多的妃嫔外,还在皇宫内霸占了成千上万的宫女。由于汉初社会上的女性人口数是一定的,统治者们霸占的女性多,社会上就必然会有与之相当的男性处于无妻状态,所以,汉初的人口性比例问题呈现出一定的性别差异。

其五,汉初人口性比例问题受刑罚制度的影响,呈现出一定的阶级性差异:秦王朝以酷法而闻名,仅从睡虎地秦简所涉及的刑名看,就有叛乱、逃籍、投书、降敌、贼杀、盗杀、擅杀、斗杀、任人不善、犯令等几十种之多③。汉初法令略有减省,如《汉书·刑法志》所记:"汉兴,高祖初入关,约法三章曰:'杀人者死,伤人及盗抵罪。'蠲削烦苛,兆民大说。其后四夷未附,兵革未息,三章之法不足以御奸,于是相国萧何捃摭秦法,取其宜于时者,作律九章。"发展到汉武帝时期,汉初律令已经达到"凡三百五十九章,大辟四百九条,千八百八十二事,死罪决事比万三千四百七十二事"④的规模,以致史称当时"文书盈于几阁,典者不能遍睹。是以郡国承用者驳,或罪同而论异。奸吏因缘为市,所欲活则傅生议,所欲陷则予死比,议者咸冤伤之"⑤的程度。然以《张家山汉墓竹简·二年律令·收律》所记吕后二年"罪人完城旦春、鬼薪以上,及坐奸腐者,皆收其妻、子、财、田宅"的法令和秦汉时期多行"七科谪"之令看,汉初国家对与国家相对立的商人

---

① 《十三经注疏·礼记正义》卷61《昏义》,中华书局1980年影印版,第1681页下栏。
② 《汉书》卷97《外戚传》,中华书局1962年标点本,第3936页。
③ 张晋藩、王志刚、林中:《中国刑法史新论》,人民法院出版社1992年版,第402—425页。
④ 《汉书》卷23《刑法志》,中华书局1962年标点本,第1096—1101页。
⑤ 《资治通鉴》卷25《汉纪十七》,中华书局1956年标点本,第813页。

第一章 从人口性比例失调看汉初的人口政策

阶层、各种犯罪人员及其家属以及因贫入赘的赘婿等，会采取执行严格刑期或长期谪戍远方等惩罚措施，以致产生新的、具有一定阶级性的人口性比例失调问题。

总之，笔者认为：汉初普遍存在着人口性比例失调问题，虽然直接数字材料奇少，但间接史料屡见于史书。同时，与形成性比例失调的诸多因素相对照，汉初性比例失调问题也表现出两个显著的特点，即绝对化与相对化的区别。如由于战争、徭役、杀婴、杀殉、刑法等造成人口大量死亡，从而形成永久性、绝对化性比例失调；由于战争、徭役、服刑等在一定时间范围内占用大量劳动人口或因守丧、婚姻制度、婚姻习俗等延缓婚嫁时间所形成的暂时性、相对化性比例失调问题。此外，从另一个侧面看，汉初社会的性比例失调问题，还可划分为一定阶段的、一定民族的、一定地域的和一定时间范围的性比例失调问题。这几种类型的人口性比例失调问题，或同时出现，或单独作用，无不以自己特有的方式影响了包括汉初社会的人口繁衍和人口政策的实施。

第二节 人口性比例失调问题与汉初的人口政策

与汉初人口性比例失调问题和汉初人口政策密切相关的是秦王朝统一六国时的人口、秦灭亡时的人口和汉初在经历"楚汉战争"后的人口数。而对于这三个时期的人口数量的探讨，不仅是近几十年来学术界普遍关注的问题，而且早在一千多年前即有古代学者关注之。如范晔《后汉书·郡国志》中刘昭注引西晋皇甫谧《帝王世纪》一书，其中即谈到皇甫氏对自传说时期的黄帝、三代、春秋、战国、秦汉乃至曹魏时期人口数量与垦田之数的关系。其中涉及春秋、战国及秦汉时期，皇甫氏其言称：

当春秋时，尚有千二百国。二百四十二年之中，杀君三十六，亡国五十二，诸侯奔走不得保社稷者，不可胜数。至于战

第二编 从人口、性别政策看汉魏时期国家治理

国,存者十余。于是从横短长之说,相夺于时,残民诈力之兵,动以万计。故崤有匹马之祸,宋有易子之急,晋阳之围,县釜而炊,长平之战,血流漂卤。周之列国,唯有燕、卫、秦、楚而已。齐及三晋,皆以篡乱,南面称王。卫虽得存,不绝若线。然考苏、张之说,计秦及山东六国,戎卒尚存五百余万,推民口数,尚当千余万。及秦兼诸侯,置三十六郡,其所杀伤,三分居二;犹以余力,行参夷之刑,收太半之赋,北筑长城四十余万,南戍五岭五十余万,阿房、骊山七十余万。十余年间,百姓死没相踵于路。陈、项又肆其余烈,故新安之坑,二十余万,彭城之战,睢水不流。至汉祖定天下,民之死伤,亦数百万。是以平城之卒,不过二十万,方之六国,五损其二。自孝惠至文、景,与民休息,六十余岁,民众大增,是以太仓有不食之粟,都内有朽贯之钱。武帝乘其资畜,军征三十余岁,地广万里,天下之众亦减半矣。及霍光秉政,乃务省役,至于孝平,六世相承,虽时征行,不足大害,民户又息。元始二年,郡、国百三,县、邑千四百八十七,地东西九千三百二里,南北万三千三百六十八里,定垦田八百二十七万五百三十六顷,民户千三百二十三万三千六百一十二,口五千九百一十九万四千九百七十八人,多周成王四千五百四十八万五十五人,汉之极盛也①。

关于皇甫氏所认定的人口数,单以近现当代学者的评判看,即可明显分为两方:其一,以陈彩章为首的《中国历代人口变迁之研究》②,胡焕庸的《人口研究论文集》③,赵文林、谢淑君的《中国人口史》④,

---

① 《后汉书》卷19《郡国一》,中华书局1965年标点本,第3388页。
② 陈彩章:《中国历代人口变迁之研究·人口增殖》,上海商务印书馆1946年版,第15页。
③ 胡焕庸:《人口研究论文集·中国人口史提要》,华东师范大学出版社1983年版,第30页。
④ 赵文林、谢淑君:《中国人口史》,人民出版社1988年版,第25页。

袁祖亮的《中国古代人口史专题研究》[①] 等学者的中国人口史专著，对皇甫氏的观点均持肯定态度；其二，宋镇豪《夏商社会生活史》[②]，王育民《中国人口史》[③]，姜涛《人口与历史——中国传统人口结构研究》[④]，路遇、滕泽之的《中国人口通史》[⑤] 和葛剑雄主编的《中国人口史》[⑥] 等则持基本否定或完全否定态度。如葛剑雄在其主编的《中国人口史·先秦至秦时期的人口数量》一节，对除陈彩章、路遇及滕泽之以外的各家说法做出了评判，并认为皇甫谧之说完全是与史无征。

以实际而言，无论西晋皇甫谧之说，还是杜佑《通典》之言，都应是古人历史研究的一个篇章和古人认识中国历史上某一现象的一个过程，都有其存在的必要性。与之相关的是，我们今天之所以有诸多学者对皇甫谧之说给予充分肯定，想必皇甫氏之说尚有可信的成分存在。如皇甫氏有言"考苏、张之说"，应是与史有据的：以长沙马王堆三号汉墓所出《战国纵横家书》而言，即一部为"游士"提供教材和读本的战国纵横家苏秦等人的书信、说辞的古佚书；以《睡虎地秦墓竹简·秦律杂抄》中记载秦王朝有专门管理"游士"行为的《游士律》[⑦]，亦可证明战国及秦王朝存在着专门以游说为业的"游士"群体。而马王堆三号汉墓出土《战国纵横家书》帛书，说明至少在西汉初年，社会上仍流行着以苏秦等人游说之辞为主的战国纵横家言论的辑本[⑧]。

---

① 袁祖亮：《中国古代人口史专题研究·中国古代人口规模发展变化及其规律》，中州古籍出版社1994年版。
② 宋镇豪：《夏商社会生活史·人口》，中国社会科学出版社1994年版，第99页。
③ 王育民：《中国人口史·先秦时期中原及其周围地区的人口》，江苏人民出版社1995年版，第43—50页。
④ 姜涛：《人口与历史——中国传统人口结构研究》，人民出版社1998年版。
⑤ 路遇、滕泽之：《中国人口通史》，山东人民出版社1999年版，第16—19页。
⑥ 葛剑雄：《中国人口史·先秦至秦时期的人口数量》，复旦大学出版社2002年版，第265—274页。
⑦ 睡虎地秦墓竹简整理小组：《睡虎地秦墓竹简·秦律杂抄》，文物出版社1978年版，第129—130页。
⑧ 岳南：《西汉亡魂——马王堆汉墓发掘之谜》，新世界出版社1992年版，第412—418页。

第二编　从人口、性别政策看汉魏时期国家治理

同时，至少以《史记·秦始皇本纪》等正史的记载和考古的发掘资料表明，秦始皇确实大量征用过服役人员和刑徒从事秦王朝的许多大工程和大的战役，以致大大地损耗秦王朝的人口，延缓了当时的人口繁衍。

关于秦王朝灭六国之后的人口数量，范文澜《中国通史简编》持两千万左右说①。此说多为现当代各种版本的中国通史所沿用：如白寿彝、高敏、安作璋所主编《中国通史·中古时代·秦汉时期（上册）》②等。赵文林、谢淑君《中国人口史》认为秦末汉初肯定已降到二千万以下，故此他们认为"一些历史学家从不同角度估计秦初有两千多万人口，还是比较恰当的"③；至于汉初人口到底有多少，他们认为："西汉初期人口约为秦时的60%，即约一千二百万人。……加上境内少数民族人口二百万，共一千四百万人"④。王育民《中国人口史》认为战国人口在二千万左右，秦王朝因为开拓疆土，人口没有减少，而应有二千多万人⑤；他认为"汉初实际人口估计当在1500—1800之间"⑥。袁祖亮《中国古代人口史专题研究》认为：三代时期全国人口有1300多万，以战国城市比春秋时期多三倍论，"战国后期的全国人口约有3000万"⑦；关于汉初的人口，他认为有"1400万；文景之际全国已达2500多万"⑧。路遇、滕泽之的《中国人口通史》则认为战国时期的人口应有"二千五六百万"，到战国中期的人口约有2630万⑨；而秦王朝初年

---

①　范文澜：《中国通史简编》，人民出版社1964年版，第18页。
②　白寿彝、高敏、安作璋：《中国通史·中古时代·秦汉时期（上册）（第5卷）》，上海人民出版社1995年版，第230页。
③　赵文林、谢淑君：《中国人口史》，人民出版社1988年版，第20—21页。
④　同上书，第34页。
⑤　王育民：《中国人口史》，江苏人民出版社1995年版，第78页。
⑥　同上书，第83页。
⑦　袁祖亮：《中国古代人口史专题研究·中国古代人口规模发展变化及其规律》，中州古籍出版社1994年版，第36页。
⑧　袁祖亮：《再论汉武帝末年人口并非减半——兼与葛剑雄同志商榷》，《学术月刊》1985年第4期。
⑨　路遇、滕泽之：《中国人口通史》，山东人民出版社1999年版，第46—50页。

第一章　从人口性比例失调看汉初的人口政策

有2000万人①；"西汉之初，大约只会有1300万人口"②。葛剑雄《中国人口史》则认为秦王朝初年人口可能接近4000万，而秦始皇去世时的人口至少应有3000—3600万，西汉初年人口有1500—1800万③。

从以上诸家之说看，由于都存在于史无征的缺憾，故以上诸家之说均为推论。而且，无论是议论秦王朝初年及末年人口者，还是议论汉初人口者，都仅仅涉及秦王朝对青壮男性劳动力的大量使用问题。然而，以《史记》《汉书》的相关记载和《睡虎地秦墓竹简》《张家山汉简》的简文资料以及近年秦陵徭役刑徒墓的发掘情况看，实际上从秦王朝到两汉时期的许多工程和战争的后勤保障队伍中都有着青壮女性的身影，这就意味着秦汉时期无论丁男丁女，还是隶臣、隶妾和男女刑徒都属当时国家徭役和国家工场中的劳动力。如《睡虎地秦墓竹简·秦律十八种·仓律》中记载："隶臣妾其从事公，隶臣月禾二石，隶妾一石半，其不从事，勿禀。小城旦，隶臣作者，月禾一石半石；未能作者，月禾一石。小妾、舂作者，月禾一石二斗半斗，未能作者，月禾一石。婴儿之无母者各半石；虽有母而与其母冗居公者，亦禀之，禾月半石"④ 即明证；又如《史记·淮南衡山列传》中赵佗向秦始皇提出"求女无夫家三万人以为士卒衣补，秦皇可其万五千人"的记载以及《史记·平津侯主父传》记载秦始皇统一六国后"秦祸北构于胡，南挂于越，宿兵无用之地，进而不得退。行十余年，丁男披甲，丁女转输，苦不聊生，自经于道树，死者相望⑤"。故此，我认为：大量青壮男性和大量育龄妇女进入服役队伍，必然影响到人口的正常繁衍，而秦初如有2000万以上人口，经过秦王朝末年，人口可能下降到1800万，而经过

---

① 路遇、滕泽之：《中国人口通史》，山东人民出版社1999年版，第73—75页。
② 同上书，第77页。
③ 葛剑雄：《中国人口史·先秦至秦时期的人口数量》，复旦大学出版社2002年版，第300—304页。
④ 睡虎地秦墓竹简整理小组：《睡虎地秦墓竹简·秦律杂抄》，文物出版社1978年版，第49页。
⑤ 《史记》卷112《平津侯主父列传》，中华书局1959年标点本，第2958页。

第二编 从人口、性别政策看汉魏时期国家治理

秦末到汉初的楚汉战争之后,汉初人口可能降至 1200 万左右。

综上所述,从《史记》《汉书》的相关记载和《睡虎地秦墓竹简》《张家山汉简》的简文资料以及近年秦陵徭役刑徒墓的发掘情况看,不仅秦王朝每年要使用 300 万以上的青壮男性和大量育龄妇女从事各种工程和战争,而且,西汉初年的"楚汉战争"时期也是大量使用丁男丁女服役的。这样,不仅会因长期占用这些服役人口宝贵的婚配和生育时间,造成因延缓生育时间所形成的人口性比例失调问题;而且加上徭役及战争中病死、累死或被直接杀死的服役男女,这必然也会造成各种类型的人口因死亡而形成永久丧失生育机会的人口性比例失调问题,其结果必然会严重影响到汉初的人口形势和正常的人口繁衍。

事实上,汉初为了增殖人口,确实是煞费苦心地实行了不少"与民休息"、鼓励生育的人口政策。具体表现在以下几个方面:

一,汉高祖在灭项羽,正式即皇帝位以后,即开始实行解兵归家,免其徭役等政策,试图消除因占用士卒婚配和生育时间所产生的性比例失调问题。关于这一点,正如《汉书·高帝纪》记载高帝五年(公元前 202 年)"帝乃西都洛阳。夏五月,兵皆罢归家。"然而,高祖刘邦此举,可能仅仅是针对当时分解各异姓诸侯王所控制军队的措施,因为,高祖在位的十多年时间里,一直都处在剪灭异姓王叛乱的过程中;同时,高祖在实行"兵皆罢归家"时,还颁布着"诸侯子在关中者复之十二岁,其归者半之"的政策,其即可被视为欲分解异姓王势力之明证。

二,放免奴隶,编入民户,以扩大封建国家徭役征发对象。以云梦秦简所记载秦王朝的情况,秦时许多奴隶多为债务奴隶,身份比较自由,可以赎身,并以定期服役来偿还债务。如《睡虎地秦墓竹简·秦律十八种·司空律》有称:"百姓有母及同生为隶妾,非谪罪也而欲为冗边五岁,毋偿兴日,以免一人为庶人,许之。或赎迁,欲入钱者,日八钱。"[①]

---

① 睡虎地秦墓竹简整理小组:《睡虎地秦墓竹简·秦律十八种》,文物出版社 1978 年版,第 91 页。

第一章　从人口性比例失调看汉初的人口政策

而从《汉书·高帝纪》记载高帝五年（公元前202年）实行"民以饥饿自卖为人奴婢者，皆免为庶人"的政策看，秦王朝时期及楚汉战争时期因"以饥饿自卖为人奴婢者"当有不少，放免他们归家，不仅可以笼络人心，而且可以扩大编户齐民的人口、扩大政府赋役对象的规模，可谓一石数鸟之举。

三，赦免秦末及楚汉战争以来的逃役者，复其故宅，以加强对流动人口的管理。《汉书·高帝纪》记载高帝五年（公元前202年）"民前或相聚保山泽，不书名数。今天下已定，令各归其县，复故爵田宅，吏以文法教训辨告，勿笞辱"，这也是笼络人心和扩大编户齐民的人口、扩大政府赋役对象的规模，以达到有效控制人口目的的措施。

四，奖励军功，安定军心和民心。高祖继立皇帝位之后，由于还存在着中央与地方异姓王之争，所以，高祖在位十二年，不遗余力地奖励军功，以达安定军心、笼络民心的目的。以《汉书·高帝纪》记载高帝五年（公元前202年）实行"军吏卒会赦，其亡罪而亡爵及不满大夫者，皆赐爵为大夫。故大夫以上赐爵各一级，其七大夫以上，皆令食邑，非七大夫以下，皆复其身及户，勿事"的举措开始，有明确记载的安抚军心之举，在《汉书·高帝纪》中还有：九年"春三月，行如雒阳。令吏卒从军至平城及守城邑者，皆复终身，勿事"；"十一年冬，诸县坚守不降反寇者，复租赋三岁"；十二年"夏四月，行自雒阳至。令丰人徙关中者皆复终身"；十二年"六月，令士卒从入蜀、汉、关中者皆复终身"；十二年冬十月，"上还，过沛……复其民，世世无有所与。……丰者，吾所生长，极不忘耳。……乃并复丰，比沛"等数次之多，为刘邦取得对异姓王战争的胜利奠定了良好的基础。

五，奖励生育，推行早婚：以《汉书·高帝纪》记载八年春"民产子，复勿事二岁"和高祖十二年二月诏令"省赋甚。今献未有程，吏或多赋以为献，而诸侯王尤多，民疾之。令诸侯王、通侯常以十月朝献，及郡各以其口数率，人岁六十三钱，以给献费"的举措看，早在汉

第二编 从人口、性别政策看汉魏时期国家治理

高祖六年（公元前201年）春正月，刘邦便已认识到汉初"兵不得休八年，万民与苦甚"的危险局面。然从高祖五年灭项羽之后，汉与异姓王之争又起，故此高祖对增殖人口的迫切心情才会跃然纸上。事实上，汉初从高祖至其后的惠帝、吕后、文帝、景帝时期，先有汉与异姓王之间的战争，后有汉与同姓王之间的争斗，直至汉武帝时期才基本上解决汉朝中央政权与地方王国之间的争斗问题。因其间颇有兵戎相见之举，加之秦末及汉初盛行财婚，以致影响到快速增殖人口的政策。关于这一点，正如《史记·陈丞相世家》称"陈丞相平者，阳武户牖乡人也。少时家贫……及平长，可娶妻，富人莫肯与者，贫者平亦耻之"和《汉书·地理志》称汉初关中地区民风"嫁娶尤崇侈靡，送死过度"的记载，故惠帝以"三年春，发长安六百里内男女十四万六千人城长安，三十日罢"；又加之三年"六月，发诸侯王、列侯徒隶二万人城长安"和五年"春正月，复发长安六百里内男女十四万五千人城长安，三十日罢"之举，在民力使用时颇有捉襟见肘之感后，于惠帝六年（公元前189年）便迫不及待地实行"女子年十五以上至三十不嫁，五算"政策，其以法律手段催促百姓生育之意甚明。事实上，高祖八年诏令"民产子，复勿事二岁"和惠帝六年诏令"女子年十五以上至三十不嫁，五算"的实施对象都是育龄妇女，而由此看来，高祖八年及惠帝六年诏令实施的社会基础，应与《史记》《汉书》《睡虎地秦墓竹简》及《张家山汉墓竹简》所反映的女子在家庭和社会中的重要地位以及秦和汉初所出现的人口性比例失调问题的产生不无关系。关于这一点，1984年在江苏扬州仪征胥浦101号汉墓出土的以寡妇为户主的《先令券书》亦可作为很好的旁证[①]。

六，推行新的移民政策，加强人口管理：关于这一点，从《汉书·

[①] 扬州博物馆：《江苏仪征胥浦101号西汉墓》，《文物》1987年第1期；陈平、王勤金：《仪征胥浦101号汉墓〈先令券书〉初考》，《文物》1987年第1期；陈平：《再谈胥浦〈先令券书〉中的几个问题》，《文物》1992年第9期；李解民：《扬州仪征胥浦简书新考》，《百年来简帛发现暨长沙吴简国际学术研讨会论文·长沙》2001年第8期。

第一章 从人口性比例失调看汉初的人口政策

高帝纪》记高帝五年（公元前202年）"诸侯子在关中者复之十二岁。其归者半之"的措施，即可观之端倪，又《汉书·高帝纪》记载高祖九年"十一月，徙齐楚大族昭氏、屈氏、景氏、怀氏、田氏五姓关中，与利田宅"之举，应是高祖五年所施政策的延续。这种移民政策的执行，既可削弱长沙王吴芮等异姓王的势力，又可充实关中地区的人口，以达繁荣关中地区社会经济的双重目的。

七，多次赦免罪犯，确保有限劳动力的使用：关于汉初"大赦天下"的德政，实际上从高祖刘邦被立汉王即已开始。从《史记·高祖本纪》记载汉王二年"正月，大赦罪人"之后，到《汉书·高帝纪》记载高帝六年（公元前201年）春正月下诏正式确立常"赦天下"这一基本政策，称"兵不得休八年，万民与苦甚。今天下事毕，其赦天下殊死以下"之后，终刘邦一生，共"赦天下"及"赦殊死"者达17次之多；其中从高祖十二年记"秋七月，淮南王布反。……上赦天下死罪以下，皆令从军；征诸侯兵，上自将击布"之例，即可看出汉高祖刘邦为何热衷"赦"免天下刑徒。实际上，经常性的"赦"免刑徒已是汉初国家的基本国策之一，以《史记》的记载看，高祖刘邦以后的吕后当政时，有"赦天下"者3次①；《史记·孝文本纪》记载汉文帝在位，曾"赦天下"、"赦"免罪人5次；《史记·孝景本纪》记载汉景帝在位，曾经"赦天下"6次，"赦"免叛乱及"徒作阳陵者"各1次。然而，根据《汉书》的相关本纪看，记载这种"赦天下"之举更多。如《汉书·惠帝纪》记载惠帝在位，曾"赦天下"1次；《汉书·高后纪》记载高后在位，曾"赦天下"3次，与《史记》所记相同；《汉书·文帝纪》记载文帝在位，曾"赦天下"9次；《汉书·景帝纪》记载汉景帝在位，曾"赦天下"6次，"赦"叛乱、"吏民当坐澩等及逋逃亡军者"和"徒作阳陵者，死罪欲腐者"各1次。赦免罪犯，既可笼络人心，又可确保有限劳动力的充分使用，所以，汉初国家以有限的劳动力资源来确保国家和民

---

① 《史记》卷9《吕太后本纪》，中华书局1959年标点本，第399—406页。

心的安定，可谓是一举多得的德政。

总之，汉初国家有着十分严重的人口性比例失调问题，而这一问题的存在，不仅影响了汉初国家正常的人口繁衍，同时，也迫使汉初国家不得不在考虑民生的基础上，采取了切实可行的办法和措施，来达到鼓励生育和恢复与发展社会经济的双重目的。

第二章 从人口性比例失调看匈奴的婚姻制度及其影响

汉魏时期的中国北方地区曾经生活过匈奴、鲜卑、羯、氐、羌等许多的少数民族；从地理环境看，这些地区大都处在高纬度、远离大海的内陆非季风区，有着气温低、干旱、少雨、多风、高蒸发量的气候条件和植被稀少、成土母质多为风积物、河湖密度低、土壤盐碱度高的环境特征。同时，以匈奴、鲜卑、羯、氐、羌等少数民族在中国历史上所留下的影响看，又以匈奴的地位最为重大。故有关匈奴的历史，历来为学界所重；而匈奴的婚姻制度——"收继婚"问题，也是学界讨论已久的问题之一。

第一节 汉魏时期匈奴的婚姻制度
——"收继婚"的由来和研究概况

据《史记》《汉书》记载，两汉时期匈奴的婚姻制度盛行"收继婚"俗。但"收继"婚俗中"收继"一词，在传世文献中却首见于元代：如在《大元圣政国朝典章》《通制条格》《续资治通鉴》以及《元史》（百衲本）等书中多有出现。然而，从《史记》《汉书》的相关记载看，早在先秦及秦汉时期，匈奴即有"收继婚"的习俗存在：如《史记·匈奴传》记载"匈奴，其先祖夏后氏之苗裔也，曰淳维"条下引乐彦《括地谱》有云："夏桀无道，汤放之鸣条。三年而死，其子獯鬻妻桀之众妾避居北野，随畜移徙。中国谓之'匈奴'，其言夏后苗裔，或当然也"。历代学者考证殷商时期"獯鬻"乃秦汉时期的"匈奴"，而《括地谱》所载"其子獯鬻妻桀之众妾，避居北野，随畜移徙"中"獯鬻妻桀之众妾"的记载与同书同传所记汉朝使臣言"匈奴父子乃同穹庐而卧。父死，妻其后母；兄弟死，尽取其妻妻之。无冠带之饰，阙庭之礼"相合。由此看以"收继庶母、兄嫂"为特征的收继婚问题，在先秦、秦汉的匈奴族中早已有之。

一 国外学者对"收继婚"俗的研究概况

"收继婚"问题，在古代中国不仅仅是匈奴有此婚俗，鲜卑、西羌、乌孙等亦有此婚俗；同时，从世界范围看，"收继婚"俗是世界其他地区内许多民族，尤其是游牧民族中常见的一种婚姻形态，所以，这种婚制很早就引起了国外相关学者的关注。从研究的对象看，他们的研究可能与中国古代北方匈奴等民族的婚制关系不大，但他们的研究成果不乏真知灼见，或可为我们研究汉魏时期匈奴的"收继婚"问题提供帮助与借鉴。以笔者目前所掌握的资料，兹列举于下。

比利时籍许让神父（Schram, Louis M. J）所著《甘肃土人的婚姻》：该书1935年由费孝通夫妇翻译，直至1998年才正式出版。许让通过实地调查发现，甘肃土人存在多妻制。而多妻制的第二类别为"叔接嫂"：即一个年纪的寡妇，普遍都已有了几个孩子，"她婆家明白……若是这生育力很强的女人走了，他们要失去许多孩子。在这种情形下，在死者过去了四十九天的时候，婆婆就劝她不要离家，让丈夫的弟弟娶她。若是丈夫的弟弟们中间还有没有老婆的，他们便把他和嫂子说合了，两人年龄的差别在土人中是不计较的；若是丈夫的兄弟都已娶了亲，就给她丈夫的兄弟中任何一个做妾，不管他比死者大或是小。"从成书的年代看，许让的《甘肃土人的婚姻》，应是最早关注中国边疆内陆省份少数民族"收继婚"现象的人类学

第二章 从人口性比例失调看匈奴的婚姻制度及其影响

调查报告。①

俄国人类学家史禄国所著《北通古斯人民的社会组织》(Social Organization of the Northern Tungus) 1929 年由商务印书馆刊行,是关注满族人口中"收继婚"现象的一篇重要文献。史禄国认为:中国满族人口中的"收继婚"实际上是兄弟妇婚的扩大形式。通过调查,他还注意到"在通古斯人中,新妇并不须是处女……但姑娘的性关系却是秘密的。一个处女怀了孕并不降低她的身价。……依照兄死娶嫂原则,小叔对她有一种权利。但在丈夫死后,如果她愿意嫁给别人也可以的。她假使改嫁到其他氏族中去,她的婚嫁自然归前夫氏族所有……如果她没有离开夫族,并且有孩子,她可以支配这些财产,名义上归孩子们所有。"②

比利时鲁文公教大学雷克洛所著的《婚姻》一书,由田恩需翻译,1949 年在国内刊行。该书分上下两部:上部研究婚姻的性质是契约行为、婚姻是圣事等内容;下部研究婚姻的条件、婚姻的自由和婚姻的单一性。其中涉及亚洲地区中印两国及阿拉伯地区的多妻制与多夫制等问题:雷克洛认为"在犹太、亚拉伯、印度民族中实行一种叔嫂交配制,用意略和多妻制相同。根据这种制度,一人死而无子,其近亲则有交配孀妇而为亡者生嗣之义务;就是说,这样交配所生的孩子为亡者之合法的儿子。孀妇的第二个丈夫若已结婚,就得实行多妻",所以,他认为中印及阿拉伯地区的"收继婚"的目的只有一个,就是为了广传子嗣。③

20 世纪 40 年代,为了配合日本侵华战争和对被占领中国广大地区

---

① [比利士]许让:《甘肃土人的婚姻》,费孝通、王同惠译,辽宁教育出版社 1998 年版,第 86—161 页。许让本人作为比利时圣母圣心会的神父,1909 年被派往青海,1910 年到西宁传教。他在导言中交代此书所论土人,居住在西宁平番县(即今甘肃永登连城镇);而此地是土族居住最为集中的地区之一。

② [俄]史禄国:《北通古斯人民的社会组织》(Social Organization of the Northern Tungus),上海商务印书馆 1929 年版,第 208—266 页。

③ [比利时]雷克洛:《婚姻》,田恩需译,新生出版社 1949 年版,第 49 页。

的统治,建立所谓"王道乐土"和"东亚共荣圈",日本东方文学东京研究所和京都研究所两机构的研究人员秉承日本侵华军部的旨意编写了《异民族统治中国史》一书。由沼田编写的第二篇"清的统治中国"中,对包括满族"收继婚"俗在内的清朝婚姻政策进行了研究。他认为:清政府入关以后,为了巩固统治,"还企图把全中国统一在一种特殊风俗之下,使满汉在外表上俨如一个民族。这个奖励满汉通婚的措施特别对于完成征服中国的事业,起到了一种最积极的作用。""清朝在婚姻制度方面……也作了些更改……对于满洲固有的北方民族的婚娶继母、伯叔母、嫂、弟媳等所谓的'继收法',采取了禁止的方策。"①

20世纪30年代以后,研究世界范围内"收继婚"现象的西方社会学家的研究成果被逐渐介绍到中国的还有麦克伦南和克斯汀两人。其中,麦克伦南在 The History of Human Marriage 中认为:原始时代一妻多夫制是正常的,而一夫一妻及一夫多妻制仅仅是例外,所以,他认为"收继婚"俗应当源自于一妻多夫制。而克斯汀在他的 Contributions of the Sociology of the Indian marriage of Ecuador 中认为:有的原始民族相信人死后尚有灵魂,而灵魂和活人一样会妒忌;如果死者所遗下的寡妇不与死者的兄弟结合,则死者会因妒忌而作祟。所以,他认为"收继婚"俗的形成源自宗教或某种心理暗示。②

上引各家研究"收继婚"俗的论著,既有侧重于描述情节的调查报告,又有侧重于理论研究的论著。其中关于"收继婚"的起源,俄籍人类学家史禄国、比利时籍社会学家雷克洛、麦克伦南和克斯汀从学术层面所得出的研究成果不乏真知灼见,而且其中某些观点为新中国成立后中国的相关学者所接受;唯有20世纪40年代日本东方文学东京及京都研究所所撰的《异民族统治中国史》,从里到外都透露出它的反动性。

---

① 日本东亚研究所:《异民族统治中国史》,韩润棠译,商务印书馆1964年版,第243—245页。

② 董家遵:《中国古代婚姻史研究》,广东人民出版社1995年版,第96—108页。

第二章　从人口性比例失调看匈奴的婚姻制度及其影响

二　国内学者的研究概况及存在问题

20世纪以来，由于西学东渐和国内社会学、民族学等学科的逐步发展，关于历史上的"收继婚"问题也引起了国内相关学者的关注，其中有代表性意义的成果有以下这些：

陈顾远是20世纪30年代较早关注中国古代"收继婚"问题的学者。他的《中国婚姻史》认为"中国边境各族向通行收继之俗，或且播其风于中国内地。然在中国，因'夫妇有别'之原则早定，'嫂叔隔离'之现念莫违，故兄亡收其寡嫂一类之收继，虽为人类婚姻史上一种必有形式，而礼法上究否认之。若夫父亡收其后母一类之收继，则称其为烝为报，并以聚尘为喻，尤视为大恶也。"中国"因异族屡次侵入，其收继婚俗又往往随政治势力而俱来。……见于《左传》者甚多，实与父死而收其母无异。"①

董家遵应是20世纪以来国内系统研究收继婚史的第一人。1936年他的《中国收继婚的沿革》就已发表；1940年完成了油印本《中国收继婚沿革史》；后修改为《中国收继婚之史的研究》，于1950年印行。同时，他也是最早关注当时国外学者相关研究的学者。在该书"导言"中，他吸收了韦斯特马尔克《人类婚史》、罗维《初民社会》、鲁托努《婚姻的演化》、孙末楠《社会的科学》等外籍学者对世界各地"收继婚"现象的研究成果；并且，该书从第一章"传说时代的收继婚"开始，以十三章的篇幅详细叙述了从神话传说时代以后的春秋、秦汉魏晋、南北朝、隋唐乃至近代的收继婚现象，他认为：游牧民族的"收继婚的规则，最明显的约有三点：第一，被收娶者必须是无夫的寡妇。第二，收娶者必须是死者习惯上婚姻的继承人。第三，他们的结合是社会制度所许可的，双方都承认权利与义务，是公开的结合，绝不是偷偷摸摸的私通。"至于"收继婚"产生的原因，他认为既不是缘于财产方面

---

① 陈顾远：《中国婚姻史》，上海书店1984年版，第105—107页。

的解释，也不能偏重于子嗣方面的解释，更不能偏重宗教方面或心理方面的解释，而认为从"妇女在劳动过程中的地位去观察收继婚的成因或动机，才是正确的看法。"①

马长寿在其《北狄与匈奴·匈奴的人种、语言、文化和社会经济》中认为：收继婚通行于匈奴的贵族和牧民之间，"但同一种婚俗在不同的阶级中便带有不同的社会意义。对于匈奴牧民来说，子接父妾和弟妻寡嫂主要是为了维持家族劳动的再丧失，它同牧民在原野中的生产斗争相互联系在一道。但对于贵族统治者来说……主要目的是在内而维持贵族血统的'纯洁'，外而团结氏族间的关系，这对于贵族氏族间矛盾的调和可能具有一定的作用。"②

林干在其《匈奴史·婚姻习俗及其他风尚》一节中认为，匈奴"收继婚"的存在，"应从匈奴人所处的一定历史发展阶段和社会特征去理解"，公元前三世纪前后，匈奴正由原始氏族社会过渡到奴隶制社会，而"收继婚"是氏族社会外婚制的遗留。进入奴隶社会，匈奴已发展到父系家长制阶段，即由对偶婚到一夫一妻制的过渡形态；由于"去古未远，所以对偶婚家族时期所实行的氏族外婚制的习俗和观念"仍得以保留，而这正应了《史记·匈奴列传》中所记"匈奴之俗，父子兄弟死，取其妻妻之，恶种姓之失也；故匈奴虽乱，必立宗种"之言；他又认为"父系家长制家族脱胎于对偶婚家族，而对偶婚又是从原始群婚发展而来的。故父死妻其后母及兄弟死尽妻其嫂的婚姻习俗，也正是原始群婚的一种遗风。"此外，他还认为：随着匈奴生产力的发展，氏族公社逐步解体，家庭的经济作用也愈来愈超过氏族的作用，而约束寡母寡嫂的目的，"也由原先出于古代遗风的观念而转变为带有保留一家一族的个体家庭的劳动人手和增强家庭或家族中的生产力量的经济意义。"③

---

① 董家遵：《中国古代婚姻史研究》，广东人民出版社1995年版，第1—111页。
② 马长寿：《北狄与匈奴》，生活·读书·新知三联书店1962年版，第57—58页。
③ 林干：《匈奴史》，内蒙古人民出版社1977年版，第151—155页。

第二章 从人口性比例失调看匈奴的婚姻制度及其影响

顾颉刚在其《由"烝"、"报"等婚姻方式看社会制度的变迁》的遗作中,对《左传》所记载的春秋时期诸夏之间以"烝""报"为特征的"收继婚"现象给予了密切的关注。他认为:春秋时期诸如晋、卫、齐等礼仪之邦所发生"烝""报"婚姻现象,实通行于春秋前期,而"烝""报"制度的流行必远在春秋时期以前;这不仅反映出"'烝'这一事实在春秋时代自有它的一定的社会基础,换言之,这是春秋时代被人公认的一种家庭制度",而且也反映了父系家长制下,妇女已完全丧失财产继承权;妇女作为家庭、男子的财产,必须由家族内的男子来继承,她们只是生儿育女的机器,而机器的主人却是可以更换的观点。①

陈鹏《中国婚姻史稿》对"收继婚"俗的描述较为详尽。他认为:从秦汉、魏晋南北朝,直至隋唐时期的"烝报之事""皆胡俗也"。并依据《通制条格》和《元史·刑法志》详述了元"收继婚"的特点:"远房小叔不得收继寡嫂;收继人已结婚或仅定婚而女未过门者不得收继;应继人出家者不得收继;应继人若已经定婚而收继者应解除其原定婚约;两户不得收继;抱乳小叔不得收继;守志妇不得收继;侄儿不得收继婶母;兄不得收继弟妇。……综观诸条,收继范围,只许弟收兄嫂,子收庶母,且以服阕为限。又考(元史中)诸人名姓,多系汉人,则民间久染此风,似颇成俗。"他认为:"收继婚之普遍民间,实始于元。而尤以农村及边远地区为盛。此俗与中国传统之道德观念实相冲突。明清两代律令又屡禁之,而始终不能少革,其故安在?一言以蔽之,曰:贫而已矣。"②

中国学者苏冰、魏林所著的《中国婚姻史》,其中亦谈及"收继婚"俗问题。他们认为:"血亲收继之俗,唐已明令禁止,宋因之。然金元之世,边族入主,原有婚俗带入中原,汉人亦不免受其影响;"

---

① 顾颉刚:《由"烝"、"报"等婚姻方式看社会制度的变迁》,《文史(十四辑)》,中华书局1982年版,第1—38页。
② 陈鹏:《中国婚姻史稿》,中华书局1990年版,第162—172页。

"收继婚的流行,反映出原始婚姻遗俗,亦是当时习之者防止家族财产转移流失的手段措施。"①

翟婉华《西汉时期匈奴、乌孙的收继婚》一文认为:在匈奴社会中,女性往往被看成是与牲畜相似的活财产,是可以被继承的对象,这应是匈奴收继婚产生的原因之一。②

武沐《对匈奴收继婚制度的再探讨》,是近年相关研究中分量很重的重要文章之一。该文重点阐述了匈奴的收继婚与继承制的关系、收继婚与匈奴赡养制的关系、匈奴尚杀首子与收继婚和对收继婚的几点认识等四个方面的内容。他认为:收继婚是匈奴婚姻制度中最基本的方式之一,而不是群婚制的残余;这种婚制之所以长期实行,应与匈奴的生产和生活习俗有直接的关系;匈奴的"尚杀首子",表明匈奴对于"宗种""种姓"的纯洁性有相当严格的要求;更为重要的是匈奴的收继婚制与身份继承制度和对未成年子女的抚养、复妇的赡养制度紧密相关,是继承制度中一个重要的组成部分③。

田旺杰《中国古代民族收继婚探讨》一文,分四个部分就收继婚及其产生、中国古代收继婚现象、收继婚的分类及衰亡等做了简单的阐述。他认为:"收继婚"出现在原始社会母系氏族后期,是原始社会群婚的残余形式;它的社会基础是保证财产不外流和妇女身份的下降④。

此外,中国大陆还有一些撰写婚姻通史的著作,如祝瑞开主编的《中国婚姻家庭史》、邓伟志《唐前婚姻》、郭兴文《中国传统婚姻风俗》、张希坡《中国婚姻立法史》、戴伟《中国婚姻性爱史稿》、孟昭华等编《中国婚姻与婚姻管理史》、顾鉴塘等《中国历代婚姻与家庭》以及南京大学学者张树栋、李秀领《中国婚姻家庭的嬗变》等,这些著

---

① 苏冰、魏林:《中国婚姻史》,文津出版社1994年版,第233—236页。
② 翟婉华:《西汉时期匈奴、乌孙的收继婚》,《西北史地》1989年第4期。
③ 武沐:《对匈奴收继婚制度的再探讨》,《中国边疆史地研究》2005年第1期。
④ 田旺杰:《中国古代民族收继婚探讨》,《西北第二民族学院学报》2005年第1期。

第二章 从人口性比例失调看匈奴的婚姻制度及其影响

作或侧重点不同，或内容浅显，所以，这里就不赘述了。

综观以上所述国内学者的论著，我们不难发现国内学者的相关研究大致可分为20世纪50年代之前及其后两个时期。其一，20世纪50年代之前：陈顾远《中国婚姻史》因篇幅有限，故对"收继婚"俗只有简单描述；而董家遵作为20世纪以来系统研究"收继婚"史的著名学者，其《中国收继婚之史的研究》一书，不仅详述了中国历代"收继婚"的分布情况，而且在注重吸收、总结海外学者学术成就的基础之上对"收继婚"的起源也提出了自己的看法，这显得尤为可贵。其二，20世纪50年代之后到世纪之交：虽然婚姻史研究专著和通俗性读本不断涌现，且不断有民族学方面著作涉及"收继婚"问题，但就其总体研究水平看，多沿袭旧说。如马长寿之说虽亦有所解释和发扬，但其实质应是董家遵所提出的要"从妇女在劳动过程中的地位去观察收继婚的成因或动机"的观点。林干的"收继婚"可以"保留一家一族的个体家庭的劳动人手和增强家庭或家族中的生产力量的经济意义"观点，也系董家遵观点的翻版。顾颉刚的文章侧重点不同，他对春秋时期"烝""报"现象的过程和实质的论证尤为精辟，但其关于"收继婚"最终目的的观点与国外学者雷克洛所认为收继婚"为的是广传子嗣"的观点所见略同；陈鹏虽就"收继婚"俗盛行提出了是因财婚现象和保护家产的新观点，但他所提出的"收继婚之普遍民间，实始于元"的观点是不严谨的。翟婉华提出在匈奴社会中的女性地位如同牲畜等活财产，是收继婚产生的原因之一的观点，应是对董家遵、陈鹏之说的进一步推演；田旺杰之说实是对海外学者麦克伦南之说的继承。值得关注的是，武沐在对匈奴收继婚的研究中，注重对收继婚与匈奴继承制度和赡养制度以及与匈奴"尚杀首子"的关系进行研究，提出了：匈奴收继婚不是群婚制的残余；它之所以长期流行，应与匈奴的生产和生活习俗有直接的关系；匈奴收继婚制应与匈奴身份继承制度和对未成年子女的抚养、复妇的赡养制度紧密相关的观点，无疑推进了对匈奴收继婚制的研究；同时，他的研究成果应与他长期关注收继婚俗的研究有关①。至于苏冰、魏林之说，实分别沿袭了林干、陈鹏先生的观点，而了无新意。

据此，中外学者对"收继婚"俗研究一百余年来，多从社会因素来论述。而如前所述，先秦及秦汉、魏晋时期的匈奴，大都生活在高纬度、远离大海的内陆非季风区，有着气温低、干旱、少雨、多风、高蒸发量的气候条件和植被稀少、成土母质多为风积物、河湖密度低、土壤盐碱度高的环境特征；而根据现代农业气候学、土壤微量元素分析学和医学研究的成果看，气温低、干旱、少雨、多风、高蒸发量的气候条件和植被稀少、成土母质多为风积物、河湖密度低、土壤盐碱度高的环境，往往会造成当地土壤严重缺乏微量元素有效锌，并由此通过土壤—食物—人类的食物链，进而影响到人类的健康和其他社会因素的变化。有鉴于此，本文拟就国内外学界均无人论及的、在历史气候变化的条件下所引发的土壤微量元素有效锌变化及其因土壤微量元素有效锌变化造成匈奴出现的男多女少性比例失调问题、最终对匈奴自身再生产和匈奴社会婚姻习俗所形成的影响等方面来逐步展开拙文的讨论，以期对汉魏时期匈奴"收继婚"俗产生的原因做进一步的研究。

第二节　汉魏时期匈奴的渊源、世系及其主要活动的地理区域

匈奴是先秦、秦汉乃至魏晋南北朝时期古代中国北方地区地位最为重要的少数民族。据传世文献的记载看，"匈奴"族名首见于东周慎靓王三年，即公元前318年；此年亦是战国时期秦惠文王更元七年。司马迁《史记·秦本纪》记载"韩、赵、魏、燕、齐帅匈奴共攻秦"，这应是"匈奴"最早与中原发生关系的记载。然据《史记·匈奴传》记载看：

---

① 武沐、王希隆：《对乌孙收继婚制度的再认识》，《西域研究》2003年第4期。

第二章　从人口性比例失调看匈奴的婚姻制度及其影响

匈奴，其先祖夏后氏之苗裔也，曰淳维。唐虞以上有山戎、猃狁、荤粥，居于北蛮，随畜牧而转移……逐水草迁徙，毋城郭、常处、耕田之业，然亦各有分地。毋文书，以言语为约束。儿能骑羊，引弓射鸟、鼠；少长，则射狐、兔用为食。士力能弯弓，尽为甲骑。其俗：宽则随畜，因射猎禽兽为生业；急则人习战攻以侵伐，其天性也……贱老弱。父死，妻其后母。其俗有名不讳，而无姓字。

匈奴与中原发生关系，实早在商周时期。其祖"淳维"在殷商时期即已"避居北野"；且"山戎、猃狁、荤粥"与之一脉相承，均"居于北蛮，随畜牧而转移。"《史记》此条下注引《汉书音义》称淳维实"匈奴始祖名"；《史记索隐》引张晏说"淳维以殷时奔北边"；引乐彦《括地谱》称"夏桀无道，汤放之鸣条。三年而死，其子獯粥、妻桀之众妾避居北野，随畜移徙。中国谓之'匈奴'"；引应劭《风俗通》之说，称"殷时曰獯粥，改曰匈奴。"引晋灼云："尧时曰荤粥，周曰猃狁，秦曰匈奴；"引韦昭言：认为"汉曰匈奴。荤粥，其别名。"《文献通考·四裔考十七》亦云："匈奴之先，夏氏之后，殷代奔北夷，至七国时，国渐强盛，以为邻敌。及秦始皇平天下，北邻匈奴，筑长城，渡河，以阴山为塞。"由此，司马迁《史记》所记"匈奴"的渊源，得到了从汉魏到隋唐的历代《史记》注家的支持，皆认可"淳维"是匈奴始祖，且与"獯粥"是同一人；其后的戎狄、猃狁、荤粥，是匈奴在不同时期的别称。

关于匈奴渊源及其分布的地理区域，现代学者也不乏详加考证者。如王国维先生认为：匈奴在古代的居住地"西自汧、陇，环中国而北，东及太行、常山间。"不仅如此，"鬼方、薰育、猃狁，自系一语之变，亦即一族之称。……中国之称也，随世异名，因地殊号，至于后世，或且以丑名加之。其见于商、周间者，曰鬼方、曰混夷、曰獯粥。其在宗周之季，则曰猃狁。入春秋后，则始谓之戎，继号曰狄。战国以降，又

第二编 从人口、性别政策看汉魏时期国家治理

称之曰胡、曰匈奴。综上诸称观之,则曰戎、曰狄者,皆中国人所加之名;曰鬼方、曰混夷、曰獯鬻、曰猃狁、曰胡、曰匈奴者,乃其本名。而鬼方之方、混夷之夷,亦为中国所附加";"戎与狄,皆中国语,非外族之本名……中含贱恶之意……犬戎之名,始见于《左传》、《国语》、《山海经》、《竹书纪年》、《穆天子传》等,皆春秋战国以后呼昆夷之称,而獯鬻、猃狁亦被此名……胡与匈奴之名始见于战国之际,与数百年前之獯鬻、猃狁先后相应,其为同种,当司马氏作《匈奴传》时盖已知之矣。"① 吕思勉先生则认为:就秦汉时期之前的匈奴渊源和分布区域看,应分成两类:一是"其地在腹里者,其君多有封爵,时与于会盟征伐",如西周末年犬戎居于泾、渭之间,春秋时期的泉皋、伊洛之戎、蛮氏之戎、骊戎,皆在今河南、陕西境内,"跨今河南、山东及河北境者,时曰山戎,亦曰北戎"等;二是自陇西以外"其地较偏僻,其文明程度亦当较低,故尤沿部落时代之习";正如《史记·匈奴传》所记"自陇以西有绵诸、绲(在今甘肃天水附近)、翟獂之戎(今陕西南郑)。岐、梁山、泾、漆之北有义渠(今甘肃宁县,庆阳)、大荔(今陕西大荔)、乌氏(今甘肃泾川)、朐衍之戎(今宁夏灵武)。而晋北有林胡(今山西朔县)、楼烦之戎(今山西岚县),燕北有东胡、山戎。各分散居溪谷,自有君长,往往而聚者百有余戎,然莫能相一。"所以,到战国时期,才会有《史记·匈奴传》所记载的"燕、赵、秦、魏并起而攘斥之。魏有河西、上郡,赵有云中、雁门、代郡,秦有陇西、北地,以与胡界边。而燕秦开亦袭破东胡,置上谷、渔阳、右北平、辽西、辽东五郡"和"当是之时,冠带战国七,而三国边于匈奴"的局面出现。② 然亦有学者反对此说:如黄文弼先生于1943年曾撰《论匈奴族之起源》一文认为:"匈奴与殷、周时荤粥、猃狁非一族";但是,"战国时期匈奴族在内地者为林胡、楼烦、义渠";同时,他认

---

① 王国维:《观堂集林》,河北教育出版社2001年版,第296—308页。
② 吕思勉:《中国民族史》,中国大百科全书出版社1987年版,第30—35页。

第二章 从人口性比例失调看匈奴的婚姻制度及其影响

为"匈奴初起漠南……匈奴种型参入汉人血液",则"匈奴族实为东方人种型"[①]。

秦灭六国以后,秦始皇命蒙恬将十万之众北击匈奴,攻取了今乌加河以南的河套地区,并"因河为塞,筑四十四县城临河,徙谪戍以充之"。自此,终秦一代,阴山之北的匈奴正如《史记·秦始皇本纪》所言:"不敢南下牧马,士不敢弯弓而报怨。"秦王朝灭亡后,《史记·匈奴传》记载:当时"诸侯畔秦,中国扰乱,诸秦所徙谪戍边者皆复去,于是匈奴得宽,复稍度河南,与中国界于故塞。"直至武帝元朔二年收复河南地,置朔方、五原郡,才得以恢复秦时旧土。然近有学者据《张家山汉墓竹简·秩律》考证发现,西汉末年《汉书·地理志》所记载的五原郡属县竟大多在汉朝手中,甚至包括其最西部的西安阳县。由此,他认为汉武帝所收河南地,只相当于《汉志》朔方郡而已。[②]

从汉高祖元年到汉文帝六年,匈奴一直是由冒顿单于统治着。冒顿(公元前209年—公元前174年)实即位于秦二世元年,他成为匈奴单于后,不仅迅速征服了东胡,向西赶走月氏,平定了楼兰、乌孙、乌揭,稍后向北收服了浑庚、屈射、丁灵、鬲昆、薪犁之国,向南吞并楼烦和白羊河南王,并悉数收复了秦将蒙恬"所夺匈奴地与汉关故河南塞,至朝那、肤施",拥有"控弦之士三十余万,"以致形成"东接秽貉、朝鲜",西至西域,南与汉朝对峙的匈奴帝国。而西汉王朝在汉高祖七年(前200年)与匈奴经历了白登山之役后,确定了对匈奴的"和亲"政策,直至汉武帝元光六年(公元前129年)汉军从上谷、代郡、云中、雁门四塞,击匈奴于长城各关市下,开始大规模反击匈奴的战争为止。元朔二年(前127年),汉军夺回"河南地",并建朔方和五原二郡。据《汉书·武帝纪》记载:其时"募民徙朔方十万口",以加强边关的防务,自此,今河套南北尽入汉朝。接着汉军在武帝元朔五

[①] 黄文弼:《论匈奴族之起源》,载《西北史地论丛》,上海人民出版社1981年版,第131—141页。

[②] 周振鹤:《〈二年律令·秩律〉的历史地理意义》,《学术月刊》,2003年第1期。

年（前124年）、元朔六年（前123年）、元狩二年（前121年）、元狩四年（前119年）均大举进攻和大败匈奴，从此，不仅自河西走廊到今新疆罗布泊一带再无匈奴的踪迹，而且匈奴伊稚斜单于不得不放弃漠南而远徙漠北地区。关于这一点，正如《史记·匈奴传》所记"是后匈奴远遁，幕南无王庭。汉度河自朔方以西至令居，往往通渠置田，官吏卒五六万人，稍蚕食，地接匈奴以北。"汉武帝中期至其后的昭、宣两帝之时，汉朝与匈奴之战多发生在西域地区，尤其是宣帝本始二年（前72年）联合乌孙，大败匈奴，使匈奴走上衰亡的道路。宣帝五凤四年（前54年），匈奴第一次分裂：郅支单于为"北匈奴"，占据漠北；呼韩邪为"南匈奴"单于，至漠南求助于汉朝；前51年向汉朝请求居于河套以北的光禄塞下。同年，北匈奴西迁坚昆地，并征服乌孙、呼揭、丁零诸部；前36年被汉军击败，北匈奴瓦解。汉元帝初元二年（前47年），呼韩邪单于北迁原单于王庭后，汉和平相处四十余年。王莽新朝，汉匈战火又起，边关形势大乱，正如《汉书·匈奴传》下所记"初，北边自宣帝以来，数世不见烟火之警，人民炽盛，牛马布野。及莽挠乱匈奴，与之构难，边民死亡系获，又十二部兵久屯而不出，吏士罢弊。数年之间，北边虚空，野有暴骨矣。"进入东汉后，匈奴于光武帝建武二十四年（公元48年）再次分裂成南北匈奴：其中漠北的蒲奴单于为北匈奴，漠南的呼韩邪单于为南匈奴。《后汉书·光武帝纪》下记载：时南匈奴"款五原塞，愿永为汉藩蔽，捍御北部。光武用五官中郎将耿国之议，乃许之。"建武二十六年（公元50年），汉光武帝更将从今陇东经陕西、内蒙古、山西到河北的沿长城内外的五原、云中、定襄、朔方、雁门、上谷、代、北地等沿边八郡划入南匈奴单于统治的区域，以利于南匈奴安置军民，并有效地防御北匈奴。同时，为彻底解决北匈奴问题，东汉王朝在明帝永平十六年（公元73年）、章帝建初元年（公元76年）、和帝永元元年（公元89年）等年间，利用北匈奴的饥荒和内乱之机，多次发动大规模的军事进攻。至和帝永元三年（公元91年），汉军出居延塞再攻北匈奴。据《后汉书·和帝纪》

记载:"围北单于于金微山,大破之。北单于逃走,不知所在。"北匈奴至此彻底灭亡,并宣告"在中国大漠南北活跃了300多年的匈奴政权退出了历史舞台"①。

随着北匈奴的灭亡,原北匈奴的部众纷纷南迁,北地、朔方、五原等边地八郡布满了南匈奴人和北匈奴的新附之民。顺帝永和五年(公元140年),南匈奴内部发生叛乱,正如《后汉书·南匈奴传》所记:"五年夏,南匈奴左部句龙王吾斯、车纽等背叛,率三千余骑寇西河,因复招诱右贤王,合七八千骑围美稷,杀朔方、代郡长史。"这不仅造成之后的东汉西河、上郡、朔方等治所的变化,而且也使得原来分布在西河、上郡、朔方、五原等地的匈奴人大批迁入并州中部的汾水流域。到曹魏时期,曹操为了控制匈奴部众,分呼厨泉所辖匈奴为五部,集中在今山西居住。西晋初年,塞外匈奴仍不断归附,并大量迁居关中。西晋"八王之乱"后,内迁五胡中的贵族人物纷纷起兵。其中由原南匈奴贵族建立的割据政权有三个:一是在今山西、陕西一带的前赵政权(公元304—329年);在河西走廊一带的北凉政权(公元397—439年)和在今陕北一带的夏政权(公元407—431年)②。以后,随着魏晋南北朝时期匈奴政权的相继灭亡和北方民族大融合的发展,不仅"匈奴"一词逐渐在传世文献中失去踪迹,而且匈奴一族也完全融入中华民族大家庭之中。

第三节 地理环境下土壤微量元素的变化与汉魏时期匈奴的"收继婚"的关系问题

众所周知,人体是由40多种元素组成的,这些元素可根据在体内的含量多少大致分成常量与微量两大类。其中常量元素,占人体体重的99.5%,它们包括碳、氢、氧、磷、硫、钙、钾、镁、钠、氯等十余

---

① 邹逸麟:《中国历史地理概述(修订版)》,上海教育出版社1995年版,第105—106页。
② 林干:《匈奴史》,内蒙古人民出版社1977年版,第124页。

种，主要构成机体组织，并在体内起电解质作用；微量元素，只占人体体重的0.5%，它们包括铁、铜、锌、铬、钴、锰、镍、锡、硅、硒、钼、碘、氟、钒等14种。这些所谓的人体微量元素虽然在体内的含量微乎其微，但却能够起到非常重要的生理作用[①]。同时，人体内微量元素与土壤微量元素是两个不同的概念范畴，但由于人类生活在生物圈中，就必定要与周围环境的所有成分发生关系，即人类与生物圈、水圈、大气圈和岩石圈中的无机物会产生频繁的交换关系；而且，在生物圈中，人类生存最基本的生存条件都来自于土壤，所以，与人类生活有着最密切关系的土壤以及土壤中的微量元素水平必定要决定着生长、生活于此的人类本身和其周围赖以生存的动植物体内的微量元素水平，也必定会影响到人类自身的再生产和人类社会、精神生活的许多方面。有鉴于此，本节拟就土壤微量元素与人类再生产及社会婚俗之间的某种关系做一点探索性的工作。

自然科学的研究成果证明：土壤微量元素的变化与成土母质、河水、大气、有机质含量、土壤酸碱度以及人类不合理的开发与利用密切相关。前述，我们已基本上了解了自先秦到汉魏时期匈奴所处的时代、渊源、活动区域的概况，所以，要进一步探讨在不同时代、不同地域条件下土壤微量元素变化的规律和其对匈奴产生人口性比例失调问题及其"收继婚"问题的影响，就首先需要了解汉魏时期这些地区的历史气候状况。故此，下文拟从汉魏时期匈奴主要活动区域的历史气候变化、汉魏时期土壤微量元素的状况及其变化规律、土壤微量元素所造成的匈奴鲜卑人口的性比例失调和"收继婚"俗的形成以及汉魏时期"收继婚"俗对民族融合的影响等四个方面来论述。

一 汉魏时期匈奴主要活动区域的历史气候变化

如前所述，匈奴的历史大致可以分为三个阶段：一是等等商周时期

[①] 王夔：《生命科学中的微量元素》，中国计量出版社1996年版，第13—15页。

第二章 从人口性比例失调看匈奴的婚姻制度及其影响

到公元前三世纪末冒顿即位单于之前,应是匈奴及其先祖从原始氏族、部落联盟再到匈奴国家草创的时期;如前所述,在这一时期里,匈奴及其祖先从商周时期大致分布在"西自汧、陇,环中国而北,东及太行、常山间"① 的广大地区;战国之际,匈奴与秦、赵、燕三国共边,占据着鄂尔多斯高原和阴山南北之地;秦王朝派蒙恬北击匈奴,匈奴退居阴山之北。二是公元前 209 年冒顿即位到公元 49 年南、北匈奴分裂,应是匈奴国家的建立和开始衰亡的时期。在这一时期里,匈奴利用秦王朝灭亡和汉王朝正处草创之机,迅速建立起"东接秽貊、朝鲜",西至西域,南取秦"所夺匈奴地与汉关故河南塞,至朝那、肤施",拥有"控弦之士三十余万"② 的匈奴帝国时期。汉武帝元朔二年(前 127 年)大破匈奴,匈奴又只得退守漠北和西域地区。三是公元一世纪到五世纪,是南匈奴从奴隶社会转入封建社会、并逐步融入汉族社会的时期。在这一时期,匈奴在经历了光武帝建武二十四年(公元 48 年)再次分裂后,北匈奴继续占据漠北,直至和帝永元三年(公元 91 年)彻底灭亡;而南匈奴得以进入从今陇东经陕西、内蒙古、山西到河北的沿长城内外的五原、云中、定襄、朔方、雁门、上谷、北地等沿边八郡地区。北匈奴灭亡后,原部属也纷纷南迁沿边八郡;东汉末年到西晋年间,原南北匈奴部众逐步向南迁移至今黄土高原和关中地区,并于十六国时期相继建立三个政权,并最终融入中华民族大家庭中。

在 1972 年发表的《中国近五千年来气候变迁的初步研究》中③,竺可桢先生主要研究的是全国范围内历史时期的气候变化,而具体到新石器时代至先秦时期匈奴祖先的主要活动区域的气候变化,有赖于自 20 世纪七八十年代以来大量的考古发掘和对孢粉、古土壤、树木年轮、湖泊水面升降规律等具体的研究成果。如考古发现:鄂尔多斯高原发现的萨拉乌苏文化,是旧石器时期晚期我国北方的代表性文化,距今有

---

① 王国维:《观堂集林》,河北教育出版社 2001 年版,第 296—308 页。
② 《汉书》卷 94《匈奴传上》,中华书局 1962 年标点本,第 3750 页。
③ 竺可桢:《中国近五千年来气候变迁的初步研究》,《考古学报》1972 年第 2 期。

6—3.5万年。对出土动物化石的分析,反映出当时有32种哺乳动物栖息在这里;其中生活在森林草原的占39%,生活于草原的占33%,生活于荒漠草原的占32%,一般见于森林、荒漠的只占6%。可见萨拉乌苏文化中所存在的动物群,反映出当时是以草原、森林草原为主,间有森林或荒漠草原的自然环境。另外,作为地理过渡带,萨拉乌苏动物群中既有喜湿热的诺氏象、湿润环境中生活的王氏水牛、原始牛,又有喜冷的蒙古野马、野驴存在。其他的11种水鸟化石,说明这里曾有过相当面积的湖泊。由此,从上述本区的动物化石看,该区域内曾有过明显的森林草原、灌丛草原、草原、荒漠的交替变化过程,而且这一过程与孢粉分析的结果完全一致①。又如1974年在鄂尔多斯东部发现的朱开沟遗址,相当于中原龙山文化晚期,距今约3800年左右,已进入青铜器时代。根据对朱开沟遗址各地层的孢粉分析,我们可发现朱开沟文化所处环境,最早是以灌木、草本植物为多,年降水量在600mm以上的森林草原景观。同时,通过对该期出土的动物骸骨的统计,发现家猪的数量远远多于牛、羊,这说明当时原始农业已占主导地位;同时,还发现朱开沟文化第二、三期,乔木减少,聚落环境以灌木、草本植物为主,年降水量在450mm—600mm之间,气候较前略干、冷,属于灌木草原景观;至第五期时,聚落环境中的木本植物以耐寒的松、杉针叶树为主,草本植物以耐干旱的蒿、藜植物为多,说明气温继续下降,已接近典型的草原景观②;最后,通过对第四、五期出土的动物骸骨的统计,我们发现殉葬的猪、羊下颌骨明显减少,说明该时期社会经济水平下降,畜牧业呈上升趋势③。随着气候的逐渐下降,在距今3000年左右,鄂尔多斯的年平均气温降至0℃左右④。而正是鄂尔多斯的气温下降,

---

① 史培军:《地理环境演变研究的理论与实践——鄂尔多斯地区第四纪以来地理环境演变研究》,科学出版社1991年版,第102—112页。
② 郭素新:《再论鄂尔多斯式青铜器的渊源》,《内蒙古文物考古》1993年第1、2期合刊。
③ 黄蕴平:《内蒙古朱开沟遗址兽骨的鉴定与研究》,《考古学报》1996年第4期。
④ 张兰生:《中国北方农牧交错带(鄂尔多斯地区)全新世环境演变及未来百年预测》,见张兰生等《中国北方农牧交错带全新世环境演变及预测》,北京地质出版社1992年版,第9页。

第二章 从人口性比例失调看匈奴的婚姻制度及其影响

才迫使原来依赖水草资源来从事半农半牧经济的北方民族开始南下，并由此迫使先商文化逐渐向东退缩，以至最终退出了关中地区①。至于这些南下的北方民族应正是前文所论及的鬼方、混夷、獯鬻等匈奴的祖先。

与鄂尔多斯高原相对应的今内蒙古自治区东部的赤峰地区也出现了大批新石器时代和青铜器时代遗址。如兴隆洼文化，位于敖汉旗宝国吐乡，地处大凌河支流附近的低丘陵上。根据孢粉、兽骨和炭化果核等遗物测定，兴隆洼文化在 8000aB.P 左右，且当时植被为夏绿叶阔叶林和草原过渡带，年平均气温为 6.5℃—7.5℃，年降水量 400mm—500mm；从在聚落中所找到的工具、捕鱼器、兽骨及鱼骨看，当时原始聚落的附近有森林、草原、湖泊和农田的分布②。又如主要分布在内蒙古东南部和辽宁西部等地的红山文化，其年代大约在 6500—5000aB.P.；遗址中发现的鹿、獐兽骨和渔猎工具，说明当时既有温暖而湿润的气候，也说明环境中兼有森林、草原和宽阔的水面③。进入青铜时代，内蒙古东南部最典型的要数夏家店下层及上层文化遗址。如位于敖汉旗大甸子村东的大甸子墓地，年代处在 2000—1500aB.C，大略相当于夏代。经孢粉分析，大约在 2600—2000aB.C 之间，气候温暖而潮湿，有利于落叶阔叶和常叶针叶的混交林生长，先民过着农牧兼有的生活。④ 再如位于赤峰宁城县甸子乡的小黑石沟墓地和位于敖汉旗古鲁板蒿乡的周家地墓地，同属于典型的夏家店上层文化遗址，墓葬显示年代都在约 700aB.C 左右的春秋时期。由两墓地出土遗物及孢粉分析的情况看，夏家店上层

---

① 孙华：《关于商代诸遗址的新认识——壹家堡遗址发掘的意义》，《考古》1993 年第 5 期。

② 中国社会科学院考古研究所内蒙古工作队：《内蒙古敖汉旗兴隆洼遗址发掘简报》，《考古》1985 年第 10 期；孔昭宸：《内蒙古敖汉旗兴隆洼遗址植物的初步报告》，《考古》1985 年第 10 期。

③ 中国社会科学院考古所：《大甸子——夏家店下层文化遗址与墓地发掘》，北京科学出版社 1998 年版，第 324—326 页。

④ 孔昭宸等：《内蒙古自治区几个考古地点的孢粉分析在古植被和古气候上的意义》，《植物生态学与植物学丛刊》1981 年第 3 期。

第二编 从人口、性别政策看汉魏时期国家治理

文化时期的大凌河和老哈河流域,气候变得温暖而干燥,以致森林减少、草原面积扩大①。此外,同属夏家店文化的遗址还广泛分布在通辽市南部、辽宁西部、吉林西南部、河北北部和京津地区,而这些地区在春秋时期正是"山戎"的主要活动区域,②也是后来乌桓、鲜卑活动的主要区域。当然,也有学者否认夏家店文化是"山戎"或是东胡,即后来乌桓、鲜卑文化的观点。③但无可辩驳的是,当时的年平均气温确实较今天要高 0.5℃—1.5℃,年降水量也较今高 50mm—100mm,故森林、草原、湖泊分布广泛,历史气候条件决定了当时的生存环境比后来优越一些。④

在今内蒙古中部、东部发现大量新石器时代文化及青铜器文化遗址的同时,在邻近内蒙古西部、西南部的甘肃、宁夏等地也发现了大量的新石器时代遗址和青铜器文化遗址。如 1984 年在宁夏南部山区,地处黄土高原西部、海拔 1800 米的海原县,发现了相当于马家窑文化"石岭下类型"的菜园村马缨子梁遗址(4635—4245aB.C)。现在的海原属于北温带半干旱地区,年降水量不足 300mm,具有地势高、气温低、雨水少、风沙大、无霜期短暂的气候特点。但根据该遗址孢粉样品的分析,在距今 4500 年左右的海原地区气候较今温暖而潮湿,曾生长着大量的喜温干的油松,可以肯定气温较现代高 3℃左右,降水也较今高出 200mm—300mm,所以森林才能正常生长。当时先民已摆脱单独的狩猎,而广泛种植耐旱的粟、黍等农作物⑤。但据学者研究,实际上宁夏

---

① 刘观民:《北方草原的青铜文化》,见《新中国的考古发现和研究》,北京文物出版社 1984 年版,第 340—348 页;中国社会科学院考古研究所内蒙古工作队:《内蒙古敖汉旗周家地发掘报告》,《考古》1984 年第 5 期。
② 靳枫毅:《夏家店上层文化及其族属问题》,《考古学报》1987 年第 2 期。
③ 林沄:《东胡与山戎的考古探索》,见《林沄学术文集》,中国大百科全书出版社 1998 年版,第 387—395 页。
④ 中国社会科学院考古所:《大甸子——夏家店下层文化遗址与墓地发掘》,北京科学出版社 1998 年版,第 330—332 页。
⑤ 宁夏文物考古研究所、中国历史博物馆考古部:《宁夏菜园——新石器时代遗址、墓葬发掘报告》,北京科学出版社 2003 年版,第 345—347 页。

第二章 从人口性比例失调看匈奴的婚姻制度及其影响

菜园遗址所处时代过后不久，约在4000年左右，出现了一个气温快速下降时期。甘肃齐家文化遗址气温和降水突然下降，原始农业北界也南移1°。中国东部传说中的灾害性大洪水可能导致龙山文化与良渚文化的结束。大禹治水以后，直至前3000年气候仍比较暖湿。① 除此以外，还有青海柳湾墓葬、青海民和阳山墓葬、甘肃永昌鸳鸯池新时代墓葬和属于青铜器时代的甘肃永昌沙井文化墓葬、宁夏彭堡于家庄墓葬等"西戎文化"系列的考古发掘成果证明5000年—2000年之前，甘肃、青海、宁夏等地都曾出现过较今温暖、湿润的气候，从而为先民由狩猎经济、半农半牧经济、游牧经济向农业定居经济的发展提供了基本的条件。

关于两汉时期的历史气候问题，竺可桢1972年发表的《中国近五千年来气候变迁的初步研究》一文早有论及，历史气候在"东汉时期即公元之初，我国天气有趋于寒冷的趋势"②。然而，台湾学者刘昭民认为：从西汉末至隋初（即汉成帝建始四年—隋文帝开皇二十年，前29年—公元600年）"气候转寒旱，为中国历史上第二个小冰河期"，反映在"在史书记载中只有大寒大雪及大旱之记录，而无'冬无雪'、'夏大燠'，或'冬暖无冰'等之记载，可见当时气候寒旱之甚。"③ 另有中国大陆学者提出："公元前2世纪中叶至2世纪末（西汉中叶到东汉末时期）为温暖气候；3世纪初至6世纪中叶（魏晋南北朝）为一寒冷气候，随后转至隋至盛唐的温暖气候"的观点。此说与竺可桢先生及刘昭民的观点差距甚大④。但根据《汉书》及《后汉书》的记载看，从汉"文景之治"后，恶劣气候变化之现象屡见于史籍。如《汉书·五行志》中之下记载："文帝四年六月，大雨雪……武帝元光四年四月，陨霜杀草木……武帝元狩元年十二月，大雨雪，民多冻死……元鼎二年

---

① 施雅风、孔昭宸：《中国全新世大暖期气候与环境》，海洋出版社1990年版，第9页。
② 竺可桢：《中国近五千年来气候变迁的初步研究》，《考古学报》1972年第2期。
③ 刘昭民：《中国历史上气候之变迁》，台湾商务印书馆1982年版，第69—70页。
④ 张丕远：《中国历史气候变化》，山东科学技术出版社1996年版，第430—431页。

第二编　从人口、性别政策看汉魏时期国家治理

三月，雪，平地厚五尺……元鼎三年三月水冰，四月雨雪，关东十余郡人相食……元帝建昭二年十一月，齐、楚地大雪，深五尺……建昭四年三月，雨雪，燕多死……阳朔四年四月，雨雪，燕雀死……元帝永光元年三月，陨霜杀桑；九月二日，陨霜杀稼，天下大饥"等等反常气候的出现和对当时社会造成的影响即明证。又《后汉书·襄楷传》亦记载：桓帝延熹九年"其冬大寒，杀鸟兽，害鱼鳖，城傍竹柏之叶有伤枯者。"又《后汉书·五行志·大寒》三记载："灵帝光和六年冬，大寒，北海、东莱、琅琊井中冰厚尺余。……献帝初平四年六月，寒风如冬时"。从而说明西汉中期以后至东汉时期的气候确实处于经常性的波动当中，确有渐趋寒冷的过程。

以上所述，主要是汉魏时期中原地区的气候变化，而具体到匈奴主要活动区域的气候，肯定也会随中原地区气候恶化的趋势而有所变化。值得关注的是西汉武帝对匈战争以后，匈奴被迫退居漠北地区，其时其地的气候与环境，肯定会在某种程度上影响到匈奴对汉朝政府采取何种政策和态度的倾向性，也肯定会影响到匈奴社会经济和社会风俗的变化。据 20 世纪四五十年代苏联学者彼斯帕洛夫对蒙古国气候和环境研究的成果看，今蒙古国"适于耕种的土地范围有分布在蒙古北部的黑土、暗栗钙土、栗钙土和低地暗色土……不适宜耕种土壤的范围有山地石质土、盐土、碱土、龟裂状土、强砾质土、沼泽土和砂土……但是，在蒙古国的领土上大部分适于耕种的土壤，都分布在降水极少的地带中；而且仅分在蒙古国的最北部（杭爱山、肯特山、部分在别尔浑河和色楞格河流域）的暗栗钙土和栗钙土分布的范围内……经验明显地表明，旱作农业的特征具有很大的不稳定性，仅在多雨年份才能获得较高的收成，而在干旱年份收成则十分低"；从气温的条件看，"蒙古国北部的温度条件与苏联欧洲部分的北部地区以及西伯利亚接近……蒙古北部绝对最低温度的纪录分别是：乌兰巴托 -50℃、穆陵 -46.7℃、乌里雅苏台 -44.9℃和苏联伊尔库茨克 -50.2℃很接近。但是蒙古北部同一地方夏季最高绝对温度值——乌兰巴托 38.6℃、哈拉 36.8℃、温都汗

第二章 从人口性比例失调看匈奴的婚姻制度及其影响

38.9℃……高于伊尔库茨克 34.4℃。……南部戈壁地区与苏联阿拉木图、塔什干、第比利斯处于同一纬度上，但月平均和年平均温度与伏尔加河的温度较为接近。戈壁 7 月绝对最高温度常常达 39℃—40℃，这一数值与中亚细亚的最热的地方十分相近。相反地，戈壁的冬季最低温度在 -35℃左右，"远远低于同纬度地区。"因此蒙古国冬季具有西伯利亚的寒冷，而夏季戈壁的最高温度达到中亚细亚的炎热。……季节性降水是蒙古气候的第二个重要特征，仅在夏秋有雨水。因此最大降雨是与温度最高时期相吻合。在夏季的当中期，即 7—8 月中雨量特别丰富，但在 6 月份普遍降水最小。"蒙古国北部，年降水是约 250—300mm，南部戈壁年平均降水不超过 110—130mm。蒙古气候的"另一特性，除降水量极少之外，还带季节性的特征，普遍以暴雨的形式下降，而且夏季降水量 150—200mm，降水最大；秋季较少，只有 25—40mm；冬季最少，只有 4—7mm。春季降水也很少，只有 20—40mm。因此，田间作物和自然草类在每年的这一时期中常常因缺乏水分而凋萎，不能生长，照例，蒙古牲畜在这个时期常感到饲料不足。"同时，匈奴中心所在的今俄罗斯贝加尔湖南部地区，在纬度上与今中国内蒙古自治区东北部的鄂伦春自治旗相当，以今鄂伦春自治旗无霜期 90—100 天的标准[①]和黑龙江以南内蒙古自治区大兴安岭北部无霜期短至 40—70 天、冻土层达 3 米以上的标准看[②]，前贝加尔湖南部地区地处远离海洋地区的大陆中心地带，即使是在西汉中期较温暖期，无霜期也应在 40—100 天之间。至于南部戈壁每年 4—5 月末白天温度达 22℃—23℃，凌晨常降至 -4℃—6℃；北部 4 月凌晨可达 -10℃；5 月上旬，戈壁上强烈变热达 25℃—35℃，但这一时期草木尚未萌发。而且北风烈烈，风力常达最大速度。7—8 月为夏季，干燥无风，北部降水 150—200mm，戈壁为 70—80mm。

[①] 内蒙古农业地理编辑委员会：《内蒙古农业地理》，内蒙古人民出版社 1982 年版，第 282—285 页。

[②] 内蒙古自治区土壤普查办公室、内蒙古自治区土壤肥料工作站：《内蒙古土壤》，北京科学出版社 1994 年版，第 139—145 页。

9月—10上旬为秋季。10月中下旬小溪和河流结冰①。由此我们不难看出：当代蒙古国作为内陆性国家，不仅纬度高、气温低、降水少、风力大，而且沙漠、戈壁分布广泛。按照西汉武帝前中原地区气候年均温度较今约高2℃、冬季温度则高3℃—5℃的变化规律看②，秦王朝至西汉前期的匈奴漠北地区，应该较现在温暖、湿润一些，但终不能改变冬季严寒、夏季酷暑，降水少和蒸发量大的气候基本特点。至于中原地区气候在公元前一世纪趋于寒冷之后，匈奴所据漠北地区的气候肯定更加恶劣，加之蒙古高原连年蝗灾，赤地千里，以致最终两次引发匈奴的大分裂。

关于匈奴漠北地区的气候条件，我们还可以通过近年对与蒙古国戈壁阿尔泰山搭界的内蒙古额济纳旗地区的古气候和古环境的研究成果来侧面说明之。如据1983年对内蒙古额济纳旗的汉代烽燧遗址的古气候和古环境的考察看，地处巴丹吉林沙漠北缘，额济纳河下游的汉代居延地区，现代植被属温带荒漠区，植物区系成分和植被组成均以适应荒漠生境的植物科属为特征，其中麻黄、白刺、藜、蒿是其重要的区系成分。在烽燧遗址距地表30—80cm之间地层出土的"建平四年（公元前6年）"和"河平四年（公元前28年）"的汉简，可证明该地层是形成于汉哀帝到汉成帝期间的西汉晚期堆积。同时，通过对地层中孢粉的分析，发现西汉晚期的花粉组合中以沼生、水生植物香蒲、眼子菜的花粉占优势（64.4%），其次是旱生的禾本科。说明该地区尚有一定偏淡的湖沼，但缺少森林，有中旱生的草本或小灌木，也可能种植禾本科谷物。同时，亦说明内蒙古额济纳旗地区在汉代的气候较今温暖而湿润一些，周围环境中的水源也比较充足③。但由于公元前一世纪至东汉时期北半球气候日趋寒冷，匈奴及鲜卑也由此加剧了对东汉王朝边关的骚扰和冲击，以致东汉王朝不得不于公元39年将雁门、代郡、上谷三边郡

---

① ［苏］彼斯帕洛夫：《蒙古人民共和国的土壤》，方文哲译，北京科学出版社1959年版，第22—24页。
② 竺可桢：《中国近五千年来气候变迁的初步研究》，《考古学报》1972年第2期。
③ 张丕远：《中国历史气候变化》，山东科学技术出版社1996年版，第53—56页。

居民迁居常山关（今河北唐县西北倒关马）、居庸关以东①。另据学者对居延新简的研究发现，居延新简所反映的汉王朝年号始于西汉武帝太始年间（公元前96—前93年），止于东汉和帝永元年间（公元89—105年）②。可见，居延烽燧的设置时间不应晚于汉武帝太始年间，汉军撤离居延塞的时间当在东汉和帝年间。而东汉放弃长期驻守之居延塞的原因，除了与王莽新朝对匈战争政策所造成的后果有关外，还应与气候变冷、军队后勤保障困难和北匈奴的频繁侵扰不无关系。

二 汉魏时期匈奴主要活动区域土壤微量元素的状况和变化规律

如前所述，虽然土壤微量元素与人体微量元素分属两个不同的概念范畴，但土壤与人类之间的密切关系，决定了土壤微量元素水平必定要影响到生长、生活于此的人类本身和其周围赖以生存的动植物体内的微量元素水平。

医学研究的成果表明：人体微量元素有铁、铜、锌、铬、钴、锰、镍、锡、硒、钼、碘、氟、镉、钒等14种之多，虽然它们仅占人体体重的0.5%，但各元素在人类一生的再生产繁衍中所起的生理作用各不相同③。随着近几十年来生命科学和妇科学的发展，人们发现微量元素对人类的再生产，尤其是在育龄妇女妊娠、生育和喂养过程中也发挥着极为重要的作用。孕妇在妊娠期间，须有足够的营养物质供应，以满足孕妇自身和胎儿的需要。当孕妇体内锌、锰、碘、铁、铜等微量元素不足时，容易导致流产、早产、死产、胎儿畸形，增加新生儿的患病率和病死率；同时，由于缺素所造成的孕妇妊娠贫血，会引起早产儿概率的增多和影响婴儿智力发育等严重的后果。④ 如人体微量元素的14种中，镉、砷、钴、铬、镍、锡等元素都对妇女妊娠有着很大的生理毒性，是

---

① 邹逸麟：《中国历史地理概述（修订版）》，上海教育出版社1995年版，第103—104页。
② 李振宏、孙英民：《居延汉简人名编年》，中国社会科学出版社1997年版，第1—2页。
③ 王夔：《生命科学中的微量元素》，中国计量出版社1996年版，第13—15页。
④ 于占洋、侯哲：《微量元素与优生优育》，人民军医出版社1999年版，第27页。

胚胎致畸的重要环境因素；而锌、碘、锰、铁、铜等对妇女正常的妊娠有很大关联作用。尤其是锌与人体中 80 多种酶的活性有关，它不仅参与 200 多种酶、核酸及蛋白质的合成，而且与 DNA、RNA 聚合酶关系密切；锌可通过含锌酶的作用、促进核酸和蛋白质的合成，加速激素的产生和释放，进而促进细胞的生长和分裂；总之，锌不仅是人体生长、发育等生理过程和智力、生殖、遗传、免疫、内分泌、神经、视觉等生理功能正常运行的必需物质，还是癌症、冠心病等胎儿遗传病及很多疑难杂症的防治因子和预防胎儿畸形的重要手段[①]。医学研究发现，孕妇需锌量比健康妇女几乎高一倍；锌是人脑中含量最高的一种金属离子，且以皮质及小脑含锌最高；每 1 克脑组织中含锌约 10 微克，为脑铜的千倍及脑锰的 10 倍；而畸形胎儿中大量中枢神经畸形和无脑儿的出现，与母血中锌浓度水平过低有着密切的关联[②]。同时，根据现在医学调查和统计的结果，锌缺乏病对育龄妇女和婴幼儿的生命安全威胁最大。如大量的医学及临床实践证实：孕妇锌营养不良可引起染色体的畸形，会引起分娩并发症、羊水早破和早产危险增加。相反补锌使孕期延长、降低羊水早破危险和减少阴道出血[③]；与正常生育史的妇女相比，有畸胎史的妇女血清锌、锰、硒含量显著低于健康妇女[④]。镉对孕妇的致畸率最高，涉及胎儿颅脑、四肢及骨骼，可致脑积水、露脑、无肢、短肢、缺肢、软骨病及肋骨畸形，也可发生小眼、无眼、唇裂、肾及肠发育不

---

① 徐国平：《妊娠与锌营养》，《国外医学（卫生学分册）》1988 年第 1 期；涂明华、王野坪：《微量元素锌的生理作用及其临床》，《九江医学》1995 年第 3 期；杨幼易：《锌与妊娠》，《中国优生与遗传杂志》1994 年第 2 期。

② 徐经采：《食品、微量元素与健康》，贵州科技出版社 1994 年版，第 6—21 页。

③ 王咏梅等人编译：《胎儿生长发育期的微量元素》，《国外医学（医学地理分册）》2001 年第 1 期。

④ 王芳、朱国伟：《有畸胎史妇女口服复方锌制剂后体内微量元素含量的变化》，《山东医科大学学报》1995 年第 2 期。该文称：通过测定 31 例有畸胎史妇女血清微量元素铜、锌、锰、硒和镉的含量，并与健康妇女对比后发现，有畸胎史妇女血清锌、锰、硒含量显著低于健康妇女，而镉含量显著增高。从 20 世纪八九十年代的研究情况看，大量的成果表明：孕期缺锌会严重妨碍多种动物的生殖过程，子代畸形是重要的表现之一，畸形和生殖过程受累的确切性质与孕期锌缺乏的时间和程度有关。

第二章 从人口性比例失调看匈奴的婚姻制度及其影响

全、脊椎裂、隐睾及中枢神经异常。但锌可拮抗镉的胚胎毒性作用；与此同时，锰、碘、铜、铁在人类再生产过程中亦各有作用。如锰与细胞间质生长有关，是维持人类和动物性功能的必需的微量元素，缺锰时动物生殖功能及卵巢功能障碍，睾丸变性，精子减少，输精管退行性变，甚至失去交配力；育龄妇女缺锰，乳汁分泌不足，易发生习惯性流产，也可发生不育、性欲减退、性周期紊乱等症。据统计在直到20世纪初的中国社会里，"产妇常因难产、出血而死亡，……因破伤风导致的新生儿死亡率高达50%—70%"①。在"1920—1930年间……产妇死亡率高达14.9‰，约每天死亡500人；婴儿死亡率为250‰—300‰，其中近半数死亡……早在1897年，我国已有妊高征的病例报道，当时的发病率为1/71，死亡率为12.1%，"新中国成立以后，"孕产妇死亡率由建国前的1500/10万下降到1996年的61.9/10万，婴儿死亡率由200‰降至1996年的17.5‰"，但由于我国地域辽阔，各地经济、地理条件、文化、医疗水平差异较大，"仅以1991年为例，经济较发达的地区如京、津、沪等地，孕产妇死亡为39.9/10万，而西北却多达169.9/10万；城市孕产妇死亡率为47.2/10万，而农村为109.3/10万"②。这其中的孕妇及婴幼儿的高死亡率，除了医疗卫生条件差的原因外，当与微量元素营养的缺乏不无关系。另外，微量元素铁是一种易得且易失的元素，食用一些富铁食品如动物肝脏、瘦肉等就能得到适量的铁；缺铁，也会造成孕妇缺铁性贫血，以致影响胎儿的体重，但不至于危及孕妇的生命安全；铜能加速铁的吸收利用，但可减少锌的吸收。铜、锌含量在血液中存在着负相关关系，即铜含量升高，锌则减少。所以，与锌、锰、碘在妇女妊娠中的重要作用相比较，微量元素铁、铜的作用相对少许多，加之现代人体微量元素的调查结果显示，中国人普遍不缺铜③；同时，土壤中有效锰含量机制与有效锌相近，两者之间没有拮抗关系，

---

① 曹泽毅：《中华妇产科学》，人民卫生出版社1999年版，第5页。
② 同上书，第212页。
③ 于占洋、侯哲：《微量元素与优生优育》，人民军医出版社1999年版，第35页。

所以，本节述及汉魏时期匈奴活动区域的土壤微量元素状况及其变化规律以土壤有效锌为主。

由前对匈奴主要活动区域的回顾看，匈奴及匈奴的祖先主要活动在北至蒙古高原、南至黄土高原和关中平原、西至天山北路、东至西辽河流域的广大地区里；故以下我们依自东向西、自北向南的次序来论述。同时，要了解汉魏时期土壤微量元素的状况和变化规律，现当代土壤微量元素的状况是其基础；而自20世纪八九十年代国家对相关地区的土壤微量元素研究的成果无疑为我们创造了前提条件。

首先，通过现代土壤微量元素含量的调查和对土壤微量元素变化规律的研究，我们可以了解汉魏时期匈奴活动区域在今内蒙古的土壤微量元素变化的情况及其变化规律。

通过20世纪八九十年代国家权威部门对内蒙古地区土壤微量元素的调查情况看[①]：从在阴山南北、阿拉善高原和鄂尔多斯地区分布的灰褐土、黑钙土、栗钙土、栗褐土、棕钙土、灰钙土、灰漠土、灰棕漠土、新积土、龟裂土、风沙土、石质土、草甸土、林灌草甸土、潮土等土壤大类及亚类的诸多情况看，有几个显著的特点是值得关注的：（一）许多的土壤大类呈带状分布，如黑钙土、栗褐土、棕钙土、潮土等，在内蒙古自治区内都有连续分布的特点；（二）同一土壤大类因纬度、经度、局部水文条件、成土母质等差异，造成同一土壤大类在南北或东西方面产生了诸如土壤有机质含量、pH值高低和微量元素锌、锰含量的差异；（三）与大兴安岭南北及赤峰市、通辽市的大部分土壤类别相比较，阴山南北、阿拉善高原及鄂尔多斯高原的土壤，pH值较高，多在7.0—9.5之间，盐渍化程度较高；（四）与大兴安岭地区的棕色针叶林土和暗灰色森林土有效锌含量超过1.0mg/kg标准值相比较，阴山南北、阿拉善高原及鄂尔多斯高原的十五种土壤大类及亚类，无一达到

---

① 内蒙古自治区土壤普查办公室、内蒙古自治区土壤肥料工作站：《内蒙古土壤》，北京科学出版社1994年版，第175—444页。

第二章　从人口性比例失调看匈奴的婚姻制度及其影响

标准值者；且只有栗褐土、草甸土、林灌草甸土三类土壤有效锌值超过 0.6mg/kg，黑钙土、新积土和潮土在有效锌 0.5mg/kg 临界极缺值以上，其余九种土壤均在极缺之列；（五）内蒙古自治区中的栗钙土、棕钙土、灰棕漠土等三大类土壤及其亚类，是与今蒙古人民共和国相连续分布的，但以三大类土壤微量元素有效锌含量看，均在 0.5mg/kg 的临界值下，其中灰棕漠土的有效锌值甚至只有 0.16mg/kg，可见，蒙古国与内蒙古连界地区的土壤是极为贫瘠的。

据《汉书·匈奴传》下记载侯应言秦汉之际，今内蒙古阴山南北"东西千余里，草木茂盛，多禽兽，本冒顿单于依阻其中，治作弓矢，来出为寇，是其苑囿也"；但是，在西汉武帝发动对匈战争，"斥夺此地，攘之于幕北。建塞徼，起亭隧，筑外城，设屯戍，以守之然后边境得用少安。幕北地平，少草木，多大沙，匈奴来寇，少所蔽隐，从塞以南，径深山谷，往来差难。边长老言匈奴失阴山之后，过之未尝不哭也。"由此看秦汉时期"幕北"地区亦如现代一样，是"少草木，多大沙"的贫瘠之地，但阴山之南及鄂尔多斯高原气候、植被条件却要远较现代温暖、湿润。同时，通过检阅两汉时期的传世文献，我们不难发现当时沙漠皆在"幕北"，即阴山以北地区；而河套平原与鄂尔多斯高原地区，则因土地肥饶，多水草，成为秦汉王朝与匈奴往来争夺的地带；不仅秦、西汉两朝曾多次向上述地区及黄土高原丘陵山原地区移民，大兴屯垦，而且匈奴骑兵也不时南下骚乱，往来驰驱，从未见到有沙漠存在的记载；所以，朱士光认为：直至唐代后期，黄土高原北部边缘与鄂尔多斯高原才开始出现强烈的风沙侵蚀，并形成流动沙丘，北宋时形成较大面积的沙漠[1]。同时，按照竺可桢先生所认为的西汉武帝中期以前中原地区气候年均温度较今约高 2℃、冬季温度则高 3℃—5℃ 的变化规律看[2]，阴山南北及鄂尔多斯高原年平均气温和降水量较今要高；考古发

---

[1] 朱士光：《黄土高原地区环境变迁及其治理》，黄河水利出版社 1994 年版，第 10—40 页。

[2] 竺可桢：《中国近五千年来气候变迁的初步研究》，《考古学报》1972 年第 2 期。

第二编 从人口、性别政策看汉魏时期国家治理

掘资料,如杭爱旗东南的桃红拉巴、准格尔旗南瓦尔吐沟等地发掘的匈奴墓葬证明当时当地有相当面积的森林分布着①,所以,相应的植被条件要好,土壤有机质较多,pH值较今为低,而土壤有效锌、锰值也会相应提高。但就其土壤的成土母质多为冲积物、洪积物和风积物的特点看,秦汉时期这里的土壤有效锌、锰值应在标准值1mg/kg至临界值0.5mg/kg之间波动。从秦始皇收复今乌加河以南的"河南地"到汉武帝时期再次从匈奴手中"斥夺此地"后,阴山之南及鄂尔多斯高原的农业生产得到大力发展,但直到十六国时期大夏国在今毛乌素沙地南缘建都统万城(公元413年)时,这里具有如《元和郡县志》卷四夏州朔方县条所记载的"临广泽而带清流"的优美生存环境②;相关学者对十六国时期统万城城墙中所保存的原木和城墙筑土中的所含孢粉样品进行科学分析的结果亦表明:"统万城营建之时,其周围地区的植被组成丰富,以草本和灌木为主……同时还有松、桦、桤、胡桃、椴树、榆等乔木;"同时,"对城墙土中22个种子植物科属的花粉进行共存分析的结果表明,当时统万城年均温7.8℃—9.3℃……年降水量403.4—550mm……这些气候特征与现在统万城地区……相比,表明当时统万城年均温比今天高出0.2℃—0.7℃,年降水量比今天高出50—100mm,气候较为温暖温润"③,从而说明虽有秦汉以来几百年的开垦种植、放牧、砍伐和战争破坏,又有西汉至东汉三国两晋时期气候转凉、转干的变化大环境,但同样是沙地草原的鄂尔多斯高原地区④,其自然条件仍远较今天优越,故土壤微量元素有效锌、锰值存

---

① 史念海:《两千三百年来鄂尔多斯高原和河套平原农林牧地区的分布及其变迁》,《北京师范大学学报》1980年第6期。

② 侯仁之:《从红柳河上的古城废墟看毛乌素沙地之变迁》,《文物》1973年第1期。该文认为:统万城营建之时的自然环境是植物繁盛,水草肥美。

③ 孙同兴、侯甬坚等:《统万城历史自然景观重建及毛乌素沙漠迁移速率的探讨》,载陕西师范大学西北环发中心《统万城遗址综合研究》,三秦出版社2004年版,第252—256页。

④ 侯甬坚:《统万城遗址:环境变迁实例研究》,载陕西师范大学西北环发中心《统万城遗址综合研究》,三秦出版社2004年版,第211—222页。

第二章 从人口性比例失调看匈奴的婚姻制度及其影响

在较今为高的必需外部环境。

其次,通过现代土壤微量元素含量的调查和对土壤微量元素变化规律的研究,我们可以了解黄土高原、关中平原及河洛地区的土壤微量元素状况及其变化规律。

与内蒙古自治区鄂尔多斯高原紧紧相连的是今陕西省和山西省黄土高原地区。这些地区是东汉乃至魏晋以后匈奴、鲜卑等胡族大量迁入和集中居住的地区,所以,汉魏时期位于今陕西、山西北部的黄土高原的土壤微量元素状况及其变化规律也是我们需要了解的内容。

通过 20 世纪八九十年代国家权威部门对陕西、山西两省各类土壤微量元素的调查情况看[①]:首先,陕西省土壤微量元素有效锌的含量变化幅度在 0.2mg/kg—0.89mg/kg 之间,含量最低的是分布在陕北明长城内外地区的风沙土 0.207mg/kg、灰钙土 0.305mg/kg 和栗钙土 0.306mg/kg;全省土壤有效锌含量分布规律是由北向南和由东向西递增,依次是风沙土、栗钙土、黑垆土、黄绵土、黄褐土、黄棕壤、棕壤、水稻土、暗棕壤。全省土壤有效锌平均含量为 0.61mg/kg,按全国土壤微量元素分级标准统计,有效锌小于 1mg/kg 的土壤占总面积的 87.6%;小于极缺临界值 0.5mg/kg 的土壤占总面积的 61%;各地市土壤有效锌含量状况是汉中地区最高,平均为 1.256mg/kg,其次是安康地区的 0.84mg/kg,西安市 0.639mg/kg,渭南地区的 0.615mg/kg,榆林地区的 0.36mg/kg;在分级面积中小于 0.5mg/kg 的土壤榆林地区占 86.6%,延安地区占 79%,咸阳地区占 74.1%,比例最小的是汉中地区占 14.1%[②]。其次,山西高原土壤有效锌、锰分布规律也有由北向南递增的特点。与此相关,山西高原土壤中有效锌值由少到多的土壤次序分别是石灰性褐土、盐化潮土、粗骨土、潮土、褐土性土、棕壤、淋溶

[①] 郭兆元:《陕西土壤》,北京科学出版社 1992 年版,第 475—477 页;张巧巧、关锐:《山西主要农业土壤中重金属含量分布迁移特征及其生走效应》,《农业环境保护》1994 年第 5 期;卫春智:《太原市土壤中微量元素状况》,《土壤》1994 年第 4 期。

[②] 郭兆元:《陕西土壤》,北京科学出版社 1992 年版,第 475—477 页。

褐土①。

据研究：土壤中的锌以不同形态存在，根据组成结构，大致可分为矿物态锌、吸附态锌、水溶性锌和有机螯合性锌。土壤中能为作物吸收和利用的锌称有效锌，它只占全锌量的极少部分。有效锌一般指水溶性锌以及部分有机螯合态和部分吸附态锌。土壤中锌的有效性受环境多种因素的共同影响。②（一）土壤有效锌含量与成土母质密切相关：如陕西省基性岩发育的土壤比酸性岩含锌量高，基性岩的玄武岩、辉长岩的全锌含量在 70mg/kg—130mg/kg 之间，而酸性岩的花岗岩、流纹岩全锌量为 50—60mg/kg，石灰岩为 3mg/kg—15mg/kg；又如山西省成土母质为花岗岩的淋溶褐土有效锌值高达 3.01mg/kg，而成土母质为黄土状石灰性褐土有效锌值仅 0.143mg/kg，两者相差 20 倍。（二）有机质含量影响有效锌含量：资料表明土壤有效锌 60%—80% 来自有机物的分解；同时，土壤中 60% 的可溶性锌被有机质络合和吸附，所以，土壤有效锌随土壤有机质含量增高而增多。（三）气候和水热条件影响有效锌含量：低温影响有机质分解和矿化，有机质含量下降，引起土壤缺锌；多雨可造成土壤有效锌淋失；淹水条件下，土壤处于还原状态，增加了锌的固定；旱地在适当水量和热度的配合下，可促进有机质和矿物质分解，从而提高土壤有效锌含量。③（四）土壤酸碱度高低水平会影响有效锌发挥效用：实验表明，植物缺锌症状，多在 pH 值大于 6.5 的土壤中出现。④ 其影响机理为降低 pH 值会减弱土壤对锌的吸附能力，使吸附态锌的解吸量增加，从而增加有效锌的含量。在农业生产中，作物缺锌多发生在 pH 值大于 6.5 的中性和石灰性土壤中；尤其是 pH 值较高的石灰性土壤因含有较多的碳酸钙，与锌易生成不溶解的沉淀化合

---

① 卫春智：《太原市土壤中微量元素状况》，《土壤》1994 年第 4 期。
② 孙桂芳：《土壤—植物系统中锌的研究进展》，《华南热带农业大学学报》2002 年第 2 期。
③ 郭兆元：《陕西土壤》，北京科学出版社 1992 年版，第 479—481 页。
④ 刘铮等：《土壤中的微量元素——微量元素土壤化学》，见《中国科学院微量元素学术交流会汇刊》，北京科技出版社 1980 年版，第 23—55 页。

第二章　从人口性比例失调看匈奴的婚姻制度及其影响

物，同时碳酸钙有强烈的吸附和固定作用，从而大大降低了锌的有效性①。西北地区特别是陕西的主要农业土壤中的黄绵土、黑垆土和垆土，都发育于黄土母质，土壤中有机质含量在 3.6g/kg—10g/kg 之间，pH 值在 7.8—8.2 之间，都严重影响到有效锌发挥作用。②

根据文献记载和后世专家的考证，证明在先秦及汉魏时期，今陕西、山西的黄土高原上有着大量森林的分布：如《后汉书·杨震传》记载董卓言秦汉以来"关中肥饶，故秦得并吞六国；且陇右材木自出，致之甚易……"；史念海先生认为战国时期生活在山西高原北部的"林胡"，应解释为"林中的胡人"，其生活环境中应有森地分布着；而与之同时代的、活动在今山西西北各处的"楼烦"，其附近的吕梁山现今仍有森林分布；③又邹逸麟先生证黄土高原上陇东及吕梁山等地存在森林资源，虽然在魏晋南北朝营建长安、洛阳及邺都时多取材于此，以建宫室，但到北宋一代，陇东地区仍如南宋僧玉莹《玉壶野史》所记"产巨林，森郁绵亘，不知其极"④。这一地区东汉末年以来，农田废弃，随之而来的是畜牧业经济占据相对优势。据《魏书·道武帝纪》记载：代国时期鄂尔多斯高原及黄土高原北部是畜牧业发达地区，曾出现"自河以南，诸部悉平。簿其珍宝畜产，名马三十余万匹，牛羊 400 余万头"的盛况。而畜牧业的发展，在某种程度上反映出自秦汉时期在上述地区大行垦荒和东汉以来北半球气候转凉转干所带来的后果。所以，与之相关的是汉魏时期今陕西、山西的黄土高原地区，由于先秦时期以前气候适宜、农业活动较少，有着大量森林植被的分布；秦汉以后，大批农业人口进入阴山以南的河套平原、鄂尔多斯高原和黄土高

---

① 孙桂芳：《土壤—植物系统中锌的研究进展》，《华南热带农业大学学报》2002年第2期。
② 李文祥：《几种黄土母质土壤磷吸附特性及缓冲性能的初步研究》，《土壤肥料》2002年第1期。
③ 史念海：《两千三百年来鄂尔多斯高原和河套平原农林牧地区的分布及其变迁》，《北京师范大学学报》1980年第6期。
④ 邹逸麟：《中国历史地理概述（修订版）》，上海教育出版社2005年版，第26页。

原，大规模、持续性的农业开发破坏了鄂尔多斯和黄土高原以森林草原为景观的脆弱的生态环境，加之北半球气候转干转凉的大环境，以致黄土高原局部环境发生改变，气温与降水下降，森林减少，水土流失现象加重；东汉至魏晋南北朝时期，黄土高原因大批游牧民族的迁入而使得畜牧业经济的成分有所恢复，因大量农业开发所造成的环境破坏应得到遏制，但由于北半球气候转向干冷在四世纪时达到极限，所以，黄土高原的环境应与秦汉时期差别不大；即令如此，汉魏时期黄土草原的植被环境仍要较今优越一些：有机质含量较高，pH值较低，而有效锌、锰值也应较今为高。

综上所述，汉魏时期匈奴主要活动区域的土壤微量元素水平，因所处经纬度的不同、气温与降水的不同、成土母质和植被类型的不同、海拔高低和离海远近的不同、河湖密度和地下水深浅的不同、人口密度和生产方式的不同等众多因素而具有强烈的地域性差异。由于匈奴活动的主要区域大多集中在欧亚大陆纬度较高、离海较远、成土母质多第四纪风成黄土、生态环境相对脆弱、气温和降水条件相对于同纬度的沿海地区为低、河湖密度低等因素，汉魏时期上述区域的土壤微量元素有效锌、锰值水平应较今为高，但其绝大部分地区的土壤仍处于有效锌缺乏状态。

三　地理环境下土壤微量元素与匈奴的性比例失调及"收继婚"问题

如上所述，虽然地理环境下土壤微量元素与人体微量元素分属两个不同的概念范畴，但由于土壤与人类之间的密切关系，决定了土壤微量元素水平必定要影响到生长、生活于此的人类本身和其周围赖以生存的动植物体内的微量元素水平。同时，如前所述，我们已大致了解了先秦时期匈奴的祖先以及汉魏时期匈奴主要活动区域大都处在高纬度、远离大海的内陆非季风区，在气温低、干旱、少雨、多风、高蒸发量的气候条件下和植被稀少、成土母质多为风积物、河湖密度低、盐碱度高的土壤环境下，土壤微量元素水平有效锌、锰水平绝大

第二章 从人口性比例失调看匈奴的婚姻制度及其影响

多数都处在缺乏或极缺的临界值下；加之这些区域的土壤大都微量元素有效铜含量丰富，而有效铜丰富会拮抗有效锌的吸收；所以，这必然会影响到动植物和人类自身体内微量元素有效锌、锰的水平。而从当代所发现的先秦及汉魏时期大量墓葬中人骨材料反映的情况看，汉魏时期的匈奴应存在人体微量元素有效锌严重缺乏的问题；而正是这一问题的存在，使得匈奴育龄妇女大量死亡，以致在育龄人口中造成严重的女少男多的性比较失调问题，而最终影响到匈奴、鲜卑婚姻制度中特殊的"收继婚"俗的出现。而为了说明汉魏时期匈奴所出现的因大量育龄妇女死亡所造成的男多女少的性比例失调问题，本节拟从先秦时期北方地区新石器时代人骨所反映的性比例问题、先秦及秦汉时期匈奴墓葬反映的性比例问题、匈奴人口性比例失调与"收继婚"俗的形成等三个方面来具体阐述之。

首先，对先秦时期北方地区新石器时代墓葬人骨材料进行统计与分析的结果，即反映上述地区新石器文化的原始人群中就存在人口性比例问题。

20世纪以来，北方地区先后发掘了大量的关于先秦时代的墓葬，但是，以与本文所论述地域和相关民族的需要，加之并非所有已发掘墓葬都有着相应的墓葬人骨鉴定结果，所以，我们特撷取以下墓葬材料来说明本节之观点。

从地域的重合性角度看，今青海、甘肃、宁夏、内蒙古自治区的广大区域，在先秦、秦汉、魏晋南北朝时期都是匈奴本身和其祖辈的主要区域，所以，上述地区新石器时代的人群和文化都必然与匈奴存在某种联系；同时，在先秦时期生产力水平低下、人口稀少的条件下，前后两者所生活过的地理环境不可能产生太大的变化。所以，两者之间存在可比性。如在今青海地区，20世纪七八十年代发掘过大量的新石器时代遗址，许多都有详细的人骨鉴别材料可资参考。具体而言有：

（一）青海柳湾新石器时代墓葬材料：柳湾位于湟水中游北岸，西距乐都县17公里；1974—1978年在柳湾共发掘墓葬1500座；其中半山类型

257 座，马厂类型 872 座，齐家文化 366 座，辛店文化 5 座①；据碳十四测定，半山类型的年代为公元前 2505±150（树轮校正年代，下同），马厂类型在公元前 2415—2040 年之间，齐家文化为公元前 1915±155 年；则从半山类型至齐家文化，其间共经历了 590 年；如再加上辛店文化的时间，大约有一千年②。墓葬类型有单人或合葬两种；其合葬墓的人数 2—7 人不等。柳湾 1500 座墓葬人骨保存状况极差，仅就人骨保存较好的 291 座墓葬看，属于马厂类型的最多（见表 2-2），有 198 座墓葬和 228 个人骨骨架之多；其中男性 105 例，女性 88 例，性别不详者 35 例。此外，为齐家文化的 77 座墓葬（见表 2-3），86 个人骨架；其中男性 42 例，女性 18 例，性别不详者 26 例。半山文化最少（见表 2-1），仅 16 座，人骨 23 例；其中男性 14 例，女性 4 例；性别不详者 5 例，多为未成年个体。从人种看，柳湾合并组的体质特征显示出明显的蒙古人种特征③。以马厂类型看，不计性别不详者，男女性人骨合计 193 例，男女性比例为男 100：女 82；按年龄分段计算，15 岁以上男性 96 例，成年平均死亡年龄 40.82 岁；75 例女性平均死亡年龄是 39.27 岁；青年期女性死亡率个体总数占 14.7%，男性仅占 4.7%。齐家文化类型有 60 例可判明性别，男女性比例约为 100：43；14 岁以下未成年孩童约占 17%，青年期女性死亡率与马厂类型相近。④ 以柳湾墓葬所有可鉴定性别的男女数相较，男女性比例为男 100：女 68；以可鉴定柳湾所有男性 161 例计，青年期男性的死亡率仅为 5.6%；而以柳湾所有可鉴定女性人骨 110 例计，青年期女性死亡率却高达 17.3%；两者相较，差距甚大。可见，育龄期妇女的大量死亡，是造成当时男多女少性比例失调的重要原因。

---

① 青海省文物管理处考古队、中国社会科学院考古研究所：《青海柳湾——乐都柳湾原始社会墓地》，文物出版社 1984 年版，第 1—3 页。
② 同上书，第 248 页。
③ 同上书，第 261—271 页。
④ 同上书，第 310—403 页。

第二章　从人口性比例失调看匈奴的婚姻制度及其影响

表 2-1　　　　　青海柳湾半山类型墓葬人骨登记表

年龄	男	女	性别不详者	合计
未成年（14 岁以下）			4	4
青年期（15—23 岁）	1	1		2
壮年期（24—34 岁）	4			4
中年期（35—55 岁）	3		1	4
老年（56 岁以上）				
成年（15 岁以上——?）	6	3		9
总计	14	4	5	23

注：采自《青海柳湾——乐都柳湾原始社会墓地·附录一》中《年龄分期统计》；（表中"15 岁以上——?"，表示是成年人，但未知具体年龄者，下同。）

表 2-2　　　　　青海柳湾马厂类型墓葬人骨登记表

年龄	男	女	性别不详者	合计
未成年（14 岁以下）	4	2	14	20
青年期（15—23 岁）	5	13	5	23
壮年期（24—34 岁）	30	20		54
中年期（35—55 岁）	43	35	7	85
老年（56 岁以上）	15	9	1	25
成年（15 岁以上——?）	8	9	4	21
总计	105	88	35	228

注：采自《青海柳湾——乐都柳湾原始社会墓地·附录一》中《年龄分期统计》。

表 2-3　　　　　青海柳湾齐家类型墓葬人骨登记表

年龄	男	女	性别不详者	合计
未成年（14 岁以下）			15	15
青年期（14—23 岁）	3	4	2	9
壮年期（24—34 岁）	11	4	2	17
中年期（35—55 岁）	21	4	4	29
老年（56 岁以上）	4	2	1	7
成年（14 岁以上——?）	3	4	2	9
总计	42	18	26	86

注：采自《青海柳湾——乐都柳湾原始社会墓地·附录一》中《年龄分期统计》。

（二）青海民和核桃庄墓葬：民和县民和核桃庄处在青海省最东部；东与兰州红古区相望，西与乐都接壤，地处黄土高原西部边缘与青藏高原过渡地带的湟水谷地；属中温带气候，无霜期140—150天；降水300—600mm，随地势升高而增加；土壤在湟水流域为灌淤土，浅山地区为占全县土壤一半以上的黄土质的栗钙土，高海拔地区依次为栗钙土、黑钙土、草甸土、黑褐土。民和地区地属《禹贡》所述雍州地，是古羌人聚居的地方。由青海省文物考古研究所、青海省文物管理处和西北大学文博学院共同发掘的核桃庄墓葬，涉及辛店文化，是属于公元前1000年左右的羌人文化；考古发掘证实：当时畜牧业发达。专家鉴定该墓地使用了70年时间，共发现367个墓，有单人和合葬墓两种，可鉴别的人骨个体有363个（见表2-4）；其中男性100个，女性98个，不详者165个；男女性比例为100∶98；还不难发现男性死亡年龄集中在青年期，占男性100例中的30% 壮年期死亡者占33%；相比之下，女性死于青年期者37.76%，远比男性高；但在老年人口中，女性人口远比男性人口多①。

表2-4 　 青海民和核桃庄小旱地辛店文化墓葬性别年龄统计表

年龄	男	女	性别不详者	总计
未成年（0—14岁）	2	6	32	40
青年（15—30岁）	30	37		67
壮年（31—45岁）	33	12		45
老年（46岁以上）	2	8		10
成年	33	35	34	102
年龄不详			99	99
合计	100	98	165	363

注：采自《民和核桃庄》表19的内容；

又如在今甘肃地区，也发现了大量的墓葬。具体有：

---

① 青海省文物考古研究所、青海省文物管理处、西北大学文博学院：《民和核桃庄》，北京科学出版社2004年版，第269—277页。

第二章　从人口性比例失调看匈奴的婚姻制度及其影响

（一）甘肃民乐东灰山四坝文化墓葬：1987年甘肃省文物考古研究所等对甘肃民乐东灰山四坝文化墓葬进行了发掘。民乐位于河西走廊中部，属张掖—酒泉平原，东临武威—民勤平原，西与玉门相连，南为祁连山，北为龙首山和内蒙古阿拉善旗相邻。民乐属山前洪积冲积平原，地带性土壤为灰棕荒漠土，气候干燥、干旱少雨，年降水量在50—150cm，以祁连山雪水灌溉，一年一熟；东灰山位于民乐县西北约27公里处，遗址处在荒漠沙滩中、由灰土与沙土堆积而成的沙土丘上，遗址及周围的地表稀疏生产着一些骆驼蓬、苦豆子和一些肉质叶的盐生植物[①]，相当于中原地区的夏代，河西走廊分布着发达的青铜文化—四坝文化；东灰山遗址是继玉门火烧沟遗址之后又一处较大规模的四坝文化遗址。该遗址有两类出土物是值得关注的：其一，出土铜器中，青铜器占71.8%，其余为红铜，即砷铜，含砷量为2%—6%之间；其二，出土的农作物碳化种子，既有小麦，又有大麦，与黄河流域以粟、黍为栽培植物明显不同。此外，还发现墓葬96座，人种测定的结果表明：东灰山人群的主要种系特征与甘青地区的古代居民一致，即接近现代华北类型的东亚蒙古人种；但其较大的面部扁平度则表现出与东亚蒙古人种相分离的倾向，而与某些北亚蒙古人种接近。

通过对东灰山碳化小麦标本的碳14测定，我们发现东灰山遗址的年代为公元前2280±250年。"大约相当于夏代甚至更早到公元前3000初期至东周时期，在长城沿线存在着一支以细绳纹和细小堆坟为特征的陶器遗存，这类陶器的最远分布地点是外贝加尔湖地区。既因为这类遗存的分布地域，又因为这类遗存时与北方青铜器伴出，学术界一般将其视为与草原牧民有联系的遗存，"在出土器物的器形上，可以看出东灰山遗址既与青海柳湾的新石器时代马厂文化有

[①] 甘肃省文物考古研究所、吉林大学北方考古研究室：《民乐东灰山考古——四坝文化墓地的揭示与研究》，北京科学出版社1998年版，第1—4页。

关，也约与春秋时代相当的甘肃永昌三角城沙井文化有着一定的渊源关系。① 依表中人骨鉴定材料看：男性死亡的高峰期是25—55岁壮年和中年期，占91例男性的67%；而女性死亡于25—55岁中年和壮年的只占62例的50%，但死于15—24岁育龄盛年的占45.2%。故朱泓认为"这种现象的存在，可能是由于当时人们缺乏最起码的医疗卫生条件，致使大量青年妇女在妊娠、分娩和产后褥床患病死亡。"在可以判明男女性别的153例个体中，男女性比例是100：68；尽管存在不少不能判明性别的个体，但它仍然可以在某种程度上反映出当时社会所存在的性比例失调问题②。

（二）甘肃永昌鸳鸯池墓葬：1973—1974年，甘肃省博物馆文物工作队、武威地区文物普查队在永昌鸳鸯池墓地一共清理了189座墓葬；除去在武威地区清理的13座墓葬外，还有176座墓葬，其中单人葬125座，合葬17座，儿童墓34座；对儿童墓的人骨鉴定看，"儿童有数月或一、二岁的，大者有的十多岁，但以二至五岁的最多；瓮棺葬都为出生不久的婴儿，可见儿童的死亡率较高。"表2-6反映：其一，男女性比例为100：87；其二，女性死于青壮年的人数占女性总人数的42%，而男性死于青壮年者只占33%，两者差距明显。③

表2-5　　　　　甘肃民乐东灰山四坝文化墓葬人骨登记表：

年龄分期	男	女	性别不详者	合计
未成年（14岁以下）	0	1	17	18
青年（15—24岁）	18	28	13	59
壮年（25—34岁）	31	14	2	47
中年（35—55岁）	30	17	1	48

---

① 甘肃省文物考古研究所、吉林大学北方考古研究室：《民乐东灰山考古——四坝文化墓地的揭示与研究》，北京科学出版社1998年版，第131—155页。
② 同上书，第173页。
③ 甘肃省博物馆文物工作队、武威地区文物普查队：《甘肃永昌鸳鸯池新石器时代墓地》，《考古学报》1982年第2期。

续表

年龄分期	男	女	性别不详者	合计
老年（56岁以上）	0	0	0	0
成年（年龄不详）	12	2	35	49
合计	91	62		221

注：采自《民乐东灰山考古——四坝文化墓地的揭示与研究·附录二：东灰山墓地人骨的研究》之表一；

表2-6　　甘肃永昌鸳鸯池墓葬人骨性别年龄统计表

年龄	男	女	性别不详者	总计
未成年（0—14岁）			39	39
青年（15—30岁）	5	4		9
壮年（31—45岁）	5	7		12
老年（46—66岁）	12	10		22
成年	8	5	88	101
合计	30	26	127	183

（三）甘肃兰州土谷台半山—马厂文化墓葬：土谷台位于兰州西72公里的湟水下游谷地北岸，发现半山—马厂文化类型新石器时代晚期氏族公共墓地墓葬84座，其中土洞墓59座，木棺墓14座，土坑墓11座；葬式有成人、儿童和合葬墓三种：单人墓63座，其中成人墓32座，儿童墓28座；合葬墓19座，有二人葬、三人葬和五人葬3种：成年男女合葬8座，成人与儿童合葬3座等。经碳14测定该墓地应是继马家窑文化之后、兴起于甘青地区的一支新石器时代晚期文化，而夫妻合葬墓的发现，显示该文化已进入父权制社会。84座墓葬中人骨相对完整保存106具，其中成年女性21具，成年男性21具，性别不详者11具，儿童（1—10岁）53具，婴幼儿死亡率高达50%。[1] 因这批墓葬没有进行详细人骨性别、年龄鉴定，故此无法确知女性的死亡年龄的集中时段，仅知当时儿童死亡率极高而已。

---

[1] 甘肃省博物馆、兰州市文化馆：《兰州土谷台半山——马厂文化墓地》，《考古学报》1983年第2期。

（四）永昌柴湾岗沙井文化墓葬：永昌位于今甘肃河西走廊东部，祁连山北麓、阿拉善台地南缘。东邻民勤县，西与山丹、民乐相接连，西北连内蒙古阿拉善右旗。永昌县境内山峦起伏，河川纵横，东部为戈壁，中部为绿洲，西部靠近大黄山，境内发现鸳鸯池、二坝、九坝等20多处新石器晚期遗址，大多属马家窑文化马厂类型。永昌在商周时期为西戎故地，其后又为匈奴所据；西汉武帝元狩二年（前121年），匈奴昆邪王杀休屠王后率众降汉，此地即归汉土。从1979年—1981年，甘肃文物考古所分别在永昌西岗清理墓葬452座，在永昌柴湾岗清理墓葬113座，两处合计565座墓葬；据对墓葬石器、青铜器等随葬品的鉴定情况，石器、陶器、青铜器和铁器并存，应属于早期铁器时代。沙井文化墓葬中大量使用人殉、人祭和大量牲畜殉牲，以及墓主财富不均等现象，均与《史记》《汉书》中的匈奴社会很相似，故从其墓葬所反映的文化特征看，与长城沿线北方草原文化的关系十分密切，应归属典型鄂尔多斯式青铜文化范畴。碳14测定数据显示，这两处沙井文化的墓葬的年代，大致在公元前1000年，即相当于中原地区的西周早期阶段[①]；从对565座墓葬中人骨的统计资料积人骨保存的情况看，发现565座墓葬中有303个人骨鉴别出年龄段（见表2-7、表2-8），其中男性有91例，91例男性中年龄不详者44例，年龄小于15岁者8例；女性88例，其中年龄不详者38例，年龄小于15岁者6例；未成年人和成年人性别不详者123例，四种情况合计303例。具体分析各种情况，便不难发现：虽然成年男性（15—60岁）83例与成年女性83例（15—60岁），所反映的男女性别比例大致均衡，但实际上将83例女性分为成年与15—30岁和31—60岁三个阶段之后，我们就可十分明显发现其中的问题：确定死于15—30岁之间的女性为19例，确定死于31—60岁的女性26例，余下为无法判断具体年龄的成年女性（15—60岁）38例；

---

① 李水城：《沙井文化研究》，中国社会科学院考古所：《中国考古两周卷》，中国社会科学出版社2004年版，第514页。

第二章 从人口性比例失调看匈奴的婚姻制度及其影响

则 15—30 岁的 19 例女性约占到成年女性 83 例的 22.89%；31—60 岁的 26 例女性约占 83 例成年女性的 31.32%；年龄不详的成年女性 34 例约占全部成年女性 83 例的 40.96%。从有生育能力的现代女性的育龄期在 15—45 岁之间来看，则发现 83 例成年女性中，有 27 例女性死于 15—45 岁之间，约占 83 例成年女性的 32.53%，死于 46—60 岁之间的女性有 18 例，约占全部成年女性人口的 21.69%；相比较的是 15—45 岁的 24 例男性只占全部 83 例成年男性的 28.92%；可见，永昌西岗和柴湾岗沙井文化墓葬的死亡人口当中，成年女性死亡多在生育期。①

表 2-7　永昌柴湾岗沙井文化墓葬人骨性别年龄统计表

年龄	男	女	性别不详者	合计
未成年（0—14 岁）	1	4	12	17
青年（15—30 岁）	3	1	1	5
壮年期（30—45 岁）	1			1
中年期（46—60 岁）	11	11		22
老年（61 岁以上）				
成年（15 岁以上—?）	14	13		27
总计	30	29	13	72

表 2-8　永昌西岗沙井文化墓葬人骨性别年龄统计表

年龄	男	女	性别不详者	合计
未成年（0—14 岁）	7	2	65	74
青年（15—30 岁）	11	18		29
壮年（30—45 岁）	9	8		17
中年（46—60 岁）	4	7		11
老年（61 岁以上）				
成年（15 岁以上—?）	30	25	45	100
总计	61	60	110	231

---

① 甘肃省文物考古研究所：《永昌西岗柴湾岗沙井文化墓葬发掘报告》，甘肃人民出版社 2001 年版，第 203—233 页。

另外,与永昌西岗和柴湾岗沙井文化墓葬处在同一时期的另一处沙井文化大型墓葬群是位于永昌的三角城墓葬。根据三角城墓葬人骨性别年龄的统计资料,三角城已鉴别的男性人骨有30例,女性人骨有24例,男女人骨的性比例为100∶80;其中死于青壮期的男性占全部可鉴别男性人骨的46.7%,而死于青壮期的女性却占全部可鉴别女性人骨的66.7%,这同样显示出成年女性多死在青壮年期的倾向。

表2-9　　　　　　　永昌三角城墓葬人骨性别年龄统计表

年龄	男	女	性别不详者	合计
未成年(14岁以下)	3	0	2	5
青年(15—23岁)	4	10	0	14
壮年期(24—34岁)	10	6	3	19
中年期(35—55岁)	9	2	1	12
老年(56岁以上)	0	4	0	4
成年(14岁以上—?)	3	4	2	9
总计	29	26	8	63

注:采用《永昌西岗柴湾岗沙井文化墓葬发掘报告》中表二;

再如在今宁夏回族自治区内,也发现有大量先秦的墓葬。例如宁夏海原县菜园村新石器时代墓地:宁夏海原县位于宁夏南部山区,这里曾陆续发现了相当于马家窑文化、半山文化和马厂文化的一些具有代表性的遗址,而海原县菜园村马缨子梁遗址,相对年代与马家窑"石岭下类型"相当,是一种与半山文化并列的、不为人知的另一种土著文化。海原县地处宁夏南部偏西,地处黄土高原西部,今属北温带半干旱气候区,年降水量不足300mm,地势高、气温低、雨水少、无霜期短是该地区的主要特点;菜园村墓地发掘于1985年,共发掘墓葬138座,墓地使用年代距今4800—4000年,其间约800年。从人骨材料的鉴定结果看,当时人们的死亡年龄很小,平均寿命仅30岁左右;在人种上与现代蒙古人种东亚(或远东)华北类型接近,而与北亚和东北亚代表类型之间存在着明显的差异;特别值得注意的是男女性比例高达100∶22,而且女性的死亡年龄集中在青壮年期:其中女性青年期死亡者占可鉴定女

第二章 从人口性比例失调看匈奴的婚姻制度及其影响

性人骨中的56%，可见，海原县菜园村墓地所反映的男多女少的性比例失调问题尤为严重。①

表2-10　宁夏海原县菜园村新石器时代墓地人骨性别统计表

年龄	男	女	性别不详者	合计
未成年（0—14岁）			8	8
青年（15—30岁）	19	5	1	25
壮年（31—45岁）	10	3		13
老年（46—60岁）	4			4
成年（15岁以上）	3	1	2	6
合计	36	9	11	56

总之，从地域的重合性看，先秦时期在原匈奴的主要活动区域里生活过的各种新石器时代的人群，均不同程度地存在着男多女少的性比例失调，其中最主要的表现，就是青壮年育龄女性人口的大量死亡。

其次，对先秦及汉魏时期匈奴墓葬中人骨材料进行统计与分析的结果，即反映先秦及汉魏时期匈奴族亦存在严重的人口性比例问题。

关于匈奴墓葬的发掘、整理和研究工作，国内外大体可分成苏联、蒙古国和中国境内三大块。单就苏联与蒙古国的情况看，早在19世纪末（1898年），俄国人类学家塔尔科—格林采维奇在外贝加尔湖附近发现了德列斯图伊·库勒图克墓地，并发掘了26座匈奴墓；1912年意外发现著名的诺颜乌拉匈奴墓，但直至1924年才由苏联组织正式发掘，1954年蒙古国策·道尔吉荣对诺颜乌拉又进行多次发掘；从1957—1965年在贝加尔诸河口地区对匈奴遗址进行过发掘等。但以目前的发掘状况看，苏联及蒙古国大约只发掘了200座匈奴以上的墓葬；而且，以上发掘或因年代久远而缺乏相关报告，或因相关报告无人翻译刊行而致我们无法利用其价值。近年，虽有介绍材料涉及

---

① 宁夏文物考古研究所、中国历史博物馆考古部：《宁夏菜园——新石器时代遗址、墓葬发掘报告》，北京科学出版社2003年版，第350—353页。

第二编　从人口、性别政策看汉魏时期国家治理

苏联的匈奴考古问题，但其关注的内容多是墓葬形制、出土器物的特点等，完全不涉及出土墓葬的人骨鉴定材料①；所以，苏联和蒙古国匈奴考古的资料不为本文所利用。至于在中国境内，虽然匈奴在古代北方广大草原驰骋上千年，但规模较大且保存较好的匈奴墓葬并不多见。我国对匈奴墓葬的发掘开始于20世纪50年代，至今一共才发掘100余座；同时，许多墓葬或规模太小，或墓葬盗扰严重，或毁于鼠患，以致墓葬保存不善，利用价值不大。而保留情况最好的应是凉城毛庆沟匈奴墓葬②和宁夏同心县倒墩子匈奴墓等。（一）内蒙古凉城毛庆沟匈奴墓地：1979年内蒙古自治区文化局在凉城西南蛮汗山南麓的毛庆沟，发掘了属于战国时期的北方游牧民族的氏族部落公共墓地，共计79座墓葬。其中，人骨保存完好的有47座，被盗或人骨架被扰乱者18座，还有14座为地鼠窜入，致使骨架不全；79座墓葬多为单人土坑葬。根据对保存较好的59具人骨的鉴定，成年男性墓有38座，成年女性墓21座；小孩墓6座。毛庆沟墓地普遍流行殉牲习俗：在79座墓葬中有40座殉葬有牲畜的骨骼；余下12座南北向墓的出土器物组合与东西向者不同；埋葬习俗是以生前随身所带工具、兵器、装饰品以及生活用具（陶器）等物随葬；出土的遗物，均为典型的鄂尔多斯式青铜器，如短剑、铜镞、鹤嘴斧、刀和各种装饰品；殉牲在墓坑中的位置和放置方式，与桃红巴拉、呼鲁斯太、玉隆太和西沟畔等匈奴墓葬相同。毛庆沟墓地位于太行山北麓和蛮汗山南部，古代属晋北地区。如前所述，这里在战国时期应是林胡、楼烦的活动区域；据《史记·赵世家》记载，在赵武灵王二十年（前306年）"西略胡地至榆中（在今鄂尔多斯东北部）"后，农业民族进驻此地，故有了毛庆沟墓地存在两种不同葬俗墓葬的前提③。如从下表统计的材料看，墓中人骨资料反映的男女性比例为100∶88，似乎大体正常，但从男女死亡年龄的分布情况看（见表2

---

① 冯恩学：《俄国东西伯利亚与远东考古》，吉林大学出版社2002年版，第459—500页。
② 田广金：《匈奴墓葬的类型和年代》，《内蒙古文物考古》1982年第2期。
③ 田广金、郭素新：《鄂尔多斯式青铜器》，文物出版社1986年版，第227—305页。

第二章　从人口性比例失调看匈奴的婚姻制度及其影响

-11），却极不正常：男性青年期（16—30岁）死亡率仅为7.14%，而女性青年期（16—30岁）死亡率却高达41.7%，两者差距十分明显。特别值得注意的是十号墓墓主为16岁孕妇：在女性盆骨右侧发现了婴儿的头骨，在盆骨内还发现了婴儿的指骨，这应是未出世的婴儿，而女性应是难产而死；而这与毛庆沟墓葬人骨材料所反映的"林胡"存在年青育龄妇女大量死亡现象是相吻合的。另根据潘其风《毛庆沟墓葬人骨的研究》，春秋战国时代的毛庆沟组人骨的体质特征与青铜时代的华北古居民有较密切的关系①。

表2-11　　　内蒙古凉城毛庆沟墓地人骨性别年龄统计表

年龄	男	女	性别不详者	合计
未成年（0—15岁）			7	7
青年（16—30岁）	1	5		6
壮年（30—45岁）	7	2		9
老年（46—60岁）	6	5		11
成年			26	26
合计	14	12	33	59

自西汉武帝对匈作战以后，不断有匈奴部落归附汉廷，他们的墓葬在北方地区也有发现：如（二）宁夏同心倒墩子匈奴墓地：1985年宁夏同心县发掘属于汉代中晚期的匈奴墓葬27座；其中竖穴墓20座，偏洞室墓6座，石椁墓1座，出土器物1500余件；具体分析1500多件出土器物，不难发现器物中多装饰物；而兵器很少，仅有环首刀等随身用小兵器十余件；与匈奴、鲜卑其他墓葬多有兵器出土相比较，同心县倒墩子匈奴墓葬则鲜有兵器，这似乎意味着西汉王朝对早期匈奴归附民有管理和收缴兵器之嫌。另外，倒墩子匈奴墓中可供断代的信物是20座墓中所出土的汉代五铢钱。从墓葬形制看，这些匈奴墓以土坑墓为主，均为单人葬。据文献记载，汉武帝时期汉匈之间战争频繁，不断有匈奴

---

① 田广金、郭素新：《鄂尔多斯式青铜器》，文物出版社1986年版，第316—327页。

部族内属，汉朝政府亦设置属国都尉来安置匈奴降人。如《汉书·武帝纪》记载元狩二年（前121年）"秋，匈奴昆邪王杀休屠王，并将其众合四万余人来降，置五属国以处之，以其地为武威、酒泉郡"；又《汉书·卫青霍去病传》记载"乃分处降者于边五郡故塞外，而皆在河南，因其故俗为属国。"西汉元狩二年所置五属国，应在天水、安定、西河、五原、张掖五郡，而安定郡内属国都尉治三水县，以地望推之，汉之三水属国都尉在今同心县一带。可见，宁夏同心县倒墩子墓地应属西汉时期匈奴降人的墓地；另从出土器物及葬俗看，与蒙古国、苏联外贝加尔汉代匈奴墓葬相同，而与内蒙古陈巴尔虎旗完工墓、札赉诺尔古墓群、巴林左旗南杨营子墓葬和通榆县兴隆山等鲜卑墓葬不同①。从对宁夏同心县倒墩子匈奴墓葬人骨性别、年龄统计资料看（见表2-12），当时婴幼儿死亡率较高：婴儿5例，幼儿4例，占总人骨数的36%；男性死于青壮年期者占57%，而女性死于青壮年期者占70%，两者差距明显，亦说明当时女性有死于青壮年育龄期的倾向。

表2-12 宁夏同心县倒墩子匈奴墓葬人骨性别、年龄统计表

年龄	男	女	性别不详者	总计
婴幼儿（0—14岁）		1	8	9
青年（15—30岁）	2	3		5
壮年（31—45岁）	2	3		5
老年（46岁以上）	3	3		6
成年				
小计	7	10	8	25

此外，1977年在伊克昭盟（今鄂尔多斯市）伊金霍洛旗发掘的属于新石器时代的朱开沟遗址，共发现329座墓葬。朱开沟遗址可分五段三期，即龙山文化晚期—夏代早中晚期—早商时期的大型遗存，可惜因

---

① 宁夏文物考古研究所、中国社会科学院考古所宁夏考古组、同心县文物管理所：《宁夏同心倒墩子匈奴墓地》，《考古学报》1988年第3期。

第二章 从人口性比例失调看匈奴的婚姻制度及其影响

年代久远,墓葬人骨保存不善而丧失利用价值。① 最后,在匈奴考古中占据重要地位之一的是桃红巴拉匈奴墓:1972 年在杭锦旗东南 45 公里发现的战国早期桃红巴拉匈奴墓,地处杭锦旗、东胜县及伊金霍洛旗交界地带,此地正是秦汉时期所谓的"河南地",又名"新秦中"。此地共发现 6 座匈奴墓葬,其中只有两座墓主人人骨可供鉴定:其一为 35 岁左右的男性,另一为 3 岁左右的幼儿。故此,桃红巴拉匈奴墓葬群的人骨资料对于我们研究男女性别问题没有典型的意义。②

再次,对与匈奴具有相同活动区域的新石器时期众多墓葬和先秦及秦汉时期匈奴墓葬中人骨材料进行统计与分析的结果,即反映先秦及汉魏时期匈奴族都存在严重的人口性比例问题;而匈奴这种男多女少的人口性比例失调问题应与匈奴"收继婚"制的形成有着必然的联系。

如前所述,地理环境下土壤微量元素的水平直接影响人体微量元素的水平;而同时,现代医学发展和大量的统计资料表明,相对于常人而言,育龄妇女在妊娠过程中需要有更多的锌、锰、碘素,否则会引发妊娠妇女难产、妊高征、产后出血、子痫等严重威胁孕妇及胎儿生命的疾病;但这种情况如在古代医疗条件十分低下、根本没有任何的医疗设备、医药和熟练的助产医生的背景下,必然会造成妊娠女子的大量死亡。所以,在很大程度上讲,正是因为原匈奴生活在医疗条件极差、人烟稀少的草原之上,加之其主要活动区域属于土壤微量元素严重缺乏锌的区域,所以才会引发生活在此的青壮年女性人口的大量死亡现象;而青壮年女性人口的大量死亡,必然在匈奴族中造成男女育龄人口中的男多女少的性比例失调问题。为了保证各民族正常的、必需的繁衍,有效地利用有生育能力的妇女,并使之在能够有效生育的前提下去尽可能多地孕育后代,便成为匈奴、鲜卑等游牧民族的自然选择了!以匈奴的"收继婚"制看,"收继"法有其基本的原则,即按董家遵先生之说:

---

① 内蒙古文物考古研究所:《内蒙古朱开沟遗址》,《考古学报》1988 年第 3 期。
② 田广金:《桃红巴拉的匈奴墓》,《考古学报》1976 年第 1 期。

第二编 从人口、性别政策看汉魏时期国家治理

"最明显的约有三点：第一，被收娶者必须是无夫的寡妇。第二，收娶者必须是死者习惯上婚姻的继承人。第三，他们的结合是社会制度所许可的，双方都承认权利与义务，是公开的结合，绝不是偷偷摸摸的私通。①"而正因为有此三条，使得匈奴、鲜卑及其他同样有着"收继婚"俗的内陆游牧少数民族，能够在防止有血缘关系的近亲婚姻和又不造成家族关系内讧的条件下，去尽可能多地生育后代。于此看来，匈奴等北方少数民族的"收继婚"俗，确实是在地理环境和人类社会环境之下共同孕育的产物，也是一种符合历史发展和人类生存规律的合理、合适的具有某种先进性的社会制度。有鉴于此，我认为还有必要进一步了解和强调一下历史时期匈奴人口问题的背景、整个风成黄土区新石器文化遗址人骨资料与长江下游及闽越地区新石器文化人骨资料的对比情况和近现代时期原匈奴主要活动区域内的人口及孕龄妇女疾病问题的背景，从而为更有力地支持本文所述观点提供保证。故特以下文简要论述之。

首先，关于历史时期匈奴的人口数量问题，有赖于《史记》《汉书》对匈奴主要时期的"控弦之士"数量的记载。实际上，《史记·匈奴传》和《汉书·匈奴传》中虽无匈奴的全部的人口数的记载，但有匈奴最盛时的兵力记载，而且是《史记》中有两种不同记载同系一传之中。据《史记·匈奴传》首次提到匈奴兵力数量时，记载称"是时汉兵与项羽相距，中国罢于兵革，以故冒顿得自强，控弦之士三十余万。"但同书同传又称："冒顿纵精兵四十万骑，围高帝于白登"；关于此事，班固《汉书·匈奴传》记载却称"控弦三十万"。对于此三种说法，暂且不去讨论对错问题，而仅关注史家以其为论据来论述匈奴人口者。

以《史记》《汉书》的记载为论据来探讨匈奴人口数量者，仅20世纪30年代至今，就有数家之多。按照时间的先后次序，20世纪30年

---

① 董家遵：《中国古代婚姻史研究》，广东人民出版社1998年版，第10—111页。

第二章 从人口性比例失调看匈奴的婚姻制度及其影响

代胡君泊先生所撰《匈奴源流考》应是最早论及匈奴的人口问题者①；其后 1934 年吕思勉先生《中国民族史》一书由上海世界书局刊行，其中在第三章《匈奴》附录四《秦始皇筑长城》一节中论及匈奴的人口问题，并提出匈奴人口 120 万之说②；马长寿先生于 1954 年第五期《历史研究》上发表《论匈奴部落国家的奴隶制》一文，其中亦论及匈奴人口问题，提出 150 万之说③；又欧阳熙先生 1958 年在《华东师大学报》第四期发表《匈奴社会的发展》一文，提出匈奴人口 150 万—300 万人之说④；1986 年刊行的林干先生的《匈奴通史》提出匈奴人口 200 万之说⑤；赵文林、谢淑君《中国人口史》估计匈奴人口有 70、80 万人⑥；葛剑雄《中国人口史》则提出匈奴人口"五六十万"之说⑦。以上诸说，除赵文林、谢淑君及葛剑雄之说外，其余大抵是以"控弦之士三十万"或"精兵四十万"乘五而后得出的。近有学者王庆宪撰文以为诸说皆误，不宜用来计算匈奴人口；而用推测的结果再去论证其他问题就更不可靠；但应采用何种办法来计算匈奴人口，王庆宪也没有拿出好的方案⑧。我也同意王庆宪之说。但同时以为，关于匈奴人口的数量，如果完全抛开考古发掘材料和地理环境的影响，就难以有新的突破。

实际上，以本文上节述及的各历史时期的匈奴及其先祖的墓葬人骨材料所反映的情况看，匈奴人口寿命极短。当时不仅存在大量育龄妇女的死亡问题，而且婴幼儿死亡率也极高，而所谓的老年人口仅有个别活

---

① 胡君泊：《匈奴源流考》，载林干《匈奴史论文选集》，中华书局 1983 年版，第 226—228 页。
② 吕思勉：《中国民族史》，中国大百科全书出版社 1987 年版，第 60—61 页。
③ 马长寿：《论匈奴部落国家的奴隶制》，载周伟洲《马长寿民族学论集》，人民出版社 2003 年版，第 353—379 页。
④ 欧阳熙：《匈奴社会的发展》，《华东师大学报》1958 年第 4 期。
⑤ 林干：《匈奴社会制度初探》，载林干《匈奴史论文选集》，中华书局 1983 年版，第 232—277 页。
⑥ 赵文林、谢淑君：《中国人口史》，人民出版社 1988 年版，第 28 页。
⑦ 葛剑雄：《中国人口史》，复旦大学出版社 2002 年版，第 398 页。
⑧ 王庆宪：《匈奴人口的计算方法与其社会制度》，《黑龙江民族丛刊》2004 年第 3 期。

到60岁。如战国时期毛庆沟墓地，可鉴别年龄、性别者共计26人，加上未成年人死亡者7人，合计33人；其中男女性死于青壮期（16—45岁）者占45.5%，男女性死于老年期（46—60岁）者占33%多，死于未成年期者占21%多。又如宁夏同心县倒墩子匈奴墓，所有人骨统计仅25例，其中死于未成年期者9例，占全部人骨的36%，男性死于青壮期（15—45岁）者4例，占全部人骨的16%；女性死于青壮期（15—45岁）者占28%；而男女两性死于老年期（46岁以上）者只占24%；男女各占一半。从这个角度看匈奴极盛时虽有"控弦之士三十余万"，然以之与毛庆沟墓葬所反映的男性死亡率算，匈奴人口只有100万人左右；如按宁夏同心县倒墩子匈奴墓葬所反映的男性死亡率算，以匈奴"控弦之士"35万计，则匈奴人口在220万左右。但即令是匈奴最盛时有220万人，以今内蒙古自治区就有118平方公里计，匈奴的人口密度仅每平方公里1.9个人。然而，匈奴最盛时所掌控的土地远非今内蒙古之地，而是"东接秽貉、朝鲜"，西定楼兰、乌孙、乌揭，北收浑庾、屈射、丁灵、鬲昆、薪犁之国，南楼烦、白羊河南王，南与汉朝对峙的匈奴庞大帝国。所以，对于一个既要求生存权力，又必须保护旗下子民的民族来说，尽可能保证正常种的繁衍便成为十分迫切的任务。而正是在这种氛围下，"收继婚"俗可以很好地迎合匈奴尽可能增殖人口的迫切社会需要。

其次，就整个风成黄土区新石器文化遗址的人骨资料与闽越地区新石器文化人骨资料的对比情况来看，土壤微量元素有效锌含量、原始人的食物种类及食物源中有机锌的含量，在某种情况上决定了原始人口的健康及性别状况。

关于风成黄土区的范围，大致包括今内蒙古、宁夏、甘肃、陕西、山西、河南、河北、北京、天津等省市的全部和湖北、山东、安徽、江苏等省的部分以及今蒙古国地区。而如前所述，原匈奴人生活的今蒙古国地区和内蒙古自治区、宁夏、甘肃、陕西及山西北部地区大都处在高纬度、远离大海的内陆非季风区，有着气温低、干旱、少雨、多风、高

第二章 从人口性比例失调看匈奴的婚姻制度及其影响

蒸发量的气候条件和植被稀少、成土母质多为风积物、河湖密度低、土壤盐碱度高的环境特征。在这种恶劣的自然环境下，绝大部分土壤中的微量元素有效锌含量处在临界值 1.0mg/kg 之下；土壤缺失微量元素有效锌，进而通过食物链影响到当地人类的微量元素锌水平，造成了妊娠妇女及婴幼儿的大量死亡，从而形成了生活在这些区域内的新石器时期原始人及其后的匈奴人中比较严重的人口性比例问题。除此以外，关于风成黄土区内的关中平原及黄河中下游地区新石器时期的人骨资料所反映的情况，学术界早有关注。如20世纪60年代颜訚的《华县新石器时代人骨的研究》及《西安半坡人骨的研究》①、20世纪80年代初张忠培的《史家村墓地的研究》②、陈铁梅《中国新石器墓葬成年人骨性比异常的问题》③、中国社会科学院考古所山东工作队《山东兖州王因新石器时代遗址发掘简报》④、北京大学历史系考古专业《元君庙仰韶墓地》⑤、考古所体质人类学组《陕西华阴横阵的仰韶文化人骨》⑥、韩康信等《江苏邳县大墩子新石器时代人骨的研究》⑦ 等，都涉及上述这些地区新石器时代墓葬中人骨资料的分析与研究。关中平原及黄河中下游新石器文化遗址或墓葬中人骨材料的分析结果，大都反映出成年男女中存在着十分严重的男多女少的性比例失调问题。如渭南史家村墓地反映成年男女的性比例为（男）100：（女）34；山东兖州王因新石器时代遗址反映成年男女的性比例为（男）100：（女）43；江苏邳县大墩子新石器时代人骨资料反映男女的性比例为（男）100：（女）67 等。然而，将来自闽越沿海地区新石器时代遗址中的人骨资料与来自中国北

---

① 颜訚：《华县新石器时代人骨的研究》，《考古学报》1962年第2期；颜訚等：《西安半坡人骨的研究》，《考古》1960年第9期。
② 张忠培：《史家村墓地的研究》，《考古学报》1981年第2期。
③ 陈铁梅：《中国新石器墓葬成年人骨性比异常的问题》，《考古学报》1990年第4期。
④ 中国社会科学院考古所山东工作队：《山东兖州王因新石器时代遗址发掘简报》，《考古》1979年第1期。
⑤ 北京大学历史系考古专业：《元君庙仰韶墓地》，文物出版社1983年版。
⑥ 考古所体质人类学组：《陕西华阴横阵的仰韶文化人骨》，《考古》1973年第3期。
⑦ 韩康信等：《江苏邳县大墩子新石器时代人骨的研究》，《考古学报》1974年第2期。

方地区以及关中平原、黄河中下游地区新石器时代遗址中人骨材料相比较，却可发现南北新石器时代的人骨资料所反映出的差异实际上非常之大。

从新中国成立初期到 20 世纪 80 年代，福建发现史前文化遗存一千多处，主要分布在河流两岸的岗阜之上。[1] 由于原始先民以水产品为主要的食物来源，以致丢弃的蛤蜊、牡蛎、蚬、蚶等贝壳，往往堆积成"贝丘"，这些贝丘大多分布在闽江下游及平潭岛和漳州覆船山等地；福建史前文化遗址中，比较重要并经过发掘的有闽侯县昙石山、庄边山、溪头等遗址[2]。如位于闽江下游、距福州 22 公里的闽侯县昙石山遗址，在1954—1965 年的十余年中，曾进行六次发掘；其中以第六次发掘规模最大，出土文物最丰富；该遗址根据地层关系和墓葬情况分上、中、下三层，其中的中、下层属于新石器时代，上层属于青铜时代[3]；经过对中层贝壳的放射性碳 14 测定，昙石山遗址的年代为公元前 1140 ± 90年，即距今 3120 ± 90 年左右[4]。在昙石山遗址第六次发掘中，共发现墓葬 32 座，其中下层 15 座，中层 17 座，中、下层打破关系的 9 座，墓中多有蛤蜊壳的痕迹；共有可鉴别的人骨 28 具：其中有婴幼儿 12 人，年龄在 0—14 岁之间约占全部人骨 43%；成年男性 2 人，年龄在 50—60 岁左右，占可明确鉴别人骨性别者的 20% 和全部成年人骨资料的12.5%。成年女性 8 人，占全部成年人口 50%，占 10 具可明确鉴别人骨性别者的 80%；其中 60 岁以上者 2 人，占可鉴别人骨性别者的20%；35—50 岁者 4 人，占可鉴别人骨性别者的 40%；年龄不详的成年女性 2 人；此外，还有 6 个性别不详的成年人[5]。由以上人骨材料所反映的情况看，明显具有三大特征：其一，婴幼儿死亡率很高；其二，

---

[1] 福建考古所：《福建考古工作概况》，《考古》1959 年第 11 期。
[2] 曾凡：《关于福建史前文化遗存的探讨》，《考古学报》1980 年第 3 期。
[3] 福建省博物馆：《闽侯县昙石山遗址第六次发掘报告》，《考古学报》1976 年第 1 期。
[4] 中国科学院考古所实验室：《放射性碳素测定年代报告（三）》，《考古》1974 年第 5 期。
[5] 福建省博物馆：《闽侯县昙石山遗址第六次发掘报告》，《考古学报》1976 年第 1 期。

第二章　从人口性比例失调看匈奴的婚姻制度及其影响

成年男性不多，但寿命较长；其三，成年女性人口与男性之比为（女）100∶（男）50，女性中长寿者远远超出男性，而且，女性死于35—40岁妊娠期者仅有1人，与中国北方新石器遗址中男多女少的高性别比形成了鲜明的对比。又如1975年所发掘的闽侯白沙溪头新石器时代遗址人骨材料亦反映出成年男女较为长寿的特征：在闽侯白沙溪头遗址第一次发掘中共发现墓葬9座，其中合葬墓1座；出土可鉴别人骨9人，均为成年男女；其中女性4人，占可鉴别人骨性别者的45%：23岁左右1人，40—50岁左右2人，60岁以上者1人；成年男性5人，占可鉴别人骨性别者的55%：其中20岁左右1人，40—45岁2人，60岁以上1人，成年但年龄不详者1人；男女性比例为（男）100∶（女）80；其性别比基本属于正常范围。[①] 从闽侯县石山和白沙溪头遗址实地情况看，它们都应属于"贝丘"文化类型；尤其是昙石山遗址主要是由贝壳堆积而成，有的厚达3m多，这显然应该是原始人长期以贝类为食物、定居于此的结果；遗址中也发现猪、狗、牛、熊、象、水鹿等数量不多的遗骨及石锛、石镰等生产工具，说明当时人们是以渔业为主，兼有狩猎和原始农业的生活方式；同时，按水鹿和印度象的分布规律和"仰韶温暖期"的历史气候规律看，当时昙石山一带，应与"闽南、广东以及滇南的气候差不多"，属于热带气候，植被要比现在更加繁茂[②]。如前所述，土壤微量元素有效锌含量高低与成土母质、气温高低、湿润程度、土壤pH值和土壤有机质含量密切相关，而从昙石山遗址地处闽江入海口的情况看，其土壤多含海生贝壳，富含钙、锌、铁等矿物，加之气候温暖湿润，植被繁茂，必然使得土壤pH值较低，有机质含量丰富，以致决定了土壤微量元素有效锌含量具有较高水平；如现代土壤微量元素调查结果表明，福建表层土壤pH值在4.85—6.5之间，土壤微量元素有效锌在0.82—14.55mg/kg

---

[①] 福建省博物馆：《福建闽侯白沙溪头新石器时代遗址第一次发掘简报》，《考古》1980年第4期。

[②] 福建省博物馆：《闽侯县石山遗址第六次发掘报告》，《考古学报》1976年第1期。

便是很好的旁证①；另外，作为"贝丘"文化类型的居民，多以海生贝壳为主食，而现代科技证明海生牡蛎的微量元素有机锌含量最高。于此，闽侯县石山和白沙溪头遗址中所反映的成年男女寿命较长和妊娠期妇女鲜有死亡的现象应与闽侯地区生活环境中土壤微量元素有效锌的高含量以及主要食品类型中富含微量元素有机锌、碘等生命元素有着密切的联系。

再次，匈奴所处地理环境下土壤微量元素中缺乏锌等关乎育龄妇女和婴儿生命安全的必要元素，这使得健康的育龄妇女成为匈奴民族极其宝贵的财富，所以，"收继婚"俗的盛行，应该是匈奴民族在特定历史地理环境下所形成的必然选择。

关于微量元素锌在孕妇妊娠中的作用和影响以及近百年大量的人口统计资料表明，从古到今生活原匈奴主要区域里的人们，同样也存在严重的人口性比例失调问题。大致表现在两个方面：

其一，以近现代内蒙古地区的人口统计看，生活在原匈奴发迹之地的蒙古族人口性比例问题也是以育龄妇女人口的死亡为特点的：统计资料表明，1947年蒙古族人口的健康状况颇为恶劣，特别是在1931年以后日本帝国主义的殖民统治之下，蒙古族人口数量急剧下降，当时险恶的人口形势可以用"高出生、高死亡、低寿命、负增长"来概括其生态特征。据1940年东北抽样研究的结果蒙古族出生率为37.30‰；总死亡率为44.20‰；婴儿死亡率为295‰，自然增长率为-6.90‰；极高的婴儿死亡率和118‰的1—4岁幼儿死亡率使出生婴儿在5岁前就死去50%，0岁预期寿命仅为19.6岁，出生10年后达到的最高寿命也仅仅38.6岁。这样的生态过程持续作用的后果，使1947年蒙古族人口仅剩83.2万②。新中国成立数十年，内蒙古人口急剧增长，但在1990年的内蒙古人口普查中，男性人口占总人口的51.99%，女性人口占

---

① 梁颁捷、朱其清、林毅、林伟杰等：《福建烟区土壤养分丰缺状况及施肥对策》，《烟草科技》2002年第4期。

② 王镇：《跨世纪的中国人口（内蒙古卷）》，中国统计出版社1994年版，第165页。

48.01%，性别比为108.3（即男108.3∶女100），要比全国总人口性别比高2.26百分点；与1982年人口普查时的总人口性别比109.02相比，1990年的性别比还降低了0.72个百分点。以内蒙古1982年性别比比值109.02看，在全国是处首位的；但到1992年才降为全国第4位。同时，在1990年人口统计表中，回溯其中60—64岁年龄段、65—69岁年龄段、70—74岁年龄段的人口性别比值，却发现新中国成立之前男女育龄人口中的性别比分别高达127.31、125.89和126.00，反映出育龄女性人口明显少于男性的特点[1]。另从1982年《分年龄人口性别构成表》中看，人口统计中50—70岁的人口，在能生育的年龄段明显生活在1949年之前，他们的性别比也在127—136.98之间，可见，无论是从1982年，还是从1990年人口统计资料来回溯三四十年代的人口性别比，都反映了当时育龄人口十分严重的男女失衡问题[2]。众所周知，人类正常的男女性比例大体是男106∶女100；然而，以1947年自治区成立时，男性占总人口的54.88%，女性人口占45.12%，性别比平均值高达121.33计，内蒙古地区男女性比例就属严重失调的范畴了。尤其在个别性别比严重失调的地区：如在乌兰察布盟（今乌兰察布市），全盟15个旗县市中，竟有11个旗级单位人口性别比在125以上；其中最高的卓资县，性别比值高达150（总人口118168人，男70901人，女47267人），平均5个人中，有3男2女。[3] 此外，《跨世纪的中国人口（内蒙古卷）》中还表明：1990年内蒙古15—49岁育龄人口的死亡率，男女合计为1.73‰，与全国水平相当；育龄人口死亡的分布特点是旗县高于镇，镇高于市。但是，"旗县女性在25—29岁的时候，其死亡率是市、镇的两倍以上。[4]"最后从《1990年内蒙古各类经济区人口密度》统计表中可以看出118.7万平方公里的土地上，人口密度是有差别

---

[1] 王镇：《跨世纪的中国人口（内蒙古卷）》，中国统计出版社1994年版，第10页。
[2] 同上书，第44页。
[3] 同上书，第40页。
[4] 同上书，第163页。

的：其中农业区为59.84人/平方公里，牧业区为2.52人/平方公里，半农半牧区为28.36人/平方公里，林区为5.73人/平方公里。以牧区人口密度最低[①]。总之，由以上统计资料看，原匈奴活动的主要地区，不仅同样存在着男女失衡的老问题，而且在广大的牧区里人口密度始终都处在极低的水平。

其二，从当代医学高度发展以及医学仍然不能很好解决孕妇妊娠时期高死率的事实看，汉魏时期健康的育龄妇女确实是匈奴民族的宝贵财富。

以国内外医学研究的大量成果看，人体锌在妇女妊娠中确实有着巨大的作用，具体表现在以下几个方面：（一）孕妇缺锌，易造成胎儿畸形、弱智或成长缓慢，从而增加孕妇流产等妊高征的机率。流行病学研究发现，在一些锌缺乏较严重的地区如埃及、伊朗等国，脊柱裂和无脑畸形发生率高，而生产畸形儿的孕妇其血锌水平较正常孕妇低。（二）孕妇缺锌，易造成孕妇早产、过期妊娠等概率增大：1992年3月至7月第一军医大学妇产科随机选择进行产前检查的孕妇207例，且妊娠期无服食锌制剂者，年龄22—32岁，孕龄33—41周的单胎初产妇为调查对象，通过血清锌的检测后发现，她们可明显分为高锌组与低锌组；此两组孕妇在分娩时，出现异常分娩并发症（如子宫收缩乏力、产程异常、产后出血等）也有明显的差别：其中高锌组91例中出现异常分娩者32例，剖宫产者5例；高锌组中出现异常分娩的比例为35.16%。低锌组106例中有59例属异常分娩者，16例剖宫产者；异常分娩者占低锌者的55.66%。分娩正常与否决定于三大因素，除产道和胎儿外，以子宫收缩力为主的产力是主要因素，分娩的正常进展和母婴的后果主要取决于子宫肌的功能。本调查发现，妊娠后期及分娩期低血锌孕产妇易发生异常分娩，其剖宫发生率也高于对照组，说明母血锌水平对维持正常分娩起着重要的作用；Lazebnik等对人体的研究观察表明，锌影响整个分

---

① 王镇：《跨世纪的中国人口（内蒙古卷）》，中国统计出版社1994年版，第197页。

第二章 从人口性比例失调看匈奴的婚姻制度及其影响

娩过程，低锌与第二产程延长、滞产的发生率、最后的分娩方式和产后的出血率均有密切的关系；缺锌可引起子宫肌肉反应性低下，子宫收缩失调，从而导致分娩异常。① （三）孕妇缺锌，可造成孕妇和婴幼儿免疫力下降，易感染病毒，造成死亡率提高：早在1897年，我国已有妊高征的病例报道，当时的发病率为1/71，死亡率为12.1%，多数无产前检查。② 与全国妇幼儿死亡水平相比，"解放前内蒙古自治区蒙古族人口平均寿命是19.6岁，1990年已提高到65.6岁……婴儿死亡率从解放前的430‰，降到八十年代的37.8‰。过去妇女患各种疾病的也很多，据锡林郭勒盟原西联旗统计，孕妇流产的占80%，而1953年后，随着妇幼保健事业的发展，很快就降到2.2%"③；又以陈巴尔虎旗为例，据1950年该旗完工苏木的回顾性调查，当时新生儿成活率仅为40.6%，新生儿破伤风死亡率高达50%以上，严重影响了民族人口素质的提高。新中国建立后，新式接生法代替了旧式接生法，城市达到94%以上，牧区也达到84%，但同时1985—1990年的调查结果显示：内蒙古胎位性难产，20世纪八九十年代平均发病率为3.25%，孕产妇死亡率平均为7.21/万，牧区为32.73/万，新生儿死亡率平均为28.72‰，牧区32.73‰的水平；解放前，中国孕产妇的死亡率高达150/万，1985年下降到4.5/万；但1985年内蒙古孕产妇死亡率仍达7.5/万，远远高于全国的平均水平。④ （四）饮食单调，易致肥胖；同时造成微量元素锌的缺乏，以致妊高征增多：以蒙古族等内陆少数民族的饮食习惯看，肉食较多，少食蔬菜，尤其是绿叶蔬菜和豆类，佐以奶茶，含盐度高；长期食品种单一，除了影响膳食结构和微量元素营养水平外，必然造成高血压、高血脂、糖尿病的多发，从而为妊高征的发病提供了诱因。据海外学者研究：已知肥胖与内科疾病（糖尿病、高血压、高脂血症和

---

① Lazebink N., *Zinc Status*, *Pregnancy Complications*, *and Labor Abnormalities*, Am J Obstet Gynecol, 1983, p.161.
② 曹泽毅：《中华妇产科学·绪论》，人民卫生出版社1999年版，第212页。
③ 沙人：《内蒙古优生学研究》，内蒙古人民出版社1990年版，第5页。
④ 同上书，第21页。

心脑病患)、妇科疾病（月经异常、妊娠、分娩异常等）有明确的关系。尤其是妇科病，Mansan 等通过对 115196 名 30—55 岁女性护士群体进行的长达 16 年的追踪调查和 1992—1996 年对华盛顿地区近 10 万初产母亲分娩资料的分析后发现：随着体重的增加，妊娠性糖尿病和先兆子痫病随之增加；肥胖妇女出现妊娠性糖尿病的危险率是消瘦女性的 5 倍，出现先兆子痫的危险率是消瘦女性的 3 倍，而随之而来的是孕妇和婴幼儿死亡率的提高[①]。妊高征的危险因素分为两种：一为孕前已有因素，如母辈已有既往妊高病史、慢性高血压、糖尿病史等；一为与妊娠有关的因素，频繁更换性伴侣、吸烟史及与妊娠有关的多胎、染色体异常、葡萄胎等。妊高征具有家族倾向：Chesley 等发现患妊高征的母亲，其女妊高征的发生率为 26%，儿媳为 8%；Clincotta 等也研究发现，有妊高征家族史的孕妇，妊娠过程中妊高征发生率增加 3 倍，先兆子痫发生率增加 4 倍。Sibai 将初产妇妊高征发生的危险因素依次列为：收缩压、肥胖、流产次率及吸烟。血压越高或越肥胖，妊高征发生率就越高[②]。

总之，汉魏时期匈奴族的"收继婚"俗是在特定的地理环境与历史条件下产生的，也是匈奴族出现育龄男女人口失衡条件下、为保持种的繁衍而出现的一种合情合理的婚姻制度。

四 汉魏时期匈奴"收继婚"俗对民族融合的影响

众所周知，魏晋南北朝时期既是一个大分裂、大割据的时期，同时又是一个民族大融合时期。事实上，所谓的魏晋南北朝民族大融合运动，早在东汉时期便已开始了。如前所述，自从东汉光武帝建武二十四年（公元 48 年）匈奴第二次走向大分裂，南匈奴进入东汉北部"愿永为汉藩，捍御北部"后，汉光武帝便将从今陇东，经陕西、内蒙古、山

---

① [日] 桥本佳明：《肥胖度与死亡率的关系》，《国外医学内科学分册》1996 年第 11 期。
② 李春芳：《妊高征危险因素的研究进展》，《国外医学妇幼保健分册》2000 年第 4 期。

第二章 从人口性比例失调看匈奴的婚姻制度及其影响

西到河北的沿长城内外的五原、云中、定襄、朔方、雁门、上谷等沿边八郡划给南匈奴统治，以便其安置部众来生产、生活。所以，从最大程度上讲，中国古代第二次民族大融合的序幕是在东汉之初即已拉开了。在这种民族大融合的氛围下，匈奴的"收继婚"俗也随着之后的汉匈之间的大融合而逐渐走向消亡。所以，在一定意义上我们完全可以说：匈奴"收继婚"俗消亡的过程，即汉唐间中国北方民族大融合完成的过程。下面试简要论述之。

首先，我们必须注意到，早在秦皇汉武时期，后来的沿边八郡地区就一直是各朝着力经营的地区：如《史记·秦始皇本纪》记载：秦始皇三十二年，命蒙恬以30万人打败匈奴后，秦即"自榆中并河以东，属之阴山，以为四十四，城河上为塞。又使蒙恬渡河取高阙、阳山、北假中，筑亭障以逐戎人。徙谪，实之初县"；到秦皇三十六年"又迁北河、榆中三万家，拜爵一级。"但是，秦王朝灭亡以后，据《史记·匈奴传》记载："诸秦所徙谪戍边者皆复去。于是匈奴得宽，复稍度河南，与中国界于故塞"。然周振鹤据《张家山汉墓竹简·秩律》考证后发现，西汉初年《汉书·地理志》所记载的五原郡属县竟大多在汉朝手中，甚至包括其最西部的西安阳县。由此，他认为汉武帝所收河南地，只相当于《汉志》朔方郡而已。[①] 那也就是说，虽然秦王朝谪戍者多有逃亡，但以家庭形式迁戍者应多有留守者。到了汉武帝中期汉匈之战以后，汉朝再次着力打造北地农垦经济。据《汉书·武帝纪》记载：元朔二年（公元前127年）"收河南地，置朔方、五原郡"后，马上便"募民徙朔方十万口"；元狩四年（公元前119年）冬，因关东连年水灾，"有司言关东贫民徙陇以西、北地、上郡、会稽，凡七十二万五千口，县官衣食振业……"等等[②]。照此看来，实际上从秦皇到西汉时期的沿边地区，内地农业移民多有屯田者。王莽新朝时

[①] 周振鹤：《〈二年律令·秩律〉的历史地理意义》，《学术月刊》2003年第1期。
[②] 辛德勇：《汉武帝徙民会稽史事证释》，《历史研究》2005年第1期。该文主要是就葛剑雄《西汉人口地理》第十章第三节的相关内容有商榷，特录此处，以备同仁参考。

期，汉匈战火又起，边关形势大乱，正如《汉书·匈奴传》下所记"初，北边自宣帝以来，数世不见烟火之警，人民炽盛，牛马布野。及莽挠乱匈奴，与之构难，边民死亡系获，又十二部兵久屯而不出，吏士罢弊。数年之间，北边虚空，野有暴骨矣。"到了东汉，汉朝因为要安置南匈奴，于是就有如《后汉书·光武纪》所记光武帝让"云中、五原、朔方、北地、定襄、雁门、上谷、代八郡民归于本土"的史实。但另据《后汉书·窦融传》记载"安定、北地、上郡流人避凶饥者，归之不绝。"① 所以，即使是东汉沿边八郡归入南匈奴所辖，其间也必有大量未迁回内地的移民和重新流入的移民存在着。② 那么，汉匈之间为了各自生存的需要，不可避免地会有大量的汉匈民族通婚的现象出现。

到曹魏和西晋时期，由于气候日趋寒冷，沿边八郡的匈奴、鲜卑等北方少数民族又进一步内迁，直至关中平原和山西高原等地。但以正史中记载看，有关东汉以后直至十六国北朝时期匈奴仍保留有"收继婚"史实，不仅寥寥无几，而且当时的记载也反映出时人对此是颇有微词的。单以《晋书》中记载看，与"收继婚"相同"烝""报"之事记载约有四起。其一为前凉时期凉州牧张祚"烝""凉州牧张骏"之妻马氏；《晋书》卷86《张轨传附孙灵伯父祚传》有云："祚先烝重华母马氏"；其二为《晋书》卷102《刘聪载记》所记刘聪"烝"伪太后单氏。其文曰："刘聪，字玄明，一名载，元海第四子也。母曰张夫人。……于是，以永嘉四年僭即皇帝位，大赦境内，改元光兴。……伪太后单氏姿色绝丽，聪烝焉。单即乂之母也，乂屡以为言，单氏惭恚而死，聪悲悼无已。"其三为刘聪之子刘粲"烝"后母，《晋书》卷102《刘聪载记》有云："（刘聪子）粲，字士光。……既嗣伪位，尊聪后靳氏为皇太后，樊氏号弘道皇后，宣氏号弘德皇后，王氏号

---

① 葛剑雄：《中国移民史》，福建人民出版社1997年版，第156页。
② 《后汉书》卷23《窦融传》，中华书局1965年版，第797页。

第二章 从人口性比例失调看匈奴的婚姻制度及其影响

弘孝皇后。靳等年皆未满二十,并国色也,粲晨夜烝淫于内,志不在哀。"其四为后燕政权慕容熙"烝"后母丁氏;《晋书》卷124《慕容熙载记》有云:(慕容垂之少子)"初,熙烝于丁氏,故为所立。及宠幸苻贵人,丁氏怨恚咒诅,与兄子七兵尚书信谋废熙。熙闻之,大怒,逼丁氏令自杀,葬以后礼,诛丁信。"然具体分析以上四例"烝""报"之事,确属匈奴、鲜卑所为者有三;此三例,均与被"烝"者"姿色绝丽"有关,而与其他无涉。至于前凉时期张祚,单以姓氏看,似是汉人后裔;然久处边地,或因感染凉州旧俗而为之。但同样是处在十六国时期的石后赵政权,就明文规定禁断"收继婚"俗。这说明匈奴自东汉到西晋时期逐渐南迁关中平原、晋北及晋南地区的过程,即从蒙古高原、鄂尔多斯高原人口稀少的游牧经济区,迁入了人口稠密、以农业经济为主的经济繁荣区域,由于存在更多的民族通婚的选择性,加之儒家礼仪的思想也逐渐深入人心,所以,匈奴"收继婚"俗逐渐失去存在的意义。故而才会有《晋书·石勒载记》所记"太兴二年……下书禁国人不听报嫂"的法律面世。

总之,我认为:汉魏时期匈奴的婚姻制度——"收继婚"问题,是在特殊历史地理环境下所产生的一种社会制度。通过对地理环境下土壤微量元素有效锌含量变化规律与大量的匈奴考古资料的综合考察来看,汉魏时期匈奴主要活动区域大都处在高纬度、远离大海的内陆非季风区,在气温低、干旱、少雨、多风、高蒸发量的气候条件下和植被稀少、成土母质多为风积物、河湖密度低、盐碱度高的土壤环境下,土壤微量元素有效锌、锰水平绝大多数处在缺乏或极缺的临界值下,影响了匈奴人体内的微量元素水平;而现代医学发展和大量的统计资料表明,育龄妇女在妊娠过程中需要有更多的锌、锰、碘素,否则会引发妊娠妇女难产、妊高征、产后出血、子痫等严重威胁孕妇及胎儿生命的疾病,也必然会造成妊娠女子的大量死亡。所以,在很大程度上讲,正是因为原匈奴生活在医疗条件极差、人烟稀少的草原之上,加之其主要活动区域属于土壤微量元素严重缺乏锌的区域,才会引发生活在此的青壮年女

第二编 从人口、性别政策看汉魏时期国家治理

性人口的大量死亡现象,从而形成了匈奴男女育龄人口中的男多女少的性比例失调问题。而为了保证匈奴民族正常的、必需的种的繁衍,有效地利用有生育能力的妇女,并使之在能够有效生育的前提下、去尽可能多地孕育后代,便成为匈奴族的自然选择了。这种制度的产生,不仅对匈奴的自身繁衍有着重要的意义,而且也为汉魏时期匈奴内迁以后,与汉族的大融合提供了契机。

第三章 从人口性比例再论汉魏时期鲜卑与汉族的融合问题

鲜卑是秦汉乃至魏晋南北朝时期，古代中国北方地区继匈奴而起的、另一地位至为重要的游牧民族，它也是曾经在魏晋南北朝时期的中国北方地区上建立过诸如代、前燕、后燕、南燕、西秦、南凉、北魏、东魏、西魏等多个王朝或政权的民族；而正如我们所知的是，魏晋南北朝时期是中华民族大融合当中的一个非常重要的时期，有鉴于此，本文拟在地理环境下土壤微量元素的变化与拓跋鲜卑人口的关系问题上，进一步探讨拓跋鲜卑性比例失调产生的原因和特点，并就其与北魏时期拓跋鲜卑与汉族的融合途径提出自己的观点，以求教于方家。

关于拓跋鲜卑的人口性比例失调问题和其与北魏民族融合的关系，学界仅有一篇文章论及，即拙文《从性比例失调看北魏时期拓跋鲜卑与汉族的融合》。10多年之前，拙文试图从人口学角度中的性比例失调问题入手去研究北魏拓跋鲜卑与汉族的融合途径。然今仔细考量拙文，仅从文献记载的角度分析北魏文成帝、孝文帝关于禁止"与非类婚偶"的三条诏令及诏令中所涉及的"皇族、师傅、王公侯伯及士民之家"和"百工、伎巧、卑姓"的民族构成与阶级构成，进而分析北魏中期以前皇后出身的卑贱化和族属情况与北魏多次放免宫女以及掠夺他族妻女班赉将士等史实，只能说是单纯从理论上推导出了北魏拓跋鲜卑在入主中原的过程中存在着男多女少的性比例失调问题①。以我个人目前生态社会史学多学科交叉研究的理念看，当年拙文在具体写作与论证过程中，既没有考虑到地理环境对人类再生产活动的制约与影响因素，也没有很好地利用现代考古学研究的成果，这无疑是存在着致命缺陷的。有鉴于此，拙意以为有必要进一步探讨这一问题。同时，为了更好地论证我的观点，拙文拟从汉魏时期鲜卑所处不同时代、不同地域条件下土壤微量元素变化有效锌、碘的变化规律入手，来进一步探讨地理环境与鲜卑人口性比例问题的关系。故此，下文拟从汉魏时期鲜卑所处的时代、渊源及活动区域的概况、汉魏时鲜卑主要活动区域的历史气候变化概况、汉魏时期土壤微量元素的状况及其变化规律、土壤微量元素所造成的鲜卑人口的性比例失调和其对北魏时期拓跋鲜卑与汉族的融合途径关系等几个方面来分别论述之。

第一节　汉魏时期鲜卑的渊源、世系及其主要活动的地理区域

众所周知，北魏时期的"拓跋鲜卑"是由两汉"鲜卑"发展而来的；然而，从传世文献的记载看，《史记》《汉书》中均无"鲜卑"的直接记载。有关"鲜卑"的史实，首见于《后汉书·光武帝纪》下光武帝建武二十一年"秋，鲜卑寇辽东，辽东太守祭肜大破之"的记载。然从成书较早的角度着眼，关于"鲜卑"的详细记载，实是《三国志·魏志·乌丸鲜卑传》下所引曹魏王沈《魏书》。其文曰："鲜卑亦东胡之余也，别保鲜卑山，因号焉。其言语习俗与乌丸同。其地东接辽水，西当西城……鲜卑自为冒顿所破，远窜辽东塞外，不与余国争衡，未有名通于汉，而由自与乌丸相接。至光武时，南北单于更相攻

---

① 高凯：《从性比例失调看北魏时期拓跋鲜卑与汉族的融合》，《史学理论研究》2000年第2期。

第三章 从人口性比例再论汉魏时期鲜卑与汉族的融合问题

伐,匈奴损耗,而鲜卑遂盛……匈奴及北单于遁逃后,余种十余万落,诣辽东杂处,皆自号鲜卑兵……檀石槐既立,乃为庭于高柳北三百余里弹汗山啜仇水上,东西部大人皆归焉。兵马甚盛,南钞汉边,北拒丁令,东却夫余,西击乌孙,尽据匈奴故地,东西万二千余里,南北七千余里,网罗山川、水泽、盐池甚广……"由王沈《魏书》看,自匈奴冒顿灭东胡之后,鲜卑"远窜辽东塞外,不与余国争衡",直至东汉初年,趁"匈奴损耗",北匈奴灭亡,鲜卑尽占其故地后,屡屡为害于东汉边防的过程甚为清晰。

同时,从王沈《魏书》亦可看出,鲜卑作为东胡的一支,早在秦汉时期便活动在匈奴之东的广大地区;而从先秦史的实况看,先秦典籍中经常提及的"山戎"就是东胡的祖先。以《史记·匈奴传》记载看,"山戎越燕而伐齐。齐厘公与战于齐郊。其后四十四年,而山戎伐燕。燕告急于齐,齐桓公北伐山戎,山戎走。"故其下注文《史记索隐》引服虔曰:"山戎盖今鲜卑。"胡广亦云:"鲜卑,东胡别种。"而春秋时期的山戎尚仅处在"各分散居溪谷,自有君长,往往而聚者百有余戎,然莫能相一"的阶段。《史记·赵世家》在"今中山在我腹心,北有燕,东有胡"条下注引《史记正义》称:"赵东有瀛州。瀛州之境即东胡、乌丸之地。服虔云:'东胡,乌丸之先,后为鲜卑也。'"《史记·冯唐传》下注引《史记索隐》称崔浩云:"东胡,乌丸之先也。国在匈奴之东,故云东胡。"又《史记·匈奴传》记载:到战国时期,"燕有贤将秦开,为质于胡,胡甚信之。归而袭破走东胡,东胡却千余里。"此后,"燕亦筑长城,自造阳(在上谷)至襄平。置上谷、渔阳、右北平、辽西、辽东郡以拒胡。"可见,先秦时期的东胡或山戎,即东汉时期以后的乌桓、鲜卑,其活动的区域在匈奴以东和燕、赵之北,即包括今河北东北部及其以北的辽宁、内蒙古等地区。

关于汉魏时期鲜卑的渊源、世系和主要活动区域,前辈学者也多有精辟的考证:如吕思勉先生早在20世纪30年代即已认为:《史记》记载战国时期"燕筑长城,自造阳至襄平。置上谷、渔阳、右北平、辽西、辽东五郡以拒胡",则此五郡必是东胡所弃;至于"乌桓"之名,他认为是"彼族大人健者之名姓。乃分部之专称,非全族之通号。惟鲜卑实其本名,故乌桓后来,亦以自号也。希腊罗马古史载里海之西,黑海之北,古代即有辛卑尔族居之。又拓跋先世,出于西伯利亚,而史亦云'国有大鲜卑山',足知鲜卑种人,占地甚广,不仅匈奴之东,山岭崎岖之地矣"。另在《中国民族史·附录一·鲜卑》中,吕先生更认为:"东胡者,吾国人烦匈奴之名以名之,而加一方位以为别。……彼族本名,舍鲜卑莫属矣。"而且,他认为从婚俗、姓氏制度和对待族人战死为吉的习惯看,鲜卑与河曲羌属于同族之人①。马长寿先生在20世纪60年代则提出:乌桓、鲜卑与北狄、匈奴一样,都是我国北方的阿尔泰语系中的民族;"乌桓和鲜卑二族最初起源于蒙古高原的东南部和东北角,正巧都在今日中国内蒙古自治区的境内";具体而言,乌桓所在乌桓山以及鲜卑所在的鲜卑山,都在"今蒙古草原的东南部西辽河上游西拉木伦河以北的丘陵地带";鲜卑可分为东部鲜卑和拓跋鲜卑,且"拓跋鲜卑的最初起源地在今蒙古草原的东北角,即今额尔古纳河的东南";乌桓和鲜卑在公元前200年匈奴灭东胡之前都是东胡的组成部分,东胡和匈奴一样,是一个大的部落联盟等一系列观点②。1980年7月30日,米文平等人在内蒙古鄂伦春自治旗大兴安岭中发现了鲜卑祖先的"旧墟石室"——嘎仙洞,从而证实了马长寿先生所认为的大鲜卑山应在今额尔古纳河东南的大兴安岭的观点③。另外,童书业先生20世纪40年代作《中国疆域沿革略》一书时,亦论及鲜卑渊源和活动区域问题,且观点与吕思勉先生有相近之处。他认为:"盖自里海一带至西伯利亚及辽水流域皆鲜卑族居处(西伯利亚之名即由鲜卑而得,西方之辛卑尔亦即鲜卑异译),故《后汉书》所云非是,盖鲜卑乃其大名,非种族以山名,实以种族名山也。"但他又认为:"鲜卑之名已见《国语》

---

① 吕思勉:《中国民族史》,中国大百科全书出版社1987年版,第62—80页。
② 马长寿:《乌桓与鲜卑》,上海人民出版社1962年版,第1—115页。
③ 米文平:《鲜卑石室寻访记》,山东画报出版社1997年版,第39—40页。

第三章 从人口性比例再论汉魏时期鲜卑与汉族的融合问题

《楚辞》，曾为周人守燎"，他们应是"春秋时今山东省北部河北省，有一种族，自称鲜卑，中国人初称之山戎，继称之东胡（即屠何），盖为齐桓所破后，北迁居后来燕所辟五郡（上谷、渔阳、右北平、辽东、辽西）之地，后有姓名乌桓者，故其族之一部别号乌桓。"① 其后亦有不少学者论及鲜卑历史，如日本学者白鸟库吉认为东胡即通古斯族：胡为后夔之后，匈奴为夏桀之后②。金岳认为东胡远祖是夏商时代的土方，土方为屠何，后为东胡③。傅朗云、杨旸认为：胡族原意是以动物狐狸为图腾的氏族，后来胡族分别向东向西迁徙，故分为东胡和西胡④。其他还有林干《东胡史》⑤、刘学铫《鲜卑史论》⑥、张博泉等《东北历史疆域史》⑦、何光岳《东胡源流考》⑧ 等研究东胡或乌桓、鲜卑史者，但其基本观点无出上述吕思勉、马长寿等先生者。

进入东汉以后，随着匈奴政权的衰亡以及北匈奴的西迁，原来游牧于东北的鲜卑族大批向西和向西南方向迁徙，并与留在匈奴故地的旧部逐渐融合。据《后汉书·鲜卑传》记载蔡邕之言：称"自匈奴遁逃，鲜卑强盛，据其故地，称兵十万，才力劲健，意智益生。加以关塞不严，禁网多漏，精金良铁，皆为贼有；汉人逋逃，为之谋主，兵利马疾，过于匈奴。"到东汉桓帝时，鲜卑大人檀石槐"南抄缘边，北拒丁零，东却夫余，西击乌孙，尽据匈奴故地，东西万二千余里，南北七千余里，网罗山川水泽盐池"的军事大联盟，以与汉朝分庭抗礼。据上引王沈《魏书》记载，其时檀石槐不仅拒绝了东汉王朝的分封和和亲要

---

① 童书业：《童书业历史地理论集》，中华书局2004年版，第106—107页。
② 白鸟库吉：《东胡民族考》，方壮猷译，商务印书馆1924年版，原载日本《史学杂志》第21编第4号。
③ 金岳：《东胡源于土方考》，《民族研究》1987年第3期。
④ 傅朗云、杨旸：《东北民族史略》，吉林人民出版社1983年版，第25页。
⑤ 林干：《东胡史》，内蒙古人民出版社1990年版。
⑥ 刘学铫：《鲜卑史论》，南天书局有限公司1994年版。
⑦ 张博泉：《东北历史疆域史》，载孙进已《东北民族源流》，黑龙江人民出版社1987年版，第29—30页。
⑧ 何光岳：《东胡源流考》，江西教育出版社2004年版，第1—10页。

求,而且还分"其地为中东西三部。从右北平以东至辽,辽接夫余、貊为东部,二十余邑,其大人曰弥加、阙机、素利、槐头。从右北平以西至上谷为中部,十余邑,其大人曰柯最、阙居、慕容等,为大帅。从上谷以西至敦煌,西接乌孙为西部,二十余邑,其大人曰置鞬落罗、曰律推演、宴荔游等,皆为大帅而制属檀石槐。"由此说明,东汉桓帝时鲜卑族已广泛分布在西从河西走廊,东至辽东,北达漠北,南与东汉王朝缘边的广大区域里。关于拓跋鲜卑迁居时间和迁居地,近年有不少学者频繁关注:如近年有李志敏撰文认为推寅所迁之"大泽"在今河套地区,而诘汾所迁之"匈奴故地即鄂尔多斯高原",故此,他以为鄂尔多斯是为拓跋鲜卑的发祥地[1]。姚大力认为,魏收《魏书·序纪》是北魏之后拓跋族在追述其先世历史时所受到的中原传统政治文化的影响,以致其史料中包含诸多难解之处;经考证后认为:"序纪"所谓拓跋部远古"六十七世",系据中原古史传说推算而来;拓跋部没有加入过檀石槐的军事部落联盟;拓跋部是在第一推演引领下走出大鲜卑山,约在二世纪中迁至今呼伦池的;第二推演带领拓跋部南越阴山至匈奴故地,应在230年代等等[2]。又李逸友、魏坚结合数十年内蒙古自治区考古发掘材料,认为:鲜卑族从"年代不应早于东汉初年"时,即已自大兴安岭迁出,应是沿根河向西到根河下游,然后沿额尔古纳河继续向西南,到达呼伦河和呼伦贝尔草原的。[3] 而田余庆从对文献记载的考证角度,却推定宣帝率领拓跋南迁发生应在东汉桓帝时期(公元147—167年)。[4]

进入西晋初期,由于晋武帝对北方各少数民族实行"慕义归化"

---

[1] 李志敏:《关于〈魏书〉两个重要地名地望的考实》,《中国历史地理论丛》2002年第2期。
[2] 姚大力:《论拓跋鲜卑部的早期历史》,《复旦学报》2005年第2期。
[3] 内蒙古文物考古研究所等:《额尔古纳旗拉布达林鲜卑墓群发掘简报》,载李逸友、魏坚《内蒙古文物考古文集(第一辑)》,中国大百科全书出版社1994年版,第396页。
[4] 田余庆:《北魏后宫子贵母死之制的形成和演变》,载《拓跋史探》,生活·读书·新知三联书店2003年版,第9—61页。

第三章 从人口性比例再论汉魏时期鲜卑与汉族的融合问题

和"广辟塞垣,更招种落"政策,加之大漠南北遭遇到严重的水灾,以致出现了北方各民族大量内徙的热潮。据《晋书·四夷传》记载:当时大量内徙的"北狄以部落为类,其入居塞者有屠各种、鲜支种、寇头种、乌谭种、赤勤种、捍蛭种、黑狼种、赤沙种、郁鞞种、萎莎种、秃童种、勃蔑种、羌渠种、贺赖种、钟跂种、大楼种、雍屈种、真对种、力羯种,凡十九种,皆有部落,不相杂错。"又据《晋书·世祖武帝纪》记载,咸宁三年"西北杂虏及鲜卑、匈奴、五溪蛮夷、东夷三国前后十余辈,各帅种人部落内附"等等。据周伟洲考证,遍布于大漠南北及今东北地区的鲜卑各部,从东汉时期到十六国时期大量迁入西北地区:如鲜卑秃发部,作为拓跋鲜卑的一支,有数万人于曹魏末年迁入雍、凉二州;到西晋末年至十六国初期,这批内徙鲜卑大都居于河西一带,故被称为"河西鲜卑";在河西东部的陇西地区,魏晋时期鲜卑也多有迁入,其中是以乞伏鲜卑和吐谷浑为主:乞伏鲜卑从漠北南出阴山后,继而迁至高平川(今宁夏苦水河一带),后又迁至苑川(今甘肃兰州东苑川),到十六国时期在陇西建立政权,史称"西秦"。吐谷浑,原是今东北辽宁一带东部慕容鲜卑一支,因争夺牧场、牲畜的矛盾激化,吐谷浑部愤而西迁至阴山;十六国初期,吐谷浑继续向西南迁徙,征服了今青海及甘南地区,并最终建立"吐谷浑"政权。此外,魏晋时期还有鲜卑乙弗部、折掘部、思盘部、河南鲜卑十二部、北山鲜卑和意云鲜卑等,相继迁入西北的关中地区和河套以南朔方等地。①

进入东晋十六国时期,鲜卑各大部落相继建立政权。代国:先是西晋怀帝永嘉二年(公元308年),鲜卑拓跋部首领猗卢以盛乐为中心,将原来划分的三部统一起来。以后受晋室封号为代公、代王,以盛乐为北都,以平城为南都,于公元312年正式建立代国,直至公元376年苻坚灭代国;燕国:东晋咸康二年(公元337年)慕容皝向西消灭段部鲜卑,向北兼并宇文鲜卑后,开地三千里,并以"龙城"(今辽宁朝阳

---

① 周伟洲:《中国中世纪西北民族关系研究》,西北大学出版社1992年版,第22—30页。

市）为都，建立起当时在东北地区唯一强大的政权，史称前燕，至东晋太和五年（公元370年）为苻坚所灭。后燕：为慕容皝第五王子慕容垂所建，建都中山（今河北定县），至东晋安帝义熙四年（公元409年）被灭。西燕：为慕容泓所建，都长安（今陕西西安），后为慕容冲所杀；他的尚书慕容永又据长子（今山西长子县）为都，直至东晋孝武帝太元十九年（公元394年）灭亡。南凉：后凉龙飞二年（东晋安帝隆安元年，即公元397年），秃发鲜卑首领乌孤，以姑臧为都，建立南凉政权，直至公元414年为西秦所灭。西秦：东晋孝武帝太元十年（公元385年）乞伏鲜卑首领国仁趁前秦"淝水之战"大败之机，以陇西地区秦、河二州为中心，建立西秦政权，直至公元431年为北魏所灭。①

进入北朝时期，鲜卑族相继建立以下政权：北魏：东晋孝武帝太元十一年（北魏登国元年，即公元386年）拓跋鲜卑首领拓跋珪建立北魏政权，公元398年迁都平城，称帝，正式建立起后来统一中国北方地区的强盛的北魏王朝。王位经道武帝七传至孝文帝时，于公元493年（太和十七年）迁都洛阳，不久实行汉化改年，拓跋改姓元氏，故此北魏亦称元魏；公元534年（北魏孝武帝永熙三年）北魏灭亡，形成东、西两魏对峙局面；至此北魏王朝（公元386年—534年）共存在148年。东魏：以元善见为帝（公元534年—550年）由洛阳迁都至邺（今河北临漳），史称东魏。西魏：以元宝炬为始皇（公元535年），三传至元廓（公元557年）灭亡。吐谷浑：东晋成帝咸和四年（公元329年）由吐谷浑的孙子叶延在今青海省建立的政权，至隋炀帝大业五年（公元609年）为隋朝所灭亡。②

---

① 周伟洲：《中国中世纪西北民族关系研究》，西北大学出版社1992年版，第98—112页。
② 林干：《东胡史》，内蒙古人民出版社1989年版，第161—165页。

第二节 地理环境下土壤微量元素的变化与汉魏时期鲜卑人口性比例问题

众所周知，人体微量元素与土壤微量元素水平及食物微量元素水平密切相关，同时，藉上部所述内容，我们已基本上了解了汉魏时期鲜卑所处的时代、渊源、活动区域的概况，所以，要进一步探讨在不同时代、不同地域条件下土壤微量元素变化的规律和其对鲜卑人口性比例问题的影响，就先需要了解汉魏时期这些地区的历史气候状况。故此，下文拟从汉魏时期鲜卑主要活动区域的历史气候变化、汉魏时期土壤微量元素的状况及其变化规律、土壤微量元素所造成的鲜卑人口的性比例失调和其对北魏时期拓跋鲜卑与汉族融合的关系等四个方面来论述。

一 汉魏时期鲜卑主要活动区域的历史气候变化

根据《后汉书》《三国志》《晋书》《宋书》《南齐书》《魏书》等典籍的相关记载，鲜卑的历史也大致可分为三个阶段：一、春秋战国时期鲜卑兴起至公元前3世纪为匈奴冒顿所破和公元1世纪为鲜卑部落联盟时期：在这一时期里，鲜卑作为东胡的一支，先与乌桓一起居住在原燕国所置的上谷、渔阳、右北平、辽西、辽东五郡之地，即今燕山南北，包括河北北部、内蒙古东部和辽宁西部及中部地区。战国时期为燕国秦开所破后，鲜卑退居"东接辽水，西当西城"之地；汉初为匈奴冒顿所破后，鲜卑"远窜辽东塞外"，居"鲜卑山"，即今内蒙古大兴安岭地区。以后随着匈奴的衰亡，鲜卑逐渐西迁，至东汉桓帝时期尽据北匈奴故地，建立起以鲜卑大人檀石槐为首的"东却夫余，击击乌孙……东西万二千余里，南北七千余里"的军事大同盟[1]。二、从公元

---

[1] 《三国志》卷30《乌丸鲜卑转》，转引自王沈《魏书》，中华书局1959年标点本，第813页。

第二编 从人口、性别政策看汉魏时期国家治理

2世纪到5世纪的十六国时期,是鲜卑各部建立各自政权时期;这一时期,鲜卑逐渐南迁至黄土高原和关中地区,并在西晋末年至十六国时期,在西起今青海、甘肃,东至辽东的中国北方地区建立起吐谷浑、代国、前燕、后燕、南凉、西秦等割据政权。三、南北朝时期,是鲜卑建立统一北方地区的封建王朝时期;在这一时期,拓跋鲜卑从最初的"代"政权逐渐发展起来,于公元386年建立起北魏政权,并逐步统一北方,前后统治了148年时间。北魏灭亡后,东魏、西魏、北齐、北周政权相继,直至隋朝建立。

关于历史上气候的变化,竺可桢1972年发表于《考古学报》杂志的《中国近五千年来气候变迁的初步研究》一文做了详细的研究。该文认为:公元前3000—前1100年,黄河流域的年均温度较今约高2℃,冬季温度则高3℃—5℃;西周初期还温暖,但至周孝王时(发生在前903和前897年)有两次汉江结冰,表明公元前10世纪处于寒冷期。但近年有学者王鹏飞认为,竺可桢当年所引《竹书纪年》是伪造本,而《古本竹书纪年》却无此记载,从而说明公元前10世纪并非寒冷期①。到春秋、战国时期气候再次温暖。直到公元之初,历史气候"有趋于寒冷的趋势。……但东汉的冷期时间不长",三国时期气候比西汉武帝时代寒冷。公元225年第一次记载淮河有结冰。南北朝时期,南朝都城建业(今南京)冬天要比现在冷2℃,年平均温度比现在低1℃。竺可桢先生认为北朝《齐民要术》所记"十月中以蒲藁裹而缠之,不裹则冻死也"的物候表明,6世纪上半叶河南、山东一带的气候比现在冷。② 但近年也有学者认为竺先生在运用贾思勰《齐民要术》时没有注意到中国农历多闰月、以阴历对应阳历无严格规律的事实,以致竺先生所列举的《齐民要术》的两个物候证据,均不足以说明公元6世纪中国大陆存在寒冷期,且"看不出有表明当时气候特别寒冷的有力

---

① 王鹏飞:《史料的选择、引用和诠释》,载牟重行《中国五千年气候变迁的再考证》,气象出版社1996年版,第2页。

② 竺可桢:《竺可桢全集·第四卷》,上海科技教育出版社2004年版,第444—453页。

第三章　从人口性比例再论汉魏时期鲜卑与汉族的融合问题

证据，而根据农史研究者的意见，则以为农业气候的特点亦大抵如今日情况"①。

竺可桢1972年发表的《中国近五千年来气候变迁的初步研究》一文早有论及历史气候在"东汉时期即公元之初，我国天气有趋于寒冷的趋势"②。然而，台湾学者刘昭民认为：从西汉末至隋初（即汉成帝建始四年—隋文帝开皇二十年，前29年—公元600年）"气候转寒旱，为中国历史上第二个小冰河期"，反映在"在史书记载中只有大寒大雪及大旱之记录，而无'冬无雪'、'夏大燠'，或'冬暖无冰'等之记载，可见当时气候寒旱之甚。"③另有中国大陆学者提出："公元前2世纪中叶至2世纪末（西汉中叶到东汉末时期）为温暖气候；3世纪初至6世纪中叶（魏晋南北朝）为一寒冷气候，随后转至隋至盛唐的温暖气候"的观点。此说与竺可桢先生及刘昭民的观点差距甚大④。但根据《汉书》及《后汉书》的记载，从汉"文景之治"后，恶劣气候变化之现象屡见于史籍。如《汉书》卷27《五行志》中之下记载："文帝四年六月，大雨雪……武帝元光四年四月，陨霜杀草木……武帝元狩元年十二月，大雨雪，民多冻死……元鼎二年三月，雪，平地厚五尺……元鼎三年三月水冰，四月雨雪，关东十余郡人相食……元帝建昭二年十一月，齐、楚地大雪，深五尺……建昭四年三月，雨雪，燕多死……阳朔四年四月，雨雪，燕雀死……元帝永光元年三月，陨霜杀桑；九月二日，陨霜杀稼，天下大饥"等等反常气候的出现和对当时社会所造成的影响即明证。又《后汉书》卷30《襄楷传》亦记载：桓帝延熹九年"其冬大寒，杀鸟兽，害鱼鳖，城傍竹柏之叶有伤枯者。"又《后汉书》卷105《五行志·大寒》三记载："灵帝光和六年冬，大寒，北海、东莱、琅琊井中冰厚尺余……献帝初平四年六月，寒风如冬时"。这说明

---

① 牟重行：《中国五千年气候变迁的再考证》，气象出版社1996年版，第37—38页。
② 竺可桢：《中国近五千年来气候变迁的初步研究》，《考古学报》1972年第1期。
③ 刘昭民：《中国历史上气候之变迁》，台湾商务印书馆1982年版，第69—70页。
④ 张丕远：《中国历史气候变化》，山东科学技术出版社1996年版，第430—431页。

第二编 从人口、性别政策看汉魏时期国家治理

西汉中期以后至东汉时期的气候确实处于经常性的波动当中,并有渐趋寒冷的过程。

以上所述,主要是汉魏时期中原地区的气候变化,而具体到鲜卑主要活动区域的气候,肯定也会随中原地区气候恶化的趋势而有所变化。

鲜卑在秦末汉初被匈奴冒顿击溃,离开了气候相对温暖而湿润的今内蒙古自治区东南部,而远徙"大鲜卑山"、即今呼伦贝尔草原以东的大兴安岭北部以后,所处区域的气候和生存环境大大恶化。关于鲜卑故地,《三国志·魏书·乌丸鲜卑传》注引王沈《魏书》记载:"鲜卑自为冒顿所破,远窜辽东塞外,不与余国争衡",而从目前已发现的鲜卑石室——"嘎仙洞"所处位置看,鲜卑故地的中心区域大抵在今北纬51°,东经125°附近。这里在地貌上以山地为主,大兴安岭北段主脊——中山带的海拔高度在1000—2300米之间,且有南高而北低的特点;岭西三河一带属丘陵地貌,相对高度一般不超过200米,海拔800—900米,黑山头以西三河冲积平原海拔仅500多米。岭东地区,即鄂伦春族自治旗的中部和南部地区为低山地带,海拔500—1000米。鄂伦春族自治旗东半部为宽广的低缓丘陵,海拔300—500米,相对高度仅为50—100米。整个山地、丘陵区的河谷大多比较宽浅,形成宽展的河谷冲积平原。同时,由于在地面1—2米以下存在着多年冻土层,以致河谷中地下水位很高,有大片沼泽湿地存在。以现代的气候条件看,这里大多数山区属于寒温型气候。年平均气温在零度以下(0℃—6℃)。冬季严寒而漫长,1月平均气温在-24℃—31℃之间,极端最低气温都在-40℃以下。除岭东丘陵区外,大部山区每年有6—7个月平均气温在0℃以下,日最低气温低于-30℃的严寒日数年平均达50—100天,并且持续期达3—4个月。夏季温凉而短暂,7月平均气温除岭东丘陵达20℃外,其余地区在16℃—18℃之间。本区气候寒冷,只有岭东丘地区、岭西三河地区以及山区海拉尔河、甘河等河谷平原热量略高,大于10℃的积温可达1650℃—2000℃,无霜期90—100天,可以种植喜凉耐寒的麦类、马铃薯等作物。广大山区积温仅有1300℃—

第三章 从人口性比例再论汉魏时期鲜卑与汉族的融合问题

1600℃，平均无霜期 40—80 天。山区河谷除可种植甘蓝一类蔬菜外，其他农作物均难以成熟。年降水量都在 400mm 以下，多数地区 6—8 月降水占全年降水量 65%—70%，高温期与降水期吻合，有利于林木生长[①]。所以，由此可以推测，活动在今呼伦贝尔草原以东的大兴安岭中部的鲜卑人，虽处在年均温度较今约高 2℃、冬季温度则高 3℃—5℃的比较温暖的秦汉时期，但因其当地地处高寒地带，气候极度严寒，所以，鲜卑族应以狩猎经济和畜牧经济为主。而且，也正因为此地生活十分艰苦，才有西汉后期在北半球气候转凉以后，鲜卑族逐步向西向南迁徙的过程。关于鲜卑第一次迁徙，魏收《魏书》卷 1《序纪》记载：时鲜卑在推寅的带领下"南迁大泽，方千余里，厥土昏冥沮洳。谋更南迁，未行而崩"。这里的大泽，即指呼伦湖，其时有大面积的沼泽存在，以至于将西迁的鲜卑阻挡下来。以后鲜卑人在此生活了一百年左右。20 世纪 60 年代，考古工作者相继在呼伦湖北岸发现的札赉诺尔墓葬和完工墓葬，据学者研究，应是鲜卑人西迁过程中所留下来的遗迹[②]。自鲜卑部落首领推寅之后隔六代，到献帝邻和其子诘汾时，再次带领鲜卑南迁。据魏收《魏书·帝纪》一记载："献帝命南移，山谷高深，九难八阻，于是欲止。有神兽，其形似马，其声类牛，先行导引，历年乃出，始居匈奴之故地。"此时正值东汉桓灵之际，也正是檀石槐建立如王沈《魏书》所记"东西万二千余里，南北七千余里"的军事大联盟的时期。所谓"匈奴之故地"，当指匈奴冒顿发迹的阴山一带。而且，鲜卑在迁移至"匈奴之故地"过程中，频繁与北匈奴残留在草原之上的部族接触、联姻，以致形成了以"鲜卑父匈奴母"为内涵的"拓跋"族族名。[③]

然而，鲜卑从大兴安岭向西向南迁徙到"匈奴故地"之时，正逢北半球的气候自西汉末年、经东汉至三国以来自北向南日趋寒冷之际，

[①] 内蒙古农业地理编辑委员会：《内蒙古农业地理》，内蒙古人民出版社 1982 年版，第 282—285 页。
[②] 宿白：《内蒙古陈巴尔旗完工古墓清理简报》，《考古》1965 年第 6 期。
[③] 马长寿：《乌桓与鲜卑》，上海人民出版社 1962 年版，第 247—248 页。

据《晋书》卷29《五行志》下记载"武帝泰始六年冬,大雪;七年十二月,又大雪……九年四月辛未,陨霜……咸宁三年八月,平原、安平、上党、泰山四郡霜,害三豆。是月,河间暴风寒冰,郡国五陨霜伤谷……太康元年三月,河东、高平霜雹,伤桑麦……二年二月辛酉,陨霜于济南、琅琊,伤麦。三月甲午,河东陨霜,害桑……六年三月戊辰,齐郡、临淄、长广、不其等四县,乐安、梁邹等八县,琅琊、临沂等八县,河间易城等六县,高阳北阳新城等四县陨霜,伤桑麦……八年四月,齐国、天水二郡陨霜。四月,陇西陨霜。十年四月,郡国八陨霜……惠帝元康……六年三月,东海陨雪,伤桑麦……七月,秦、雍二州陨霜,杀稼也。九年三月旬有八日,河南、荥阳、颍川陨霜,伤禾……光熙元年闰八月甲申朔,霰雪……孝怀帝永嘉元年十二月冬,雪,平地三尺。七年十月庚午,大雪"等等,所以,与鲜卑南迁以求生的愿望相同的是,北方原匈奴、羯、氐、羌等各北方少数民族也纷纷内迁。由于缺乏相关的论据,我不便揣测自三国至西晋及十六国时期具体的气候条件,但以《晋书》等典籍的记载看,足见当时恶劣天气之频繁程度和全国整体气候严寒与危害之烈。

二 汉魏时期鲜卑主要活动区域土壤微量元素的变化及其规律

汉魏时期鲜卑主要活动区域可分为"匈奴故地"和"黄土高原、关中平原及河洛地区"两大区域。

首先,我们涉及的是汉魏时期鲜卑迁入"匈奴故地"的土壤微量元素有效锌的变化及其规律。而要了解汉魏时期上述地区土壤微量元素的变化,现代土壤学研究和调查的成果可以为我们提供有力的帮助。

通过20世纪八九十年代国家权威部门对内蒙古地区土壤微量元素的调查情况看[①]:在原"匈奴故地"上的阴山南北、阿拉善高原和鄂尔

[①] 内蒙古自治区土壤普查办公室、内蒙古自治区土壤肥料工作站:《内蒙古土壤》,科学出版社1994年版,第175—444页。

第三章 从人口性比例再论汉魏时期鲜卑与汉族的融合问题

多斯地区分布的灰褐土、黑钙土、栗钙土、栗褐土、棕钙土、灰钙土、灰漠土、灰棕漠土、新积土、龟裂土、风沙土、石质土、草甸土、林灌草甸土、潮土等土壤大类及亚类的诸多情况看，有几个显著的特点是值得关注的：（一）许多的土壤大类呈带状分布，如黑钙土、栗褐土、棕钙土、潮土等，在内蒙古自治区内都有连续分布的特点；（二）同一土壤大类因纬度、经度、局部水文条件、成土母质等差异，造成同一土壤大类在南北或东西方面产生了诸如土壤有机质含量、pH值高低和微量元素锌、锰含量的差异；（三）与大兴安岭南北及赤峰市、通辽市的大部分土壤类别相比较，阴山南北、阿拉善高原及鄂尔多斯高原的土壤pH值较高，多在7.0—9.5之间，盐渍化程度较高；（四）与大兴安岭地区的棕色针叶林土和暗灰色森林土有效锌含量超过1.0mg/kg标准值相比较，阴山南北、阿拉善高原及鄂尔多斯高原的15种土壤大类及亚类，无一达到标准值者；且只有栗褐土、草甸土、林灌草甸土三类土壤有效锌值超过0.6mg/kg，黑钙土、新积土和潮土在有效锌0.5mg/kg临界极缺值以上，其余9种土壤均在极缺之列；（五）内蒙古自治区中的栗钙土、棕钙土、灰棕漠土等三大类土壤及其亚类，是与今蒙古人民共和国相连续分布的，但以三大类土壤微量元素有效锌含量看，均在0.5mg/kg的临界值下，其中灰棕漠土的有效锌值甚至只有0.16mg/kg，可见，蒙古国与内蒙古连界地区的土壤是极为贫瘠的。据《汉书·匈奴传》下记载侯应言秦汉之际，今内蒙古阴山南北"东西千余里，草木茂盛，多禽兽，本冒顿单于依阻其中，治作弓矢，来出为寇，是其苑囿也"；但是，在西汉武帝发动对匈战争，"斥夺此地，攘之于幕北。建塞徼，起亭隧，筑外城，设屯戍，以守之然后边境得用少安。幕北地平，少草木，多大沙，匈奴来寇，少所蔽隐，从塞以南，径深山谷，往来差难。边长老言匈奴失阴山之后，过之未尝不哭也。"由此看秦汉时期"幕北"地区亦如现代一样，是"少草木，多大沙"的贫瘠之地，但阴山之南及鄂尔多斯高原气候、植被条件却要远较现代温暖、湿润。同时，通过检阅两汉时期的传世文献，我们不难发现当时沙漠皆在"幕北",即阴山以北地区;而河套平原与鄂尔多斯高原地区,则因土地肥饶,多水草,成为秦汉王朝与匈奴往来争夺的地带;不仅秦、西汉两朝曾多次向上述地区及黄土高原丘陵山原地区移民,大兴屯垦,而且匈奴骑兵也不时南下骚乱,往来驰驱,从未见到有沙漠存在的记载;所以,朱士光认为:直至唐代后期,黄土高原北部边缘与鄂尔多斯高原才开始出现强烈的风沙侵蚀,并形成流动沙丘,北宋时形成较大面积的沙漠[①]。同时,按照竺可桢先生所认为的西汉武帝中期以前中原地区气候年均温度较今约高2℃、冬季温度则高3℃—5℃的变化规律看[②],阴山南北及鄂尔多斯高原年平均气温和降水量较今要高;考古发掘的资料表明,如杭爱旗东南的桃红拉巴、准格尔旗南瓦尔吐沟等地发掘的匈奴墓葬证明当时当地有相当面积的森林分布着[③],所以,汉魏时期相应地区的植被条件比今天要好,土壤有机质较多,pH值较今为低,而土壤有效锌、锰值也会相应提高。但就其土壤的成土母质多为冲积物、洪积物和风积物的特点看,秦汉时期这里的土壤有效锌、锰值应在标准值1mg/kg至临界值0.5mg/kg之间波动。从秦始皇收复今乌加河以南的"河南地"到汉武帝时期再次从匈奴手中"斥夺此地"后,阴山之南及鄂尔多斯高原便大力发展农业生产,但直到十六国时期大夏国在今毛乌素沙地南缘建都统万城(公元413年)时,这里具有如《元和郡县志》卷四夏州朔方县条所记载的"临广泽而带清流"的优美生存环境[④];相关学者对十六国时期统万城城墙中所保存的原木和城墙筑土中的所含孢粉样品进行科学分析的结果亦表明:"统万城营建之时,其周围地区的植被组成丰富,以草本和灌木为主……同时还有松、桦、桤、胡

---

① 朱士光:《黄土高原地区环境变迁及其治理》,黄河水利出版社1994年版,第10—40页。
② 竺可桢:《中国近五千年来气候变迁的初步研究》,《考古学报》1972年第1期。
③ 史念海:《两千三百年来鄂尔多斯高原和河套平原农林牧地区的分布及其变迁》,《北京师范大学学报》1980年第6期。
④ 侯仁之:《从红柳河上的古城废墟看毛乌素沙地之变迁》,《文物》1973年第1期。该文认为:统万城营建之时的自然环境是植物繁盛,水草肥美。

第三章 从人口性比例再论汉魏时期鲜卑与汉族的融合问题

桃、椴树、榆等乔木；"同时，"对城墙土中 22 个种子植物科属的花粉进行共存分析的结果表明，当时统万城年均温 7.8℃—9.3℃……年降水量 403.4—550mm……这些气候特征与现在统万城地区……相比，表明当时统万城年均温比今天高出 0.2℃—0.7℃，年降水量比今天高出 50—100mm，气候较为温暖温润"①，从而说明虽有秦汉以来几百年的开垦种植、放牧、砍伐和战争破坏，又有西汉至东汉三国两晋时期气候转凉、转干的变化大环境，但同样是沙地草原的鄂尔多斯高原地区②，其自然条件仍远较今天优越，故土壤微量元素有效锌、锰值存在较今为高的必需外部环境。

其次，关于汉魏时期在今天黄土高原、关中平原及河洛地区所属的土壤微量元素状况及其变化规律，现代土壤学研究和调查的成果也同样可以为我们提供有力的帮助。

与内蒙古自治区鄂尔多斯高原紧紧相连的是今陕西省和山西省黄土高原地区。如前所述，这些地区是东汉乃至魏晋以后匈奴、鲜卑等胡族大量迁入和集中居住的地区，所以，汉魏时期位于今陕西、山西北部的黄土高原的土壤微量元素状况及其变化规律也是我们需要了解的内容。从以上含陕西、山西两省各类土壤微量元素有效值含量的情况，不难发现：首先，陕西省土壤微量元素有效锌的含量变化幅度在 0.2mg/Kk—0.89mg/kg 之间，含量最低的是分布在陕北明长城内外地区的风沙土 0.207mg/kg、灰钙土 0.305mg/kg 和栗钙土 0.306mg/kg；全省土壤有效锌含量分布规律是由北向南和由东向西递增，依次是风沙土、栗钙土、黑垆土、黄绵土、黄褐土、黄棕壤、棕壤、水稻土、暗棕壤。全省土壤有效锌平均含量为 0.61mg/kg，按全国土壤微量元素分级标准统计，有效锌小于 1mg/kg 的土壤占总面积的 87.6%；小于极缺临界值 0.5mg/kg

---

① 孙同兴、侯甬坚等：《统万城历史自然景观重建及毛乌素沙漠迁移速率的探讨》，载陕西师范大学西北环发中心《统万城遗址综合研究》，三秦出版社 2004 年版，第 252—256 页。

② 侯甬坚：《统万城遗址：环境变迁实例研究》，载陕西师范大学西北环发中心《统万城遗址综合研究》，三秦出版社 2004 年版，第 211—222 页。

的土壤占总面积的61%；各地市土壤有效锌含量状况是汉中地区最高，平均为1.256mg/kg，其次是安康地区的0.84mg/kg，西安市0.639mg/kg，渭南地区的0.615mg/kg，榆林地区的0.36mg/kg；在分级面积中小于0.5mg/kg的土壤，榆林地区占86.6%，延安地区占79%，咸阳地区占74.1%，比例最小的是汉中地区占14.1%[1]。其次，山西高原土壤有效锌、锰分布规律也有由北向南递增的特点。与此相关，山西高原土壤中有效锌值由少到多的土壤次序分别是石灰性褐土、盐化潮土、粗骨土、潮土、褐土性土、棕壤、淋溶褐土[2]。

据研究：土壤中的锌以不同形态存在，根据组成结构，大致可分为矿物态锌、吸附态锌、水溶性锌和有机螯合性锌。土壤中能为作物吸收和利用的锌称有效锌，它只占全锌量的极少部分。有效锌一般指水溶性锌以及部分有机螯合态和部分吸附态锌。土壤中锌的有效性受环境多种因素的共同影响。[3]（一）土壤有效锌含量与成土母质密切相关：如陕西省基性岩发育的土壤比酸性岩含锌量高，基性岩的玄武岩、辉长岩的全锌含量在70—130mg/kg之间，而酸性岩的花岗岩、流纹岩全锌含量为50—60mg/kg，石灰岩为3—15mg/kg；又如山西省成土母质为花岗岩的淋溶褐土有效锌值高达3.01mg/kg，而成土母质为黄土状石灰性褐土有效锌值仅0.143mg/kg，两者相差20倍；（二）有机质含量影响有效锌含量：资料表明土壤有效锌60%—80%来自有机物的分解；同时，土壤中60%的可溶性锌被有机质络合和吸附，所以，土壤有效锌随土壤有机质含量增高而增多；（三）气候和水热条件影响有效锌含量：低温影响有机质分解和矿化，有机质含量下降，引起土壤缺锌；多雨可造成土壤有效锌淋失；淹水条件下，土壤处于还原状态，增加了锌的固定；旱地在适当水量和热度的配合下，可促进有机质和矿物质分解，从

---

[1] 郭兆元：《陕西土壤》，科学出版社1992年版，第475—477页。
[2] 卫春智：《太原市土壤中微量元素状况》，《土壤》1994年第4期。
[3] 孙桂芳：《土壤—植物系统中锌的研究进展》，《华南热带农业大学学报》2002年第2期。

第三章 从人口性比例再论汉魏时期鲜卑与汉族的融合问题

而提高土壤有效锌含量。①（四）土壤酸碱度高低水平会影响有效锌发挥效用：实验表明，植物缺锌症状，多在 pH 值大于 6.5 的土壤中出现。② 其影响机理为降低 pH 值会减弱土壤对锌的吸附能力，使吸附态锌的解吸量增加，从而增加有效锌的含量。在农业生产中，作物缺锌多发生在 pH 大于 6.5 的中性和石灰性土壤中；尤其是 pH 值较高的石灰性土壤因含有较多的碳酸钙，与锌易生成不溶解的沉淀化合物，同时碳酸钙有强烈的吸附和固定作用，从而大大降低了锌的有效性③。西北地区特别是陕西的主要农业土壤中的黄绵土、黑垆土和垆土，都发育于黄土母质，土壤中有机质含量在 3.6—10g/kg 之间，pH 值在 7.8—8.2 之间，都严重影响到有效锌发挥作用。④

文献记载和后世专家的考证，证明在先秦及汉魏时期，今陕西、山西的黄土高原上有着大量森林的分布：如《后汉书·杨震传》记载董卓言秦汉以来"关中肥饶，故秦得并吞六国；且陇右材木自出，致之甚易……"；史念海先生认为战国时期的生活在山西高原北部的"林胡"，应解释为"林中的胡人"，其生活环境中应有森林分布着；而与之同时代的、活动在今山西西北各处的"楼烦"，其附近的吕梁山现今仍有森林分布；⑤ 又邹逸麟先生证黄土高原上陇东及吕梁山等地存在森林资源，虽然在魏晋南北朝营建长安、洛阳及邺都时多取材于此，但到北宋一代，陇东地区仍如南宋僧玉莹《玉壶野史》所记"产巨林，森郁绵亘，不知其极"⑥。这一地区东汉末年以来，农田废弃，随之而来的是

---

① 郭兆元：《陕西土壤》，科学出版社 1992 年版，第 479—481 页。
② 刘铮等：《土壤的微量元素——微量元素土壤化学》，载《中国科学院微量元素学术交流会汇刊》，科技出版社 1980 年版，第 23—55 页。
③ 孙桂芳：《土壤—植物系统中锌的研究进展》，《华南热带农业大学学报》2002 年第 2 期。
④ 李文祥：《几种黄土母质土壤磷吸附特性及缓冲性能的初步研究》，《土壤肥料》2002 年第 1 期。
⑤ 史念海：《两千三百年来鄂尔多斯高原和河套平原农林牧地区的分布及其变迁》，《北京师范大学学报》1980 年第 6 期。
⑥ 邹逸麟：《中国历史地理概述》，上海教育出版社 2005 年版，第 26 页。

畜牧业经济占据相对优势。据《魏书·道武帝纪》记载：代国时期鄂尔多斯高原及黄土高原北部是畜牧业发达地区，曾出现"自河以南，诸部悉平。簿其珍宝畜产，名马三十余万匹，牛羊400余万头"的盛况。而畜牧业的发展，在某种程度上反映出自秦汉时期在上述地区大行垦荒和东汉以来北半球气候转凉转干所带来的后果。所以，与之相关的是汉魏时期今陕西、山西的黄土高原地区，由于先秦时期以前气候适宜、农业活动较少，有着大量森林植被的分布；秦汉以后，大批农业人口进入阴山以南的河套平原、鄂尔多斯高原和黄土高原，大规模、持续性的农业开发破坏了鄂尔多斯和黄土高原以森林草原为景观的脆弱的生态环境，加之北半球气候转干转凉的大环境，以致黄土高原局部环境发生改变，气温与降水下降，森林减少，水土流失现象加重；东汉至魏晋南北朝时期，黄土高原因大批游牧民族的迁入而使得畜牧业经济的成分有所恢复，因大量农业开发所造成的环境破坏应得到遏制，但由于北半球气候转向干冷在4世纪时达到极限，所以，黄土高原的环境应与秦汉时期差别不大；即令如此，汉魏时期黄土草原的植被环境仍要较今优越一些：有机质含量较高，pH值较低，而有效锌、锰值也应较今为高。

综上所述，汉魏时期鲜卑主要活动区域的土壤微量元素水平，因所处经纬度的不同、气温与降水的不同、成土母质和植被类型的不同、海拔高低和离海远近的不同、河湖密度和地下水深浅的不同、人口密度和生产方式的不同等众多因素而具有强烈的地域性差异。由于鲜卑所活动的主要区域大多集中在欧亚大陆纬度较高、离海较远、成土母质多第四纪风成黄土、生态环境相对脆弱、气温和降水条件相对于同纬度的沿海地区为低、河湖密度低等因素，以致汉魏时期上述区域的土壤微量元素有效锌、锰值水平应较今为高，但其绝大部分地区的土壤仍处于有效锌缺乏状态。

三 地理环境下土壤微量元素与鲜卑的人口性比例失调问题

如上所述，虽然地理环境下土壤微量元素与人体微量元素分属两个不同的概念范畴，但由于土壤与人类之间的密切关系，决定了土壤微量

第三章 从人口性比例再论汉魏时期鲜卑与汉族的融合问题

元素水平必定要影响到生长、生活于此的人类本身和其周围赖以生存的动植物体内的微量元素水平。同时，如前所述，我们已大致了解了先秦时期鲜卑的祖先以及汉魏时期鲜卑族本身主要活动区域大都处在高纬度、远离大海的内陆非季风区，在气温低、干旱、少雨、多风、高蒸发量的气候条件下和植被稀少、成土母质多为风积物、河湖密度低、盐碱度高的土壤环境下，土壤微量元素水平有效锌、锰水平绝大多数都处在缺乏或极缺的临界值下；加之这些区域的土壤中大都是微量元素有效铜含量丰富，而有效铜丰富会拮抗有效锌的吸收；所以，这必然会影响到动植物和人类自身体内微量元素有效锌、锰的水平。而从当代所发现的先秦及汉魏时期大量墓葬中人骨材料反映的情况看，汉魏时期鲜卑族应存在人体微量元素有效锌严重缺乏的问题；而正是这一问题的存在，使得鲜卑族育龄妇女大量死亡，以致在育龄人口中造成严重的女少男多的性比较失调问题。而为了说明汉魏时期鲜卑所出现的因大量育龄妇女死亡所造成的男多女少的性比例失调问题，本文拟从先秦及汉魏时期鲜卑墓葬所反映的性比例问题、微量元素与鲜卑人口性比例失调的关系等两个方面来具体阐述之。

其一，先秦及汉魏时期鲜卑墓葬所反映的性比例问题

与国内匈奴墓葬凋零现象相对照的是鲜卑墓葬的大量发现。从时间先后的次序上看，目前国内既有鲜卑先祖墓葬的发现，又有拓跋鲜卑南迁"匈奴故地"过程中所留下来的种种遗迹的大量发现。

首先，可以确定与鲜卑先祖有密切关系的墓葬遗存很多，而较具代表性的有：（一）内蒙古昭乌达盟敖汉旗大甸子—夏家店下层文化遗址与墓地：1974年至1983年，考古工作者在内蒙古昭乌达盟敖汉旗发掘了大甸子遗址804座墓葬。其中经观察鉴定过的墓葬有652座：当中的643座为单人葬，有9座系多人葬。另外，在大甸子遗址中至少发现有三例女性青壮年与临产或初生婴儿同穴埋葬的墓葬，墓主人显系难产而死；同时，分析有婴幼儿随葬的女性死者的年龄，发现因难产而死亡女性的年龄最小者为20岁，最大的年龄为40—45岁，尤其以25—35岁

这一年龄阶段的女性最多①。以现代妇女绝经期至 45 岁左右的标准计，当时死亡女性多在育龄期范围内；加之三例合葬中有临产儿和初生婴儿，从而亦说明女性墓主人的死亡应与难产或产后染疾有密切的关系。从下表（见表 2-13）人骨性别统计的情况看，大甸子遗址男女性比例为 100∶96，虽这符合正常水平，但从具体死亡年龄看，15—23 岁育龄女性的死亡率远远高于同年龄段的男性，从而说明当时该年龄段女性死亡的原因很可能与生育行为有关。②

表 2-13　　　　　大甸子夏家店文化遗址人骨性别统计表

年龄	男	女	性别不详者	合计
未成年（0—14 岁）	52	39	72	163
青年（15—23 岁）	59	67	2	128
青年（24—35 岁）	74	65		139
壮年（36—55 岁）	85	74	4	163
老年（56 岁以上）	21	35		56
成年（15 岁以上）	6	6		12
合计	297	286	78	661

注：采自中国社会科学院考古所编《大甸子》附录一中表一的内容；

关于鲜卑大迁徙问题，近年亦有不少鲜卑墓葬提供了许多珍贵的不见于正史记载的材料，如额尔古纳右旗拉布达林鲜卑墓群等。（二）额尔古纳右旗拉布达林鲜卑墓群：1992 年内蒙古呼盟文物站发掘了额尔古纳右旗拉布达林鲜卑墓 24 座：其中单人葬 15 座，双人葬 1 座，小孩墓 6 座，母子或父子合葬墓 2 座；根据墓葬形制、出土器物等特征，有关专家认为："拉布达林墓群无论从埋葬制度和出土遗物的文化面貌上，都与札赉诺尔古墓群有很大的一致性，应属于相同的文化遗存"；殉葬动物种类牛多羊少，说明鲜卑"原始畜牧业中养羊的数量较少，只有更

---

① 潘其风：《大甸子墓葬出土人骨的研究》，载中国社会科学考古所《大甸子——夏家店下层文化遗址与墓地发掘报告》，科学出版社 1998 年版，第 224—229 页。
② 中国社会科学院考古研究所：《大甸子——夏家店下层文化遗址与墓地发掘报告》，科学出版社 1998 年版，第 339—361 页。

第三章 从人口性比例再论汉魏时期鲜卑与汉族的融合问题

多地依赖野生动物",故此,李逸友认为拉布达林墓地应略早于札赉诺尔墓地;而且,由此推断"拓跋鲜卑自大兴安岭北部迁出之后,可能首先是沿根河向西,来到根河下游,然后沿额尔古纳河继续向西南,到达呼伦河畔和呼伦贝尔草原腹地"的。同时,从对墓葬人骨性别进行的鉴别材料看(见表2-14),反映出墓地中男女人骨的性比例为100∶70,显示女性人骨明显少于男性人骨,

表2-14 额尔古纳右旗拉布达林鲜卑墓群人骨性别统计表

年龄	男	女	性别不详者	合计
未成年	2		7	9
青年	1	1		2
成年	4	3		7
老年	3	3	2	8
合计	10	7	9	26

实际意味着当时女性人口也应远少于男性人口;同时,人骨材料亦反映出当时儿童死亡率高达34.6%[①];可见,当时鲜卑妇女和儿童人群健康状况堪忧。

(三)内蒙古自治区满洲里札赉诺尔古墓群:1986年,考古工作者在1959年发现31座鲜卑墓葬的地区,再次发掘到属于东汉初期鲜卑墓15座。这些墓葬皆为土坑竖穴墓,有葬具,保存不善,仅存残木,可供鉴定的人骨共计有16例(见表2-15),有3例性别及年龄均不详;在16例已鉴定的人骨中,有15—40岁男性9例,有17—35岁女性3例,17—18岁1例。由此看当时男女性比例高达100∶33;说明当时妇女多死在能够生育的青壮年时期[②]。另从1959年内蒙古呼盟札赉诺尔墓

---

① 内蒙古文物考古研究所、呼伦贝尔市文物管理站、额尔古纳右旗文物管理所:《额尔古纳右旗拉布达林鲜卑墓群发掘简报》,载李逸友、魏坚《内蒙古文物考古文集》,中国大百科全书出版社1994年版,第384—396页。
② 内蒙古文物考古所:《札赉诺尔古墓群1986年清理发掘报告》,载李逸友、魏坚《内蒙古文物考古集》,中国大百科全书出版社1994年版,第369—383页。

葬群第一次发掘的31座鲜卑墓葬看，有单人墓26座，双人墓2座，小孩墓2座，母子合葬墓1座；当时对出土的人骨材料只进行了简单的鉴别，从鉴定的情况看，大致有成年女性6例，成年男性23例，儿童3例；成年男女的性比例为100∶26。可见当时男多女少的性比例失调问题十分严重。①

表2-15　　内蒙古札赉诺尔1986年发掘墓葬人骨性别统计表

年龄	男	女	性别不详者	合计
未成年（0—14岁）	1		3	4
青年（15—35岁）	8	3		11
壮年（36—45岁）	1			1
老年（46岁以上）				
合计	10	3	3	16

（四）内蒙古中南部察右后旗三道湾鲜卑墓葬：1983—1984年，考古工作者在内蒙古自治区中南部的察右后旗发掘了三道湾鲜卑墓葬50座。三道湾墓地位于阴山山脉以北的一小支脉中，周围均为开阔的草原；而山中林木丛生，多野兽出没；据当地人介绍，建国初期，此地仍灌木丛生。《汉书·匈奴传》记载"阴山，东西千余里，草木茂盛，多禽兽，本冒顿单于依阻其中，治作弓矢，来出为寇，是其苑囿也；"也是汉代匈奴设立漠南王庭的处所；到东汉后期，这里还是檀石槐建立军事部落大同盟的根据地。所以，考古学界认为三道湾墓地就是属于今察右后旗境内的拓跋鲜卑墓地，而且也是拓跋鲜卑迁居"匈奴故地"后最早的鲜卑墓地②。从对下表三道湾墓葬人骨性别的统计看（见表2-16），50座墓葬中人骨的男女性比例为100∶46，男多女少现象明显；墓地反映当时人群寿命较短，尤其是在具体的墓葬人骨统计资料中反映：9例女性人骨中竟有7例死于17—25岁间，说明当时育龄妇女的死

---

① 内蒙古文物工作队：《内蒙古札赉诺尔古墓群发掘简报》，《考古》1961年第12期。
② 魏坚：《内蒙古地区鲜卑墓葬的发现与研究》，科学出版社2004年版，第45—46页。

亡现象是十分严重的①。

表2-16　内蒙古察右后旗三道湾墓地鲜卑墓葬人骨性别统计表

年龄	男	女	性别不详者	合计
未成年（0—14岁）	2		2	4
青年（15—35岁）	6	9		15
壮年（36—45岁）	6	2		8
老年（46岁以上）	1	1		2
成年（15岁以上）				
合计	15	12	2	29

注：采自魏坚主编《内蒙古地区鲜卑墓葬的发现与研究》一书中第48—54页的内容；

（五）乌兰察布市商都县东大井村鲜卑墓葬：商都县地处阴山北麓，西接察右后旗，北与锡林郭勒市苏尼特右旗、镶黄旗接壤。1998年考古工作者在商都县东大井村西约一公里处，发掘、清理了属于鲜卑迁居匈奴故地后的18座墓葬，其中有12座盗扰严重，有7座墓葬保存完好；经人骨鉴定的墓葬有16座（见表2-17），其中男性墓2座，女性墓6座，双人合葬墓4座，儿童墓1座，性别不详者墓3座。出土遗物中有大量的铁制兵器，在全部18座墓葬中，有11座出土有刀、剑、镞、弓弭等兵器以及护身用的铁甲胄等；其中在只有女性的6座墓葬中，也有5座墓中出土有兵器，从而反映出该墓地的出土物具有浓厚的武备特征。从下表人骨资料所反映的男女性比例54∶100情况看，虽然是女多男少的问题，但仍可看出育龄期妇女的死亡绝对值仍超过男性②。

表2-17　内蒙古商都县东大井墓地人骨性别统计表

年龄	男	女	性别不详者	合计
未成年（0—14岁）			1	1
青年（15—35岁）	5	7		12

---

① 魏坚：《内蒙古地区鲜卑墓葬的发现与研究》，科学出版社2004年版，第38—54页。
② 同上书，第55—102页。

第二编 从人口、性别政策看汉魏时期国家治理

续表

年龄	男	女	性别不详者	合计
壮年（36—45岁）				
老年（46岁以上）	1			1
成年（15岁以上）	1	6	1	8
合计	7	13	2	22

注：采自魏坚《内蒙古地区鲜卑墓葬的发现与研究》书第101—102页的内容。

（六）内蒙古乌兰察布市察右中旗七郎山鲜卑墓葬：七郎山墓地位于阴山之北的内蒙古乌兰察布市察右中旗，1995年内蒙古文保部门在此发掘拓跋鲜卑墓葬20座。距七郎山墓地北约22.5公里处有断断续续、呈东西走向的北魏长城；墓地东去40公里的察右后旗克里孟村附近，有一座十六国至北朝时期的城址——克里孟城；有鉴于此，考古学界认为七郎山墓地应属于代—北魏时期以盛乐、平城为中心的北方地区拓跋鲜卑时期的墓葬，即其时代约相当于公元4世纪末至5世纪初①。从下表墓葬人骨性别统计的资料看（见表2-18），人骨材料反映的男女性比例是男100：女200，说明当时女性人口应多于男性人口。结合北魏建国的历史来看，从公元312年代建立到公元386年北魏正式建立，其间正是拓跋鲜卑在军事上极度扩张时期。所以，虽然这一时期的墓葬中人骨材料可能反映当地女性多于男性，但实际上鲜卑人口中的男女性比例并非像墓葬中所反映的女多男少的性比例失调。同时，从墓葬中男女两性主要死亡的年龄看，可以确定当时在有明确骨龄的女性中，无一例活到36岁以上者，从而说明：虽然商都县东大井鲜卑墓地男女人骨材料反映当时有女多男少的性比例失调问题，但仍然改变不了当时妇女多死亡于青壮年时期的事实。

---

① 魏坚：《内蒙古地区鲜卑墓葬的发现与研究》，科学出版社2004年版，第123—177页。

表 2-18　内蒙古察右中旗七郎山拓跋鲜卑墓葬人骨性别统计表

年龄	男	女	性别不详者	合计
未成年（0—14岁）			1	1
青年（15—35岁）	3	5		8
壮年（36—45岁）		1		1
老年（46岁以上）	1	1		2
成年（15岁以上）	1	3	6	10
合计	5	10	7	22

注：采自魏坚《内蒙古地区鲜卑墓葬的发现与研究》书第178—183页的内容。

综上所述，无论是在先秦时期，还是在汉魏时期；也无论是鲜卑的先祖，或是鲜卑族自身，几乎所有的墓葬人骨材料都反映出各个时期的鲜卑族存在着十分严重的育龄妇女的大量死亡现象；而这一现象的存在，无疑造成了鲜卑育龄人口中的十分严重的男多女少的性比例失调问题。

其二，微量元素与鲜卑人口性比例失调的关系

关于微量元素与汉魏时期鲜卑人口性比例失调的关系问题，从当代医学高度发展以及医学仍然不能很好解决孕妇妊娠时期高死率的事实出发，我们就不难看出汉魏时期健康的育龄妇女确实是鲜卑民族的宝贵财富。

以国内外医学研究的大量成果看，人体锌在妇女妊娠中的确实有着巨大的作用，具体表现以下几个方面：

（一）孕妇缺锌，易造成胎儿畸形、弱智或成长缓慢，从而增加孕妇流产等妊高征的概率：科学证明人类从最初的精子与卵子结合起，就开始与锌有关了。受精卵能够一天天长大，有赖于细胞的不断增殖，而细胞有效分裂的先决条件是遗传物质 DNA 能够得到复制；但 DNA 的复制，需要 DNA 聚合酶；RNA 的转录，也需要 RNA 聚合酶。而这两种酶以及细胞内80多种重要的酶都是含锌酶，所以整个胚胎及胎儿发育过程中都需要锌的存在，这样才能保证这些含锌酶的馏化活性。如果妊娠母亲缺少锌，这些酶的活性就会下降，从而使胚胎和胎儿的发育受到严重的损害，所以，锌对胚胎和胎儿的发育起到关键性的作用，影响极

为深远。事实上，锌是生命从受精卵演发到一个成人的重要因素，足月分娩的正常婴儿共含锌 60 毫克左右，约为成人含锌总量的 1/4—1/2，这与胚胎及胎儿细胞分裂及分化迅速有密切关系①。动物实验和人体观察均发现妊娠期缺锌可导致下一代先天畸形。动物实验发现，孕期第 6—14 天缺锌的母鼠，约有 50% 的仔鼠出现畸形，若母鼠整个孕期缺锌，则所有胎鼠或被吸收或出现畸形。畸形可发生在各个器官，如唇裂、脑裂、无脑、露脑、脑积水、脊柱裂、并趾以及缺肺叶等。其中神经系统的畸形最引人注意②。同样，对人类的缺锌研究结果表明，孕期锌缺乏与新生儿先天畸形有关。流行病学研究发现，在一些锌缺乏较严重的国家如埃及、伊朗等国，脊柱裂和无脑畸形发生率高，而生产畸形儿的孕妇其血锌水平较正常孕妇低。据同行学者观察 234 名孕妇，其中生产畸形儿的 8 名孕妇中有 5 名血锌水平低。同时观察到血锌低的孕妇常伴有产程异常、新生儿出生体重低、早产或过期妊娠等并发症③。与国内外相关医学调查相对照，作为原鲜卑主要活动区域的今内蒙古自治区在 1984—1990 年期间，以 30 万人次为对象，也进行了人类群体优生学和遗传学的详细调查；按国际上通行的标准，新生儿中患有各种遗传病者约占当地总人口的 3%—10.5% 之间。据北京市区某一街道的典型调查，痴呆人占总人口的 1.96%；上海市区占 1.26%；青海省大通县朔北公社占 12.8%。④ 据沙人在内蒙古自治区呼和浩特市回民区 147632 人中进行的调查，患严重遗传病和先天畸形者为 1282 人，患者占调查人数的 8.2%；其中痴呆者 318 人，占总人口的 2.4%，这个数字比北京、上海市区都明显偏高。另外，沙人调查的结果表明：在呼和浩特市土默特左旗宾州亥乡 12464 人中调查，发现患严重遗传病和先天畸形者

---

① 付立杰等：《畸胎学》，上海科技教育出版社 1995 年版，第 267—268 页。
② 松田一郎：《生殖发育与锌》，《日本医学介绍》1991 年第 4 期。
③ 安笑生、符绍莲：《环境优生学》，北京医科大学、中国协和医科大学联合出版社 1995 年版，第 68—69 页；钟梅等：《妊娠分娩期母血清锌与异常分娩的关系》，《中国优生与遗传杂志》1994 年第 4 期。
④ 沙人：《内蒙古优生学研究》，内蒙古人民出版社 1990 年版，第 7 页。

第三章 从人口性比例再论汉魏时期鲜卑与汉族的融合问题

为 20.78‰；痴呆者 64 人，占总人口的 5.13‰；同时，内蒙古自治区遗传病和先天畸形的情况，还可从内蒙古医学院附属医院住院病人中看出。据统计，内蒙古医学院附属医院从 1958 年 10 月至 1983 年 12 月的 25 年零 3 个月中共收住院病人 220372 人，除产科、计划生育和中医科住院病人 46295 人外，对其余 174077 例病人进行了调查（根据首次住院及出院诊断者进行统计），其中男性 107529 人，女性 66548 人，共发现患各种遗传性疾病和先天畸形者 20341 人；其中男性 13783 人，女性 6558 人；这些患者占调查总人数的 116.90‰，共患遗传病和先天畸形 143 种[①]。又在 1986—1989 年调查边远地区蒙族、达斡尔、鄂温克、鄂伦春和俄罗斯族的智力低下的患病率后，发现以锡林郭勒盟苏尼特右旗脑干诺如苏木的蒙古族牧民的患病率为最高，为当地总人口的 48.87‰；其次为临江村华俄后裔人 39.31‰，最低为达斡尔族的 3.12‰ 和鄂伦春族的 3.68‰[②]。以往的解释，多认为其原因是近亲结婚率高，但现在以土壤微量元素有效锌缺乏所造成的影响来解释，似乎更加合理。如前所述，内蒙古自治区东北部分布着棕色针叶林土和暗灰色森林土，其土壤微量元素有效锌值均超过标准值 1.0mg/kg，而达斡尔族和鄂伦春族所居住地区，正好在这两种土壤的分布区内，而这与达斡尔族和鄂伦春族儿童弱智率远远低于锡林郭勒盟的蒙古族和临江村的华俄后裔不无关系；不仅如此，据沙人调查内蒙古边远地区的少数民族中遗传病的患病率最高者是脑干诺如苏木蒙古族牧民的 82.78%，边远地区少数民族妇女病患病率平均为 65%，但是，同样地处边远地区的鄂伦春族猎民仅为 37.50%；可见，土壤微量元素有效锌的作用之大。

（二）孕妇缺锌，易造成孕妇早产、过期妊娠等概率增大：1992 年 3 月至 7 月第一军医大学妇产科随机选择进行产前检查的孕妇 207 例，且妊娠期无服食锌制剂者、年龄 22—32 岁、孕龄 33—41 周的单胎初产

[①] 沙人：《内蒙古优生学研究》，内蒙古人民出版社 1990 年版，第 8 页。
[②] 同上书，第 21 页。

妇为调查对象，通过血清锌的检测后发现，这些孕妇可明显分为高锌组与低锌组；此两组孕妇在分娩时，出现异常分娩并发症（如子宫收缩乏力、产程异常、产后出血等）也有明显的差别：其中高锌组91例中出现异常分娩者32例，剖宫产者5例；高锌组中出现异常分娩的比例为35.16%。低锌组106例中有59例属异常分娩者，16例剖宫产者；异常分娩者占低锌者的55.66%。分娩正常与否决定于三大因素，除产道和胎儿外，以子宫收缩力为主的产力是主要因素，分娩的正常进展和母婴的后果主要取决子宫肌的功能。本调查发现，妊娠后期及分娩期低血锌孕产妇易发生异常分娩，其剖宫发生率也高于对照组，说明血锌水平对维持正常分娩起着重要的作用。Lazebnik等对人体的研究观察表明，锌影响整个分娩过程，低锌与第二产程延长、滞产的发生率、最后的分娩方式和产后的出血率均有密切的关系；缺锌可引起子宫肌肉反应性低下，子宫收缩失调，从而导致分娩异常。[①] 西安医科大学以妊娠晚期妊高征患者32例，平均年龄25—29岁，平均孕周35—40周与34例妊娠晚期正常分娩的孕妇相对照，发现妊高征患者血清锌明显低于对照组，而且血清锌水平越低，妊高征越重，胎儿宫内生长迟缓的发病率也越高；而血清铜与对照组无显著性差异[②]。

（三）孕妇缺锌，可造成孕妇和婴幼儿免疫力下降，易感染病毒，造成死亡率提高：在延续几千年的中国社会里，妇女分娩多由无任何医学知识的妇女接生，直到20世纪初仍处在相当落后的状态，"产妇常因难产、出血而死亡……因破伤风导致的新生儿死亡率高达50%—70%"[③]；"1920—1930年间，全国共有20万旧式接生员分布全国，当时产妇死亡率高达14.9‰……婴儿死亡率为250‰—300‰，其中近半数死亡，为破伤风感染。……早在1897年，我国已有妊高征的病例报

---

① N. Lazebink, *Zinc status, pregnancy complications, and labor abnormalities*, Am J Obstet Gynecol, 1983, p.161.

② 高峻等：《妊高征患者血清钙、镁、铜、锌和铁含量的测定》，《西安医科大学学报》1996年第1期。

③ 曹泽毅：《中华妇产科学·绪论》，人民卫生出版社1999年版，第5页。

第三章 从人口性比例再论汉魏时期鲜卑与汉族的融合问题

道,当时的发病率为 1/71,死亡率为 12.1%,多数无产前检查。"建国以后,妇女保健取得显著的成就,"孕产妇死亡率由建国前的 1500/10万下降到 1996 年的 61.9/10 万,婴儿死亡率由 200‰ 降至 1996 年的17.5‰";由于我国地域辽阔,各地经济、地理条件、文化、医疗水平差异较大,"仅以 1991 年为例,经济较发达的地区如京、津、沪等地,孕产妇死亡为 39.9/10 万,而西北却多达 169.9/10 万;城市孕产妇死亡率为 47.2/10,而农村为 109.3/10 万";[①] 与全国妇幼儿死亡水平相比,"解放前内蒙古自治区蒙古族人口平均寿命是 19.6 岁,1990 年已提高到 65.6 岁……婴儿死亡率从解放前的 430‰,降到八十年代的37.8‰。过去妇女患各种疾病的也很多,据锡林郭勒盟原西联旗统计,孕妇流产的占 80%,而 1953 年后,随着妇幼保健事业的发展,很快就降到 2.2%"[②];又以陈巴尔虎旗为例,据 1950 年该旗完工苏木的回顾性调查,当时新生儿成活率仅为 40.6%,新生儿破伤风死亡率高达50% 以上,严重影响了民族人口素质的提高。新中国建立后,新式接生法代替旧式接生法达到 94% 以上,牧区也达到 84%,但同时 1985—1990 年的调查结果显示:内蒙古胎位性难产,在八九十年代平均发病率为 3.25%,孕产妇死亡率平均为 7.21/万,牧区为 32.73/万,新生儿的死亡率平均为 28.72‰,牧区为 32.73‰ 的水平;解放前,中国孕产妇的死亡率高达 150/万,1985 年下降到 4.5/万;但 1985 年内蒙古孕产妇死亡率仍达 7.5/万,远远高于全国的水平。[③] 关于孕产妇的死亡原因,有大量医学调查可资证明:如陕西省通过对 5 年平均孕产妇死亡率的监测发现:城市孕产妇死亡率为 45.41/10 万,农村为 67.49/10 万;孕产妇死亡原因构成依次为产科出血症占 52%,妊高征占 16%,内科并发症占 13% 等[④]。子痫作为妊高征的严重阶段,在城市很少见,但在

[①] 曹泽毅:《中华妇产科学·绪论》,人民卫生出版社 1999 年版,第 212 页。
[②] 沙人:《内蒙古优生学研究》,内蒙古人民出版社 1990 年版,第 5 页。
[③] 同上书,第 21 页。
[④] 夏翠芳等:《陕西省 1996—2000 年孕产妇死亡监测结果分析》,《陕西医学杂志》2003 年第 11 期。

少数民族聚居地区及偏远地区仍是引起母婴死亡的重要疾病。内蒙古翁牛特旗人民医院在1987—1994年共接诊了52例子痫患者，其中产前子痫22例，产时子痫25例，产后子痫5例；发病的平均年龄为22.3岁，最大29岁，最小20岁；初产妇50例，经产妇2例。在发病过程中抽搐次数少于3次的有15例，在3—5次的14例，超过5次的23例；孕妇脑出血1例，贫血2例，低蛋白症6例，酸中毒27例；所有病例中剖宫产8例，自然分娩44例。① 而在缺乏医疗保障的古代社会，急需剖宫产的孕妇基本上是不能存活的。另通过测定：孕妇缺锌还会使孕妇免疫防御机能下降、羊水抑菌能力降低，羊膜易受感染，易造成胎膜早破，流产增多等②。

（四）饮食单调，易致肥胖；同时造成微量元素锌的缺乏，以致妊高征率提高：以蒙古族等内陆少数民族的饮食习惯看，肉食较多，少食蔬菜，尤其是绿叶蔬菜和豆类，佐以奶茶，含盐度高；长期食品品种单一，除了影响膳食结构和微量元素营养水平外，还必然造成高血压、高血脂、糖尿病的多发，从而为妊高征的发病提供了诱因。据海外学者研究：已知肥胖与内科疾病（糖尿病、高血压、高脂血症和心脑病）、妇产科疾病（月经异常、妊娠、分娩异常等）有明确的关系。尤其是妇科病，通过Mansan等对115196名30—55岁女性护士群体进行的长达16年的追踪调查和1992—1996年对华盛顿地区近10万初产母亲分娩资料的分析后发现：随着体重的增加，妊娠性糖尿病和先兆子痫病随之增加；肥胖妇女出现妊娠性糖尿病的危险率是消瘦女性的5倍，出现先兆子痫的危险率是消瘦女的3倍，而随之而来的是孕妇和婴幼儿死亡率的提高③。妊高征的危险因素分为两种：一为孕前已有因素，如孕前已有母辈有既往妊高病史、慢性高血压、糖尿病史等；一为与妊娠有关的因

---

① 祁晓琴：《少数民族地区子痫防治52例分析》，《内蒙古医学杂志》1997年第29期。
② 岑汉群、凌梅秀：《微量元素与妊娠并发症的关系》，《广东微量元素科学》2005年第1期。
③ ［日］桥本佳明：《肥胖度与死亡率的关系》，《国外医学内科学分册》1996年第11期。

第三章　从人口性比例再论汉魏时期鲜卑与汉族的融合问题

素,如频繁更换性伴侣、吸烟史及与妊娠有关的多胎、染色体异常、葡萄胎等。如妊高征具有家族倾向:Chesley 等发现患妊高征的母亲,其女妊高征的发生率为 26%,儿媳为 8%;Clincotta 等也研究发现,有妊高征家族史的孕妇,妊娠过程中妊高征发生率增加 3 倍,先兆子痫发生率增加 4 倍。Sibai 将初产妇妊高征发生的危险因素依次列为:收缩压、肥胖、流产次数及吸烟。血压越高或越肥胖,妊高征发生率就越高[①]。1991 年 1—6 月包头市第七医院对不同地区蒙汉族孕妇发锌含量以及新生儿身高、体重、胎龄间的关系进行了调查,并与正常非孕妇进行了对比,发现:蒙汉族城镇及乡村正常及孕妇的平均发锌值差异无显著意义;在低于 120ppm 的低锌组段中,蒙古族孕妇低锌率占 3.1%;在高于 220ppm 的高锌组段中,蒙古族孕妇低锌率占 4.5%。对已做发锌值测定的 37 例孕妇分娩新生儿的身高、体重、胎龄进行测定,发现低锌组正常分娩的占 37.8%,早产儿占 13.5%,足月小样儿占 48.7%;其中有 1 例低体重畸多肢无脑儿,占 2.7%,其母发锌值为 103.27ppm。正常发锌组共 253 例,其中正常足月儿 246 例,占 97.2%;早产儿 4 例,占 1.6%;足月小样儿 3 例,占 1.2%;高锌组共 8 例,其中正常足月新生儿 8 例。报告显示:蒙古族饮食虽以高蛋白动物肉食为多,但发锌值超过 220ppm 的仅占 4.5%。[②] 而医学研究的成果表明,肥胖、糖尿病、高血压、高血脂、染色体异常等,均与人体血锌值低于正常人有直接关系[③]。与原匈奴、鲜卑主要活动区域相关的今陕西、甘肃、青海也有不少证据可资辅助说明:新中国建立前,孕产妇死亡的四大原因为产褥感染、产后出血、妊高征和妊娠合并心脏病。1961—1993 年,在兰州军区后勤部医院分娩的孕产妇有 32673 人,其中死亡 11 人,死亡

---

① 李春芳:《妊高征危险因素的研究进展》,《国外医学妇幼保健分册》2000 年第 4 期。
② 包美荣、崔桂勤:《饮食发锌与胎儿发育》,《包头医学》1994 年第 1 期。
③ 徐国平:《妊娠与锌营养》,《国外医学卫生学分册》1988 年第 1 期;王夔:《生命科学中的微量元素》,中国计量出版社 1996 年版;朱莲珍译校:《人和动物的微量元素营养》,青岛出版社 1994 年版;刘勤、张新、曹志洪:《土壤植物营养与农产品品质及人畜健康关系》,《微量元素与健康研究》2001 年第 2 期。

率为 3.37/万人。① 1990—1992 年陕西周至及青海乐都两县孕产妇死亡 74 例，死亡孕产妇年龄在 15—39 岁之间，平均 25 岁，无民族、家庭差异；死亡时间多在妊娠后期及产褥期：其中妊娠晚期死亡率为 19%，分娩期为 33%，产褥期为 44%；74 例死亡孕产妇胎次构成为：初产妇死亡率为 26%，二胎产妇死亡率为 32%，三胎产妇死亡率为 41%。② 1988 年对银川孕产妇妊高征进行调查发现：回族妊高征的发病率是 6.9%，而汉族是 3.9%；经相关分析认为：高龄、初产、肥胖以及合并原发性高血压、贫血等妊高征发病率高于对照组，以致孕产妇死亡率、难产率及剖宫产率、产后出血率增高；同时造成围产期胎儿死亡率、宫内生长迟缓率、胎儿宫内窘迫率及低出生体重儿发生率增高。③ 而据前所引，宫缩乏力的主因是血锌值过低，所以，孕妇补锌可以明显改善诸如早产、自然流产、难产、过期妊娠等不良妊娠结局，同时还可以提高新生儿的发育指标。④

总而言之，通过对地理环境下土壤微量元素有效锌含量变化规律与大量的鲜卑考古资料的综合考察来看，鲜卑因其所居住地区地处高纬度、干旱、干燥的内陆寒冷地带，土壤微量元素有效锌含量低，造成了鲜卑族育龄妇女在妊娠过程中的大量死亡，以致产生了鲜卑族育龄男女中的男多女少的人口性比例失调问题；而为了保证鲜卑自身的种的繁衍，不仅鲜卑族自身有着特殊的"收继婚"俗来保证确有生育能力的妇女能够去继续生育后代；而且鲜卑在西迁"匈奴故地"以及入主中原的过程中，也逐步地完成了与匈奴旧部和北方汉族的融合。

---

① 赵汝珠：《我院 33 年孕产妇死亡原因分析》，《兰后卫生》1995 年第 3 期。
② 郑全庆等：《西北地区孕产妇死亡的危险因素及死因分析》，《中国初级卫生保健》1994 年第 7 期。
③ 马振侠、柏学民：《银川市 2015 例孕产妇妊高征调查分析》，《宁夏医学杂志》1996 年第 1 期。
④ 黄建辉：《补锌与妊娠结局及新生儿发育指标的关系》，《职业与健康》2001 年第 2 期。

第三节 人口性比例问题与北魏时期拓跋鲜卑与汉族大融合的关系

如前所述,鲜卑在北魏时期之前和北魏政权建立之后,都存在着成年男女中女少男多的性比例失调问题,这促使鲜卑为了解决种的繁衍问题,而自觉地完成了从单一民族向与匈奴融合后形成"拓跋鲜卑"的转化和北魏政权建立后与北方汉族的融合过程。同时,从这一过程完成的成效看,鲜卑人口性比例问题无疑为这种民族大融合提供了良好契机。

一 北魏时期拓跋鲜卑与汉族大融合的阶段性特征

关于北魏时期拓跋鲜卑与汉族的融合问题,史学界传统的观点认为有三大途径或过程:其一是孝文帝迁都洛阳以后,鲜卑贵族与汉族门阀士族间的政治婚姻;其二是在鲜卑族由草原游牧经济向农业经济转变的过程中,由于胡汉杂居而促进的交流与融合;其三是在北魏末的农民起义中,鲜卑族、汉族及其他北方少数民族被压迫人民,共同反抗北魏统治者的压迫,从而在斗争中增进了友谊、了解和融合。近年以来,随着史学研究的不断深入,许多新观点又涌现出来,如牟发松先生认为北魏的民族融合,"可以说主要体现为北方少数民族逐步接受汉族文化的过程"[①];又如钱国旗先生把鲜卑族与汉族的融合划分为两个阶段,并认为北魏鲜卑与汉族的融合主要体现在共同心理素质的形成上[②]。王万盈《拓跋鲜卑在汉化过程中的文化转变》认为:鲜卑在南迁过程中逐步接受汉文化,在宗教信仰、婚俗、生活习惯、政治礼仪等方面与汉族日益

---

① 牟发松:《南北朝交聘中所见南北文化关系略论》,武汉大学三—九世纪研究所:《魏晋南北朝隋唐史资料》,武汉大学出版社1996年版。
② 钱国旗:《论南迁拓跋鲜卑与汉族融合过程中共同心理素质的形成》,《南京大学学报》1991年第2期。

趋同；同时，鲜卑文化在汉化过程中的二元化特征，直接影响了北魏早期国家的政治结构，使其呈现出部落联盟大酋长制与封建皇权制并存的二元架构①。管彦波《中国古代史上的民族融合问题》认为历史上的民族融合有两种方式，一种是通过政治上的强制手段来实现的，又称同化；一种是自然而然实现的，又称融合②。何德章《鲜卑代国的成长与拓跋鲜卑初期汉化》认为：最早对拓跋鲜卑贵族产生汉化影响的是幽、并士人，他们的活动不仅影响了鲜卑政权的成长过程，而且也促进了鲜卑人的汉化③。王万盈《论拓跋鲜卑民族的融合》认为："文化上的转变是完成民族融合的重要一步，这种转变促使了拓跋鲜卑民族成员社会心理与社会行为的变化；对汉文化进一步'内化'的结果，使鲜卑人原初的民族意识逐渐消失，新的民族意识日益形成"，而当入主中原的拓跋鲜卑形成了与汉族相同的民族意识后，二者的融合即告完成④。这些论断和探索，无疑是正确的和富有建设性意义的。但同时，我认为以上论断似乎都忽视了一个重要的方面，那就是忽视了民族的发展和民族的融合都会受到地理环境与人类自身再生产规律的制约。而这种制约主要体现在两性必须有一个相对均衡的比例。换句话讲：在生产力水平极为低下的古代社会里，一个要发展、要前进的民族，其先决条件是必须保证正常的种的繁衍。如果该民族内部缺乏这种机制，就需要这个民族勇敢地面对现实，去积极地寻找完成种的繁衍的必备条件，即去促进男女两性均衡的结合。而在这个方面，鲜卑在逐步西迁"匈奴故地"和由"匈奴故地"逐步入主中原的两大过程中就十分成功地实现了与匈奴和北方汉族的融合。

关于存在人口性比例问题的鲜卑族与其他民族的大融合问题，有着两个不可忽视的重要方面。

---

① 王万盈：《拓跋鲜卑在汉化过程中的文化转变》，《西北师范大学学报》1997年第5期。
② 管彦波：《中国古代史上的民族融合问题》，《历史教学》2001年第2期。
③ 何德章：《鲜卑代国的成长与拓跋鲜卑初期汉化》，《武汉大学学报》2001年第1期。
④ 王万盈：《论拓跋鲜卑民族的融合》，《西北师大学报》2001年第11期。

第三章　从人口性比例再论汉魏时期鲜卑与汉族的融合问题

首先，我们必须注意到北匈奴灭亡后，在鲜卑迁入"匈奴故地"的过程中，与北匈奴所遗"余种十余万落"之间的融合问题。事实上，正史系统关于此事有着不同的记载。如范晔《后汉书·鲜卑传》记载："和帝永元中，大将军窦宪遣右校尉耿夔击破匈奴，北单于逃走，鲜卑因此转徙据其地。匈奴余种留者尚有十余万落，皆自号鲜卑，鲜卑由此渐盛。"陈寿《三国志·魏书·鲜卑传》下裴注引王沈《魏书》却记载："匈奴及北单于遁逃后，余种十余万落，诣辽东杂处，皆自号鲜卑兵。"而《资治通鉴》卷48东汉和帝永元五年条下记载："耿夔之破北匈奴也，鲜卑因此转徙据其地。匈奴余种留者尚有十余万落，皆自号鲜卑；鲜卑由此渐盛"，实沿袭范晔《后汉书》之说。范晔、裴松之均为刘宋时期人，应该说当时对此事即各有所本，故此二人才会有不同的表述内容。我们暂且不论以上两书记载孰对孰错问题，单以鲜卑迁往"匈奴故地"后，融合了匈奴余部、力量大增一事来看，这确实是促进了鲜卑走上中国历史大舞台的进程。同时，《后汉书》与王沈《魏书》分别记载的抵牾之处，也让我们看到当时匈奴、鲜卑的迁徙和融合是处在互动状态中的。即既有匈奴投奔东部鲜卑的问题，又有北部鲜卑迁往"匈奴故地"、与匈奴旧部融合的问题。与之相关的就是，我们对于南北朝时期南朝正史系统中所记载的有关北朝诸民族史实不能轻易持否定态度。如沈约《宋书·索虏传》有云："索头虏姓托跋氏，其先汉将李陵后也。陵降匈奴，有数百千种，各立名号，索头亦其一也。晋初，索头种有部落数万家在云中。"又萧子显《南齐书·魏虏传》记载："魏虏，匈奴种也，姓托跋氏。晋永嘉六年，并州刺史刘琨为屠各胡刘聪所攻，索头猗卢遣子曰利孙将兵救琨于太原，猗卢入居代郡，亦谓鲜卑。被发左衽，故呼为索头。猗卢孙什翼犍，字郁律旃，后还阴山为单于，领匈奴诸部。太元元年，苻坚遣伪并州刺史苻洛伐犍，破龙庭，禽犍还长安，为立宅，教犍书学。分其部党居云中等四郡，诸部主帅岁终入朝，并得见犍，差税诸部以给之。……初，匈奴女名托跋，妻李陵，胡俗以母名为姓，故虏为李陵之后，虏甚讳之，有言其是陵后者，辄见杀，至是乃改姓焉。"而《宋书》《南齐书》所记"托跋"鲜卑的说法，对于我们理解"拓跋鲜卑"的由来大有裨益。以《宋书》《南齐书》所记，均以"拓跋"为"托跋"；那么，"托跋"应是鲜卑语或匈奴语的发音。而此说远比魏收《魏书·序纪》之说"北俗谓土为托，谓后为跋，故以为氏"合理；因为"匈奴女名托跋"和"胡俗以母名为姓"之说，自然而然让后人联想到《史记·匈奴传》中冒顿爱阏氏，听其言而放刘邦出平城之旧事；此"阏氏"如《史记索隐》所云："匈奴名妻作阏氏"，可见匈奴妻及女子在匈奴族中地位之重。同时，由前文所述看，亦可看出匈奴妇女地位重要之原因。由此看马长寿先生所论"拓跋鲜卑"乃是"匈奴母鲜卑父"之高论①，确实是真知灼见！

其次，拓跋鲜卑在入主中原的过程中，积极主动地与汉族百姓交往、融合，不仅建立起融拓跋鲜卑和汉族地主为主体的北魏政权，而且开始了逐步把拓跋鲜卑族自身完全融入中原汉族的历程。

从拓跋鲜卑与汉族融合的过程看，实际上在北魏孝文帝汉化改革之前就可以大致分为四个阶段：（一）早在东汉末年，拓跋鲜卑族与汉族便有了"汉人逋逃，为之谋主"的交往阶段，但是，真正地与汉族友善交往应开始于拓跋力微统治时期。魏黄初元年（220年），曹丕正式代汉。正是此时，拓跋诘汾之子力微也继位做了首领，他总结前人得失，制定了通好南夏的邦交政策。据《魏书·序纪》记载力微"告诸部大人曰：'我历观前世匈奴、蹋顿之徒，苟贪财利，抄掠边民，虽有所得，而其殆伤不足相补，更招寇仇，百姓涂炭，非长计也。'"在力微的既定方针指导下，不仅中原先进的技术和文化得以源源不断地输往拓跋鲜卑族，而且拓跋鲜卑的部落结合体也不断膨胀，形成了以"帝室十姓""内入诸姓""四方诸姓"为中心的部落联盟圈，为以后拓跋魏的建立奠定了初步的基础。（二）拓跋鲜卑与汉族友善交往的第二时期是西晋末年。此时正是力微的孙子猗卢统率拓跋各部的时期。西晋并州

---

① 马长寿：《乌桓与鲜卑》，上海人民出版社1962年版，第1—115页。

第三章 从人口性比例再论汉魏时期鲜卑与汉族的融合问题

刺史刘琨借用拓跋鲜卑的力量与刘渊、石勒对抗，猗卢因此被西晋王朝封为代公，后进为代王，并割马邑、楼烦等五县之地给猗卢，从而使拓跋鲜卑扩张到并州北部地区。同时，由于中原内乱外扰不断，致使大批晋人避祸并效力于拓跋鲜卑，卫操、卫雄、姬澹、莫含便是其代表。他们为猗卢出谋划策，使拓跋鲜卑在国家政权的确立、法律的制定和官吏的设置等方面获得了经验，从而为郁律次子什翼犍正式确立国家规模奠定了较为坚实的基础。（三）拓跋鲜卑与汉族友善交往的第三时期是什翼犍即代王位，拓跋代国从混乱中摆脱出来、走上复兴道路的时期。什翼犍的母亲是身份低下的汉族女性，对什翼犍的兴复大业起过决定性作用[①]。同时，什翼犍曾在后赵多年接受汉文化的影响，所以，他继位以后，便立即组建新的国家机构。据《魏书·官氏志》载："昭成之即王位，已命燕凤为右长使，许谦为郎中令矣。余官杂号，多同于晋朝。建国二年，初置左右近侍之职，无常员，或至百数，侍直禁中，传宣诏命；皆取诸部大人及家族良家子弟仪貌端严，机辨才干者应选……"总之，从上面的记载看什翼犍作为《魏书》中记载的第一个拓跋父、汉族母的拓跋鲜卑族首领，他所建立的权力机构完全是融拓跋鲜卑贵族与汉族地主知识分子的政权形式，同时，结合北魏文成帝诏令中"然中代以来，贵族之门多不率法"，常有"令贵贱不分""与百工、伎巧卑姓为婚"的记载看，我们就不难判断：作为猗卢建代国首任代王、什翼犍复兴代国、再到拓跋珪即代王位的代国三大兴亡时期看：什翼犍时期是一个重要的转折点，因为这一时期已有"皇族、师傅、王公侯伯及士民之家"与"百工，伎巧，卑姓"为婚现象存在了。所以，什翼犍时期，又是拓跋鲜卑与汉族开始血缘交融的时期。（四）我们尤其要注意代国建立后、特别是拓跋魏建立后直至孝文帝迁都洛阳之前的一百多年时间，应是鲜卑与汉族之间血缘交融的最重要、最关键的时期。在这一个

[①] 《魏书》卷113《官氏志》载："平文皇后王氏，广宁人也。年十三，因事入宫，得幸于平文，生昭帝。"广宁，今河北涿鹿。

多世纪的时期里，拓跋鲜卑从上到下，勇敢而广泛地同北方的汉族百姓结为婚姻，不仅解决了拓跋鲜卑正常的种的繁衍，而且也使得拓跋鲜卑在与汉族百姓融合的过程中提高了自身的汉化程度，促进了北魏社会的文明进程。事实上，公元4世纪末拓跋魏建立北魏时，中国的北方正处在十六国割据的动荡中，北魏不过是一个力量较小的国家。但在道武帝拓跋珪在政治上广泛吸收汉族地主知识分子参政和在经济上"离散诸部、分土定居"①、走上封建化道路之后，北魏政权各种国家机器和国力都获得了突飞猛进的发展。然而，进入北魏中期以后，作为北魏统治基础的等级婚姻制，仍没有顺利实施的迹象。其具体的根据就是《魏书·高宗纪》和《魏书·高祖纪》中三条与婚姻制度有关的诏令：《魏书·高宗纪》载文成帝和平三年（463年）诏："夫婚姻者，人道之始。是以夫妇之义，三纲之首，礼之重者，莫过于斯，尊卑高下，宜令区别。然中代以来，贵族之门多不率法，或贪利财贿，或因缘私好，在于苟合，无所选择，令贵贱不分，巨细同贯，尘秽清化，亏损人伦，将何以宣示典谟，垂之来裔。今制皇族、师傅、王公侯伯及士民之家，不得与百工、伎巧、卑族为婚，犯者加罪。"另据《魏书·高祖纪上》载孝文帝太和二年（476年）夏五月诏："皇族、贵戚及士民之家，不惟氏族，下与非类婚偶。先帝亲发明诏，为之科禁，而百姓习常，仍不肃改。朕今宪章旧典，只案先制，著之律令，永为定准。犯者双违制论。"再据《魏书·高祖纪》载太和十七年（493年）孝文帝"又诏厮养之户不得与士民婚。"从上引文成帝拓跋濬、孝文帝拓跋宏的三条诏令看，与北魏政权贵族化相对应的是"皇族、师傅、王公侯伯及士民之家""与非类婚偶"现象大量存在，而且是达到了屡禁不止的程度。我认为：北魏政权中的"皇族、师傅、王公侯伯及士民之家"，应是鲜卑族血统的、具有自由身份和高贵地位的统治阶层；至于"百工、伎巧、卑姓"，实际上应是魏晋南北朝以来、多为汉族血统的城市手工业者、乐

---

① 《魏书》卷83《外戚传》，中华书局1974年标点本，第1812页。

第三章　从人口性比例再论汉魏时期鲜卑与汉族的融合问题

户、鼓吹户、商人等身份卑微之人；而北魏社会中"皇族、师傅、王公侯伯及士民之家"之所以屡禁不止地要与"百工、伎巧、卑姓之人"为婚，是因为北魏鲜卑族中存在严重的男多女少的性比例失调问题①。10年之前，我是这样认为的。现在，通过对鲜卑所处地理环境下土壤微量元素变化的考查、对土壤微量元素作用的重新认识和对鲜卑墓葬中人骨材料的统计，我更加坚持拙文的观点。

关于这一点，我们还可从北魏中期迁都洛阳之前皇后出身的卑贱化、北魏多次放免宫女"以配鳏民"、北魏前期掠夺他族妻女班赉将士以及前已述及的鲜卑墓葬人骨材料所反映的内容等史实来补充说明之：（一）关于北魏中期以前皇后出身的卑贱化问题，《魏书·皇后列传》记载得很详尽。如道武帝的皇后慕容氏、太武帝的皇后赫国连氏等均是以战俘的身份入主北魏皇帝后宫的；又如太武帝拓跋焘的皇太后窦氏，文成帝拓跋浚的皇太后常氏、文明皇后冯氏、元皇李氏，孝文帝拓跋焘的贞皇后林氏、幽皇后冯氏、昭皇后高氏等，不是出身微贱，就是作为社会罪犯的家属被籍没入宫而后成为皇后的。据统计，从北魏之初到孝文帝统治的一百多年里，共有皇后、皇太后16人，其中出身微贱的皇后就有9人之多，所占比率高达50%以上；而且，从这一时期皇后、皇太后的姓氏角度看，窦、常、冯、李、林、高等姓也多是北方地区汉族居民经常使用的姓氏；（二）关于北魏政权多次放宫女问题，《魏书》诸帝纪有详细的记载：如《魏书·太宗纪》载拓跋嗣永兴三年（411年）二月戊戌诏："其简宫人非所当御及执作伎巧，自余悉出以配鳏民"。《魏书·世祖纪》载拓跋焘太延元年（435年）春正月癸未，"出太祖、太宗宫人，令得嫁。"《魏书·高祖纪》载孝文帝拓跋宏太和三年（479年）"二月辛巳……幸代郡温泉，问民疾苦，鳏贫者以宫女妻之。"太和十三年（489年）八月，"出宫人赐北镇人贫鳏无妻者。"以

---

① 高凯：《从性比例失调看北魏时期拓跋鲜卑与汉族的民族融合》，《史学理论研究》2000年第2期。

第二编 从人口、性别政策看汉魏时期国家治理

及太和二十三年（499年）拓跋恪在"秋八月戊戌中，遵（拓跋宏）遗诏，高祖三夫人已下悉归家。"在拓跋嗣、拓跋焘、拓跋宏到拓跋恪即位的不到九十年的时间里，北魏皇帝曾先后至少七次放宫女，而其中有四次可以让我们清楚地看出北魏政权放免宫女的目的是"以配鳏民"，而且这四次放免宫女全部都在北魏孝文帝迁都洛阳之前。同时，孝文帝太和三年（479年）及太和十三年（489年）的诏令，均有放免宫女"以配鳏民"的确切地区：一为"代郡，二为"北镇"。代郡，治所在平城，一直是北魏前期和孝文帝迁都洛阳之前的政治中心，也是鲜卑族各部集中居住的地区；北镇，又称六镇，是道武帝拓跋珪至太武拓跋焘时期，北魏为了有效防止柔然的入侵而特设的六个重要的边镇，戍镇的将士多是地位很高的拓跋鲜卑族人。据《北史·广阳王建附深传》记载：北镇初设时，"以移防为重，盛简亲贤，拥麾作镇，配以高门子弟，以死防遏，不但不废仕宦，至乃偏得复除，"以至"当时人物，忻慕为之。"由以上北魏多次放免宫女看，代郡和平城的拓跋鲜卑族贫民多无妻子。而通过上文论证，这种现象应与代郡、平城的土壤严重缺乏微量元素有效锌密切相关。（三）关于北魏前期掠夺他族妻女以班赉将士为妻问题，《魏书·世祖纪》记载甚详：始光四年（427年），北魏军队击败赫连昌，俘虏"昌群弟及其诸母、姊妹、妻妾、宫人万数"。拓跋焘在娶赫连昌的三个妹妹作为贵人之后，便"以昌宫人及生口、金银、布帛班赉将士各有差。"同书同传又载拓跋焘于延和三年（437年）"破白龙余党于五原"，并"虏其妻子班赉将士各有差。"又沈约《宋书·索虏传》记载：宋少帝刘义符景平元年（423年），即北魏明元帝拓跋嗣泰常八年，"虏，（北魏）悦勃大肥率三千骑，破高平郡所统高平、方、任城、金乡、父等五县，杀略二千余家，其男子，驱虏女弱。"此后不久，"虏又破邵陵县，残害二千余家，尽杀其男丁，驱略妇女一万二千口。"另据《宋书·序传》中记载当时刘宋盱眙太守沈璞的评论称：被北魏军队所驱略的高平、任城、金乡、邵陵等六县汉族女子，"不过得驱还北国作奴婢耳。"由以上记载看，北魏前期在统一北方的

第三章　从人口性比例再论汉魏时期鲜卑与汉族的融合问题

战争中，外族女子均是被驱略的主要对象，其目的不过是保证鲜卑士卒的婚配权而已。（四）关于鲜卑先祖及北部鲜卑在迁徙过程中的墓葬所反映的性比例失调等问题：如前所述，从内蒙古敖汉族大甸子夏家店文化遗址、额尔古纳右旗拉布达林鲜卑墓、内蒙古札赉诺尔鲜卑墓、察右后旗三道湾鲜卑墓葬中的人骨鉴别材料，均反映鲜卑族中存在着严重的男多女少的性比例失调问题；这种问题大致表现在两个方面：其一为男性人骨绝对数多于女性；其二为育龄女性人口的死亡数远远超过同年龄段的男性。而内蒙古商都县东大井鲜卑墓地、乌兰察布市察右中旗七郎山鲜卑墓葬人骨材料反映的则是在代及北魏政权建立和巩固过程中，大量死亡的青壮男性没有葬在部落或家族墓地中，而有可能直接战死于外；另一事实，则是人骨材料仍然反映育龄妇女多死在育龄期的问题。

二　北魏时期拓跋鲜卑与汉族融合的意义

根据前文所述，我认为在孝文帝实行政治联姻和汉化改革之前的北魏中期以前存在着一个最重要、最广泛和最持久的民族融合过程，这种融合带有一定强迫性和血腥性的色彩，但却为北魏皇室成员及王公侯伯的汉化提供了条件，同时也为北魏在政治、经济、文化等方面的汉化改革创造了和谐的气氛。

关于这一点，我们可以从以下两大方面看出：首先，拓跋鲜卑皇族及贵戚与汉族的联姻，其直接的后果是拓跋鲜卑父、汉族母的拓跋皇帝及拓跋贵族子弟的增多。纵观北魏社会民族融合的历史，我们不难发现：北魏孝文帝迁都洛阳之前，有三位皇帝是汉族女子所生，即拓跋焘、拓跋弘、拓跋宏。而拓跋焘时期和拓跋宏时期都是北魏汉化改革突飞猛进的重要时期。在太武帝拓跋焘时期，北魏不仅基本上统一了北方，确立了以崔浩为代表的北方汉族知识分子群体在北魏军政事务中参政、议政的地位，而且更为重要的是拓跋焘通过他的一系列诏令，在北魏国家及社会中坚决地确立了汉字使用的机制，并确保了儒学在皇族、贵族子弟教育中的中心地位。拓跋焘时期这一系列汉化措施的重大意义,在某种程度上是毫不逊色于孝文帝时期改汉姓、穿汉服、说汉话、迁都洛阳等汉化改革的。而这两个在北魏历史上大力推行汉化改革的统治者均是拓跋鲜卑父、汉族母的北魏皇帝,这难道仅仅是历史的巧合性问题吗?!加之北魏宫廷中汉族儒学师傅、汉族母亲、汉族保姆及汉族宫人在点滴生活中潜移默化的影响,必然使得北魏皇帝自小到大对汉族先进文化抱有崇敬和亲近的心理,这使得北魏皇帝有机会提高自己的汉化水平。事实上,拓跋皇帝的汉化水平确实是随着北魏政权的成长而不断提高。从《魏书》诸帝纪的记载看,北魏的皇帝,在他们的诏书中常引用《诗》《易》《礼》《春秋》等儒家经典;史称明元帝拓跋嗣"礼爱儒生,好览史传,以刘向所撰《新集》三十篇,采诸经史,该洽古义,兼资文武焉。"又据《魏书·高祖纪》载拓跋宏"雅好读书,手不释卷。五经之义,览之便讲……史传百家,无不该涉。善谈老庄,尤精释义。才藻富赡,好为文字,诗赋铭颂,任兴而作。有大文章,马上口授,乃其成也,不改一字。自太和十年以后诏册,皆帝之文也。"试想,如果不是拓跋皇帝自小经历严格的汉文化影响和教育,能有这么高的汉化程度吗?!

与此同时,这些从小经历严格、正规的汉文化教育的皇帝们正式继位后,也十分重视对他们的皇子们进行汉文化的教育。根据《魏书》诸帝纪记载的情况,在道武帝拓跋珪初定中原时,"便以经术为先,立太学,置五经博士生员千余人。"天兴二年(399年),又"增国子太学生员至三千。"《魏书·世祖纪》称,拓跋焘太平真君五年(444年)诏曰:"今制自王公已下至于卿士,其子息皆诣太学。"到孝文帝统治时期,对儒学和皇家汉化教育尤为重视,并特开"皇子之学",以提高其汉文化程度。孝文帝太和九年(485年)令曰:"皇子皇孙,训教不立,温故求新,盖有阙矣!可于闲静之所,别置学馆,选忠信博联之士,以匠成之。"[①] 由于孝文帝以前的历代拓跋皇帝非常重视对当时皇

[①] 《魏书》卷21《咸阳王传》,中华书局1974年标点本,第533页。

第三章 从人口性比例再论汉魏时期鲜卑与汉族的融合问题

室及贵族子弟进行汉文化教育,这使得拓跋魏的皇室成员和贵族阶层的汉文化水平逐步提高,从而为拓跋鲜卑与汉族的融合和孝文帝迁都洛阳后实行彻底的汉化改革奠定了坚实的思想基础和政治基础。

其次,拓跋鲜卑与汉族百姓的联姻,使得作为统治民族的拓跋鲜卑与作为被统治民族的北方汉族百姓之间的民族仇恨情绪处在逐步淡化的过程中。正是这种民族融合的氛围,一方面促使越来越多的北方汉族士人得以服务于北魏政权,另一方面也促使位于社会底层的"百工、伎巧、卑姓"之人有了改善社会地位的可能性,从而最终促进北魏社会的文明程度的提高。

关于汉族士人服务于北魏政权的情况,我们仅从《魏书》诸帝纪的记载便可知其大概:北魏建立之初,拓跋珪除了"以经学为先,立太学,置五经博士",笼络北方汉族士人外,还对投靠北魏的汉族士人"留心慰纳",史称"诸士大夫诣军门者,无少长,皆引入赐见,存问周悉,人得自尽,苟有微能,咸蒙叙用。"汉族士人投靠和加盟,使拓跋珪在元光元年(398年)得以"诏尚书吏郎中邓渊典官制,立爵品,定律吕,协音乐。仪曹郎中董谧撰社庙、社稷、朝、飨宴之仪。三公郎中令王德定律令,申科禁。太史令晁崇造浑仪、考天象。"而"尚书崔玄伯奏从土德,服色尚黄,数用五,未祖辰腊,牺牲用白,五郊立气,宣赞时令,敬授民时,行夏之正。"从而使北魏政权在建立之初便得以走上了树立正统的轨道。拓跋嗣也十分重视招纳汉族士人参政,史称:永元五年(413年)拓跋嗣"诏分遣使巡求俊逸,其豪门强族为州闾所推者,乃有文武才干,临疑能决,或有先贤世胄、德行清美、学优义博,可为人师者,各令诣京师,当随才叙用"[①]。太武帝拓跋焘在位期间,更是注意网罗北方汉族士人。神麚四年(431年),他一次就征用"范阳卢玄、博陵崔绰、赵郡孝灵、河间邢颖、渤海高允、广平游雅、太原张伟……及州郡所遣数百人,皆

---

① 《魏书》卷3《太宗纪》,中华书局1974年标点本,第52页。

差次叙用。"大批汉族士人加盟北魏政权统治，不仅增加了北魏政权中汉族官吏的比重，而且也使得北魏国家和社会越来越依赖汉民族政治、经济和文化统治的丰富经验。这样的结果，必然促进北魏社会文明程度的提高。

同时，由于北魏"皇族、贵戚及士民之家"多与"百工、伎巧、卑姓"之人结为婚姻，这使得统治者不得不面对"舅氏轻微"的现实，切实改善和调整对待"百工、伎巧、卑姓"之人的态度，从而使得北魏中期以后，"百工、伎巧"的社会地位有了逐步地改善。

北魏前期，"百工、伎巧"作为被政府严格控制的卑贱户籍，是被压迫的社会底层百姓。尤其是在太武帝拓跋焘统治时期，"百工、伎巧"的子弟甚至被剥夺了读书、写字的权力。据《魏书·世祖纪》记载：太平真君五年（444年），太武帝下令："百工伎巧、驺卒子息，当习其父兄所业，不听私立学校。违者师身死，主人门诛。"足见当时"百工、伎巧"身份之低。但是随着北魏拓跋鲜卑贵族日益与"百工、伎巧"联姻，"百工、伎巧"的身份有所变化，且这种变化在孝文帝继位后的北魏社会里尤为明显。据《魏书·高祖纪》记载：延兴二年（472年），"夏二月庚子，诏工商杂伎巧，尽听赴农。"太和十一年，"诏罢尚方锦绣绫罗之工，四民欲造，任之无禁。"另据《魏书·肃宗纪》载：神龟元年（518年），"诏从杂役之户或冒入清流，所在职人皆五人相保，无人任保者夺官还役。"再据《魏书·孝庄纪》载：普泰元年（531年）"百杂之户，贷赐民名，官任出身，皆授实官，私马者优一大阶。"从以上孝文帝至前废帝时期的四条诏令看，"百工、伎巧"等杂户的地位身份变化的轨迹十分明显。这些诏令说明，孝文帝统治早期"百工、伎巧"已可"尽听赴农"，恢复编户齐民的自由之身；太和中期，"百工、伎巧"有了自己生产、经营的权力；孝明帝时期，"百工、伎巧"等"杂户"已有脱籍现象，且有了入仕为官者；而前废帝元恭普泰元年（531年）诏令，显然是一次大规模放免包括"百工、伎巧"在内的各类杂户的诏令，并且证

第三章　从人口性比例再论汉魏时期鲜卑与汉族的融合问题

明杂户还同一般平民一样当兵和为官的权利①。"百工、伎巧"身份和社会地位在孝文帝统治和其后时期里的变化，不仅意味着北魏政权封建化进程的逐步完成，而且也意味着北魏社会文明程度的逐步提高。

值得注意的是：北魏拓跋鲜卑与北方汉族百姓的融合在孝文帝统治中期出现了片面化倾向。那就是拓跋鲜卑贵族与北方汉族高门士族间的婚姻关系比重大大加强。关于这一点，中外学者也有研究。如日本学者长部悦弘在他的"北朝隋唐时代胡族的通婚关系"一文中认为：孝文帝迁都洛阳之后，"汉族士大夫之女进入后宫的倾向增强了"，而此前的胡汉婚姻中，"不偏重于特定之家，在崔、卢、李、郑、王汉族士大夫中，看不到这五姓耀门第最高。"②

再如，国内学者施光明先生在他们的"《魏书》所见拓跋鲜卑婚姻关系研究"一文中，详细统计了《魏书》记载的147起涉及拓跋鲜卑的婚姻关系。通过研究，他认定这147起婚姻关系，有86%以上发生在北魏，且多属于拓跋鲜卑的上层贵族；同时，他还认定"拓跋鲜卑与汉族建立的婚姻关系主要发生在孝文帝统治之后"，"几乎无一不带有政治色彩"③。这些观点和研究是有益的和富有启迪的。但同时，我们又注意到他们文章中的某些观点，很容易给人造成误解。如日本学者长部悦弘在文中说："胡族中（鲜卑族），积极、大量与汉族通婚则是由北魏的宗室元氏开创先河"，"元氏正式与汉族缔结的缘戚关系是开始于5世纪末从平城迁都洛阳的孝文帝时代吧！"而施光明先后也在文中表达了相似的观点。我们如果把两篇文章的所有结论结合起来看，就不能不形成这样一种错觉，那就是北魏时期拓跋鲜卑与汉族的融合仅仅限于拓跋鲜卑的上层贵族和北方高门汉族之间的政治婚姻。这不能不说是个误区。事实上，正如前文列举的文成帝和孝文帝的三条诏令所表明的情

---

① 高敏：《魏晋南北朝社会经济史探讨》，人民出版社1987年版。
② ［日］长部悦弘：《北朝隋唐时代胡族的通婚关系》，冯继钦译，《北朝研究》1992年第1期。
③ 施光明：《〈魏书〉所见拓跋鲜卑婚姻关系研究》，《北朝研究》1992年第3期。

况，北魏时期拓跋鲜卑与北方汉族的融合，最重要、最广泛和最持久的应该是拓跋鲜卑中"皇族、贵戚及士民之家"与汉族血统的"百工、伎巧、卑姓"之人中的婚姻。这种婚姻，绝不是一个"政治婚姻"的概念可以将其涵盖的。它应当是人类自身再生产过程中两性均衡结合规律的具体表现。至于孝文帝时代拓跋鲜卑贵族与北方高门汉族地主间的婚姻大大增加，则反映了孝文帝在民族融合政策上的一种偏见。其具体标志是太和二十年咸阳王禧娶任城王隶户之女为妻"深为高祖所责"后孝文帝所下的诏令。孝文帝的诏令称："皇子茂年，宜简令正，前者所纳，可为妾媵。"接着，孝文帝在诏书称其弟子咸阳王禧、河南王幹、广陵王羽、颖川王雍、始平王勰、北海王详应聘当时北方汉族高门士族李氏、卢氏、郑氏、王氏和胡族穆氏女为妻。同时，孝文帝在诏令中不得不承认以前的皇子迎娶了身份卑贱的女子，但他的态度是这些身份卑贱的女子只能作为"妾媵"。这和孝文帝对拓跋鲜卑皇族择偶对象中"族非百两，拟匹卑滥，舅氏轻微"现象的深恶痛绝这一狭隘婚姻观是相吻合的。正是在孝文帝狭隘婚姻观的影响下，自此之后拓跋鲜卑贵族在北方汉族高门士族中择偶的倾向得以持续了下来，从而使得孝文帝迁都洛阳以后拓跋鲜卑与汉族的融合被打上了深深的阶级烙印。

至于拓跋鲜卑族在从游牧经济向农业经济转变的过程中，与北方汉族人民进一步的融合，以及北魏末年拓跋鲜卑族及其他北方少数民族与北方汉族贫苦百姓在共同反抗北魏拓跋鲜卑贵族和高门汉族地主联合统治中增进的友谊、了解和融合问题，史学界前辈已做过充分、细致的论述，我这里就不再赘述了。

综上所述，我认为：通过对地理环境下土壤微量元素有效锌含量变化规律与大量的鲜卑考古资料的综合考察，鲜卑之所以产生人口性比例失调问题，是因其所居住地区地处高纬度、干旱、干燥的内陆寒冷地带，土壤微量元素有效锌含量低，造成了鲜卑族育龄妇女在妊娠过程中的大量死亡。而鲜卑这种人口性比例失调问题的产生，也为汉魏时期鲜卑西迁"匈奴故地"与入主中原的过程中，与匈奴和汉族的大融合提供了契机。根据前文所述，我认为：北魏时期拓跋鲜卑与汉族的融合应分为四个时期，即应在孝文帝实行政治联姻和汉化改革之前，还存在着一个拓跋鲜卑族自觉与汉族融合的过程。虽然，这种融合带有一定强迫性和血腥性的色彩，但却是北魏中期以前存在的一个最重要、最广泛和最持久的民族融合过程；而且，正是这么一个最广泛和最持久的打破阶级隔离的大融合，才使得孝文帝迁都洛阳和实行汉化改革有了坚实的基础。

第四章　从人口性比例失调看汉魏时期道教的兴盛

道教作为中国儒、释、道三大宗教之一，是中国传统文化的三大支柱之一。按照史学界通行的观点看，道教酝酿于汉代，诞生于汉末，发展于魏晋南北朝时期。所以，道教的产生有着深厚的思想渊源和历史背景。所以，任继愈先生认为：从道教的产生源流看，既有自夏、商、周三代以来百姓崇拜日月星辰等诸多神灵以祈福免祸的意识和以解梦、星占、医病、预言为手段的巫术成分；又有着自春秋、战国至秦汉时期以来源自荆楚文化和燕齐文化中神仙传说与方士方术的因素；同时，从道教产生的思想根源看，一方面自春秋、战国时期以来老庄哲学和秦汉道家学说是其最主要思想的来源，另一方面儒家与阴阳五行思想以及古代医学思想的发展，也为道教的产生提供了食粮。从道教产生的历史背景看，既有道教是在汉代有神论泛滥的大气候中产生和在统治者对神仙方术的特殊关心下成熟的因素，又有着在东汉末年经学衰落、社会危机不断加深、儒学已不能维持统治秩序的形势下孕育和佛教传入与兴盛的刺激下来产生的原因[①]。

---

① 任继愈：《中国道教史·汉魏晋南北朝道教》，上海人民出版社1990年版，第6—18页。

第四章 从人口性比例失调看汉魏时期道教的兴盛

第一节 问题的提出和汉魏时期人口性比例问题的产生

关于汉魏时期道教的兴盛问题，史家关注者甚多。如近现代时期刘师培、陈垣、陈寅恪、汤用彤、陈国符等前辈学者以及日本学者吉冈义丰、大渊忍尔等海外学者用力甚多。然或以时代久远之故，或以地理隔绝之由，他们的成果暂时难以收集。笔者目前所掌握的资料中，大致有王明先生《太平经合校》"序言"①和"附录"部分，对东汉末年《太平经》的由来、流传、版本和《太平经》的思想等做了全面而详细的研究②。任继愈主编的《中国道教史》，其中对汉魏时期道教产生的渊源、背景、流派和道教精典文献的释读等方面，做了全面的全景式的研究③。王明先生《抱朴子内篇校释》，对葛洪《抱朴子》一书的内容、流传、版本和葛洪本人在中国道教史发展历程中的地位等做过详细的研究④。陈耀亭、李子微、刘仲宇所编辑的《道家养生术》，对中国古代黄老之术以及历代道教发展历程中与导引、吐纳服气、胎息、服食、房中术和内丹功法等一系列与养生术有关的典籍和主要内容做了简单的汇总⑤。龙晦、徐湘灵、王春淑、廖勇《太平经全译》一书，不仅对《太平经》做了翻译成白话的工作，而且龙晦在"序言"部分，对《太平经》的流传和思想做了回顾性研究⑥。萧登福《道家道教与中土佛教初期经义发展》一书，对中国传统道家及道教经义对佛教初传时期经义的关系和影响，提出了全面而新颖的见解⑦。汤其领《东晋南朝道教论

---

① 王明：《太平经合校》，中华书局1960年版。
② 同上。
③ 任继愈：《中国道教史·汉魏晋南北朝道教》，上海人民出版社1990年版。
④ 王明：《抱朴子内篇校释》，中华书局1985年版。
⑤ 陈耀亭、李子微、刘仲宇所：《道家养生术》，复旦大学出版社1992年版。
⑥ 龙晦、徐湘灵、王春淑、廖勇：《太平经全译》，贵州人民出版社2000年版。
⑦ 萧登福：《道家道教与中土佛教初期经义发展》，上海古籍出版社2003年版。

略》对东晋南朝道教的发展和葛洪、陆修静、陶弘景对道教的改革做了详细的研究①。汤其领《北朝道教论略》一文，对北魏时期寇谦之对道教的改革和楼观道在北朝后期的发展做了详细的研究②。张泽洪《北魏道士寇谦之的新道教论析》一文，对北魏时期寇谦之的道教改革及其意义做了研究③。张泽洪《魏晋南北朝时期少数民族与道教》一文，对魏晋南北朝时期边远地区少数民族对道教的信奉情况做了详细的梳理④。陈昌文《人口史背景下的道教》一文，就人口与道教的关系，提出了道教为乱世应对策略和升平盛世两大类，它们分别与人口盛衰有关的观点，引人深思⑤。以上学者的研究状况，基本都认可任继愈先生所认为的道教产生于汉末的观点。同时，从各学者的研究内容看，不仅各自的侧重点不同，而且内容深浅不一，但都无疑为后学的继续研究奠定了基础。

然而，在史学界通行的观点之外，我以为道教的产生与发展还有其他的因素存在着。这些因素既决定于道教是先秦、秦汉以来深厚的民间文化中所发展起来的因素，又决定于道教信众社会来源的方面。实际上，自先秦、秦汉以来，无论是在传统的民间文化里，还是在统治阶级的脑海中，都有着强烈的企求生育、企求家国昌盛的思想，而这一思想必然会影响到道教的产生与发展。换句话讲，作为来源于中华民族传统民间文化的、讲究今生今世修行的道教，不能不面对和解答信众在企求家国昌盛的问题上所提出的要求。而不容忽视的是，道教在其产生和发展的过程中，确实有着"兴国广嗣之术"的成分存在。但是，从传世文献和出土文献的诸多记载看，汉魏时期存在着相当严重的人口性比例失调问题；这一问题的存在，不仅严重影响了汉魏时期的人口繁衍，而且也与道教要解答社会和民众的企求家国昌盛的思想严重抵触。所以，

---

① 汤其领：《东晋南朝道教论略》，《南京晓庄学院学报》2000年第3期。
② 汤其领：《北朝道教论略》，《洛阳工学院学报》2001年第4期。
③ 张泽洪：《北魏道士寇谦之的新道教论析》，《四川大学学报》2005年第2期。
④ 张泽洪：《魏晋南北朝时期少数民族与道教》，《中南民族大学学报》2005年第6期。
⑤ 陈昌文：《人口史背景下的道教》，《西南民族大学学报》2001年第6期。

第四章　从人口性比例失调看汉魏时期道教的兴盛

在某种程度上讲，汉魏时期人口性比例问题的存在，促进了道教在锤炼"兴国广嗣之术"方面的发展。而这一点，是学术界尚未关注的方面；有鉴于斯，我拟就此提出浅薄的见解，以求教于方家。

关于汉魏时期社会存在相当严重的人口性比例失调问题，虽然历史典籍中关于这方面的直接数字材料奇少，但是，有关性比例失调的间接史料屡见于史书，如《史记·货殖列传》载秦汉时期江南地区有"丈夫早夭"的现象，《太平经》载东汉后期社会有"男多而女少不足"现象等等。这些现象都属于我们今天人口学概念中性比例失调的范畴，都是直接或间接影响东汉中期以后直至整个魏晋南北朝时期人口繁衍的重要因素。那么，这一时期产生这种失调问题的具体原因是什么呢？下面我想从7个方面试列举论述如下：

其一，在这一时期存在着由地理环境所决定的具有一定地域性和民族性的人口性比例失调问题：据《史记·货殖列传》等书所载，至迟到秦汉时期，长江以南地区女多男少的现象仍没有改变，《史记·货殖列传》载："楚越之地，地广人稀，饭稻羹鱼，或火耕水耨"，与黄河流域相比，因"江南卑湿"而出现了"丈夫早夭"的现象。关于这一点，我们还可以用近年出土的走马楼三国吴简户籍材料中疾病人口的研究来证明之①。此外，大量的考古发掘的统计资料和医学发展的成果表明：地理环境对人类自身繁衍的影响还明显表现在蒙古高原、鄂尔多斯高原等高纬度、干燥、寒冷的内陆地区，加之土壤缺乏微量元素有效锌，致使育龄妇女在妊娠过程中大量死亡和成年育龄男女中发生男多女少的性比例问题，以致为了保证正常的种族的繁衍，汉魏时期生活在其上的匈奴、鲜卑、突厥等北方少数民族不得不采取"收继婚"的婚制②。

---

①　高凯：《从吴简蠡测孙吴时期长沙郡临湘侯国的疾病人口问题》，《史学月刊》2005年第12期。

②　高凯：《地理环境与中国古代社会变迁三论》，天津古籍出版社2006年版，第21—132页。

第二编 从人口、性别政策看汉魏时期国家治理

其二，东汉中后期至魏晋南北朝时期的中国社会再一次走入大动荡、大变化的时期。一方面是由于东汉各级政权的腐败和政权中心宦官集团与外戚集团的交替掌权造成政出多门；另一方面，自西汉后期北半球气候变冷，西北及北方民族的内迁压力增大，自然灾害的增多又造成社会压力增强。随着东汉中期羌人的暴动与政府对羌人的镇压，东汉社会开始走入动荡之中，战争的频次也逐渐增多。在战争的准备和进行当中，需要数倍于军队实际人数的精壮劳动力进行后勤保障工作，这种费工费时的保障工作，使得大批男性婚姻失时，社会上也会随之出现高女性率，而高女性率的出现，实际上就是一种特殊的性比例失调现象。战争开始以后，随着战争的深入，交战双方大批男性死于战火，从而使社会上出现一代甚至几代人的性比例失调问题，这些都会对当时的人口繁衍产生巨大的负面影响。如自东汉对西羌的战争之后，东汉末年的还有黄巾起义。而史载建安五年（公元 200 年）时，已经出现"天下户口减耗，十裁一在"的局面①。进入魏晋南北朝，战争更加频繁、激烈，必然使得为战争所直接杀死的人数远多秦汉时期。仅据正史记载的情况看，西晋"太康元年（公元 280 年）平吴，大凡户二百四十五万九千八百四十户，口一千六百一十六万三千八百六十三"②；以《晋书·郡国志》记载的西晋极盛时期的这个人口数，与同书同传所记载的东汉桓帝永寿三年"户千六十七万七千九百六十，口五千六百四十八万六千八百五十六"的人口数相比较，西晋极盛时期的人口约只有东汉极盛时期人口的 29%。可见，这一时期人口耗减之多。即令按王育民先生所研究的三国至西晋时期荫庇人口多，屯田客、士家、吏户、官私奴婢、流散客等均未计入总人口③，再考虑其间发生的灾害和疾疫的因素，也无法想象当时会出现人口减少一半以上的局面。

其三，徭役是古代国家强迫平民（主要是农民）从事的无偿劳役，

---

① 《三国志》卷 8《张绣传》，中华书局 1959 年标点本，第 262 页。
② 《晋书》卷 14《地理志》，中华书局 1974 年标点本，第 415 页。
③ 王育民：《中国人口史》，江苏人民出版社 1995 年版，第 137—142 页。

第四章 从人口性比例失调看汉魏时期道教的兴盛

一般有力役、军役及其他杂役的区别。随着东汉中后期战争频次的增加，封建国家施加给百姓的徭役负担也越来越重。而越来越重的徭役只会越来越频繁地强迫农民为其从事繁重而无偿的劳役，这不仅使农民不得不长年累月奔波在外，影响着农业生产的发展；而且，负担徭役的多是丁壮男性，他们背井离乡地出外服徭，必然影响婚配和生育事实的完成，这实际上就是一种性比例失调问题。其后果是多样的：农民负担加重，人口损耗增多，农业生产停滞，社会经济倒退，社会不安定成分增加，更增大了发生大动荡的概率，即逐步进入危机—动荡—分裂—割据—战争的恶性循环当中。而从东汉后期到整个魏晋南北朝时期正是这种由统治者腐败无能而引起战争，进而造成徭役负担加重，导致民情激愤、社会动荡，最终使国家走向分裂、灭亡的最好写照。

其四，东汉中后期至三国西晋及北朝时期是一个男多女少的性比例失调问题非常严重的时期。其中原因有几个方面：一、各级统治者霸占女性太多。统治者除拥有数目众多的妃嫔外，还在皇宫内霸占了成千上万的宫女。其次，从历代宫掖的来源看，统治者霸占妇女手段极为无耻：如荒淫侈靡的晋武帝在泰始九年（273年）"诏聘公卿以下子女，以备六宫采择，末毕，权禁断婚姻；"① "太康二年（281年）诏选孙皓妓妾五千入宫。"② 更有甚者，为了霸占女色，某些统治者竟然厚颜无耻地抢夺吏民妻子，如魏明帝"录夺士女前已嫁为吏民妻者，还以配士，既听从生口自赎，又简选其有姿色者，内之掖庭。"③ 又如五胡乱华时，石季龙曾"夺人妇九千余人，" "百姓妻有美色，豪势因胁之，率多自杀"，"自初发至邺，诸杀其夫及夺而遗之，缢死者三千余人。"④ 另外，历代达官贵人的府第之中妻妾成群的现象也非常严重，而且贵族之间豪侈相竞，据《后汉书·仲长统传》记载当时"豪人之室连栋数

---

① 《晋书》卷3《武帝纪》，中华书局1974年标点本，第63页。
② 同上书，第73页。
③ 《三国志》卷3《明帝纪》，中华书局1959年标点本，第105页。
④ 《晋书》卷106《石季龙载记传》，中华书局1974年标点本，第2777页。

百，膏田满野，奴妇千群……妖童美女，填乎绮室。"① 进入魏晋南北朝，豪门权贵竞相蓄妾之风愈演愈烈：南朝门阀士族更是侈风相承，姬妾益盛：《宋书·南郡王义宣传》载其"多畜嫔媵，后房千余，尼媪数百"②；《宋书·臧质传》载其"据妾百房，尼僧十计，败道伤俗，悖乱人神"③ 等等。北魏献文以后，社会风气渐趋侈靡，贵族公卿蓄妻之盛丝毫不亚于南朝：《魏书·献文六王列传上》载："（咸阳王）姬妾数十，意尚不已。（高阳王雍）伎侍盈房④"；《周书·李迁哲传》亦载其"妾媵数百，男女六十九人"等造成了社会上"女或旷怨失时，男或放死无正"的社会问题⑤；二、自东汉以来溺杀女婴太多。成书于东汉中后期的《太平经》载："天下失道以来，多贱女子，而反贼杀之"，以致女婴大量死亡，从而造成了东汉后期"男多而女少不足"的社会问题⑥。这不仅使人口的繁衍受到遏制，而且也造成了魏晋时期十分严重的性比例失调问题。如《三国志·魏书·后妃传》载：曹操的夫人郭氏约束宗族不要纳妾，其原因是"今世妇女少，当配将士，不得因缘娶以为妾"⑦；同书《杜畿传》注引鱼豢《魏略》载：杜畿和赵俨相继做河东太守时，曾多次掳夺民间的寡妇和士妻之寡者以嫁士家⑧；西晋武帝在泰始九年（273年）下诏令："制女年十七父母不嫁者，使长吏配之"⑨，不仅如此，西晋武帝还在咸宁元年（275年）下诏："以将士应已娶者多，家有五女者给复"，⑩ 想借减免赋税的办法来奖励百姓多育女儿。而北魏政权则是疯狂地纵兵抢劫汉族女性为妻，通过统计《魏

---

① 《后汉书》卷49《仲长统传》，中华书局1965年标点本，第1648页。
② 《宋书》卷68《南郡王义宣传》，中华书局1977年标点本，第1799页。
③ 《宋书》卷74《臧质传》，中华书局1977年标点本，第1918页。
④ 《魏书》卷21《献文六王传》，中华书局1974年标点本，第537页。
⑤ 《周书》卷44《李迁哲传》，中华书局1971年标点本，第793页。
⑥ 王明：《太平经合校》卷35《分别贫富法》，中华书局1960年版，第29页。
⑦ 《三国志》卷5《后妃传》，中华书局1959年标点本，第165页。
⑧ 《三国志》卷16《杜畿传》，中华书局1959年标点本，第495页；高敏：《曹魏士家制度的形成与演变》，《历史研究》1989年第5期。
⑨ 《晋书》卷3《武帝纪》，中华书局1974年标点本，第63页。
⑩ 同上。

第四章 从人口性比例失调看汉魏时期道教的兴盛

书·皇后列传》我们发现：北魏时期共有皇后28人，其中四分之一的皇后是微贱出身或坐事入宫者①，这便是最好的例证。

其五，东吴、东晋及宋、齐、梁、陈六朝因地理环境多江河、湖沼、山地，有血吸虫、麻风病、脊髓灰质炎流行，虎、蛇、瘴气及其地质灾害较多，加之长期与北方对峙和战争，造成大量青壮男性的过早夭亡。如对《长沙走马楼吴简·壹》的疾病人口进行分析，我们发现：吴简中的疾病名称实际只有十几种；就具体病例在整个221个病例中所占的比率看，其中的"肿两足"病有46例，约占全部病例的20.8%；"腹心病"和"苦腹心病"有45例，约占全部病例的20.4%；"踵两足"病有44例，约占全部病例的19.9%；"盲两目"、"盲目"、"盲左目"、"盲右目"等有34例，约占全部病例的15.4%；"雀两足"、"雀手、雀右足、雀左足"病等10例，约占全部病例的4.5%；"风病"、"苦风病"有8例，约占全部病例的3.6%；"聋两耳"病有8例，约占全部病例的3.6%；"狂病"、"苦狂病"有5例，约占全部病例的2.3%；而且以上所列举各主要疾病数之和，占到全部221个病例的90.5%。以吴简中十余种疾病名称的主体看，除了我们今天常见的疾病类型外，更多的是在当时医疗条件极差、疾病认识水平有限和当地又有适合寄生虫及恶性传染病传播的条件下所流行的血吸虫病、麻风病、脊髓灰质炎等带来的疾病类型。吴简中，15—100岁成年男性的疾病人数为112例；而吴简中总的疾病数是218例，15—100岁成年女性的疾病数是39例；以此论之，成年男性占总疾病数的51.4%，成年女性则只占总疾病数的17.9%；从疾病类型看，成年男性中患"肿两足"病者占吴简中全部"肿两足"病例的37%，占"踵两足"病中的44.4%，占"腹心病"（吴简中总计45例）的62%，占"风病"的100%，占"雀两足"病的50%，占"盲两目"病的59%，占"聋耳"病的38%，占"狂病"的60%，占"肿病"的50%；与之相比较，成年女性的"肿两

---

① 《魏书》卷13《皇后列传》，中华书局1974年标点本，第321页。

足"病占全部患者（总计46例）的39%，占"踵两足"病（总计44例）的27.2%，占"盲目"病（总计34例）的8.8%，占"雀两足"病（吴简中总计10例）的30%，占"苦蠆病"（总计3例）的33%，占"肿病"（总计4例）的50%；以此论之，不仅成年男性的疾病率远远高出成年女性，而且诸如"腹心病""狂病""苦风病"等一些严重的疾病，成年女性一例也没有。这就充分印证了司马迁《史记·货殖列传》所记载的江南地区存在"丈夫早夭"现象和在成年男女中存在女多男少的性比例问题是完全可能的①。同时，从现代医疗条件下血吸虫病、麻风病、脊髓灰质炎等也都难以彻底阻断、消灭的情况看，一千多年前的孙吴、东晋及宋、齐、梁、陈六朝时期广大的长江以来"七山二水一分田"地区吏民的生存环境之艰难是不难想象的。

其六，东汉及魏晋南北朝时期盛行财婚、等级士庶婚及守丧习俗，从而造成了新的人口性比例问题：魏晋南北朝时期是门阀制度鼎盛发展的时期，不仅奴隶与自由人不能通婚，而且士族地主与庶族地主也不能通婚。如北魏时期因为等级制所形成的三公贵族不能与下层百姓通婚；东晋和南朝盛行财婚习俗，守贫者虽博学知名之士，亦不能得妻。另外，秦汉魏晋南北朝有十分严格的守丧习俗：按照儒家礼法，"君死，丧之三年；父母死，丧之三年；妻与后子死者，五皆丧之三年；然后伯父叔父兄弟孽子其；族人五月；姑姊甥舅皆有月数。则毁瘠必有制矣，使面目陷陬，颜色黧黑，耳目不聪明，手足不劲强，不可用也。又曰上士操丧也，必扶而能起，杖而能行，以此共三年。若法若言，行若道，苟其饥约，又若此矣，是故百姓冬不仞寒，夏不仞暑，作疾病死者，不可胜计也。此其为败男女之交多矣。"② 在丧期中的男女，不仅需要缩减衣食，抑郁寡欢，而且还严禁谈婚论嫁，生儿育女；同时，古代社会丧期太长，居丧名目繁多，且丧期内严禁婚嫁的规定为历代法律所重

---

① 高凯：《从吴简蠡测孙吴时期长沙郡临湘侯国的疾病人口问题》，《史学月刊》2005年第12期。

② 《新编诸子集成·墨子间诂》卷6《节葬》，中华书局2001年版，第176页。

视,所以,守丧之礼必然造成成年男女的婚嫁失时,从而形成一定时间范围内的性比例失调问题。

其七,在东汉及魏晋南北朝时期,来自于印度的佛教在中国大江南北获得了迅猛的发展。李唐法琳《辨证论》载:南朝到萧梁时,共有僧尼82700人,比东晋时寺院增加一千余所,僧尼数量增加三倍多;另据《魏书·释老志》载北魏孝文帝太和元年(477年时魏全境寺院6478所,僧尼77258人;到宣武帝延昌中(513—515年),寺院增加一倍多,达到13272所;又经过三十多年,到东魏末年,魏"僧尼大众二百万矣,其寺三万余。"汉魏时期大量寺院的修建,不仅浪费了巨大的社会财富,影响了社会的进步程度,而且也使得从佛教传入中国后历朝历代都有数以万计的僧侣由此丧失了婚配生育的宝贵机会,从而形成了因宗教信仰而产生的性比例失调问题。同时,在佛教的感染下,又加之封建国家沉重的赋税压力,社会上产生了单身不婚现象。如从《长沙走马楼三国吴简·壹》看,其中至少存在23例男性未婚现象。如果加上简1404所反映的"口十一人,各单身口"和简牍本身的残缺情况,单身现象可能更多。又如《隋书·食货志》记载:北齐"旧制,未娶者输半床租调,阳翟一郡,户至数万,籍多无妻。有司劾之,帝以为生事。由是奸欺尤甚。户口租调,十亡六七。"[①] 而这些由佛教信仰引发的社会矛盾与问题,又引起了道教人士的关注与反对。

综上所述,汉魏时期普遍存在着人口性比例失调问题,形成这一时期社会性比例失调问题的原因很多,既有地理环境方面的因素,又有社会方面的因素;而其中经常占据主导地位的应当还是社会方面的因素。同时,与形成性比例失调的诸多因素相对照,汉魏时期的性比例失调问题也表现出两个显著的特点,即绝对化与相对化的区别。如由于战争、徭役、杀婴、杀殉和刑法等造成人口大量死亡,从而形成永久性、绝对化的性比例失调;由于战争、徭役和服刑等在一定时间范围内占用大量

---

① 《隋书》卷24《食货志》,中华书局1973年标点本,第671页。

劳动人口，或因守丧、婚姻制度、婚姻习俗和单身等延缓婚嫁时间所形成的暂时性、相对化性比例失调问题。而且，这两种性比例失调问题贯穿这一时期历史的始终，对这一时期人口的繁衍起了巨大的作用。同时，这种人口性比例失调问题也必然激发了中国道教的产生，或促使道教理念的改变，或促进了道教传播手段的翻新。总之，这一切都为东汉及魏晋南北朝时期的中国道教奠定了良好社会基础。而为了更好地阐述人口性比例问题对道教产生与发展的意义，下文拟从"兴国广嗣之术"的由来及其"兴国广嗣之术"的思想在汉魏时期的发扬光大两方面来论述。

第二节 "兴国广嗣之术"的由来与道教的初步发展

如前所述，按学术界通行的观点，道教酝酿于汉代，诞生于东汉末年，发展于魏晋南北朝时期。而与之有关的"兴国广嗣之术"，其最早的出处见于《后汉书·襄楷传》。东汉中后期，东汉政权内部正是"宦官专朝，政刑暴滥，又比失皇子，灭异尤数"的极度混乱时期，故此时即有民间通阴阳五行之术的襄楷，上书汉庭，要求按照东汉顺帝时期"宫崇所献神书"实行有限的政治改革。关于此事，正如《后汉书·襄楷传》所记：桓帝时襄楷因"好学博古，善天文阴阳之术"而闻名于世；他曾上书推荐"上琅邪宫崇受于吉神书"，由于"不合明听"，遂不为东汉桓帝所重；为此，襄楷于延熹九年（公元166年）又两次上书桓帝，其言称："夫天子事天不孝，则日食星斗。比年日食于正朔，三光不明，五纬错戾。前者宫崇所献神书，专以奉天地顺五行为本，亦有兴国广嗣之术。其文易晓，参同经典，而顺帝不行，故国胤不兴，孝冲、孝质频世短祚。"关于东汉顺帝时"宫崇所献神书"，《后汉书·襄楷传》又详述："初，顺帝时，琅邪宫崇诣阙，上其师干吉于曲阳泉水上所得神书百七十卷，皆缥白素朱介青首朱目，号《太平清领书》。其言以阴阳五行为家，而多巫觋杂语。有司奏崇所上妖妄不经，乃收藏之。后张角颇有其书焉。"又关于宫崇所献"神书",唐章怀太子李贤注曰:"神书,即今道家太平经也。其经以甲乙丙丁戊己庚辛壬癸为部,每部一十七卷也。"

关于《太平经》的内容,略见于《后汉书·襄楷传》唐李贤注引《太平经·兴帝王篇》,其言称:"真人问神人曰:'吾欲使帝王立致太平,岂可闻邪?'神人言:'但顺天地之道,不失铢分,则立致太平。元气有三名,为太阳、太阴、中和。形体有三名,为天、地、人。天有三名,为日、月、星,北极为中也。地有三名,为山、川与平土。人有三名,为父、母、子。政有三名,为君、臣、人。此三者,常相得腹心,不失铢分,使其同一忧,合成一家,立致太平,延年不疑也。'又问曰:'今何故其生子少也?'天师曰:'善哉,子之言也,但施不得其意耳。如今施其人欲生也,开其玉户,施种于中,比若春种于地也,十十相应和而生。其施不以其时,比若十月种物于地也,十十尽死,固无生者。真人欲重知其审,今无子之女,虽日百施其中,犹无所生也。不得其所生之处,比若此矣。是故古者圣贤不妄施于不生之地也,名为亡种,竭气而无所生成。今太平气到,或有不生子者,反断绝天地之统,使国少人。理国之道,多人则国富,少人则国贫。今天上皇之气已到,天皇气生物,乃当万倍其初天地。'"

同时,亦可见于王明在《太平经合校·附录》①中所引东晋葛洪《神仙传》的相关记载;葛洪《神仙传》称:"宫崇者,琅邪人也。有文才,著书百余卷。师事仙人于吉。汉元帝时,崇随吉于曲阳泉上遇天仙,授吉青缣朱字太平经十部。吉行之得道,以付崇。后上此书,书多论阴阳否泰灾眚之事,有天道,有地道,有人道,云治国者用之,可以长生,此其旨也。"即知东晋时期葛洪作《神仙传》时,也认为宫崇所献《太平青领书》即《太平经》,此书所言"多论阴阳否泰灾眚之事,有天道,有地道,有人道,云治国者用之,可以长生,此其旨也"。同

---

① 王明:《太平经合校·附录》,中华书局1960年版,第3—9页。

时，从上引《太平经·兴帝王篇》看，其中主旨即言"欲使帝王立致太平"和"理国之道，多人则国富，少人则国贫"两大问题和解决的方法。由此看来，襄楷所言顺帝时宫崇所上神书——《太平清领书》有"兴国广嗣之术"，当指该书所阐述的"天失阴阳则绝其道，地失阴阳则绝其财，人失阴阳则绝其后，君臣失阴阳则其道不理，五行四时失阴阳则为灾"的思想和"理国之道，多人则国富，少人则国贫"的方法。

然而，历代史家考其事则以为"兴国广嗣之术"不过是房中术的翻版。如马端临《文献通考·经籍考·太平经》下按语称："道家之说，皆昉于后汉桓帝之时。今世所传经典符箓，以为张道陵天师永寿年间受于老君者是也。而《太平经》正出于此时。……今此经世所不见，独章怀太子所注《汉书》略及其一二，如楷疏中所谓'奉天地、顺五行'者。经中所言，亦浅易无甚高论。至所谓'兴国广嗣之术'，则不过房中鄙亵之谈耳。"而以今传世本《太平经》的内容看，马端临之说未免论之过度。

王明先生在《太平经合校》前言中有称：《太平经》虽"内容多而且杂，杂而不纯"，但其中不乏朴素的唯物主义观点和辩证法思想；同时，在社会思想方面，《太平经》在《六罪十治诀》等篇章中反映了反对统治者聚敛暴征，主张自食其力、救穷周急、抑强扶弱和主张孝道的思想；其次，在重男轻女的社会里，《太平经》在《分别贫富法》等篇章中反对当时社会各种残害女性的手段[①]；如《太平经·分别贫富法》中称："今天下失道以来，多贱女子，而反贼杀之，令使女子少于男，故使阴气绝，不与天地法相应。……今天下一家杀一女，天下几亿家哉？或有一家乃杀十数女者，或有妊之未生出，反就伤之者，其气冤结上天……大中古以来，人失天道意，多贼杀之，乃反使男多而女少不足

---

① 王明：《太平经合校》《附录》，中华书局1960年版，第3—9页。

也。"① 关于《太平经》中"孝"的观念，除阴阳五行学说之外，就属宣扬"孝"义所占篇幅最多了。如《六极六竟孝顺忠诀》《为父母不易诀》等等，均极言"孝"道之重，以致道徒将《孝经》提高到与符咒、法宝一般的可以禳病祛灾的程度②。如《太平经·六极六竟孝顺忠诀》称："子不孝，则不能尽力养其亲；弟子不顺，则不能尽力修明其师道；臣不忠，则不能尽力共敬事其君。为此三行而不善，罪名不可除也。天地憎之，鬼神害之，人共恶之，死尚有余责于地下，名为三行不顺善之子也。"③《太平经》大力宣传"孝"道，既与儒教的盛行有关，也与反对佛教的流行有关。道教反对佛教的最大理由就是不孝，这显然是受儒家"不孝有三，无后为大"思想的影响④。为了更好地尽"孝"，《太平经》在许多章节都谈到了男女交接的问题，并提出了"一男二女"的主张，为的是达到"右顺天地，法合阴阳，使男女无冤者，致时雨令地化生，王治和平"的目的⑤。从以上内容看，《太平经》宣传阴阳五行和"孝"道观念，显然与统治者的利益相符；至于"一男二女""天统阴阳，当见传，不得中断天地之统也，传之当象天地，一阴一阳，故天使其有一男一女，色相好，然后能生也"⑥；"子子孙孙，阳入阴中，其生无已"⑦ 的生育观念，更是符合社会和民众对家国人丁昌盛的渴望，而从这种角度看，《太平经》确有着"兴国广嗣之术"的思想成分。

如前《后汉书·襄楷传》所述，虽然"顺帝时，琅邪宫崇诣阙，上其师干吉于曲阳泉水上所得神书百七十卷，皆缥白素朱介青首朱目，号《太平清领书》。其言以阴阳五行为家，而多巫觋杂语。有司奏崇所上妖妄不经，乃收藏之。后张角颇有其书焉。"事实上，张角确实利用

---

① 王明：《太平经合校》卷35《分别贫富法》，中华书局1960年版，第29页。
② 龙晦：《太平经全译·序》，贵州人民出版社2000年版，第7页。
③ 王明：《太平经合校》卷96《六极六竟孝顺忠诀法》，中华书局1960年版，第405页。
④ 龙晦：《太平经全译·序》，贵州人民出版社2000年版，第10—11页。
⑤ 王明：《太平经合校》卷35《一男二女法》，中华书局1960年版，第37页。
⑥ 王明：《太平经合校》卷26《守三实法》，中华书局1960年版，第43—44页。
⑦ 王明：《太平经合校》卷89《八卦还精念文》，中华书局1960年版，第338页。

第二编 从人口、性别政策看汉魏时期国家治理

了《太平经》中反对统治者聚敛暴征,主张自食其力、救穷周急、抑强扶弱和提倡男女平等的思想,并以"奉事黄老道,畜养弟子,跪拜首过,符水咒说以疗病"为手段①,成功地领导了东汉末年波澜壮阔的黄巾大起义。据《后汉书·灵帝纪》记载:"中平元年春二月,钜鹿人张角自称'黄天',其部师有三十六万,皆著黄巾,同日反叛。安平、甘陵人各执其王以应之。秋七月,巴郡妖巫张修反,寇郡县。冬十月,皇甫嵩与黄巾贼战于广宗,获张角弟梁。角先死,乃戮其尸。以皇甫嵩为左车骑将军。十一月,皇甫嵩又破黄巾于下曲阳,斩张角弟宝。"② 关于黄巾起义的情况,《后汉书·皇甫嵩传》的相关记载尤为详细。其言称:"初,巨鹿张角自称'大贤良师',奉事黄老道,畜养弟子,跪拜首过,符水咒说以疗病,病者颇愈,百姓信向之。角因遣弟子八人使于四方,以善道教化天下,转相诳惑。十余年间,众徒数十万,连结郡国,自青、徐、幽、冀、荆、杨、兖、豫八州之人,莫不毕应。遂置三十六方。方犹将军号也。大方万余人,小方六七千,各立渠帅。讹言'苍天已死,黄天当立,岁在甲子,天下大吉'。以白土书京城寺门及州郡官府,皆作'甲子'字。中平元年,大方马元义等先收荆、杨数万人,期会发于邺。元义数往来京师,以中常侍封谞、徐奉等为内应,约以三月五日内外俱起。未及作乱,而张角弟子济南唐周上书告之,于是车裂元义于洛阳。灵帝以周章下三公、司隶,使钩盾令周斌将三府掾属,案验宫省直卫及百姓有事角道者,诛杀千余人,推考冀州,逐捕角等。角等知事已露,晨夜驰敕诸方,一时俱起。皆著黄巾为标帜,时人谓之'黄巾',亦名为'蛾贼'。杀人以祠天。角称'天公将军',角弟宝称'地公将军',宝弟梁称'人公将军'。所在燔烧官府,劫略聚邑,州郡失据,长吏多逃亡。旬日之间,天下响应,京师震动"③;而且,继之而起的农民起义还有很多,正如《后汉书·皇甫嵩传》又记载:

---

① 《后汉书》卷71《皇甫嵩传》,中华书局1965年标点本,第2299页。
② 《后汉书》卷8《孝灵帝纪》,中华书局1965年标点本,第362页。
③ 《后汉书》卷71《皇甫嵩传》,中华书局1965年标点本,第2299页。

第四章 从人口性比例失调看汉魏时期道教的兴盛

"自黄巾贼后，复有黑山、黄龙、白波、左校、郭大贤、于氐根、青牛角、张白骑、刘石、左髭丈八、平汉、大计、司隶、掾哉、雷公、浮云、飞燕、白雀、杨凤、于毒、五鹿、李大目、白绕、眭固、苦蝤之徒，并起山谷间，不可胜数。其大声者称雷公，骑白马者为张白骑，轻便者言飞燕，多髭者号于氐根，大眼者为大目，如此称号，各有所因。大者二三万，小者六七千。"

东汉末年，张角利用《太平经》为思想武器，他所领导的黄巾大起义，足以吓坏当时的统治者。从《后汉书》《三国志》《后汉纪》《东观汉记》等史书的记载看，张角领导的黄巾起义，有几个鲜明的特点：其一，利用"奉事黄老道，畜养弟子，跪拜首过，符水咒说以疗病"[①]来笼络和吸引老百姓；其二，利用谣言或谶语，如"苍天已死，黄天当立，岁在甲子，天下大吉"的谶语来发动群众；关于这一点，正如《后汉书·五行志》所言"熹平二年六月，雒阳民讹言虎贲寺东壁中有黄人，形容须眉良是，观者数万，省内悉出，道路断绝。到中平元年二月，张角兄弟起兵冀州，自号黄天，三十六方，四面出和，将帅星布，吏士外属，因其疲喂，牵而胜之"[②]的记载，又其下李贤注引《物理论》言：时张角所领导的黄巾军所着"黄巾被服纯黄，不将尺兵，肩长衣，翔行舒步，所至郡县无不从，是日天大黄也"的记载，足见其时谣言或谶语之巨大诱惑作用。其三，利用东汉末年社会矛盾激化和《太平经》中反对统治者聚敛暴征，主张自食其力、救穷周急、抑强扶弱的思想来引导信众的情绪，并将之约束在"三十六方"之中；其四，经过十多年的传道、治病历程，从上到下广泛联络，结成了广泛的联盟。正如前引《后汉书·皇甫嵩传》"遣弟子八人使于四方，以善道教化天下，转相诳惑。十余年间，众徒数十万，连结郡国，自青、徐、幽、冀、荆、杨、兖、豫八州之人，莫不毕应。遂置三十六方。方犹将军号

[①] 《后汉书》卷71《皇甫嵩传》，中华书局1965年标点本，第2299页。
[②] 《后汉书》卷13《五行志》，中华书局1965年标点本，第3271页。

也。大方万余人,小方六七千,各立渠帅"①的记载。其五,利用《太平经》对阴阳和合的强调来宣扬男女平等的观念并诱惑信众。正如《三国志·魏书·武帝纪》记载:初平二年(公元192年)"冬,受降卒三十余万,男女百余万口,收其精锐者,号为青州兵"。可见,黄巾大起义的过程,也是张角领导民众实现"兴国广嗣"理论的实践过程。

另外,与张角所领导的黄巾大起义相呼应的是汉中地区由张修、张鲁所领导的起义。《后汉书·灵帝纪》记载:"中平元年……秋七月,巴郡妖巫张修反,寇郡县。"其下李贤注引刘艾纪曰:"时巴郡巫人张修疗病,愈者雇以米五斗,号为'五斗米师'"。②可见,张修的"五斗米"教,也是以符咒疗病的手段来发动群众的。关于张鲁的情况,陈寿《三国志》记载尤详。据《三国志·魏书·张鲁传》记载:"张鲁,字公祺,沛国丰人也。祖父陵,客蜀,学道鹄鸣山中,造作道书以惑百姓,从受道者出五斗米,故世号'米贼'。陵死,子衡行其道。衡死,鲁复行之。益州牧刘焉以鲁为督义司马,与别部司马张脩将兵击汉中太守苏固,鲁遂袭脩,杀之,夺其众。焉死,子璋代立,以鲁不顺,尽杀鲁母家室。鲁遂据汉中,以鬼道教民,自号'师君';其来学道者,初皆名'鬼卒'。受本道已信,号'祭酒'。各领部众,多者为'治头大祭酒',皆教以诚信不欺诈,有病自首其过,大都与黄巾相似。诸'祭酒'皆作义舍,如今之亭传。又置义米肉,悬于义舍,行路者量腹取足,若过多,鬼道辄病之。犯法者,三原,然后乃行刑。不置长吏,皆以'祭酒'为治,民夷便乐之。雄据巴、汉,垂三十年。"③ 同时,据裴松之《三国志·注》引鱼豢《典略》记载:"熹平中,妖贼大起,三辅有骆曜。光和中,东方有张角,汉中有张修。骆曜教民缅匿法,角为太平道,修为五斗米道。太平道者,师持九节杖为符祝,教病人叩头思过,因以符水饮之,得病或日浅而愈者,则云此人信道,其或不愈,则

---

① 《后汉书》卷71《皇甫嵩传》,中华书局1965年标点本,第2299页。
② 《后汉书》卷8《孝灵帝纪》,中华书局1965年标点本,第363页。
③ 《三国志》卷8《魏书·张鲁传》,中华书局1959年标点本,第263页。

云不信道。修法略与角同,加施静室,使病者处其中思过。又使人为奸令祭酒,祭酒主以《老子》五千文,使都习,号为'奸令'。为鬼吏,主为病者请祷。请祷之法,书病人姓名,说服罪之意,作三通,其一上之天,著山上,其一埋之地,其一,沉之水,谓之三官手书。使病者家出米五斗以为常,故号曰'五斗米师'。实无益于治病,但为淫妄,然小人昏愚,竞共事之。后角被诛,脩亦亡,及鲁在汉中,因其民信行修业……"① 同时,以张修、张鲁所修《黄书》的内容看,也属房中术之列。可见,"五斗米教"亦有采用《太平经》"兴国广嗣之术"的嫌疑。

总之,据众多史籍的记载,至少是成书于东汉顺帝时期的《太平经》,确实有着封建国家需"兴国广嗣"的思想,但这一思想并未充分引起东汉王朝统治者的注意,而为汉末张角、张修等人所用,掀起了轰轰烈烈的黄巾大起义。

第三节 魏晋南北朝时期"兴国广嗣"思想的发扬与光大

如上所述,东汉末年爆发了轰轰烈烈的黄巾大起义,虽然起义很快就被剿灭了,但它还是极大地动摇了东汉王朝的统治基础。与之相关的是,在此后的很长时期里,道教的民间传播不得不走向低落和秘密阶段;而为了重新振兴道教,魏晋以后道教信众中的上层人物,不得不对道教进行相应的改革,以致《太平经》中"兴国广嗣之术"的思想有了新的发展。如"广嗣之术"在魏晋南北朝时期发展成为系统的"房中术";这种转变,重新引起了高层统治者的关注,从而促进了南北朝乃至隋唐时期道教的再次兴盛。

汉魏之际,社会动荡,瘟疫横行,军阀混战,人民流离失所。在这种形势下,各个大的割据政权纷纷加强了对人口的控制力度。这些措施

---

① 《三国志》卷8《魏书·张鲁传》,中华书局1959年标点本,第263页。

表现在两大方面：一方面对道教采取了高压和防范的措施，另一方面对黄巾军等起义农民采取了武力镇压和招降利诱的措施①。以曹魏来看，曹操早在汉灵帝光和末年（公元184年）任济南相时，便在当地"禁断淫祀"，正如《三国志·魏书·武帝纪》下裴松之《三国志注》引王沈《魏书》记载："太祖到，皆毁坏祠屋，止绝官、吏、民不得祠祀。及至秉政，遂除奸邪鬼神之事，世之淫祀由此遂绝"。对于黄巾军，曹操在初平三年（公元192年）收编了青州黄巾军30余万卒、男女口百余万口之后，又于建安元年（公元196年）收编了刘辟、何仪等部数万人。但是，对此两支义军的收编，曹操所采用的手段是不同的。如《三国志·魏书·于禁传》记载"初，黄巾降，号青州兵，太祖宽之，故敢因缘为略"。可见，曹操收编"青州兵"之初，对之采取了优容政策；又如建安二十年（公元215年），曹操进攻汉中地区的张鲁政权，张鲁率众投降，受到曹魏的优遇，正如《后汉书·刘焉传附张鲁传》记载"鲁即与家属出逆，拜镇南将军，封阆中侯，邑万户，将还中国，待以客礼。封鲁五子及阎圃等皆为列侯"；对于大批汉中地区的信众，则被迁离原址至关陇、洛阳、邺城、三辅、弘农等地；正如《三国志·魏书·张既传》《杜袭传》和崔鸿《十六国春秋·蜀录》所记。而对于刘辟、黄邵的黄巾军，则以军事镇压为主。关于这一点，正如《三国志·魏书·武帝纪》言"建安元年……汝南、颍川黄巾何仪、刘辟、黄邵、何曼等，众各数万，初应袁术，又附孙坚。二月，太祖进军讨破之。斩辟、邵等，仪及其众皆降"的记载。

孙吴政权同样对道教及道教首领采取了高压态势。早在东汉灵帝中平三年（公元186年）孙坚即剿灭长沙所发生的响应中原黄巾军的一次起义。据《三国志·吴书·孙破虏讨逆传》记载："时长沙贼区星，自称将军，众万余人，攻围城邑，乃以坚为长沙太守。到郡，亲率将士施

---

① 任继愈：《中国道教史·汉魏晋南北朝道教》，上海人民出版社1990年版，第42—43页。

第四章 从人口性比例失调看汉魏时期道教的兴盛

设方略，旬月之间，克破星等。周朝、郭石亦帅徒众，起于零、桂，与星相应。遂越境寻讨，三郡肃然。"① 之后，孙坚又在建安四年（公元199年）就将《太平经》的作者干吉坚决镇压了。据《三国志·吴书·孙破虏讨逆传》中裴松之注引《江表传》记载"时有道士琅邪干吉，先寓居东方，往来吴、会，立精舍烧香，读道书；制作符水，以治病。吴、会人多事之。策尝于郡城门楼上，集会诸将、宾客。吉乃盛服杖小函，漆画之，名为仙人铧，趋度门下。诸将、宾客三分之二，下楼迎拜之。掌宾者禁呵，不能止。策即令收之。诸事之者，悉使妇女，入见策母，请救之。母谓策曰：'干先生亦助军作福，医护将士，不可杀之。'策曰：'此子妖妄，能幻惑众心远。使诸将不复相顾君臣之礼，尽委策下楼拜之。不可不除也。'诸将复连名，通白事陈乞之。策曰：'昔南阳张津为交州刺史，舍前圣典训，废汉家法律。常著绛帕头，鼓琴烧香，读邪俗道书，云以助化，卒为南夷所杀。此甚无益，诸君但未悟耳。今此子已在鬼箓，勿复费纸笔也。'即催斩之，县首于市。诸事之者，尚不谓之死，而云尸解焉，复祭祀求福。《志林》曰：初，顺帝时，琅邪宫崇诣阙，上师干吉所得神书于曲阳泉水上。白素朱界，号《太平青领道》，凡百余卷。顺帝至建安中，五六十岁。于吉是时，近已百年，年在耄悼，礼不加刑。又天子巡狩，问百年者，就而见之，敬齿以亲爱，圣王之至教也。吉罪不及死，而暴加酷刑，是乃谬诛，非所以为美也。喜推考桓王之薨。建安五年四月四日。"②

由前所述，可见曹魏与孙吴政权均对道教及道众采取了高压政策。及至西晋统一，这一政策仍然得以继续执行。如泰始元年（公元265年）司马炎称帝后，即下诏禁民间淫祀。《晋书·礼志》记载十二月诏令称"昔圣帝明王修五岳四渎、名山川泽，各有定制，所以报阴阳之功故也。然以道莅天下者，其鬼不神，其神不伤人，故祝史荐而无愧辞，

---

① 《三国志》卷46《吴书·孙坚传》，中华书局1959年标点本，第1093—1094页。
② 同上书，第1094—1095页。

是以其人敬慎幽冥而淫祀不作。末世信道不笃,僭礼黩神,纵欲祈请,曾不敬而远之,徒偷以求幸,妖妄相煽,舍正为邪,故魏朝疾之。其案旧礼具为之制,使功著于人者必有其报,而妖淫之鬼不乱其间。"① 所以,从自曹魏时期至西晋统一以来对道教等民间淫祀的禁断政策看,道教在民间系统的传播只能走入低潮。虽然,其间亦有局部地区道教兴起的表象,但远不能与太平道等在东汉中后期的发展相比。据西晋时期常璩《华阳国志·大同志·三》记载"咸宁三年春,刺史(王)浚诛犍为民陈瑞。瑞初以鬼道惑民。其道始用酒一斛,鱼一头,不奉他神。贵鲜洁。其死丧、产乳者,不百日不得至道治。其为师者曰祭酒。父母妻子之丧,不得抚殡、入吊,及问乳、病者。[后]转奢靡,作朱衣、素带、朱帻、进贤冠。瑞自称天师。徒众以千百数。浚闻,以为不孝。诛瑞及祭酒袁旌等,焚其传舍。益州民有奉瑞道者,见官二千石长吏,巴郡太守犍为唐定等,皆免官或除名。蜀中山川神祠皆种松柏。浚以为非礼,皆废坏烧除,取其松柏为舟船,惟不毁禹王祠及汉武帝祠。又禁民作巫祀。于是蜀无淫祀之俗。教化大行,有木连理、嘉禾、黄龙、甘露之祥。"② 从《华阳国志》的记载看,陈瑞所兴"鬼道",虽不以"五斗米"入教,但入教以"酒一斛,鱼一头"的传教方式看,性质相同;而且,也有"祭酒"之称,想来其组织理念和行动纲领与东汉末年汉中地区的"五斗米道"相同或相似。同时,从其"徒众以千百数"和"官二千石长吏,巴郡太守犍为唐定等"参与其中,可见其政治势力和影响力不弱。此后不久,巴蜀地区又有李特、李流、李雄父子率领流民相继起义,并于永兴元年(公元304年)建立成汉政权。

关于李特其人其事,常璩《华阳国志·李特雄期寿势志》记载:"李特,字玄休,略阳临渭人也。祖世本巴西宕渠賨民,种党劲勇,俗好鬼巫。汉末,张鲁居汉中,以鬼道教百姓,賨人敬信;值天下大乱,

---

① 《晋书》卷19《礼志上》,中华书局1974年标点本,第585页。
② 任乃强:《华阳国志校补图注》,上海古籍出版社1987年版,第433页。

第四章 从人口性比例失调看汉魏时期道教的兴盛

自巴西之宕渠移入汉中。魏武定汉中，曾祖父虎与杜［濩］、朴胡、［袁］约、杨车、李黑等移于略阳北土，复号曰巴【人】［氏］特父慕，为东羌猎将。特兄弟五人：长兄辅，字玄政。次特。特弟庠，字玄序。庠弟流，字玄通。流弟骧，字玄龙。皆锐骁有武干。特长子荡，字仲平，好学，有容观。少子雄，字仲隽。初，特妻罗氏梦双虹自门升天，一虹中断。罗曰：'吾二儿，若有先亡，在者必大贵。'雄少时，辛冉相当贵。有刘化者，道术士也，言：'关陇民皆当南移。李氏子中惟仲隽天姿奇异，终为人主。'【乡里人多善之】与叔父庠并以烈气闻，［乡里人多善之。］［庠死］，人多归之。既克成都，众皆饥饿，骧乃将民入郪王城食谷、芋。雄遣信奉迎范贤，欲推戴之。贤不许，更劝雄自立。……"① 李特病亡之后，李流和李雄相继立，迅速打败西晋益州刺史罗尚而顺利攻下成都。同时，在成汉政权建立过程中，有道教背景的范长生在此起了很大的作用。据《晋书·李特载记》记载："（李）雄渡江害汶山太守陈图，遂入郫城，（李）流移营据之。三蜀百姓并保险结坞，城邑皆空，（李）流野无所略，士众饥困。涪陵人范长生率千余家依青城山，尚参军涪陵徐舆求为汶山太守，欲要结长生等，与尚掎角讨流。尚不许，舆怨之，求使江西，遂降于流，说长生等使资给（李）流军粮。长生从之，故（李）流军复振。"② 又《晋书·李雄载记》亦记载："于时（李）雄军饥甚，乃率众就谷于郪，掘野芋而食之。蜀人流散，东下江阳，南入七郡。（李）雄以西山范长生岩居穴处，求道养志，欲迎立为君而臣之。长生固辞。……（李）雄于是僭即帝位，赦其境内，改年曰太武。追尊父特曰景帝，庙号始祖，母罗氏为太后。加范长生为天地太师，封西山侯，复其部曲不豫军征，租税一入其家。"③

由此可见，西晋末年随李特返回益州的賨人，原本就是东汉末年信

---

① 任乃强：《华阳国志校补图注》，上海古籍出版社1987年版，第95页。
② 《晋书》卷120《李特载记》，中华书局1974年版，第3030页。
③ 《晋书》卷121《李雄载记》，中华书局1974年版，第3035—3036页。

奉张修、张鲁"五斗米"道的汉中少数民族之一,也是曹操建安二十年(公元215年)收服张鲁之后,被迁移到"略阳北土"的部分道教信众。他们回到益州之后,便成为李特父子的武装部曲;至于李特父子回到益州发动流民起义后,又得到了同样有"五斗米"道背景的范长生的大力资助①,从而顺利地建立了成汉政权,可见道教在益州仍有一定的发展。

进入南北朝时期,道教的发展由魏晋时期的低落慢慢进入恢复发展期。这种发展当与道教中上层人士对道教的改革不无关系。而且,从汉魏乃至隋唐时期道教发展的历程看,南北朝道教的改革与发展,无疑为道教在隋唐时期的再次兴盛奠定了良好的基础。为了说明这种发展,可从如下两个方面来分别阐述之。

首先,以南朝时期道教的发展看,虽然其初期也经历了惶惶无措的阶段,但随着葛洪、陶弘景对道教的改革,道教又开始为高层统治者所注目,便顺利地获得了新的发展空间。

承东汉末年黄巾起义之余绪,东晋南朝初期仍不断有道士利用太平治世和宗教谶语来号召信众,从而扩大道教团体势力,并多次发动企图改朝换代的起义或暴动。如《晋书·明帝纪》记载太宁二年"术人李脱造妖书惑众,斩于建康市。"②关于李脱其人其事,可见于《晋书·周处传》称"时有道士李脱者,妖术惑众,自言八百岁,故号'李八百'。自中州至建邺,以鬼道疗病,又署人官位,时人多信事之。弟子李弘养徒灊山,云应谶当王。故敦使庐江太守李恒告札及其诸兄子与脱谋图不轨"③的记载;而从其"自言八百岁"和"以鬼道疗病"的方法看,这明显与东汉末年张角发动黄巾起义的手法相似。另外,东晋南朝时孙恩、卢循起义,亦明显属于道徒所发动的起义。关于这一点,《晋

---

① 唐长孺:《范长生与巴氏据蜀的关系》,载唐长孺《魏晋南北朝史论丛续编》,生活·读书·新知三联书店1959年版,第155—162页。
② 《晋书》卷6《明帝纪》,中华书局1974年版,第160页。
③ 《晋书》卷58《周处传》,中华书局1974年版,第1575页。

书》卷100《孙恩传》言:"孙恩,字灵秀,琅邪人孙秀之族也。世奉五斗米道。恩叔父泰,字敬远,师事钱唐杜子恭。而子恭有秘术……子恭死,泰传其术。然浮狡有小才,诳诱百姓,愚者敬之如神,皆竭财产,进子女,以祈福庆。……泰私合义兵,得数千人,为国讨恭。黄门郎孔道、鄱阳太守桓放之、骠骑谘议周勰等皆敬事之,会稽世子元显亦数诣泰求其秘术。泰见天下兵起,以为晋祚将终,乃扇动百姓,私集徒众,三吴士庶多从之。……恩逃于海。众闻泰死,惑之,皆谓蝉蜕登仙,故就海中资给。恩聚合亡命得百余人,志欲复仇。及元显纵暴吴会,百姓不安,恩因其骚动,自海攻上虞,杀县令,因袭会稽,害内史王凝之,有众数万。于是会稽谢鍼吴郡陆环、吴兴丘尪、义兴许允之、临海周胄、永嘉张永及东阳、新安等凡八郡,一时俱起,杀长吏以应之,旬日之中,众数十万。……及桓玄用事,恩复寇临海,临海太守辛景讨破之。恩穷戚,乃赴海自沉,妖党及妓妾谓之水仙,投水从死者百数。余众复推恩妹夫卢循为主。自恩初入海,所虏男女之口,其后战死及自溺并流离被传卖者,至恩死时裁数千人存,而恩攻没谢琰、袁山松,陷广陵,前后数十战,亦杀百姓数万人"的记载①;另又据《晋书》卷100《卢循传》称"循娶孙恩妹。及恩作乱,与循通谋。恩性酷忍,循每谏止之,人士多赖以济免。恩亡,余众推循为主。元兴二年正月,寇东阳,八月,攻永嘉。刘裕讨循至晋安,循窘急,泛海到番禺,寇广州,逐刺史吴隐之,自摄州事,号平南将军,遣使献贡。时朝廷新诛桓氏,中外多虞,乃权假循征虏将军、广州刺史、平越中郎将"②的记载和《宋书·良吏传·杜惠度传》记"循虽败,余党犹有三千人,皆习练兵事,李子逊李弈、李脱等奔窜石碕,盘结俚、獠,各有部曲"③等诸多的记载看,东晋南朝初期孙恩、卢循给当时社会所带来了极大的震撼和危害。

---

① 《晋书》卷100《孙恩传》,中华书局1974年版,第2631—2633页。
② 《晋书》卷100《卢循传》,中华书局1974年版,第2634页。
③ 《宋书》卷92《良吏传·杜惠度传》,中华书局1974年版,第2263—2264页。

第二编 从人口、性别政策看汉魏时期国家治理

正因为当时道徒多冲动、危害社会之举,故此给道教上层人士提出了改革道教仪规和思想的任务。而葛洪、陶弘景便是其代表人物。关于葛洪其人,《晋书·葛洪传》记载:"葛洪,字稚川,丹杨句容人也。……尤好神仙导养之法。从祖玄,吴时学道得仙,号曰'葛仙公',以其炼丹秘术授弟子郑隐。洪就隐学,悉得其法焉。后师事南海太守上党鲍玄。玄亦内学,逆占将来,见洪深重之,以女妻洪。洪传玄业,兼综练医术,凡所著撰,皆精核是非,而才章富赡。……(西晋末年)洪遂将子侄俱行。至广州,刺史邓岳留不听去,洪乃止罗浮山炼丹。岳表补东官太守,又辞不就。岳乃以洪兄子望为记室参军。在山积年,优游闲养,著述不辍。……予所著子言黄白之事,名曰《内篇》,其余驳难通释,名曰《外篇》,大凡内外一百一十六篇。虽不足藏诸名山,且欲缄之金匮,以示识者。自号'抱朴子',因以名书。其余所著碑诔诗赋百卷,移檄章表三十卷,神仙、良吏、隐逸、集异等传各十卷,又抄《五经》《史》《汉》、百家之言、方技杂事三百一十卷,《金匮药方》一百卷《肘后要急方》四卷。"① 以葛洪《抱朴子·金丹》篇中自述,葛洪之学祖师爷为曹魏时期的左慈,左慈传葛玄,葛玄传郑隐,郑隐再传葛洪。据《后汉书·方术下·左慈传》记载"左慈字元放,庐江人也。少有神道"条其下裴松之注列曹丕《典论》言"庐江左慈知补导之术,并为军吏。初,慈至之所,伏苓价暴贵数倍。议郎安平李覃学其辟谷,食伏苓,饮寒水,水寒中泄利,殆至殒命。后始来,众人无不鸱视狼顾,呼吸吐纳。军祭酒弘农董芬为之过差,气闭不通,良久乃苏。左慈到,又竞受其补导之术"的记载看左慈之学,当有辟谷、导引、房术之术。至于葛洪《抱朴子》内篇的内容,有专家研究,认为它至少涵盖四个方面的内容:其一,葛洪主张神仙实有,神仙可学,他认为:"若夫仙人,以药物养身,以求数延命,使内疾不生,外

---

① 《晋书》卷72《葛洪传》,中华书局1974年版,第1910—1911页。

第四章 从人口性比例失调看汉魏时期道教的兴盛

患不入,虽久视不死……"①;其二,葛洪认为金丹可成,神仙可致:即人可通过炼食丹药来得道成仙,其修炼方法"服丹守一,还精胎息"②;其三,葛洪认为玄道一体,二者兼采;其四,葛洪主张道本儒末,道儒互补:他认为"欲求仙者,要当以忠孝和顺仁信为本,若德行不修,而但务方术,皆不得长生也。③"所以,汤其领先生认为:"葛洪的理论,无疑为东晋士族指出了修炼成仙,长生久视的门径,于是在葛洪神仙道教理论指导下,朝野上下掀起了修炼服食的热潮。④"

关于陶弘景其人其事,据《梁书·处士传·陶弘景传》记载:"陶弘景字通明,丹阳秣陵人也。……年十岁,得葛洪《神仙传》,昼夜研寻,便有养生之志。……未弱冠,齐高帝作相,引为诸王侍读,除奉朝请。虽在朱门,闭影不交外物,唯以披阅为务。……永明十年,上表辞禄,诏许之,……于是止于句容之句曲山。……乃中山立馆,自号华阳隐居。始从东阳孙游岳受符图经法。遍历名山,寻访仙药。每经涧谷,必坐卧其间,吟咏盘桓,不能已已。时沈约为东阳郡守,高其志节,累书要之,不至。……性好著述,尚奇异,顾惜光景,老而弥笃。尤明阴阳五行,风角星算,山川地理,方图产物,医术本草。著《帝代年历》,又尝造浑天象,云'修道所须,非止史官是用'。……义师平建康,闻议禅代,弘景援引图谶,数处皆成'梁'字,令弟子进之。高祖既早与之游,及即位后,恩礼逾笃,书问不绝,冠盖相望。天监四年,移居积金东涧。善辟谷导引之法,年逾八十而有壮容。"⑤汤其领先生认为陶弘景为南朝道教做出了卓越的贡献,其主要功绩表现在三大方面:其一是陶弘景广泛访求上清仙真遗迹,弘扬了上清经法,并通过《真诰》一书阐明了道教的义理和上清派存思存神的修炼理论;其二是陶弘景按照上下左右的等级编造了道教的神仙谱系,确立了元始天尊的

---

① 王明:《抱朴子内篇校释》卷2《论仙》,中华书局1985年版,第12页。
② 同上书,第70页。
③ 同上。
④ 汤其领:《东晋南朝道教论略》,《南京晓庄学院学报》2000年第16期。
⑤ 《梁书》卷51《处士·陶弘景传》,中华书局1973年版,第742—743页。

最高神地位,它标志着士族道教已完成对原始五斗道的成功改造;其三继承发展了儒释道三教合一的思想,从而在道教思想、仪规等方面充实了道教的修炼理论①。我认为陶弘景和葛洪的贡献还在于对医药学的贡献,尤其是两人在药理、药物等方面的成就,一改东汉末年太平道和五斗米道以符咒疗病、单靠心理暗示来迷惑信众的疗病方法,从而使道教可以更加激发信众的景仰之心。

总之,东晋和南朝时期葛洪、陶弘景等人改变与充实道教教义、教规、教仪的内容等方面,不仅使得道教在政治上满足了统治者维护封建统治的需要和精神上的享受,适应了时代对儒、释、道融合大趋势的要求,而且也使得道教开始由民间走入殿堂,并逐渐定型化、成熟化和官方化。

其次,北魏时期寇谦之作为北方道教的领袖和改革者,对五斗米道教的教义、教规、教仪等也做了相应的改进,从而为道教在拓跋焘时代取得国教的地位奠定了坚实的基础。

关于寇谦之其人其事,据《魏书·释老志》记载:"道士寇谦之,字辅真,南雍州刺史赞之弟,自云寇恂之十三世孙。早好仙道,有绝俗之心。少修张鲁之术,服食饵药,历年无效。幽诚上达,有仙人成公兴,不知何许人,至谦之从母家佣赁。谦之尝觇其姨,见兴形貌甚强,力作不倦,请回赁兴代己使役。……谦之守志嵩岳,精专不懈。以神瑞二年十月乙卯,忽遇大神,乘云驾龙,导从百灵,仙人玉女,左右侍卫,集止山顶,称太上老君。谓谦之曰:'往辛亥年,嵩岳镇灵集仙宫主,表天曹,称自天师张陵去世已来,地上旷诚,修善之人,无所师授。嵩岳道士上谷寇谦之,立身直,理行合自然,才任轨范,首处师位。吾故来观汝,授汝天师之位,赐汝《云中音诵新科之诫》二十卷。号曰'并进'。言:'吾此经诫自天地开辟已来,不传于世,今运数应出。汝宣吾《新科》,清整道教,除去三张伪法,租米钱税,及男女合

---

① 汤其领:《东晋南朝道教论略》,《南京晓庄学院学报》2000 年第 16 期。

第四章 从人口性比例失调看汉魏时期道教的兴盛

气之术。大道清虚，岂有斯事。专以礼度为首，而加之以服食闭练.'使王九疑人长客之等十二人，授谦之服气导引口诀之法。遂得辟谷，气盛体轻，颜色殊丽。弟子十余人，皆得其术。……始光初，奉其书而献之，世祖乃令谦之止于张曜之所，供其食物。……世祖欣然，乃使谒者奉玉帛牲牢，祭嵩岳，迎致其余弟子在山中者。于是崇奉天师，显扬新法，宣布天下，道业大行。浩事天师，拜礼甚谨。……及嵩高道士四十余人至，遂起天师道场于京城之东南，重坛五层，遵其新经之制。给道士百二十人衣食，齐肃祈请，六时礼拜，月设厨会数千人。"① 从《释老志》的记载看，寇谦之曾修"张鲁之术，服食饵药"而数年无成；其后师事成公兴，并逐渐完成了对五斗米道教理、教义的改革理念。北魏太武帝拓跋焘始光年间（公元424—428年），向拓跋焘献书，逐渐受到优遇；最后在北方汉族地主崔浩的帮助下，被"崇奉天师，显扬新法，宣布天下，道业大行"，并和嵩高道士四十余人一起，"遂起天师道场于京城之东南，重坛五层，遵其新经之制。给道士百二十人衣食，齐肃祈请，六时礼拜，月设厨会数千人。"关于寇谦之对道教的改革，其目的是非常明确的，就是要消除过去太平道和五斗米道教在统治阶级脑海中已形成的不良影响，并使道教能够在北方少数民族统治地区站住脚，实现官方化的目标。为此，寇谦之提出了"辅佐北方泰平真君"和"清整道教，除去三张伪法，租米钱税，及男女合气之术。大道清虚，岂有斯事。专以礼度为首，而加之以服食闭练。清整道教，除去三张伪法，租米钱税，及男女合气之术"的改革理念②。

总之，从北魏历史的情况看，寇谦之确实通过对道教的改革，不仅对北朝及至隋唐时期道教的发展产生深远影响，而且也成功地使拓跋鲜卑族皇帝接受了集中反映汉家传统文化理念的道教。同时，据郦道元《水经注》记载：太武帝始光二年（425年）所建平城东立大道坛庙，

---

① 《魏书》卷《释老志》，中华书局1974年版，第3049—3054页。
② 《魏书》卷114《释老志》，中华书局1974年标点本，第3053页。

"室内有神坐,坐右列玉磬,皇舆亲降,受箓灵坛,号曰天师,宣扬道式,暂重当时。"① 北魏太平真君三年(442年),太武帝拓跋焘亲至天师道场接受法箓,从而开创了道教为北魏皇帝授箓之先河。所以,在某种程度上讲,寇谦之对道教的改革和道教被北魏王朝尊为国教,不仅为北魏时期北方地区拓跋鲜卑与汉族的融合创造了一个很好的氛围,而且也在一定程度上实现了道教"兴国广嗣"之主旨。

综上所述,自东汉中期"贱杀女子"等残害妇女的现象大肆泛滥,造成东汉中后期出现了比较严重的性比例失调问题以来,以于吉、宫崇、襄楷等人为代表的"太平道",试图利用包含"兴国广嗣之术"的《太平清领书》去挽救东汉政权的颓势;然而,东汉统治者不但没有正视这些民间知识阶层的政治诉求,反而将《太平清领书》视为妄言之书,并束之高阁;以后,此书的内容为张角所用,后来不仅掀起了轰轰烈烈的黄巾起义,而且也开启了汉晋时期道教的建立和以"兴国广嗣之术"为主旨的道教由民间信仰逐步走向国家的历程。

---

① 陈桥驿:《水经注校证》卷13《漾水》,中华书局2013年版,第301页。

第五章 从人口性比例和疾病状况看西域在汉晋时期佛教东渐中的作用

佛教源于今南亚次大陆的古印度地区，输入中土以后，便与儒教、道教一起成为我国三大主流文化之一，并在上层建筑、经济领域和社会结构等诸多方面产生了广泛而深远的影响。单以其政治影响看，早从十六国时期的后赵政权起，佛教就已开始直接影响当时的国家政治了。众所周知，十六国时期正是西晋灭亡后，国家极度混乱、政权纷立、南北对峙的时期；加之早在十六国时期之前，北方地区的佛教主要是经西域的"陆上丝绸之路"而来，因此，为了更好地探究汉晋时期佛教在中国传播、兴盛与发展的特点，我们就十分有必要研究十六国时期之前佛教在西域地区的传播特征。

第一节 学术回顾及相关问题的提出

佛教的研究，在中国学术界源远流长。单以现当代时期的学者来看就数不胜数。以目前所掌握的资料看，系统研究过西域佛教史和当代研究成果中有西域佛教史内容的国内知名学者就有数十人之多。例如现代时期蒋维乔的《中国佛教史》是20世纪以来中国第一部佛教史[①]。该

[①] 蒋维乔：《中国佛教史》，上海古籍出版社2001年版。

书取材于日本学者境野哲《支那佛教史纲》一书，并就佛教传入中国的时代提出了"我国知有佛教，应在武帝通西域后"的一家之言。1938年出版的汤用彤《汉魏两晋南北朝佛教史》一书，对汉魏时期佛教的传入、传播、翻译、流派、宗师和佛教义理等等方面做了全方位的研究，一直是国内外佛教史界的经典之作①。梁启超的《佛学十八篇》，从佛教史的整理，到佛教经典的梳理；从对佛教翻译史的考察和对佛教教义的发凡，再到对中印佛教文化交流史的研究，都有着振聋发聩之见②。陈垣的《中国佛教史籍概论》一书，在考证佛教史实、钩稽佛教典籍、考镜源流等方面有着卓越的贡献，对推动中国佛教史研究的深入和培养佛教史研究人才提供了一部简明的必读书籍③。又如改革开放以后，宗教史的研究相继进入高潮，有大量新作面世，如现当代著名学者季羡林的《季羡林文集》（24卷本），涵盖了他对古代印度语言、中印文化关系、印度历史与文化、中国佛教史、比较文学与民间文学、糖史、西域吐火罗文、梵文及其他语种作品的翻译的精湛研究④。还有由任继愈主编的《中国佛教史》⑤、郭朋的《汉魏两晋南北朝佛教》⑥、吴焯的《佛教东传与中国佛教艺术》⑦、杨曾文的《中国佛教史论》⑧、黄卓越的《中国佛教大观》⑨等书，在内容中都不同程度地涉及西域佛教的传入、佛经的翻译、西域佛教与汉晋时期内地道教及玄学的关系等方面。除此以外，还有不少单独发表成篇的论文：如黄振华《魏晋时期楼兰鄯善地区佛教研究札记》⑩、夏雷鸣《从"浴佛"看印度佛教在鄯善

---

① 汤用彤：《汉魏两晋南北朝佛教史》，上海书店1991年版。
② 黄夏年：《梁启超集·梁启超先生与佛学》，中国社会科学出版社1995年版，第1—3页。
③ 黄夏年：《陈垣集·陈垣先生与佛学》，中国社会科学出版社1995年版，第1—5页。
④ 季羡林：《季羡林文集》（24卷本），江西教育出版社1998年版。
⑤ 任继愈：《中国佛教史》，中国社会科学出版社1982年版。
⑥ 郭朋：《汉魏两晋南北朝佛教》，齐鲁书社1986年版。
⑦ 吴焯：《佛教东传与中国佛教艺术》，浙江人民出版社1991年版。
⑧ 杨曾文：《中国佛教史论》，中国社会科学出版社2002年版。
⑨ 黄卓越：《中国佛教大观》，哈尔滨出版社1995年版。
⑩ 黄振华：《魏晋时期楼兰鄯善地区佛教研究札记》，《民族研究》1996年第4期。

第五章 从人口性比例和疾病状况看西域在汉晋时期佛教东渐中的作用

国的嬗变》①、刘文锁《尼雅浴佛会及浴佛斋祷文》②、季羡林《鸠摩罗什时代及其前后龟兹和焉耆两地的佛教信仰》③、夏凌《论佛教入华早期对中国本土神学的依附》④、赵莉《克孜尔石窟分期年代研究综述》⑤、陈寒《略论鸠摩罗什时代的龟兹佛教》⑥、杨军《从大乘佛教向汉地的传播看中印早期文化交流的特点》⑦、才吾加甫《汉代佛教传入西域诸地考》⑧、介永强《我国西北地区佛教文化重心的历史变迁》⑨、李尚全《也论克孜尔石窟之开凿》⑩、尚永琪《北朝胡人与佛教的传播》⑪、霍旭初《克孜尔石窟故事壁画与龟兹本土文化》⑫、林梅村《新疆尼雅遗址出土犍陀罗语〈解脱戒本〉残卷》《新疆尼雅遗址出土佉卢文〈法集要颂经〉残片》及《疏勒佛教考古概述》⑬等等都从各个方面研究了西域佛教发展的情况，其中有许多论文和论著的研究成果具有启迪作用。

然而，纵观以上前辈学者和当代学者的研究成果，均未言及汉晋时期西域地区人口性比例失调问题和疾病状况与这一时期西域佛教发展的关系问题。有鉴于此，笔者拟从地理环境，尤其是从地理环境下土壤微量元素有效锌和碘的变化与西域地区人口性比例问题和疾病状况的关

---

① 夏雷鸣：《从"浴佛"看印度佛教在鄯善国的嬗变》，《西域研究》2000年第2期。
② 刘文锁：《尼雅浴佛会及浴佛斋祷文》，《敦煌研究》2001年第3期。
③ 季羡林：《鸠摩罗什时代及其前后龟兹和焉耆两地的佛教信仰》，《孔子研究》2005年第6期。
④ 夏凌：《论佛教入华早期对中国本土神学的依附》，《甘肃教育学院学报》2001年第3期。
⑤ 赵莉：《克孜尔石窟分期年代研究综述》，《敦煌学集刊》2002年第1期。
⑥ 陈寒：《略论鸠摩罗什时代的龟兹佛教》，《西北大学学报》2002年第1期。
⑦ 杨军：《从大乘佛教向汉地的传播看中印早期文化交流的特点》，《烟台师范学院学报》2004年第4期。
⑧ 才吾加甫：《汉代佛教传入西域诸地考》，《新疆师范大学学报》2004年第3期。
⑨ 介永强：《我国西北地区佛教文化重心的历史变迁》，《陕西师范大学学报》2005年第5期。
⑩ 李尚全：《也论克孜尔石窟之开凿》，《敦煌学辑刊》2005年第3期。
⑪ 尚永琪：《北朝胡人与佛教的传播》，《吉林大学社会科学学报》2006年第2期。
⑫ 霍旭初：《克孜尔石窟故事壁画与龟兹本土文化》，《新疆师范大学学报》2005年第4期。
⑬ 林梅村：《汉唐西域与中国文明》，文物出版社1998年版。

系、地理环境下的土壤微量元素的变化及人口性比例问题和疾病状况与西域佛教的关系、汉晋时期佛经翻译的特点等方面来提出我浅薄的见解，以求教于方家。

第二节　汉晋时期西域地区的土壤微量元素锌、碘变化与西域佛教

如前所述，土壤微量元素的变化与成土母质、河水、大气、有机质含量、土壤酸碱度以及人类不合理开发与利用密切相关。所以，要进一步探讨在汉晋时代西域不同地区条件下土壤微量元素变化的规律和其对西域佛教传播的影响，就首先需要了解汉晋时期这些地区的历史气候状况。故此，下文拟从汉晋时期西域地区中佛教传播的主要地区的历史气候变化、汉晋时期土壤微量元素的状况及其变化规律、土壤微量元素所造成的西域地区人口的性比例失调和众多疾病的产生以及对汉晋时期西域佛教传播的影响与汉晋时期内地佛经翻译的特点等几个方面来论述。

一　汉晋时期西域的范围和西域佛教的主要传播地

汉晋时期的西域是一个特定的地理区域；据《汉书·西域传上》"西域以孝武时始通，本三十六国，其后稍分至五十余，皆在匈奴之西，乌孙之南。南北有大山，中央有河，东西六千余里，南北千余里。东则接汉，阸以玉、阳关，西则限以葱岭。……西域诸国大率土著，有城郭田畜，与匈奴、乌孙异俗……"① 由班固《汉书》的记载看，两汉时期的西域，当指西汉宣帝神爵二年（公元前60年）置西域都护府所辖的范围。具体而言，大致是指玉门关、阳关以西，葱岭以东，包括乌孙、大宛在内的天山南北地区。从时代相承的角度，本文所论两汉和魏晋时

---

① 《汉书》卷96上《西域传》，中华书局1962年版，第3871—3872页。

第五章　从人口性比例和疾病状况看西域在汉晋时期佛教东渐中的作用

期的西域，都指同一地区。根据《汉书·西域传》的记载，并依据西域各国各自与汉首都长安的远近距离和大致沿着今新疆天山南路的塔里木盆地周围，依次分布着"随畜逐水草，不田作，仰鄯善、且末谷"的婼羌；"本名楼兰，王治扜泥城……地沙卤，少田，寄田仰谷旁国……国出玉，多葭苇、柽柳、胡桐、白草……民随畜牧逐水草，有驴马，多橐它"的鄯善；"王治西城，去长安九千六百七十里。……于阗之西，水皆西流，注西海；其东，水东流，注盐泽……多玉石"的于阗国；"王治贵山城，去长安万二千五百五十里。户六万，口三十万，胜兵六万人……其人皆深目，多须髯，善贾市，争分铢。贵女子，女子所言，丈夫乃决正"的大宛国；"王治莎车城……西至疏勒五百六十里，西南至蒲犁七百四十里"的莎车国；"王治疏勒城……有市列，西当大月氏、大宛、康居道"的疏勒国；"王治尉头谷……南与疏勒接，山道不通，西至捐毒千三百一十四里，径道马行二日；田畜随水草，衣服类乌孙"的尉头国等西域小国；另据《汉书·西域传下》的记载，天山北路及天山南路近山地区还分布着"大昆弥治赤谷城……东至都护治所千七百二十一里，西至康居蕃内地五千里。地莽平。多雨，寒。山多松樠。不田作种树，随畜逐水草，与匈奴同俗。国多马，富人至四五千匹。民刚恶，贪狼无信，多寇盗，最为强国"的乌孙国；乌孙之南，还有"王治南城……北与乌孙接。出铜、铁、雌黄。东通龟兹六百七十里"的姑墨国；"王治温宿城，北至乌孙赤谷六百一十里。土地物类所有与鄯善诸国"的温宿国和"王治延城……南与精绝、东南与且末、西南与扜弥、北与乌孙、西与姑墨接。能铸冶，有铅。东至都护治所乌垒城三百五十里"的龟兹国等。而据传世文献记载，以上龟兹、于阗、疏勒等地都是汉唐时期著名的佛教圣地。关于这一点，正如释慧皎《高僧传》《后汉书》《三国志》和《晋书》等典籍记载的情况：从东汉到两晋时期里，参与当时译经活动的僧人有四五十位。梁启超先生《佛教与西域》一文的研究成果显示："后汉、三国以安息、月支、康居人为多；两晋以龟兹、罽宾人为多；南北朝则西域诸国与印度人中分势力；隋唐则印度人居优势,而海南诸国亦有来者。"① 另外,近有尚永琪《北朝胡人与佛教的传播》一文,亦论及东汉到三国时期共有传教译经高僧21人。其中"有明确记载是来自印度及西域的僧人15人,其中天竺僧人5人,安息国僧人3人,月支3人,康居国4人,占了71%;而支曜、昙果、竺大力、帛延、竺律炎5人,文献中虽没有明确记载他们来自何国,但从他们的支、竺、帛等姓氏以及他们同上列其他外籍僧人同行而至或合作译经的行迹来看,至少不会是汉族人,大多也是来自西域或天竺的僧人。"故此他认为:从外籍僧人的比例占到95%的比例看,"这一时期的传教僧人主要还是来自西域的胡人和印度僧人……可见,西域人在此时的佛教传播中具有特殊的重要意义"②。

汉晋时期西域地区佛教的兴盛与传播,对广大中原王朝的佛教传播产生了深远的辐射作用;同时,考古发掘的成果表明,根据在汉晋时期西域地区的龟兹国所发现的克孜尔石窟、古楼兰国和古于阗国所发现的有关佛教的佉卢文文献等,我们亦可知汉晋时期分布在天山南路、今塔里木盆地周围的于阗、楼兰、龟兹、疏勒等地是西域佛教的主要传播和兴盛地区。现代地理环境的调查资料显示:塔里木盆地的中心为塔克拉玛干大沙漠,这里属于暖温带干旱荒漠区。塔里木盆地≥10℃的年积温为3900℃—4300℃,全年日照时数2800—3200小时,无霜期180—270天,冬季1月份平均气温零下5—零下10℃,夏季7月份平均气温25℃—27℃,年降水量20—70mm,年蒸发量2000—3000mm,年平均相对湿度35%—55%。位于塔里木盆地中心的塔克拉玛干沙漠面积为$33.7\times10^4km^2$,是我国第一大沙漠,它以流动风沙土为主,其面积占整个沙漠面积的85%,固定、半固定风沙土多分布于沙漠的边缘地带及深入沙漠的河流两端③。所以,为了更好地了解上述地区佛教与人口性

---

① 黄夏年:《梁启超集》,中国社会科学出版社1995年版。
② 尚永琪:《北朝胡人与佛教的传播》,《吉林大学社会科学学报》2006年第2期。
③ 季方、樊自立、赵贵海:《新疆两大沙漠风沙土土壤理化特性对比分析》,《干旱区研究》1995年第1期。

第五章　从人口性比例和疾病状况看西域在汉晋时期佛教东渐中的作用

比例失调问题及疾病问题的关系，我们就必须了解上述地区地理环境下土壤微量元素的变化和主要影响土壤微量元素变化的汉晋时期西域地区的历史气候的变化情况。

二　汉晋时期天山南路的西域地区历史气候

众所周知，据竺可桢等人的研究，自"仰韶温暖期"结束之后，中原地区经历了西周、战国和东汉中后期直至魏晋南北朝几个寒冷期，但以中国气候的联动效应看，中原地区气候的变动，必然是北方及西北地区气候先行变动的直接后果，所以，与北方原匈奴、鲜卑、羯、氐、羌等各北方少数民族纷纷内迁中原相对应，西域地区某些小国也会因为环境的变迁、河流的改道、河水径流的减少而迫使绿洲退化，绿洲国家逐渐消亡。一个最好的例子就是在这一时期彻底消亡的古楼兰国。

竺可桢先生在《中国近五千年来气候变迁的初步研究》中，主要研究的是黄河流域范围内历史时期的气候变化，而具体到新石器时代至先秦、秦汉时期西域地区的气候变化，有赖于自20世纪七八十年代以来在新疆地区的大量考古发掘和对孢粉、古土壤、树木年轮、湖泊水面升降规律和沙漠形成等具体的研究成果。如八九十年代考古工作者利用卫星图片对克里亚河流域进行了全面的地形地貌研究：在最早的克里雅河尾闾、现已荒无人烟的地带，发现了一座早于战国时期的古代城市和墓葬群；并将于阗喀拉墩遗址内的沙漠微粒进行电镜分析后，发现有关沙粒并非传统意义上的风沙堆积，而是由水搬运过来的沉积物[①]。说明在早于战国时期之前，该地区水资源远较今天丰沛。又如：完成于20世纪80年代后期的中部天山南麓和静县哈尔莫敦乡境内的察吾沟墓地的发掘，共发掘墓葬600座，出土文物约五千件。该墓群反映了从公元

[①] 新疆文物考古研究所、新疆维吾尔自治区博物馆：《新疆文物考古新收获（1990—1996）·新疆考古文化与研究》，新疆美术摄影出版社1997年版，第6页。

前1000年到两汉时期以游牧经济为主,并与部分农业经济相结合的社会生活模式①。同时,这些墓葬群中大量木棺墓的出现,亦反映当地有着比较丰富的森林资源。

新疆的地层资料、冰川进退、孢粉分析和碳14鉴定等的研究成果证明:新疆冰后期气候以暖湿为主,但有几次冰进,其冷暖波动和欧洲等地相似;全新世晚期(距今2500年—现在)则以温干为主②。1901年斯坦因在尼雅河下游以北处发现一废弃城堡中有文书出土;文书中有晋武帝太始五年(公元269年)的年号,文书中常记"对当地官吏士卒减少口粮的命令。有当地不能自给的困难";最后文书的日期是建兴十八年(公元330年),这说明该城堡应在建兴十八年之后即被废弃。所出土的佉卢文书又反映:约在4世纪时,位于罗布泊西北畔的古楼兰城出现了严重的用水紧张、口粮减少、种子不能入地、耕地面积缩小、粮价飞涨等一系列问题③。全新世晚期的1951年—1980年之间新疆气候中降水的统计结果表明,新疆的降水量极不平均:如伊犁河上游巩乃斯林场附近,年降水量可达到1000mm;而位于塔里木盆地四周地区的库尔勒只有50mm、伽师54mm、焉耆64.6mm、尉犁40.8mm、和静50.6mm、喀什60mm、和田48mm;年降水量最少的吐鲁番盆地中的托克逊仅6.9mm。总体降水分布规律是北疆多于南疆、西部多于东部,从西北向东南减少;山区多于平原,迎风面多于背风面④。从降水时间看,北疆降水多在冬季,而南疆以夏季为多。各地最长连续无降水日数以南疆远多于北疆:如阿勒泰最多56天,伊宁最多47天;而南疆的库尔勒268天,库车154天,阿克苏150天,喀什183天,和田252天,若羌268天⑤。

---

① 新疆文物考古研究所、新疆维吾尔自治区博物馆:《新疆文物考古新收获(1990—1996)·新疆考古文化与研究》,新疆美术摄影出版社1997年版,第8页。
② 李江风、桑修诚、季元中、陈荣芬:《新疆气候·全新世时期气候》,农业出版社1991年版,第276—290页。
③ 同上书,第285—286页。
④ 同上书,第100页。
⑤ 同上书,第106页。

第五章　从人口性比例和疾病状况看西域在汉晋时期佛教东渐中的作用

　　总之，新疆位于欧亚大陆的中心地带，是世界上离海洋最远的陆地；它北有绵延千里的阿尔泰山，南有横亘数千里的昆仑山，中部高耸入云的天山把新疆分成了南北两部分，南北两部分的腹地分别是塔里木盆地和准噶尔盆地，形成三山夹两盆的封闭式地形格局。结合全新世晚期"仰韶温暖期"结束至现当代时期，1951年—1980年新疆降水的情况和今新疆考古发现大量新石器文化遗址的分布和对于圆喀拉墩遗址及和静县察吾沟墓葬群发掘的结果以及与竺可桢先生所论相对照来看，我们便不难发现在"仰韶温暖期"，是西域地区的气候远较今天温暖，雨水也较为丰沛，森林资源分布较广的时期。这种较为温暖和湿润的时期可能延续到西汉中后期。但之后必定会随着北半球变冷变旱的过程而有所变化。具体而言，在新疆封闭和多沙漠、戈壁的特殊地理环境中，西域佛教兴盛区会在西汉中期以后的东汉、三国、两晋时期为温暖而干旱的气候；与之相对应的是：必定会出现温度升高，干旱事件增多，绿洲面积缩小，大的城邦国家走向分裂与消亡的历程。实际上，关于这一点，亦可从《史记·大宛列传》和《汉书·西域传上》所记"西域诸国大率土著，有城郭田畜"，但到西汉武帝通西域时，由"本三十六国"，到"其后稍分至五十余"的历程，即可很好地印证之。

三　汉晋时期西域地区土壤微量元素的状况及其变化规律

　　如上所述，虽然，土壤微量元素与人体微量元素分属两个不同的概念范畴，但由于土壤与人类之间的密切关系，决定了土壤微量元素水平必定要影响到生长、生活于此的人类本身和其周围赖以生存的动植物体内的微量元素水平。

　　据研究人体缺锌，会影响人体智力、生殖、遗传、免疫等地理过程，而孕妇缺碘，早产、死产和先天畸形发生率会相应提高[①]。据统计，在直到20世纪初的中国社会里，"产妇常因难产、出血而死亡……

[①] 付立杰等：《畸胎学》，上海科技教育出版社1995年版，第267—268页。

第二编 从人口、性别政策看汉魏时期国家治理

因破伤风导致的新生儿死亡率高达50%—70%"[1]。在"1920—1930年间……产妇死亡率高达14.9‰,约每天死亡500人;婴儿死亡率为250‰—300‰,其中近半数死亡……早在1897年,我国已有妊高征的病例报道,当时的发病率为1/71,死亡率为12.1%,"1949年以后,"孕产妇死亡率由建国前的1500/10万下降到1996年的61.9/10万,婴儿死亡率由200‰降至1996年的17.5‰",但由于我国地域辽阔,各地经济、地理条件、文化、医疗水平差异较大,"仅以1991年为例,经济较发达的地区如京、津、沪等地,孕产妇死亡为39.9/10万,而西北却多达169.9/10万;城市孕产妇死亡率为47.2/10万,而农村为109.3/10万"[2]。这其中的孕妇及婴幼儿的高死亡率,除了医疗卫生条件差的原因外,当与微量元素营养的缺乏不无关系。另外,微量元素铁是一种易得且易失的元素,食用一些富铁食品如动物肝脏、瘦肉等就能得到适量的铁;缺铁,也会造成孕妇缺铁性贫血,以致影响胎儿的体重,但不至于危及孕妇的生命安全;铜能加速铁的吸收利用,但可减少锌的吸收。铜、锌含量在血液中存在着负相关,即铜含量升高,锌则减少。所以,与锌、碘在妇女妊娠中的重要作用相比较,微量元素锰、铁、铜的作用相对少许多,加之现代人体微量元素的调查结果显示,中国人普遍不缺铜[3];同时,土壤中有效锰含量机制与有效锌相近,两者之间没有拮抗关系,所以,本节述及汉晋时期西域佛教兴盛区域的土壤微量元素状况及其变化规律时是以土壤有效锌为主,同时只兼及土壤中碘元素的情况。

以上对西域地区主要的佛教兴盛地和对西域地区自"仰韶温暖期"以及全新世晚期的历史气候变化的回顾和对微量元素有效锌、碘作用的了解,无疑有助于我们了解汉晋时期西域地区佛教盛行区的土壤微量元素有效锌和碘元素的变化及其变化规律。同时,要了解汉晋

---

[1] 曹泽毅:《中华妇产科学》,人民卫生出版社1999年版,第5页。
[2] 同上书,第212页。
[3] 于占洋、侯哲:《微量元素与优生优育》,人民军医出版社1999年版,第35页。

第五章　从人口性比例和疾病状况看西域在汉晋时期佛教东渐中的作用

时期西域佛教兴盛区的土壤微量元素有效锌、碘的状况和变化规律，现当代土壤微量元素是其基础；而自20世纪八九十年代以来国家对相关地区的土壤微量元素研究的成果，无疑为我们创造了良好的前提条件。

众所周知，新疆地区是我国最大的干旱区。所谓干旱区，是指干燥度系数大于3.5的地区。就我国的情况看，干旱区大致分布在贺兰山以西地区；从行政区划上看，大致包括新疆、甘肃河西走廊地区、青海柴达木盆地以及内蒙古和宁夏的西部等地区。这里的生态系统十分脆弱，除局部高大山脉的降水较多外，大面积地区都为荒漠及流动沙丘所占据，年降水量不足200mm。同时，上述地区的绿洲面积往往承载不足总土地面积的10%，但却承载了约90%以上的人口和80%以上的经济产出。新疆地区则更是以4.27%的土地，养育着全疆95%以上的人口[1]。干旱地区土壤的形成类型与分布，严重地受制于局部区域内气候条件、植被发育程度和地貌与水文条件的影响。一般地说，土壤类型具有山地垂直地带性和平原区水平地带性的分异规律。即随海拔高度变化，山地土壤类型由低到高呈现灰钙土、黑钙土（粟钙土）、灰褐土、高山草甸土、寒漠土的分布带谱；平原区随气候条件与植物类型的差异，从山麓到河流尾闾区形成与之相适应的灰钙土（粟钙土）、灰漠土、灰棕漠土、棕漠土的分布规律；其中受人工灌耕及水盐条件等因素的影响，非地带性分布由草甸土、沼泽土、盐土、风沙土及灌耕土等类型组成，其中盐土与风沙土多分布于流域下游地区[2]。

从以上干旱区土壤类型和有机质含量及盐化程度看，汉晋时期西域佛教兴盛区的土壤主要是灰漠土、灰棕漠土、棕漠土和灌耕土等类型。其中灰漠土、灰棕漠土和棕漠土的发育厚度很小，一般小于50cm，地表常见砾漠，植被覆盖度极低，有机质含量小于0.5%；灰棕漠土有效

---

[1] 王根绪、程国栋：《西北干旱地区土壤资源特征与可持续发展》，《地球科学进展》1999年第5期。

[2] 同上。

土层较薄，各地差异较大，变幅达27—118cm，植被覆盖度一般小于5%，有机质及氮含量较低；灰棕漠土分布上靠近山前，成土母质多为黄土状物质，有效土层较厚，一般大于60cm，植被覆盖度在10%—20%，有机质及氮含量较高，属于比较肥沃的土壤。灌耕土又称灌淤土，是灌淤旱耕人为土的简称，在新疆地区分布甚广，而且开发的时间也很早。根据文献记载的情况，许多地区的引水灌溉历史就有二千多年。由于干旱地区长期的人为灌溉，水中的泥沙逐渐淤积，并同时进行人为施肥、耕种熟化等农业措施，必然会在原来的自然土壤之上形成明显的人为灌溉淤积土层，当人为灌淤土层的厚度超过50cm，这种土壤就是灌淤土。它是我国土壤分类系统中人为土纲、旱耕人为土亚纲中的非常重要的土类。就其在新疆地区的分布看，这种土类则主要分布在新疆的塔里木盆地和准噶尔盆地的四周地区①。

但上述灰漠土、灰棕漠土、棕漠土和灌淤土都属于石灰性土壤，再加上新疆塔里木盆地环境闭塞，属暖温带大陆荒漠气候，气候极端干旱，年降水量稀少，仅20—40mm，蒸发量则有3000mm，地表水主要来自塔里木河周围的高山融雪水；光照资源丰富，年日照时数为3000h；年平均温度高于10℃，最低气温－20℃，最高气温39℃，无霜期平均为180—270天。自然灾害多风沙、干旱、干热风、霜冻、低温、冰雹等，尤以风沙危害最重。同时，由于补给水量减少，地下水位下降，造成自然植物日趋减少，生态环境日益恶化。在沙尘暴天气的影响下，裸露的地表部分形成流动沙丘。所以，新疆地区土壤微量元素有效锌含量极低。

以20世纪八九十年代国家土壤微量元素的两次普查情况看，新疆土壤pH值较高，达到7.5—8.5，有的pH值高达9—10；土壤有机质含量较低，平均含量11g/kg；其中南疆平均含量为8.9g/kg，北疆平均含量为13.5g/kg；从而造成土壤有效锌含量也低。根据新疆农业科学院

---

① 史成华、龚子同：《我国灌淤土的形成和分类》，《土壤学报》1995年第4期。

第五章 从人口性比例和疾病状况看西域在汉晋时期佛教东渐中的作用

李文先等对新疆81个县市耕地的1853份土样的分析结果，新疆土壤含锌量平均值为84.8mg/kg，低于全国100mg/kg的平均值；有效锌含量平均值为0.996mg/kg，按土壤极缺锌0.5mg/kg的临界值水平看，新疆土壤有效锌极缺的土样占39.68%，微缺锌（0.5—1.0mg/kg）的土样占41.05%，适量（1—2mg/kg）的土样占15.00%，丰富（大于2mg/kg）的土样占4.26%，极缺和微缺锌的土样总计高达80.73%；土壤有效锌含量的分布规律，有由西向东和由北向南逐渐降低的趋势，即伊犁、塔城等地区＞博尔塔拉州＞昌吉州＞东疆各地；阿勒泰地区＞昌吉州＞巴音郭楞州＞和田地区。第二次土壤普查资料显示，新疆维吾尔族自治区1182个样本分析结果，土壤有效锌含量为0.18—6.16mg/kg，平均含量为0.7mg/kg。其中，新疆建设兵团垦区1497个样本分析结果显示，土壤有效锌含量为0.18mg/kg—8.21mg/kg，平均含量为0.38mg/kg，极缺锌的土壤占81%，微缺锌土壤为14%，两者总计高达95%。由此可见，新疆土壤普遍缺锌[1]。

据研究：土壤中的锌以不同形态存在，根据组成结构，大致可分为矿物态锌、吸附态锌、水溶性锌和有机螯合性锌。土壤中能为作物吸收和利用的锌称有效锌，它只占全锌量的极少部分。有效锌一般指水溶性锌以及部分有机螯合态和部分吸附态锌。土壤中锌的有效性受环境多种因素的共同影响[2]。土壤中的微量元素有效锌不仅与成土母质密切相关，而且还与土壤有机质含量、土壤pH值、气候和水热条件密切相关。具体而言，（一）有机质含量影响有效锌含量：资料表明土壤有效锌60%—80%来自有机物的分解；同时，土壤中60%的可溶性锌被有机质络合和吸附，所以，土壤有效锌随土壤有机质含量增高而增多；（二）气候和水热条件影响有效锌含量：低温影响有机质分解和矿化，有机质含量下降，引起土壤缺锌；多雨可造成土壤有效锌淋失；淹水条

---

[1] 朱和明：《新疆土壤的锌及缺锌的矫正》，《新疆农垦科技》1994年第6期。
[2] 孙桂芳：《土壤—植物系统中锌的研究进展》，《华南热带农业大学学报》2002年第2期。

件下，土壤处于还原状态，增加了锌的固定；旱地在适当水量和热度的配合下，可促进有机质和矿物质分解，从而提高土壤有效锌含量①。

（三）土壤酸碱度高低水平会影响有效锌发挥效用：实验表明，植物缺锌症状，多在 pH 值大于 6.5 的土壤中出现。② 其影响机理为降低 pH 值会减弱土壤对锌的吸附能力，使吸附态锌的解吸量增加，从而增加有效锌的含量。在农业生产中，作物缺锌多发生在 pH 大于 6.5 的中性土和石灰性土壤中；尤其是 pH 值较高的石灰性土壤因含有较多的碳酸钙，与锌易生成不溶解的沉淀化合物，同时碳酸钙有强烈的吸附和固定作用，从而会大大降低锌的有效性③。

结合以上的情况看，汉晋时期西域佛教兴盛区的气候条件与土壤类型与现代社会具有相当的一致性。由于汉晋时期西域佛教兴盛区土壤为灰漠土、灌淤土等，都是石灰性土壤，土壤黏度低，水肥容易流失；加之气候极度干燥和蒸发强烈以及地表径流以高山雪融水为主的特点，造成了当地土壤低植被率、土壤低有机质含量和较高的土壤酸碱度；所以，汉晋时期西域佛教兴盛区土壤微量元素有效锌含量应与20世纪八九十年代所测定的土壤微量元素有效锌含量水平相似，都属于土壤微量元素有效锌含量缺乏占到土壤总量80%以上的土壤类型。

关于汉晋时期西域佛教兴盛区土壤及空气中生命元素碘的含量水平，可依据现代医学调查的结果。大量的统计资料表明：碘缺乏病是世界上分布最广泛、危害人数最多的一种地方病，曾在世界各国都有不同程度的流行；我国缺碘的地区分布在除今上海市以外的全国29个省、区、市、县的广大区域内。而按照1988年由卫生部葛继乾收集和由中国地图出版社周德芳、张桂兰编绘的全国碘缺乏病分布图所显示的内容看，新疆塔里木盆地，即汉晋时期西域佛教兴盛区是我国最严重的碘缺

---

① 郭兆元：《陕西土壤》，科学出版社1992年版，第479—481页。
② 刘铮等：《土壤的微量元素——微量元素土壤化学》，《中国科学院微量元素学术交流会汇刊》，科技出版社1980年版，第23—55页。
③ 孙桂芳：《土壤——植物系统中锌的研究进展》，《华南热带农业大学学报》2002年第2期。

第五章 从人口性比例和疾病状况看西域在汉晋时期佛教东渐中的作用

乏病的分布区①；1993年全国进行的碘盐预防碘缺乏病效果监测的结果为：就8—10岁儿童中缺碘性甲状腺肿的发病率，四川等13个省区为中病区，而新疆高达43%以上，属重病区，孕妇及婴幼儿缺碘状况尤其严重；此外，严重的碘缺乏还会造成胎儿的早产、死胎、畸形等。据调查，青海省的碘缺乏病区妇女流产、死胎发生率在碘缺乏的轻度和重度病区分别为19‰和43.2‰，畸胎的发生率分别为2.4‰和8.6‰，这些均与缺碘的程度明显相关。碘缺乏还会对妇女的生殖功能造成危害，常表现为女性月经初潮年龄滞后，无月经，严重者无生育能力。据调查，在青海省的碘缺乏病区女性月经初潮年龄平均为14.83—15.58岁，明显要晚于非碘缺乏病区②。

综上所述，汉晋时期西域佛教主要兴盛区域的土壤微量元素水平，因所处经纬度的不同、气温与降水的不同、成土母质和植被类型的不同、海拔高低和离海远近的不同、河湖密度和地下水深浅的不同、人口密度和生产方式的不同等众多因素而具有强烈的地域性差异。由于西域佛教主要兴盛区域大多集中在欧亚大陆离海较远的中心地带，地理环境十分闭塞，生态环境相对脆弱，气温高，降水条件远低于相同纬度的沿海地区，河湖密度低等，这就汉晋时期上述区域的土壤微量元素有效锌、碘值水平都处于极度缺乏状态。

四 西域地区土壤微量元素锌、碘与西域人口性比例及疾病问题

如上所述，虽然地理环境下土壤微量元素与人体微量元素分属两个不同的概念范畴，但土壤与人类之间的密切关系，决定了土壤微量元素水平必定要影响到生长、生活于此的人类本身和其周围所赖以生存的动植物体内的微量元素水平。同时，如前所述，我们已大致了解了汉晋时期西域佛教主要兴盛区域大都处在高纬度、远离大海的内陆非季风区，

---

① 安笑生、符绍莲：《环境优生学》，北京医科大学、中国协和医科大学联合出版社1995年版，第69页。

② 李健群、闫玉芹：《碘缺乏病研究的进展》，《中国地方病学杂志》1994年第3期。

第二编 从人口、性别政策看汉魏时期国家治理

在气温高、干旱、少雨、多风、高蒸发量的气候条件下和植被稀少、成土母质多为风积物、河湖密度低、盐碱度高的土壤环境下，西域绝大多数地区的土壤微量元素有效锌、碘水平都处在缺乏或极缺的临界值下；加之这些区域的土壤大都含有丰富的微量元素有效铜，而有效铜丰富会拮抗有效锌的吸收；所以，这必然会影响到动植物和人类自身体内微量元素有效锌的水平。而从当代所发现的先秦及汉晋时期大量墓葬中人骨材料所反映的情况看，汉晋时期西域佛教主要兴盛区域内各少数民族应存在人体微量元素有效锌严重缺乏的问题；而正是这一问题的存在，使得该区域内各少数民族育龄妇女大量死亡，以致在育龄人口中造成严重的女少男多的性比较失调和大量的疾病问题，而最终影响到这一地区佛教传播的特点。为了说明汉晋时期该区域内各少数民族所出现的因大量育龄妇女死亡而造成的男多女少的性比例失调问题，下文拟从先秦及汉晋时期西域地区各少数民族墓葬中人骨所反映的性比例失调和疾病问题、人口性比例失调及疾病问题对西域佛教传播的作用与影响等两大方面来具体阐述。

首先，先秦及汉晋时期西域地区的墓葬中的人骨资料，即反映出当地人口存在着男多女少的性比例失调问题。

新疆地区的考古文化，是历史悠久、博大精深的中华民族文化的一个重要组成部分。由于新疆独特的地理位置与自然环境，众多的文化遗址、古墓葬、古城堡、石窟寺和岩画等文物资源得以保存下来。单以1990—1996年公布的墓葬发掘报告的情况看，就有哈密寒气沟墓地、鄯善苏贝希墓、阿拉沟竖穴木棺墓、和静县察吾呼沟1—5号墓地、轮台群巴克墓、楼兰古墓、且末县扎洪鲁克墓、吉木萨尔大龙口古墓等几十处古墓葬群。然而，十分遗憾的是许多古墓或毁于盗墓者之手，或墓群很大但挖掘不多，或埋葬太浅、骨殖损毁；更多的是，许多古墓群出土人骨没有经过人类学分析，以致可供我们分析与研究的人骨资料并不太多。但即使是这样，我们还是可以很轻易地看出人骨材料所反映的人口性比例失调问题。

第五章 从人口性比例和疾病状况看西域在汉晋时期佛教东渐中的作用

1. 从地域的重合性特征看，和静县位于天山南麓的中部地区，和焉耆同处在焉耆盆地之中。从地理位置看，二者都在汉晋时期西域佛教兴盛区的范围中。1983—1988 年，新疆文物考古所先后对和静县哈尔莫墩乡察吾呼沟一号到五号墓地进行了发掘。其中一号墓葬群有古墓700 座，考古人员共发掘 230 座古墓①，其人骨统计资料如下：

表 2-19　　和静县察吾呼沟一号墓葬人骨统计（西周至春秋）

年龄	男	女	性别不详者	儿童	合计
未成年（0—14 岁）				70	70
青年（15—30 岁）	7	3			10
壮年（31—45 岁）	2	2			4
老年（46—66 岁）	2	1			3
成年	5	4	5		14
合计	16	10	5	70	101

从对察吾呼沟一号墓葬群进行的碳 14 测试的结果看，墓葬的时代在距今 2500 年左右，约略相当于中原地区的西周至春秋时期②。从墓葬群人骨所反映的情况看，婴幼儿死亡率极高，占人骨总数的 69%；男女成年人骨数 31 例，其中可明确性别的有男性 16 例，女性 6 例，两者性比例男（100）：女（37.5），明显女少男多；同时，从人骨死亡的年龄看，可明确性别的男性 11 例中，死于青壮年期者占 77%；可明确性别的女性 6 例之中，死于青壮年期者占 80%；可见，察吾呼墓葬群可鉴别的 101 例人骨资料，不仅反映出当时存在十分惊人的婴幼儿死亡率和成年男女中女少男多的严重现象；同时，从成年男女死亡的年龄看，死于育龄期的女性高达 80%，而男性只有 77%，这亦说明在成年男女中存在着十分严重的男多女少的性比例失调问题。

2. 和静县哈尔莫墩乡察吾呼沟五号墓地：1983—1988 年，新疆文

---

① 新疆文物考古研究所、新疆维吾尔自治区博物馆：《新疆文物考古新收获·和静县察吾呼沟一号墓地》，新疆美术摄影出版社 1997 年版，第 174—223 页。
② 同上书，第 222 页。

物考古所先后对和静县哈尔莫墩乡察吾呼沟五号墓地进行了发掘。其中五号墓葬群人骨统计资料反映如下①:

表2-20　　　　和静县察吾呼沟五号墓葬人骨统计

年龄	男	女	性别不详者	儿童	合计
未成年（0—14岁）				4	4
青年（15—30岁）	6	4			10
壮年（31—45岁）	4	4			8
老年（46—66岁）	3	1			4
成年	1	2	4		7
合计	14	11	4	4	33

从对察吾呼沟五号墓葬群进行的碳14测试的结果看，墓葬的时代在距今2500年左右，约略相当于中原地区的西周至春秋时期②。从墓葬群人骨所反映的情况看，可鉴别的人骨资料33例，其中儿童4例，成年男性14例，成年女性11例，性别不详的成年人4例。以各年龄段的死亡率看，婴幼儿死亡率为12%；成年男性死亡率42%；成年女性死亡率占33%；然而，可明确鉴别的成年男女的性比例为男（100）：女（78.6），明显女少男多；而且，以成年男女死于青壮年的比例看，男性死于青壮年占71%；女性死于青壮年者占72%。可见，察吾呼沟五号墓葬群中所反映的男多女少的性比例失调问题，主要是由成年育龄妇女的高死亡率所造成的。

3. 和静县哈尔莫墩乡察吾呼沟三号墓地：1983—1988年，新疆文物考古所先后对和静县哈尔莫墩乡察吾呼沟三号墓地进行了发掘。其中的墓葬群人骨统计资料反映如下③：

---

① 新疆文物考古研究所、新疆维吾尔自治区博物馆：《新疆文物考古新收获·和静县察吾呼沟一号墓地》，新疆美术摄影出版社1997年版，第260页。
② 同上书，第274页。
③ 同上书，第233—234页。

第五章　从人口性比例和疾病状况看西域在汉晋时期佛教东渐中的作用

表 2-21　和静县察吾呼沟三号墓葬人骨统计（东汉至魏晋）

年龄	男	女	性别不详者	儿童	合计
未成年（0—14 岁）				3	3
青年（15—30 岁）		4			4
壮年（31—45）					
老年（46—66 岁）	5	1			6
成年	5	4			9
合计	10	9		3	22

从对察吾呼沟三号墓葬群进行的碳 14 测试的结果看，墓葬时代在距今 2000—1800 年左右，约略相当于中原地区的东汉至魏晋时期①。从墓葬群人骨所反映的情况看，可鉴别的人骨资料 22 例，其中儿童 3 例，成年男性 10 例，成年女性 9 例，性别不详的成年人 0 例。以各年龄段的死亡率看，婴幼儿死亡率为 13.6%；成年男性死亡率 45.5%；成年女性死亡率占 40.9%；虽然，可明确鉴别的成年男女的性比例为男（100）：女（100），显示男女均衡；但是，以成年男女死于青壮年的比例来看，男性为 0，成年女性却为 89%；可见，察吾呼沟三号墓葬群仍然反映出当时成年育龄妇女高死亡率现象十分严重的问题。

4. 伊犁河谷察布察尔锡伯自治县索墩布拉克墓葬群：该墓群南倚天山山脉西段的乌孙山，山南是昭苏盆地；以西数十公里处是中国与哈萨克斯坦共和国边界。察布察尔锡伯自治县有各类土墩、石堆和石圈墓 3000 余座，其中位于索墩布拉克村周围的墓葬约 120 座。考古工作者在 1990 年 8—9 月对 33 座墓葬进行了发掘与整理，墓葬类型有竖穴偏室墓、竖穴土坑墓、双室墓等三类②。其中墓葬中的人骨统计资料如下：

---

① 新疆文物考古研究所、新疆维吾尔自治区博物馆：《新疆文物考古新收获·和静县察吾呼沟一号墓地》，新疆美术摄影出版社 1997 年版，第 240—241 页。
② 新疆文物考古研究所、新疆维吾尔自治区博物馆：《新疆文物考古新收获·察布察尔锡伯县索墩布拉克墓葬》，新疆美术摄影出版社 1997 年版，第 371—373 页。

表 2-22　伊犁河谷察布察尔锡伯自治县索墩布拉克
墓葬人骨统计（战国至西汉）

年龄	男	女	儿童	性别不详者	合计
未成年（0—14岁）	2	1		3	6
青年（15—30岁）	9	9			18
壮年（31—45岁）	5	3			8
老年					
成年（年龄不详）	3	1			4
合计	19	13	1	3	36

从对伊犁河谷察布察尔锡伯自治县索墩布拉克墓葬群进行的碳14测试的结果看，墓葬时代在距今2500—2000年左右，约略相当于中原地区的战国至西汉时期①。从墓葬群人骨所反映的情况看，可鉴别的人骨资料共36例，其中儿童3例，成年男性17例，成年女性13例，性别不详的成年人3例。以各年龄段的死亡率看，婴幼儿死亡率为16.7%；成年男性死亡率47.2%；成年女性死亡率占36.1%；然而，可明确鉴别的成年男女的性比例为男（100）：女（76），明显男多女少；而且，以成年男女死于青壮年的比例来看，男性为73.7%，成年女性却为92.3%；可见，伊犁河谷察布察尔锡伯自治县索墩布拉克墓葬群仍然反映出当时成年育龄妇女高死亡率现象仍十分严重的问题。

5. 1961年至1962年和1976年，新疆维吾尔自治区博物馆考古队的同志对靠近中苏边界的昭苏夏台、波马等地的土墩墓进行发掘。"根据墓葬群中出土的陶制、铁制品和墓葬形制、墓葬分布的地理位置和碳14年代测定的结果表明，这些土墩墓与公元前后居住在伊犁河流域的乌孙人有关。"② 其中墓葬中人骨统计的资料如下：

---

①　新疆文物考古研究所、新疆维吾尔自治区博物馆：《新疆文物考古新收获·察布察尔锡伯县索墩布拉克墓葬》，新疆美术摄影出版社1997年版，第384—385页。
②　韩康信：《丝绸之路古代居民种族人类学研究·昭苏土墩墓古人类学材料的研究》，新疆人民出版社1993年版，第261页。

第五章 从人口性比例和疾病状况看西域在汉晋时期佛教东渐中的作用

表 2-23　　　　伊犁河流域昭苏土墩墓人骨统计

（公元前后几个世纪的乌孙人）

年龄	男	女	儿童	性别不详者	合计
未成年（0—14 岁）			1		1
青年（15—30 岁）	6	5			11
壮年（31—45 岁）	3	1			4
老年（45 岁以上）	2				2
成年（年龄不详）					
合计	11	6	1		18

从墓葬群人骨所反映的情况看，可鉴别的人骨资料 18 例，其中儿童 1 例，成年男性 11 例，成年女性 6 例。以各年龄段的死亡率看，婴幼儿死亡率为 5.6%；成年男性死亡率为 61.1%；成年女性死亡率占 33.3%；然而，可明确鉴别的成年男女的性比例为男（100）：女（54.5），明显男多女少；而且，以成年男女死于青壮年的比例来看，男性为 81.8%，成年女性却为 100%；可见，昭苏夏台、波马等地的墓葬群仍然反映出当时成年育龄妇女高死亡率现象十分严重的问题；而且，从昭苏墓葬群反映出公元前后乌孙人中成年育龄妇女极高的死亡率极高，是造成男多女少性比例失调问题的根本原因。

除上述几个墓葬群人骨材料比较全面外，还有哈密焉不拉克墓葬群人骨材料比较全面，但其人骨材料中有多例反映是死于砍杀；又如尼雅遗址发掘出的人骨材料和楼兰平台墓地的人骨材料以及罗布淖尔东汉墓人骨材料、帕米尔高原古墓，有土葬与火葬及殉葬墓人骨材料相混的情况，同样难以反映原貌，因考虑到回避人为因素的问题，故此本文未采用。另外，且末县扎洪鲁克古墓 1989 年的清理简报显示[①]，在 M2 发现一死于难产的孕妇和一具赤裸的婴儿干尸，这亦可证明育龄妇女死于难产。

[①] 新疆文物考古研究所、新疆维吾尔自治区博物馆：《新疆文物考古新收获·且末县扎洪鲁克古墓 1989 年清理简报》，新疆美术摄影出版社 1997 年版，第 327 页。

第二编　从人口、性别政策看汉魏时期国家治理

总之，从以上各墓葬群人骨材料所反映的问题看，多有婴幼儿高死亡率和成年男女中男多女少的问题。而且，这种成年男女中男多女少的人口性比例失调问题是由15—35岁的育龄妇女大量死亡造成的。同时，从文献的记载看，先有《汉书·西域传》记载："贵女子，女子所言，丈夫乃决正"的大宛国，又有着如《梁书》卷54《诸夷传》"滑国者，车师之别种也。……元魏之居桑乾也，滑犹为小国，属芮芮。后稍强大，征其旁国波斯、盘盘、罽宾、焉耆、龟兹、疏勒、姑墨、于阗、句盘等国，开地千余里。土地温暖，多山川树木，有五谷。国人以麨及羊肉为粮。少女子，兄弟共妻"①的现象，这正好亦从文献的角度说明了西域地区存在着女少男多的性比例失调问题。至于《梁书》中所记载的此"滑国"，即南北朝及隋元时期的"嚈哒"国。关于嚈哒国的情况，《魏书·嚈哒传》亦记载："嚈哒国，大月氏之种类也，亦曰高车之别种，其原出于塞北。自金山而南，在于阗之西，都马许水南二百余里，去长安一万一百里。其王都拔底延城，盖王舍城也。其城方十里余，多寺塔，皆饰以金。风俗与突厥略同。其俗：兄弟共一妻，夫无兄弟者，其妻戴一角帽；若有兄弟者，依其多少之数，更加角焉。衣服类加以缨络，头皆剪发。其语与蠕蠕、高车及诸胡不同。"②另外，《周书·嚈哒传》亦有内容大致相同的记载。而如前所述，西域地区土壤微量元素有效锌、碘极度缺乏，必然造成育龄妇女流产、难产、死胎、胎儿畸形等高比率。所以，在某种程度上讲，地理环境的恶劣和土壤微量元素有效锌、碘等生命元素的缺乏，是造成当时育龄妇女的大量死亡现象和正常人群的大量疾病发生的重要原因。

其次，关于汉晋时期西域地区正常人群大量疾病现象的发生，可以参见现当代新疆地区，尤其是南疆塔里木盆地周围地区数十年来的疾病调查报告，大致可推测为以下几种情况：

---

① 《梁书》卷48《诸夷·芮芮传》，中华书局1973年标点本，第817页。
② 《魏书》卷129《西域传·嚈哒传》，中华书局1974年标点本，第2276—2277页。

第五章 从人口性比例和疾病状况看西域在汉晋时期佛教东渐中的作用

一、妊高征多发：妊高征是产科的常见病，流行病学的调查显示，妊高征已成为仅次于产后出血导致孕产妇死亡的第二重要原因。新疆克州医院在1993年元月至1997年12月共收住院的维吾尔族、柯族、汉族产妇6170例，其中维吾尔族4820例，柯族370例，汉族980例。从疾病人数与克州各民族所占比例的统计资料看，在克州地区柯族、维吾尔族妊高征发病率远远高于汉族，其中柯族占首位，为3.24%，维吾尔族次之，为1.91%，汉族仅占0.61%。① 这个结果，与整个西北地区对孕产妇死亡主因的顺位排序，即发现造成孕产妇死亡的首位原因是产后出血、其次是妊高征的结果相一致②。

二、碘缺乏病多发：从新疆碘缺乏病分布特征看，碘缺乏病的流行与地质地理有密切的关系。凡位于第三纪红层附近，或由第三纪红黏土形成的土壤地带，均为非病区或轻病区；而位于白云岩或结晶岩形成的土壤地带则为重病区，有黏液性水肿克汀病的流行；土壤中有红色黏土夹层的地带为中病区。由第三纪红黏土形成的土壤平均含碘量为134.4ug/kg，白云石或结晶岩形成的土壤含碘量为32.0ug/kg，后者明显缺碘。调查结果显示，新疆碘缺乏病的重病区主要集中在南疆，而南疆又主要集中在和田地区和喀什地区的个别县③。甲功低下的妇女甲状腺肿大，会造成死胎、流产、死产，新生儿甲低、矮小、智力低下、聋哑、痉挛性瘫痪和畸形、失明等一系列问题。医学调查显示，碘严重缺乏区妇女的流产、死胎发生率为43.2‰，畸胎的发生率高达8.6‰④。

三、恶性肿瘤多发：1963年5月—1993年5月期间，解放军第12医院病理科共收治新疆南疆喀什地区肿瘤病人19153例，其中恶性肿瘤

---

① 玛力亚·亚森、茹先古丽·热衣丁：《新疆克州四年住院各族孕妇妊高征分析》，《江西医学院学报》1999年第41期。
② 郑全庆、金辉等：《西北地区孕产妇死亡的危险因子及死因分析》，《中国初级卫生保健》1994年第7期。
③ 王建平、王新平等：《新疆碘缺乏病流行现状与病情预测》，《地方病通报》1995年第2期。
④ 吐尔逊江、周燕：《碘对母子健康影响的研究进展》，《中国妇幼保健》2004年第19期。

2308例，男性占52.82%，女性占47.18%，男女之比为1.12∶1；恶性肿瘤患者年龄，男性平均46.5岁，女性44岁；在这些肿瘤中，男性以胃癌为第一位，女性以宫颈癌为第一位①。医学调查的结果显示，新疆喀什维汉两族的检出率分别是12.8%、3.6%；维吾尔族男女检出率比为4∶1，汉族为3.4∶1；发病年龄方面维吾尔族平均为55岁，汉族为58岁；发病高峰方面维吾尔族以51—60岁居多，汉族以61—70岁居多。维吾尔族胃癌以农民居多，占90.3%，汉族仅41.3%。结论反映维吾尔族多发胃癌，发病高峰年龄较汉族提前②。另外，宫颈癌也是新疆喀什地区妇科最常见的恶性肿瘤，死亡率占喀什肿瘤的第三位，特别是维吾尔族宫颈癌死亡率居全国之首。对442例宫颈癌病患进行调查统计的结果显示：维吾尔族中该病的最小患病者为19岁，年龄最大的75岁，平均为42.75岁，较当地汉族提前7.5岁。③

四、麻风病等皮肤疾病多发：流行病学调查资料表明，南疆地区还是新疆地区麻风病、头癣、包虫病、内脏利什曼病和艾滋病最主要的流行区。以新疆麻风病主要分布区看，塔里木盆地周围和昆仑山边缘地区是病人最多地区。通过回顾1952—2004年麻风病的防治资料，新疆累计发现麻风病人3972例：其中男性2762例，女性1211例；民族构成是：维吾尔族3547例，汉族367例，其他民族58例；地区构成是：和田地区2455例，喀什地区784例，阿克苏217例，巴州129例，其他地区388例。结论是现代麻风病在局部地区仍呈低流行状态④。关于这一点，文献记载中亦有印证。如据梁朝释僧祐《高僧传·鸠摩罗什传第一》记载：其母龟兹人，婚前"体有赤靥，法生智子，诸国娉之，并不

---

① 谭德银、戴鑫琦等：《新疆喀什地区2308例恶性肿瘤病理统计分析》，《肿瘤防治研究》1995年第1期。
② 李泽纯、王桂平、陈刚：《新疆喀什地区维吾尔族和汉族胃癌443例流行病学分析》，《肿瘤研究与临床》2006年第2期。
③ 谭德银、余良宽：《新疆喀什地区维吾尔族子宫颈癌的临床病理学研究》，《实用肿瘤学杂志》1994年第4期。
④ 居来提·克里木、黄万江、杨永光等：《新疆麻风病的流行及防治研究》，《地方病通报》2006年第1期。

第五章　从人口性比例和疾病状况看西域在汉晋时期佛教东渐中的作用

行"①；许慎《说文解字》释"瀥"为"中黑也"；《康熙字典》引《正韵》释之"黑痕"；而以此看鸠摩罗什母亲身体上的"赤瀥"，当为红里泛黑的痣，是否为肿瘤或麻风病征等，今天虽已无法考证，但无可辩驳的是，它当属一种疾病体征，颇类于现代皮肤病中的"花斑癣"；现代医学介绍"花斑癣"的症状为：初起时皮肤出现豌豆到蚕豆大小的斑点，色淡红、赤紫、棕黄、淡褐，尤多见于缺水地区不常洗澡者。②但以20世纪七八十年代以前，新疆头癣的发病率为17%以及南疆疏附三角洲地区还是内脏利什曼病、包虫病和新疆还是现代艾滋病最严重的疫区的情况看，③汉晋时期西域地区的疾病状况是不容乐观的。

由上述所言及今新疆南疆地区的男多女少的性比例失调状况及众多流行性恶性疾病的传播特点看，我甚至以为西域地区之所以长期盛行以独善其身、苦练苦修为特征的小乘教，或与极度干燥的环境下、信众为防止麻风病及其他皮肤病等恶性流行性疾病和从生理上解决人口性别失调问题有着密切的关系。医学调查证明：麻风病、头癣、包虫病、内脏利什曼病的传播，即可通过减少接触来达到隔绝传染的目的。如：麻风病作为世界三大恶性传染病（结核、梅毒、麻风）之一，是由麻风杆菌感染引起的，以侵蚀皮肤、淋巴结、骨髓、黏膜组织和周围神经为主要特点的一种慢性传染病，它主要流行于热带和亚热带地区，20世纪50年代全球麻风病患者有300万—500万之多。据调查，20世纪50年代初，我国麻风病流行较多的地区是沿海、中南、西南地区和西北新疆地区，病人有40万左右，个别乡镇麻风病占总人口的1%以上。传染途径是接触性传染④。而从麻风病的传播特点看，小乘教独善其身、苦

---

① 释慧皎：《高僧传》，中华书局1992年版，第530页。
② 马馨：《妙方金典》，黑龙江人民出版社2006年版，第263页。此书释"花斑癣"的症状为：初起时皮肤出现豌豆到蚕豆大小的斑点，色淡红、或赤紫、或棕黄、或淡褐，尤多见于不常洗澡者。
③ 李贵生、周明贵等：《新疆喀什地区近10年头癣病原菌的构成变化》，《中国皮肤病学杂志》1994年第4期。
④ 叶干运：《麻风病常识》，上海卫生出版社1958年版，第4页。

练苦修的特征实有利于阻止该病的传播。关于这一点，我们亦可用 20 世纪初在新疆尼雅遗址出土的犍陀罗语《解脱戒本》残卷所言"按照解脱戒守戒如下：饮食要知道节制，住房和座位要选隐蔽之处，专心致志达到脱凡超俗的心境。这是诸佛的教诲"对僧众的要求来印证之；同时，该残卷所反映的内容与曹魏正元年间安息僧人昙无谛在洛阳译出的《昙无德羯磨》1 卷一样，同属于小乘教之一的法藏部传本；而法藏部则是最早传入中国的小乘教之一。其次，佛教僧尼戒律中皆以戒淫为首；小乘戒律中戒淫的要求尤为严格，不仅禁止僧尼与异性有交合、"染心相触"，及其他的亲密行为，而且禁止僧尼独自手淫①。由此看来，汉晋时期西域地区成年男女中男多女少的人口性比例失调问题，无疑为小乘教的传播与发展提供了良好的氛围。最后，据沙漠工作者的研究，历史上塔里木盆地东部及南部地区发生土壤沙化的时间主要在公元 3—5 世纪、公元 7—9 世纪和公元 15 世纪以后②；而从西域佛教的发展史看，前两个时期基本上是小乘教非常繁盛的时期，由此或不难看出恶劣的地理环境与人类信仰之间也存在密切的联系。

总之，从以上先秦至汉晋时期众多墓葬人骨材料所反映的婴幼儿高死亡率和成年男女中育龄妇女高死率问题，与现代医学调查和研究的南疆地区多恶性肿瘤、麻风病的情况以及南疆碘缺乏病、锌缺乏病与麻风病、头癣等流行区具有高度的一致性的情况看，这必然与南疆地理闭塞，气候温暖而干燥、多风多沙和土壤微量元素有效锌、碘等生命元素的极度缺乏密切相关。而且，从"仰韶温暖期"结束以来，南疆地区的气候、地理和所居民族没有大的变化，所以，今天医学所调查的疾病状况，除艾滋病的流行之外，大致可与汉晋时期西域地区的情况相吻合。而这种疾病状况的流行，必然影响到汉晋时期当地少数民族佛教信仰的特点。

---

① 陈兵：《佛教禅学与东方文明》，上海人民出版社 1992 年版。
② 朱震达：《塔克拉玛干沙漠化过程及其发展趋势》，《中国沙漠》1987 年第 7 期。

五 汉晋时期西域的疾病状况与佛教传播的特点及其对汉地佛教的影响

众所周知,佛教是世界三大宗教之一,虽然它产生于印度,但其却对自汉晋以来的中国人的思想与生活,都产生了广泛而深刻的影响。关于佛教传入古代中国的时间,自清代至近现代时期大致有六种说法:如清代学者俞樾等持"周世佛法已来"说,认为佛教早在先秦时期即已传入;民国时期的学者马元材等持"秦朝"说;曾写第一本《中国佛教史》的蒋维乔(1876—1958 年),提出佛教传入"汉武说",认为"我国知有佛教,应在武帝通西域后";现当代史学大师郭沫若、范文澜、翦伯赞等史家持"西汉末年"说;当代学者方立天等学者持"两汉之际"说;任继愈、严北溟等学者持"东汉初年"说。凡此种种,均来自于传世文献中不同说法的记载。然而,要谈佛教传入中原的时间,实应探讨佛教翻译之源流。所以,在某种程度上暂时撇开佛教何时传入中原王朝的时间不谈,单论佛教传入西域地区,实有助于解开佛教何时传入中原王朝的时间之谜。而以前引之近年学术研究的情况看,即有多篇文章论及此事。如才吾加甫认为佛教应是公元前 87 年经克什米亚传入于阗的[①];尚永琪认为 3—6 世纪应是佛教的传播期[②];李尚全认为克孜尔中心柱石窟创建于东汉时期,则佛教传入西域定在秦始皇时代[③]。而季羡林先生《鸠摩罗什时代及其前后龟兹和焉耆两地的佛教信仰》一文,虽在论文提要中未明言佛教传入西域的时间,但他是以"鸠摩罗什前"来确定龟兹佛教已进入前期鼎盛期的,那么,即暗示佛教当远在鸠摩罗什前就已传入西域[④];而且,他还注意到龟兹佛教传播中"最初译为汉文的一些佛教术语,是通过吐火罗文的媒介,这个事实虽然是铁证如山,可是时间和过程,至今仍然是隐而不彰。我们只能推

---

① 才吾加甫:《汉代佛教传入西域诸地考》,《新疆师范大学学报》2004 年第 3 期。
② 尚永琪:《北朝胡人与佛教的传播》,《吉林大学社会科学学报》2006 年第 2 期。
③ 李尚全:《也论克孜尔石窟之开凿》,《敦煌学辑刊》2005 年第 3 期。
④ 季羡林:《鸠摩罗什时代及其前后龟兹和焉耆两地的佛教信仰》,《孔子研究》2005 年第 6 期。

测,在佛教传入中国的初期,龟兹和焉耆曾起过中介作用(另外还有一条由大夏、大月支直达中国的道路),吐火罗文曾被用来翻译佛经,否则我们就无法解释那些汉文初期佛教术语是怎样产生出来的。"他认为:"龟兹白氏王朝从公元1世纪一直统治到8世纪末,长达700多年之久。这个王朝是崇信三宝的。佛教进入龟兹,很可能是从宫廷开始的。最晚在公元1世纪中,佛教已经在龟兹(可能也有焉耆)开始发挥作用了。"① 季羡林先生从佛教翻译的中介文字入手,来探讨佛教传入中原时间的办法无疑是真知灼见!同时,季羡林先生还注意到西域在鸠摩罗什前的兴盛期即有着相当重要的"比丘尼问题",并以为"龟兹、焉耆地区……比丘尼占相当重要的地位,人数也十分可观。其中原因,我现在还没有满意的解释。是否与民族性以及民族风习有关?我不敢说。"从季羡林先生所认为的"最初译为汉文的一些佛教术语,是通过吐火罗文的媒介"观点所联想到的:如上所述,我以为无论是西域小乘佛教的长久兴盛问题,还是比丘尼较多的问题,实际上都与西域地理环境所提供的条件、男多女少的人口性比例失调问题和疾病状况有着密切的关联。而且佛教对西域的这种适应,不仅仅影响了西域当地佛教传播的特点,而且也通过以西域当地文字为中介的向汉地传播的佛教经典的内容与翻译,而最终影响到了汉晋初期中原佛教的传播特点。这些影响大致表现在以下几个方面:

首先,从考古发掘的西域地区出土文献所反映的情况看,汉晋时期西域地区的佛教传播已出现俗化的迹象。要谈论汉晋时期西域地区的佛教传播已出现俗化迹象的问题,就需先涉及西域的语言问题。关于西域地区诸国的语言问题,历代史家多有关注:如梁朝释僧祐《出三藏记集》卷13《竺法护传》记载:"晋武帝之世,寺庙图像,虽崇京邑;而方等深经,蕴在西域。(竺法)护乃慨然发愤,志弘大道。遂随师至西

---

① 季羡林:《鸠摩罗什时代及其前后龟兹和焉耆两地的佛教信仰》,《孔子研究》2005年第6期。

第五章　从人口性比例和疾病状况看西域在汉晋时期佛教东渐中的作用

域，游历诸国。外国异言三十六种，书亦如之，护皆遍学，贯综诂训，音义字体，无不备晓。遂大赍胡本，还归中夏。自敦煌至长安，沿途传译，写为晋文……凡一百四十九部"①。又唐朝玄奘《大唐西域记》卷1亦有"屈支国（即龟兹、库车）……文字取则印度，粗有改变"的记载。《大唐西域记》卷12记载："瞿萨旦那国（即古于阗国）……文字宪章，聿遵印度，微改体势，粗有沿革，语异诸国。"现代著名佛学家吕澂先生的《佛典泛论》亦认为：佛教传入西域后，一方面既有梵本存在，又有着各种文字，诸如龟兹、于阗、窣利、回鹘、突厥等五种胡本②。而其中佉卢文是其中与古印度梵文关系最密切的一种语言。如20世纪初斯坦因在新疆尼雅遗址掘得佉卢文所写的《法集要颂经》残片，其内容是小乘教一切有部中最基本的入门书，即一切有部僧人为在犍陀罗地区传教而采纳的佉卢文文本③；又如现存于大英博物馆、并为《新疆出土佉卢文残卷译文集》一书所收录的从尼雅遗址出土的第511号佉卢文书就是一个很好的例子；该文书即鄯善国与浴佛活动有关的祈祷词。该出土文献的内容，实际上说明佛教在西域传播的过程中，已经为了满足当地信众的生活化的愿望和企求，而对佛教的祷文做了适当的通俗化改动。从这一角度，夏雷鸣先生《从"浴佛"看印度佛教在鄯善国的嬗变》一文中的观点无疑是正确的④。据前述，西域地区存在着干旱、少雨、炎热的气候特点，和性比例失调、麻风病、恶性肿瘤、头癣等一系列疾病问题。所以，佛教在传播中通过修改斋祷文的办法，无疑可以事半功倍地达到宣讲佛教、吸引民众信仰的目的。第511号佉卢文书称：

"无论何人为 Ganottama 佛浴身，便会变得目洁眼明，手足肌

---

① 释僧祐：《出三藏记集·竺法护传》，中华书局1995年版，第518页。
② 王文颜：《佛典汉译之研究·翻译史略》，天华出版事业股份有限公司1984年版，第30—35页。
③ 林梅村：《汉唐西域与中国文明》，文物出版社1998年版，第151—156页。
④ 夏雷鸣：《从"浴佛"看印度佛教在鄯善国的嬗变》，《西域研究》2000年第2期。

肤洁白细嫩，容貌美观。无论何人为 Ganottama 佛浴身，便不会长脓肿，生疙瘩，结节症、（？）或疥癣。彼体洁白芬芳。无论何人为 Ganottama 佛浴身，便会变得目大眼明，手足肌肤色呈金黄，容貌焕发，并解脱（？）。在浴佛中，奉供系最好最美之献礼。在有关浴佛之各种工作中，奉供系实际行动之范例。荣誉属于乐于为人类行善之诸 Jlnas，诸如来及至高无上之真理之启示。荣誉属于那些独居苦修之诸佛及觅地独自修禅寂止、乐于独居山洞之诸辟支佛，彼等献身于彼等自己之行愿，乐于自制，乐于行善。那些在 Jina 降临之时刻为彼等所喜爱之诸弟子亦应受人尊敬，其中来自？陈如家族者为最早之弟子，来自须跋陀家族者好最后之弟子。当 Ganas 之最高国王、长老及中小和尚尚未到达之时，让那些作奉供之人享受其应得之酬报；当彼等到达时，让彼等永生得到教化。让那些云集于佛会，在 Jamdaka 浴佛中沐浴，尊敬和热爱彼等教师之和尚忠于现有之职责，心地纯洁，解脱恶念。在此次浴佛中，让那些供物以消除污秽，供油以敷抹佛身以及为佛干洗之人，皆能解脱恶念和罪孽。余献身于伽兰，献身于如来之佛法及其最好之善行；由于污秽之消除，让彼等心地宁静，让彼等受到人类法律之保护。一切从地狱下超生于人间天堂之人，由于进入如来佛国之界土而解脱生死轮回。愿世间时刻祈祷丰食衣足，愿奉献之主帝释天增多雨水；愿五谷丰登，王道昌盛。愿彼在诸神之佛法下永生。①"

如前所述，西域地区是土壤微量元素有效锌、碘严重缺乏区，不仅是多种恶性肿瘤和妇女妊高征的高发区，而且还是麻风病、头癣、包虫病、内脏利什曼病和碘缺乏病等最主要流行区。大量医学实验和调查结果显示：碘严重缺乏区妇女的流产、死胎发生率为 43.2‰，畸胎的发

---

① 夏雷鸣：《从"浴佛"看印度佛教在鄯善国的嬗变》，《西域研究》2000 年第 2 期。

第五章 从人口性比例和疾病状况看西域在汉晋时期佛教东渐中的作用

生率高达8.6‰①。甲功低下的妇女，甲状腺肿大，会造成死胎、流产、死产、新生儿甲低、矮小、智力低下、聋哑、痉挛性瘫痪和畸形、失明等一系列问题。同时，土壤缺锌，会造成食物链和人体缺锌，以致痴呆、肿瘤、低智力、皮肤病等疾病的流行。如前文所引1901年斯坦因在尼雅河下游以北处发现文书中有晋武帝太始五年（公元269年）的年号，文书中常记"对当地官吏士卒减少口粮的命令。有当地不能自给的困难"；最后文书的日期是建兴十八年（公元330年），说明该城堡应在建兴十八年之后即被废弃。又有位于罗布泊西北畔的古楼兰城，所出土的佉卢文书反映：约在4世纪时，出现了严重的用水紧张、口粮减少、种子不能入地、耕地面积缩小、粮价飞涨等一系列问题②和《汉书·西域传》所记鄯善处于"地沙卤，少田"的恶劣环境，第511号佉卢文书所反映的"浴佛"祷文足以满足当地信众对生老病死和企求风调雨顺等各种心理需求；同时从佉卢文书所书，我们亦可看出佛教在对西域民众传播过程中所出现的俗化迹象。

其次，西域汉晋时期佛教俗化的迹象，已经通过以西域各地语言为媒介的胡本佛经，影响到了汉晋时期佛教在中原传播过程中的祭祀活动。

以正史记载的情况看，东汉初年光武帝刘秀之子楚王刘英，应是正史所记载的最早信仰佛教教义、"学为浮屠斋戒"的华夏第一人。据《后汉书·光武十王传·楚王英传》记载："楚王英，以建武十五年封为武公，十七年进爵为王，二十八年就国……英少时好游侠，交通宾客，晚节更喜黄老，学为浮屠斋戒祭祀。……八年，诏令天下死罪皆入缣赎。……诏报曰：'楚王诵黄老之微言，尚浮屠之仁祠，絜斋三月，与神为誓，何嫌何疑，当有悔吝？其还赎，以助伊蒲塞桑门之盛馔。'

---

① 吐尔逊江、周燕：《碘对母子健康影响的研究进展》，《中国妇幼保健》2004年第19期。
② 李江风、桑修诚、季元中、陈荣芬：《新疆气候·全新世时期气候》，农业出版社1991年版，第285—286页。

因以班示诸国中傅。英后遂大交通方士，作金龟玉鹤，刻文字以为符瑞。"① 而据《后汉书》的记载，楚王刘英之所以"喜黄老""学为浮屠斋戒"，在于明帝时期（公元58—75年）曾"遣使天竺问佛道法"。《后汉书·西域传·天竺传》记载："世传明帝梦见金人，长大，顶有光明，以问群臣。或曰：'西方有神，名曰佛，其形长丈六尺而黄金色。'帝于是遣使天竺问佛道法，遂于中国图画形像焉。楚王英始信其术，中国因此颇有奉其道者。"② 以致于到东汉桓帝时期（公元147—167年），因为"桓帝好神，数祀浮图、老子，百姓稍有奉者，后遂转盛。"关于东汉桓帝"好神，数祀浮图、老子"之史实，可参照《后汉书·襄楷传》，其文曰："又闻宫中立黄老、浮屠之祠。此道清虚，贵尚无为，好生恶杀，省欲去奢。今陛下嗜欲不去，杀罚过理，既乖其道，岂获其祚哉。或言老子入夷狄为浮屠。浮屠不三宿桑下，不欲久生恩爱，精之至也。天神遗以好女，浮屠曰：'此但革囊盛血。'遂不眄之。其守一如此，乃能成道。今陛下淫女艳妇，极天下之丽，甘肥饮美，单天下之味，奈何欲如黄老乎？"③

从《后汉书·楚王英传》《后汉书·西域传·天竺传》和《后汉书·襄楷传》记载的相关史实看，至少有两层含义是十分清楚的：一是无论是东汉初年的楚王英，还是东汉后期的桓帝刘志，都以"浮图"（佛教）和黄老之术作为养生修道的神仙方术；二是从东汉明帝时期（公元58—75年）到公元166年襄楷上书汉桓帝时期，汉传佛教一直没有获得独立的祭祀地位，而是作为道教的附庸存在着。因此，佛教在这一时期之所以为皇帝及达官贵人所接受，就在于"浮图斋戒"能够和黄老之术一样，给信仰者带来养生求仙等功利方面的期望，以致到东汉末年袁宏奉汉献帝之命、修撰《汉纪》之时，也以为佛教与黄老之术一样，属于方术一类。其言称："浮屠，佛也，西域天竺国有佛道焉。

---

① 《后汉书》卷42《光武十王传·楚王英传》，中华书局1965年标点本，第1428—1429页。
② 《后汉书》卷78《西域传·天竺》，中华书局1965年标点本，第2921页。
③ 《后汉书》卷30下《襄楷传》，中华书局1965年标点本，第1075页。

第五章　从人口性比例和疾病状况看西域在汉晋时期佛教东渐中的作用

佛者，汉言觉也，将以觉悟群生也。其教以修善慈心为主，不杀生，专务清静。其精者为沙门。沙门，汉言息也，盖息意去欲而归于无为。又以为人死精神不灭，随复受形，生时善恶皆有报应，故贵行善修道，以炼精神，以至无生而得为佛也。佛长丈六尺，黄金色，项中佩日月光，变化无方，无所不入，而大济群生。"① 在袁宏的眼里，佛教不仅"以修善慈心为主，不杀生，专务清静"，而且修佛之人可以"变化无方，无所不入"。同为东汉末年人的牟融亦认为佛佗神通广大。梁朝僧祐《出三藏记集》所记载东汉桓帝时"安息国沙门"安世高"博学多识，综贯神模，七正盈缩，风气吉凶，山崩地动，针脉诸术，观色知病，鸟兽鸣啼，无音不照"② 的神通。又梁朝慧皎《高僧传》亦记载安世高通晓"外国典籍及七曜五行，医方异术"。汉末三国时期康僧会"明解三藏，博览六经，天文图谶，多所综涉。"昙柯迦罗"善学四韦陀，风云星宿，图谶运变，莫不该综"以及其后外来佛僧求那拔陀罗具有"天文书算，医方咒术，靡不该博"等诸多通神本领。那佛教俨然就同修炼成神、医治百病、白日飞升的神仙方士道术一样神奇了。这就无怪乎汉晋时期的封建皇帝和达官贵人会对之深信不疑了！

再次，西域汉晋时期佛教俗化的迹象，已经通过以西域各地语言为媒介的胡本佛经，影响到了汉晋时期佛教在中原传播过程中的佛经翻译活动。

从楚王英到之后汉桓帝宫中"黄老浮屠"并祠及其后佛教经典的翻译与传播情况看，汉晋时期的佛教翻译有两个十分显著的特点：一、佛教在传入之初，许多专有名称、仪式和传播内容是仿效道教的，以致统治者误认其为神仙方术之一③；关于这一点，史家多有论述，此不赘述。二、印度佛教当中注重养生的经典，在汉晋时期的佛经翻译中得到重视，往往同部经中相关内容，一再被翻译与摘抄；这种做法，不

---

①《袁宏〈后汉纪〉集校孝明皇帝纪第十》，云南大学出版社2008年版，第78页。
② （梁）释僧祐：《出三藏记集》卷13《安世高传第一》，中华书局1995年版，第508页。
③ 萧登福：《道家道教与中土佛教初期经义发展》，上海古籍出版社2003年版，第3页。

仅成功地获得了最高统治者的关注，而且也为佛教的进一步传播奠定了基础。

其一，众所周知，中国历来都有医道同源之说。其根本的原因就在于植根于中华民族这块土地上所产生和发展起来的黄老之术。它不仅有着丰富的古代社会哲学思想，而且其内容也多涉及中医中药学、生命科学和原始化学等自然科学的许多方面。黄老之术的精髓就是它的养生术，以长生不老、羽化登仙为最高境界，讲究的是今生今世的修炼。从先秦到两汉时期，这种养生思想随着道教教义思想的发展而逐渐走向系统化，提出了"重人贵生""天人合一""我命在我""形神相依"和"众术合修"等一系列命题，从而为道教养生术的发展奠定了较为完整的理论基础①。从大量考古发现的先秦、秦汉时期的地下出土文献所反映的情况看，无论是湖北江陵望山1号楚墓中与求福去疾有关的卜筮②、安徽阜阳双古堆1号汉墓中与医药和行气相关的功法③、湖北江陵张家山汉墓中与导引术等有关的《脉书》和《引书》④、湖南张家界古人堤遗址中的医病方⑤，还是涵盖服食、行气、导引、按摩、房中术、胎教、禁咒、针灸、病方和疗病方等诸多内容的长沙马王堆3号汉墓的竹简和帛书⑥，也都可以证实在先秦、秦汉时期确实存在着大量精深的属于道家养生学说与实践的宝贵资料。而由以上范晔《后汉书》、袁宏《汉纪》等典籍所记载的史实看，从东汉初年开始到汉晋时期，佛教和黄老之术一直是封建皇帝及达官贵人共同信仰与斋戒的对象，可见其也必有与黄老之术相媲美之养生与医疗思想存在。如：小乘佛教讲求独善其身，其教理主要是从戒、定、慧三方面来阐述，戒、定、慧三者是循

---

① 陈耀庭、李子微、刘仲宇：《道家养生术》，复旦大学出版社1992年版，第2页。
② 湖北省文化局文物队：《湖北江陵三座楚墓出土大批重要文物》，《文物》1966年第5期。
③ 安徽阜阳汉墓竹简整理小组：《阜阳汉简〈万物〉》，《文物》1988年第4期。
④ 张家山247号汉墓竹简整理小组：《张家山汉墓竹简》，文物出版社2001年版。
⑤ 湖南省文物考古所：《湖南张家界古人堤简释文与简注》，《中国历史文物》2003年第2期。
⑥ 马王堆帛书整理小组：《马王堆汉墓帛书（肆）》，文物出版社1985年版。

第五章 从人口性比例和疾病状况看西域在汉晋时期佛教东渐中的作用

序渐进的修炼过程；三学当中的戒、定两学，属于道德修养范畴；而慧学所涉及的是对宇宙和人生的认识。佛教的目的在于拔苦得乐，寻求解脱。小乘认为要实现理想，非出家过禁欲生活不可；如戒学，是指信徒应遵守的戒规，用以防非止恶，其中沐浴之法、说戒犍度、自恣犍度、药犍度、止持戒等种种规定，都可以很好地调节信徒的身心状态。如五戒当中的"不邪淫"，是禁止夫妇之外的淫欲，有助于家庭伦理及家庭的和睦①。作为封建国家的最高统治者——皇帝，拥有三宫六院，众多妃嫔。正如前引《后汉书·襄楷传》称汉桓帝后宫"淫女艳妇，极天下之丽"一样，封建皇帝和达官贵人如能不邪淫，则有利于保持良好的身体。小乘定学，讲求人心如何专注于一境而不散乱。东汉安息国沙门安世高翻译的《安般守意经》称："安为清，般为净，守为无，意名为，是清净无为也"；"安般守意旨在藉由数息、相随、止、观、还、净等六妙门来求得禅定，"其目的在于调和信徒的呼吸和训练心意的专注，这与"道教借由导引吐纳、清净无为等法"术来修练成仙，有着共通之处②。其养生作用是让信徒忘却喜、乐、哀、怨，进而获得寂静美妙的心理感受和更高尚的身心状况，其养生作用是显而易见的。另外，汉传密教中的杂密，早在汉末三国时期即已传入中国，留下了许多的经典咒禁③。如关于尸梨蜜多罗，最值得注意的是他长于咒术。梁朝僧祐《出三藏记集》卷 13《尸梨蜜传》记载："尸梨蜜，西域人也……西晋永嘉中始到……俄而顗遇害，蜜往省其孤，对坐作胡呗三契，梵响凌云。次诵咒数千言，声音高畅，颜容不变，既而挥涕收泪，神气自若，其哀乐废兴，皆此类也。"④ 其《传》又称："蜜善持咒术，所向皆验。初江东未有咒法，蜜译出《孔雀王经》，明诸神咒，又授弟子觅历高声

---

① 萧登福：《道家道教与中土佛教初期经义发展》，上海古籍出版社 2003 年版，第 127—135 页。
② 同上书，第 154—157 页。
③ 严耀中：《汉传密教》，学林出版社 1999 年版，第 9 页。
④ 《出三藏记集》卷 13《尸梨蜜传第九》，中华书局 1995 年版，第 521 页。

梵呗，传响于今。"① 他翻译的《佛说灌顶拔除过罪生死得度经》，又名《药师琉璃光经》《灌顶经》。信仰的主尊是药师佛，又名药师如来、大医王佛等。该经咒的最大特点在于密切关注现实人生所遇到的诸如生老病死、衣食住行等基本问题；同时称尊崇此佛，可以满足信徒渴望长生、财富、权势、来世和宗嗣方面的需求，从而具有极强的吸引力②。如密教中的延命法在属于息灾、增益、敬爱、调伏、钩召、延命六法之二，是极为重要的二套佛教修法③。修佛之法希望众生具有无诸病苦、增益寿命的身心，使贪、瞋、痴三毒逐渐减少微薄，除去一切罪业，最终圆满成佛④。

咒语，作为起初用来招神驱鬼的源自远古时期的巫术，是时人以为可与鬼神相通的语言。而佛教将咒禁作为一种医疗手段，并将其广泛地应用于佛教医学中，这亦是佛教俗化的证明之一。佛教《医方明》认为："病起因缘有六：一四大不顺故病，二饮食不节故病，三坐禅不调故病，四鬼神得便，五魔所为，六业起故。"患者在病中，肉体和精神都备受折磨，而咒禁疗法则能起到心理上的暗示作用，可以排遣患者在精神和心理上的焦虑与恐慌心理，从而达到增强战胜疾病的信心的目的。由于从先秦、秦汉以来，中国古代社会盛行阴阳五行、"天人感应"之说和谶纬天定之风，所以，佛教中以心理暗示为手段的咒禁疗法，便得以被汉晋时期的信众所顺理成章地接受下来了。同时，由于尸梨蜜来自于汉晋时期的佛教再传圣地——西域，其《孔雀王经》《佛说灌顶拔除过罪生死得度经》及咒术也应是流行于西域的佛经和法术；而这些佛经和法术在西域的流行和逐渐被介绍到汉地，亦可从侧面证实西域佛教俗化的迹象和对汉地佛教的影响。

其二，由以上范晔《后汉书》、袁宏《汉纪》等典籍所记载的史实

---

① 《出三藏记集》卷13《尸梨蜜传第九》，中华书局1995年版，第521页。
② 李小荣：《敦煌密教文献论稿·〈药师经〉及其弘传》，人民文学出版社2003年版。
③ 全佛编辑部：《长寿命本尊》，中国社会科学出版社2003年版，第1—3页。
④ 同上书，第5—10页。

第五章 从人口性比例和疾病状况看西域在汉晋时期佛教东渐中的作用

看,汉晋时期佛教和黄老之术一直是封建皇帝及达官贵人共同信仰的对象,可见其也必有与黄老之术相媲美之养生与医疗思想存在。而从对《大藏经》佛教经典中有关养生与医疗思想方面内容进行统计的情况看,有大量的佛经涉及佛教中所包含着的医药方面的内容。如:佛经中专论医理或涉及医理的经书有400多部;在《大藏秘要》第1—5卷中,有大量篇目涉及内、外、妇、儿、五官等疗病的方法:如《药师经》《佛说婆罗门避死经》《佛说温室洗浴众僧经》《安般守意经》《佛说佛医经》《佛说胞胎经》《佛说佛治身经》《佛说活意经》《佛咒时气病经》《佛悦咒齿经》《佛说咒目经》《治禅病秘要经》《佛说疗痔病经》《金刚药叉嗔怒王息灾大威神验念诵仪轨》《大药叉女欢喜母并爱子成就法》《延寿经》《佛说医喻经》《耆婆脉经》《耆婆五脏论》《千手千眼观世音菩萨治病合药经》等①。在《大藏经》涉及养生方面的400多部经文中,《药师经》《佛说婆罗门避死经》《佛说温室洗浴众僧经》《安般守意经》《佛说佛医经》《胞胎经》《佛说佛治身经》《佛说医喻经》《耆婆脉经》等早在魏晋时期即已传入中国。其中的《药师经》《佛咒时气病经》《佛悦咒齿经》《佛说咒目经》《佛说止女人患血至困陀罗尼》《治百病诸毒陀罗尼》《观音菩萨说除一切眼痛陀罗尼》等经是属于密宗的经典。据梁朝僧祐《出三藏记集》记载:在东汉桓帝时期,"安息国沙门安世高"所翻译的34部、凡40卷佛经中,即有《安般守意经》《人本欲生经》《转法轮经》等涉及佛教的养生思想。曹魏时期,有密宗已传入迹象,如《微密持经》《佛从上行三十偈》等即由"天竺沙门康僧会"译出。而《耆婆脉经》《耆婆五脏论》《胞胎经》《四妇喻经》《鹿母经》等,在西晋武帝时期,即由"沙门竺法护到西域得胡本还,自太始中至怀帝永嘉二年以前所译出。"至于《禅要秘密治病经》等则于"宋元孝建二年于竹园寺译出"。然僧祐又言:《禅要秘密治病经》由"伪河西王从弟沮渠安阳侯京都译出",以沮渠安阳侯

---

① 邓来送:《佛教与中医心理学》,《五台山研究》2002年第4期。

乃高昌人士而言，此经必来自西域高昌，且应是在西域地区流行已久的胡本经书。此外，梁朝僧祐《出三藏记集》还大量记载了汉晋时期虽然缺载具体翻译人，但都是完整经书的情况。其中就有《福经》《无病第一利经》《人民疾疫受三归经》《九伤经》《毒草喻经》《咒毒》《咒龋齿》《咒牙痛》《咒眼痛》《药经》《造浴室法经》《婆罗门避死经》等涉及养生治病思想的佛经之名。对于这些经文，僧祐以为："将是汉魏时来，岁久录亡；抑亦秦凉宣梵，成文屈止；或晋宋近出，忽而未详。译人之缺，殆由斯欤"。可见，许多以西域语言为媒介的胡本佛经中，即蕴含着丰富的有关医药方面的养生治病思想，而且很快通过来自西域地区的僧侣之手传入汉地；同时，从另一角度看，汉晋时期佛教经典的翻译与传播，不仅与僧人对来自印度佛经的好恶取舍有着密切的关联，有着所谓"有译乃传，无译则隐"①的倾向；而且从对释僧祐《出三藏记集》卷1—2中针对萧梁时期存世佛经的统计看，汉晋时期以来所翻译的佛经，不仅多是节录的抄本，而且1卷本的佛经占汉晋时期至萧梁时期存世本佛经的70%左右。如《般若波罗密多心经》在中国历史上曾出现至少9个译本，见于传世文献的最早本子是晋末姚秦鸠摩罗什所译；大般若经有600卷，而《般若波罗密多心经》不过260个字②。此外还有北魏菩提流支、陈朝真谛、隋朝笈多、唐朝玄奘等；古来持诵此经者极多，历代有关持诵此经的灵异效验、消灾除厄、祛病延寿更是屡见于书③。而正因为如此，汉晋时期这种一鳞半爪式的佛法，根本无法满足华夏僧众追求至真佛法的要求，所以，为了达到求真问实、修炼真正佛法的目的，汉地佛僧从公元3世纪起，西行取经者达到络绎不绝的程度。如曹魏时期甘露五年到于阗取经的朱士行（得梵书正本凡90章）、西晋武帝时期到西域取经的法护和东晋时期到印度取经的法显等，

---

① 释僧祐：《出三藏记集·竺法护传》，中华书局1995年版。
② 华严座主应慈法师讲，何子培记录：《般若波罗密多心经浅说》，上海佛学书局1933年版，第1—2页。
③ 全佛编辑部：《长寿命本尊》，中国社会科学出版社2003年版，第212—213页。

第五章 从人口性比例和疾病状况看西域在汉晋时期佛教东渐中的作用

都是很好的例证。朱士行首开西行求法之举，而法护则是第一位有去有回的西行汉僧，其年代早于鸠摩罗什百余年，从而开启了中外僧侣共同翻译佛法的端倪①。

综上所述，汉晋时期西域佛教兴盛地区地理环境恶劣，造成土壤微量元素有效锌、碘等生命元素的缺乏，进而造成了西域佛教兴盛区比较严重的男多女少的人口性比例失调问题和许多恶性疾病的肆虐流行。在这种恶劣的生存环境形势下，佛教传播者为了更好地传播佛教思想，有意识使佛教义理走向俗化。而同时在此过程中，也正是佛教逐步向中原传播的过程，故此，反映在汉晋时期中原佛教义理的翻译过程中，许多经典佛经中有关医疗、养生方面的内容被一次又一次翻译，不仅吸引了作为封建国家最高统治者——皇帝和封建达官贵人的注意，逐步吸引了广大百姓的眼光，而且，也引发了魏晋以后汉地僧侣屡次西天取经的活动，从而为最终开启佛教在中土迅速传播的大门奠定了基础。

---

① 王文颜：《佛典汉译之研究·翻译史略》，天华出版事业股份有限公司1984年版，第35页。

第六章 从人口性比例失调看南北朝时期的妇女地位

南北朝时期,既是中国历史上自魏晋以来的一段重要的民族大融合时期,又是中国历史上自东汉末年到魏晋时期的大动荡、大分裂局面向着隋唐统一王朝出现的转折期,所以,有关这一时期政治、经济、文化、军事和社会发展的态势,历来是史家关注的重点。然而,从社会发展史的角度看,研究这一时期人口性比例问题及其所引起的妇女地位的变化,有利于我们更好地理解盛唐局面得以出现的一些社会前提。有鉴于此,本章拟就此一一阐述之。

第一节 南北朝时期的人口性比例失调问题

南北朝时期的南朝及北朝社会,都存在相当严重的性比例失调问题。虽然历史典籍中关于这方面的直接数字材料奇少,但是,有关性比例失调的间接史料屡见于史书。形成这一时期性比例失调问题的原因有很多,既有政治、经济、文化、风俗习惯等人为化和社会性因素,又有自然条件、生存环境恶劣等因素所造成的地域化差异;同时,在以上诸多因素影响下,这一时期的性比例失调问题也表现出10个耐人寻味的特点。

(一)如前所述,大量考古发掘的统计资料和医学发展的成果表明：地理环境对人类自身繁衍的影响明显表现在蒙古高原、鄂尔多斯高原、今山西北部和陕西北部等高纬度、干燥、寒冷的内陆地区，加之土壤缺乏微量元素有效锌，致使育龄妇女在妊娠过程中大量死亡，例如内蒙古商都县东大井鲜卑墓葬、内蒙古札赉诺尔墓葬和内蒙古中南部察右后旗三道湾鲜卑墓葬等人骨统计资料表明，当时鲜卑妇女有50%以上死亡于15—45岁的育龄期①。而育龄妇女的大量死亡，必然造成成年育龄男女中产生男多女少的性比例问题，以致为了保证有生育能力的育龄妇女能够完成正常的种族的繁衍，南北朝时期生活在其上的鲜卑、突厥、吐谷浑等北方少数民族不得不采取"收继婚"的婚制②。同时，通过对长沙走马楼吴简所提供的户籍材料的统计与分析，并结合当时南方高温高湿的生存条件和血吸虫病、麻风病等恶性疾病的传播特点看，青壮男性的患病率、死亡率等远远高于女性，从而产生了成年男女间女多男少的性比例失调问题。③

（二）在经历了自东汉末年到魏晋时期大分裂、大动荡局面以后，南北朝时期的人口数量都处在比较低的水平上。但即使是这样，南北朝各政权之间的战争仍未结束。在战争的准备和进行当中，需要数倍于军队实际人数的精壮劳动力进行后勤保障工作，这种费工费时的保障工作，使得大批男性婚姻失时，社会上也会出现高女性率；同时，由于战争的频繁和劳动力的缺乏，南北朝时期多有妇女从军的事例，如北朝的"木兰从军"等史事。因男子服兵役而产生的高女性率和妇女从军的行为，都会造成占用婚育时间、形成因婚姻失时而产生的一种特殊的、相对性的性比例失调问题。随着战争的深入，交战双方必然会有大量的人员死于战火，从而使社会上出现一代甚至几代人的性比例失调问题。

---

① 魏坚：《内蒙古地区鲜卑墓葬的发现与研究》，科学出版社2004年版，第55—102页。
② 高凯：《地理环境与中国古代社会变迁三论》，天津古籍出版社2006年版，第21—132页。
③ 高凯：《从走马楼吴简看孙吴时期长沙郡的人口性比例问题》，载高凯《秦汉魏晋南北朝人口性比例专题研究》（未刊稿）。

(三) 徭役是古代国家强迫平民（主要是农民）从事的无偿劳役，一般有力役、军役及其他杂役的区别。随着时间的推移，魏晋南北朝各国家的疆域扩张和统治者个人私欲的极度膨胀，使得各国越来越频繁地强迫农民为其从事繁重而无偿的劳役。这不仅使农民不得不长年累月奔波在外，影响着农业生产的发展；而且，负担徭役的多是丁壮男性，他们背井离乡地出外服徭，必然影响婚配和生育事实的完成，这实际上就是一种性比例失调问题。从南北朝时期北魏"均田令"的颁布和执行情况看，北朝徭役征发的对象，并不完全都是丁男。在统治者剥削程度极度加重，或人口总量较少，可供征发徭役的丁男又缺乏之时，丁女也往往成为徭役的征发对象，丁女服役与丁男服役一样，也会影响人口的繁衍，只是剥削的程度有轻重之别。

(四) 中国古代最高统治者的后宫制度历来都是很完备的。《礼记·昏义》载："古者天子后立六宫，三夫人，九嫔，二十七世妇，八十一御妻。"[①] 南北朝时期，虽然时局动荡、战争频繁，但最高统治者仍不忘骄奢淫逸，后宫妃嫔人数往往有增无减。据《南齐书·皇后传》记载：齐高帝"建元元年（公元479年），有司奏置贵嫔、夫人、贵人为三夫人，脩华、脩仪、脩容、淑妃、督媛、淑仪、婕妤、容华、充华为九嫔，美人、中才人、才人为散职。"又《陈书·后妃传》记载南朝陈文帝"天嘉初（公元560年），诏立后宫员数，始置贵妃、贵嫔、贵姬三人，以拟古之三夫人；又置淑媛、淑仪、淑容、昭华、昭容、昭仪、修华、修仪、修容九人，以拟古之九嫔；又置婕妤、容华、充华、承徽、烈荣五人，谓之五职，亚于九嫔；又置美人、才人、良人三职，其职无员数，号为散位。"在北朝，据魏收《魏书·皇后传》记载，"高祖改定内官，左右昭仪位视大司马，三夫人视三公，三嫔视三卿，六嫔视六卿，世妇视中大夫，御女视元士。后置女职，以典内事。内司视尚书令、仆。作司、大监、女侍中三官，视二品。监、女尚书，

---

① 《十三经注疏·礼记正义》卷61《昏义》，中华书局1980年影印本，第1681页下栏。

美人、女史、女贤人、书史、书女、小书女五官，视三品。中才人、供人、中使女生、才人、恭使宫人，视四品。春衣、女酒、女飨、女食、奚官女奴，视五品。"① 人数之多，令人咋舌！

与各朝皇帝相比较，历代达官贵人的府第之中妻妾成群的现象也非常严重，而且贵族之间豪侈相竞，以多为尚之例举不胜举。在南朝，门阀士族侈风相承，姬妾益盛：《宋书·南郡王义宣传》记载其"多畜嫔媵，后房千余，尼媪数百"②；《宋书·臧质传》记载其"据妾百房，尼僧十计，败道伤俗，悖乱人神。"③ 又《梁书·曹景宗传》记载"景宗好内，妓妾至数百；穷极锦绣。"④ 而北魏自献文帝以后，社会风气也渐趋侈靡，贵族公卿蓄妻之盛丝毫不亚于南朝：《魏书·献文六王列传上》记载："（咸阳王）姬妾数十，意尚不已。（高阳王雍）伎侍盈房。"⑤《周书·李迁哲传》亦记载其"妾媵数百，男女六十九人。"⑥ 这些必然造成社会上"女旷怨无夫，男放死无匹"的人口性比例失调问题。

（五）中国古代社会各个历史时期都有程度不同的杀婴行为，且这种杀婴行为不仅仅限于杀溺女婴，有时杀溺男婴的现象也很多见。《晋书·列女传》记载"郑休妻石氏，不知何许人也。少有德操，年十余岁，乡邑称之。既归郑氏，为九族所重。休前妻女既幼，又休父布临终，有庶子沉生，命弃之，石氏曰：'奈何使舅之胤不存乎！'遂养沉及前妻女。力不兼举，九年之中，三不举子。"⑦ 李延寿《南史·齐本纪上》记载齐武帝永明"七年春正月丙午……申明不举子之科，若有产子者，复其父。"亦说明刘宋及萧齐时期，江南各地有"不举子"之

---

① 《魏书》卷13《皇后传》，中华书局1974年标点本，第322—323页。
② 《宋书》卷68《南郡王义宣传》，中华书局1977年标点本，第1799页。
③ 《宋书》卷74《臧质传》，中华书局1977年标点本，第1917页。
④ 《梁书》卷9《曹景宗传》，中华书局1973年标点本，第181页。
⑤ 《魏书》卷21《献文六王列传》，中华书局1974年标点本，第537页。
⑥ 《周书》卷44《李迁哲传》，中华书局1971年标点本，第790页。
⑦ 《晋书》卷96《列女传·郑休妻石氏》，中华书局1974年标点本，第2510页。

风的现象。相对于杀溺男婴的做法,中国古代杀溺女婴的恶习则起源更早,这其中除了与重男轻女思想有关外,还和统治者的剥削程度有密切关系。如东汉中后期土地兼并十分严重,农民生活进一步恶化,为了减轻经济负担,社会上流行杀溺女婴。《太平经》记载东汉中后期"天下失道以来,多贱女子,而反贼杀之",进而造成了东汉后期"男多而女少不足"的社会问题①。正是这一社会问题,不仅使人口的繁衍受到遏制,而且也造成了魏晋时期十分严重的性比例失调问题。如《三国志·魏书·后妃传》载:曹操的夫人郭氏约束宗族不要纳妾,其原因是"今世妇女少,当配将士,不得因缘娶以为妾"②;同书《杜畿传》注引鱼豢《魏略》载:杜畿和赵俨相继做河东太守时,曾多次掠夺民间的寡妇和士妻之寡者以嫁士家③;西晋武帝在泰始九年(273年)下诏令:"制女年十七父母不嫁者,使长吏配之"④,不仅如此,西晋武帝还在咸宁元年(275年)下诏:"以将士应已娶者多,家有五女者给复",⑤ 想借减免赋税的办法来奖励百姓多育女儿。

(六)南北朝时期的丧葬制度,它们或多或少地影响着当时的人口繁衍,造成了一定范围的性比例失调问题。具体说来,按照儒家丧葬制度中十分烦琐的守丧礼法:"君死,丧之三年;父母死,丧之三年;妻与后子死者,五皆丧之三年;然后伯父叔父兄弟孽子其;族人五月;姑姊甥舅皆有月数。则毁瘠必有制矣,使面目陷陬,颜色黧黑,耳目不聪明,手足不劲强,不可用也。又曰上士操丧也,必扶而能起,杖而能行,以此共三年。若法若言,行若道,苟其饥约,又若此矣,是故百姓冬不仞寒,夏不仞暑,作疾病死者,不可胜计也。此其为败男女之交多

---

① 王明:《太平经合校》卷35《分别贫富法》,中华书局1960年版,第29页。
② 《三国志》卷5《后妃传》,中华书局1959年标点本,第165页。
③ 《三国志》卷16《杜畿传》,中华书局1959年标点本,第495页;高敏:《曹魏士家制度的形成与演变》,《历史研究》1989年第5期。
④ 《晋书》卷3《武帝纪》,中华书局1974年标点本,第63页。
⑤ 同上书,第64页。

矣。"① 由于在丧期中的男女，不仅需要缩减衣食，抑郁寡欢，而且还严禁谈婚论嫁，生儿育女；同时，由于古代社会丧期太长，居丧名目繁多，且丧期内严禁婚嫁的规定为历代法律所重视，所以，守丧之礼必然造成成年男女的婚嫁失时，从而形成一定时间范围的性比例失调问题。

（七）各个历史时期，既有不同的政治制度，也有与之相适应的不同婚姻制度或婚姻习俗，它们共同决定了占据当时社会主流的婚姻行为的完成。如北魏文成帝、孝文帝曾多次下令严禁百工卑姓与贵族吏民为婚，就是很好的例证。据《魏书·高宗文成帝纪》载：和平四年（464年）诏："夫婚姻者，人道之始，是以夫妇之义，三纲之首，礼之重者，莫过于斯，尊卑高下，宜令区别。然中代以来，贵族之门，多不率法，或贪利财贿，或因缘私好，在于苟合，无所选择，令贵贱不分……今制，皇族、师傅、王公侯伯及士民之家，不得与百工伎巧卑姓为婚，犯者加罪。"② 北魏孝文帝在位期间又分别于太和二年（476年）和太和十七年（492年）两次下诏再次强调文成帝之令，太和二年五月诏："皇族贵戚及士民之家，不顾养氏族，下与非类婚偶，先帝亲发明诏，为之科禁，而百姓习常，仍不肃改。朕今宪章旧典，只案先制，著之律令永为定准，犯者以违制论。"③ 太和十七年九月下诏："厮养之户不得与士民婚。"④ 从文成帝、孝文帝三条诏令看，至少是在文成帝到孝文帝统治的四五十年间，"皇族、贵戚及士民之家，不顾氏族，下与非类婚偶"已颇成风俗；同时，从更深一层看，北魏的"皇族贵戚及士民之家"存在着男多女少的性比例失调问题，否则他们怎么肯自降身价而与"百工人巧卑姓"相婚偶呢？！

（八）宗教，作为一种特殊的社会文化现象，在特定的历史时期和一定的历史背景下，也会影响人口的繁衍，从而造成古代社会因宗教信

---

① 《魏书》卷13《皇后列传》，中华书局1974年标点本，第338页。
② 《魏书》卷5《高宗文成帝纪》，中华书局1974年标点本，第122页。
③ 《魏书》卷7《高祖孝文帝纪》，中华书局1974年标点本，第145页。
④ 同上书，第173页。

仰而衍生出来的新的性比例失调问题,如魏晋南北朝佛教大为盛行,据魏收《魏书·释老志》记载:文成帝兴安元年(公元452年)曾下诏:"制诸州郡县,于众居之所,各听建佛图一区,任其财用,不制会限。其好乐道法,欲为沙门,不问长幼,出于良家,性行素笃,无诸嫌秽,乡里所明者,听其出家。率大州五十、小州四十人,其郡遥远台者十人"①,以鼓励和支持自拓跋焘灭佛之后的佛教发展;至文成帝和平初年(公元460年)时,佛教已出现"僧祇户、粟及寺户,遍于州镇"的局面。所以,孝文帝延兴二年(公元472年)曾下诏:"比丘不在寺舍,游涉村落,交通奸猾,经历年岁。令民间五五相保,不得容止。无籍之僧,精加隐括,有者送付州镇,其在畿郡,送付本曹。若为三宝巡民教化者,在外赉州镇维那文移,在台赉都维那等印牒,然后听行。违者加罪"②,以此来规范佛教行为,限制私度僧人、与国争民的现象;然而,这一时期佛教的传播已不为政府所能控制,以致"正光已后,天下多虞,王役尤甚,于是所在编民,相与入道,假慕沙门,实避调役,猥滥之极,自中国之有佛法,未之有也。略而计之,僧尼大众二百万矣,其寺三万有余"的规模③。大量寺院的修建,不仅浪费了巨大的社会财富,影响了社会的进步程度,而且也使得从佛教传入中国后的南北朝时期各国都有着数以万计不劳而获的僧侣阶层,并由此丧失了婚配生育的宝贵机会,从而形成了因宗教信仰而产生的性比例失调问题。

(九)早在秦汉魏晋南北朝时期之前,中国古代社会就已形成了"不孝有三,无后为大"的观念④。然而,就是在儒家宗法思想熏染下的汉魏时期,却多有着男性单身不婚的现象。如《隋书·食货志》记载:北齐"旧制,未娶者输半床租调,阳翟一郡,户至数万,籍多无妻。有司劾之,帝以为生事。由是奸欺尤甚。户口租调,十亡六七。"⑤

---

① 《魏书》卷114《释老志》,中华书局1974年标点本,第2036页。
② 同上。
③ 同上。
④ 《新编诸子集成·孟子正义》卷15《离娄上》,中华书局1987年版,第532页。
⑤ 《隋书》卷24《食货志》,中华书局1973年标点本,第676页。

第六章 从人口性比例失调看南北朝时期的妇女地位

从最新出版的《长沙走马楼三国吴简·壹》中户籍材料所反映的成年男性单身现象和"女户"现象看①，不仅孙吴时期长沙郡有此现象，而且随着南朝剥削程度的加强，这种成年男女单身现象可能更多。

（十）进入魏晋南北朝，各政权的刑法制度与秦汉时期相较，总体来看是略为减轻。据魏收《魏书·刑罚志》追述曹魏、西晋的刑法时称"魏武帝造甲子科条，犯钛左右趾者，易以木械。明帝改士民罚金之坐，除妇人加答之制。晋武帝以魏制峻密，又诏车骑贾充集诸儒学，删定名例，为二十卷，并合二千九百余条"②。至于拓跋代时期，法律制度尤为简单，仅"昭成建国二年（公元338年），当死者，听其家献金马以赎；犯大逆者，亲族男女无少长皆斩；男女不以礼交，皆死；民相杀者，听与死家马牛四十九头，及送葬器物以平之；无系讯连、逮之坐；盗官物，一备五，私则备十。法令明白，百姓晏然"③而已；但至北魏太和年间，"诏中书令高闾集中秘官等修改旧文"④，所以，到太和五年（公元481年）以后，北魏政权的法律也达到"凡八百三十二章，门房之诛十有六，大辟之罪二百三十五，刑三百七十七，除群行剽劫首谋门诛，律重者止枭首"⑤的严酷程度。总之，在南北朝时期各王朝的滥刑酷法和民族歧视政策的实施之下，必然每年都有稍微触犯刑法，而被杀、被流徙、徒作和被处肉刑等残害肢体及宫刑者；其中刑徒被杀和处宫刑者，将永远丧失生育权，而被流徙、谪戍、徒作者也会因刑期长短而暂时丧失生育权，从而造成人口性比例失调问题。

总之，南北朝时期是中国封建社会中的一个重要时期，研究这一时期的人口性比例问题，对推动南北朝和随之出现的隋唐时期的社会发展

---

① 高凯：《从走马楼吴简看孙吴初期长沙郡吏民的社会生活》，《光明日报》2004年5月18日。
② 《魏书》卷111《刑罚志》，中华书局1974年标点本，第2877页。
③ 同上。
④ 同上。
⑤ 同上。

史的研究具有代表性意义。笔者认为：南北朝时期普遍存在着人口性比例失调问题，形成这一时期社会的性比例失调问题的原因很多，既有地理环境方面的因素，又有社会方面的因素；而其中经常占据主导地位的还应当是社会方面的因素。同时，从另一个侧面看，南北朝时期的性比例失调问题，还可划分为一定阶段的、一定民族的、一定地域的和一定时间范围的性比例失调问题。这几种类型的人口性比例失调问题，或同时出现，或单独作用，无不以自己特有的方式影响了包括南北朝时期在内的整个中国古代社会的人口繁衍。

第二节 有关南北朝时期妇女地位的研究概况

妇女地位的问题，由于其与婚姻、家庭的关系密切，所以，在近些年来的南北朝社会史研究中，妇女地位问题和婚姻、家庭问题一直是研究的重点。

首先，这一时期涉及婚姻、家庭和妇女地位的著作有：陈鹏《中国婚姻史稿》[1]、张德强《嬗变中的婚姻家庭》[2]、董家遵《中国古代婚姻史研究》[3]、任寅虎《中国古代的婚姻》[4]、高世瑜《中国古代妇女生活》[5]、祝瑞开《中国婚姻家庭史》[6]、汪玢玲《中国婚姻史》[7]、张希坡《中国婚姻立法史》[8]、郭兴文《中国传统婚姻风俗》[9]、戴伟《中国婚姻性爱史稿》[10]、李绍连《古今中外婚姻漫话》[11]、薛瑞泽《嬗变中的婚

---

[1] 陈鹏：《中国婚姻史稿》，中华书局1990年版。
[2] 张德强：《嬗变中的婚姻家庭》，兰州大学出版社1993年版。
[3] 董家遵：《中国古代婚姻史研究》，广东人民出版社1996年版。
[4] 任寅虎：《中国古代的婚姻》，商务印书馆国际有限公司1996年版。
[5] 高世瑜：《中国古代妇女生活》，商务印书馆国际有限公司1996年版。
[6] 祝瑞开：《中国婚姻家庭史》，学林出版社1999年版。
[7] 汪玢玲：《中国婚姻史》，上海人民出版社2001年版。
[8] 张希坡：《中国婚姻立法史》，人民出版社2004年版。
[9] 郭兴文：《中国传统婚姻风俗》，陕西人民出版社1994年版。
[10] 戴伟：《中国婚姻性爱史稿》，东方出版社1992年版。
[11] 李绍连：《古今中外婚姻漫话》，河南人民出版社1985年版。

第六章 从人口性比例失调看南北朝时期的妇女地位

姻——魏晋南北朝婚姻形态研究》①、孟昭华等《中国婚姻与婚姻管理史》②、顾鉴塘等《中国历代婚姻与家庭》③ 以及南京大学学者张树栋、李秀领《中国婚姻家庭的嬗变》④ 等。这些著作中或多或少涉及了南北朝时期的婚姻和妇女问题，

其次，主要以婚姻关系为研究对象的论文有：如王晓卫的《北朝鲜卑婚俗考述》⑤、张承宗的《六朝时期的婚姻与家庭》⑥、冻国栋的《北朝时期的家庭规模结构及相关问题论述》⑦、周盛行的《颜氏家训中的家庭习俗》⑧、赵建国的《论魏晋南北朝时期的家庭结构》⑨、葛建中的《东晋南朝社会中的家庭伦常》⑩、梁满仓的《论魏晋南北朝的早婚》⑪、施光明的《从〈魏书〉所记鲜卑拓跋部婚姻关系研究》⑫、庄华峰的《魏晋南北朝时期的妇女再嫁》⑬、赵志坚的《魏晋南北朝妇女再婚考述》⑭、薛瑞泽和张志红的《试论魏晋南北朝再婚问题》⑮ 等。

再次，关于涉及南北朝历史上妇女地位问题的主要著述很多，大致可分以下几类：（一）涉及妇女政治地位的文章和著作有：郑训佐的《论魏晋南北朝妇女人格的蜕变》⑯、周文英的《略论中国古代的女官制度》⑰、

---

① 薛瑞泽：《嬗变中的婚姻——魏晋南北朝婚姻形态研究》，三秦出版社 2000 年版。
② 孟昭华等：《中国婚姻与婚姻管理史》，中国社会科学出版社 1992 年版。
③ 顾鉴塘等：《中国历代婚姻与家庭》，商务印书馆 1996 年版。
④ 张树栋、李秀领：《中国婚姻家庭的嬗变》，南天书局有限公司 1996 年版。
⑤ 王晓卫：《北朝鲜卑婚俗考述》，《中国史研究》1988 年第 3 期。
⑥ 张承宗：《六朝时期的婚姻与家庭》，《苏州大学学》1988 年第 3 期。
⑦ 冻国栋：《北朝时期的家庭规模结构及相关问题论述》，《北朝研究》1990 年第 2 期。
⑧ 周盛行：《颜氏家训中的家庭习俗》，《民俗研究》1991 年第 2 期。
⑨ 赵建国：《论魏晋南北朝时期的家庭结构》，《许昌师专学报》1993 年第 2 期。
⑩ 葛建中：《东晋南朝社会中的家庭伦常》，《中山大学学报》1990 年第 3 期。
⑪ 梁满仓：《论魏晋南北朝的早婚》，《历史教学问题》1990 年第 2 期。
⑫ 施光明：《从〈魏书〉所记鲜卑拓跋部婚姻关系研究》，《中央民族学院学报》1992 年第 3 期。
⑬ 庄华峰：《魏晋南北朝时期的妇女再嫁》，《安徽师范大学学报》1991 年第 3 期。
⑭ 赵志坚：《魏晋南北朝妇女再婚考述》，《山东大学学报》1995 年第 1 期。
⑮ 薛瑞泽、张志红：《试论魏晋南北朝再婚问题》，《思想战线》2000 年第 2 期。
⑯ 郑训佐：《论魏晋南北朝妇女人格的蜕变》，《东岳论丛》1992 年第 6 期。
⑰ 周文英：《略论中国古代的女官制度》，《辽宁大学学报》1996 年第 3 期。

段塔丽的《北朝至隋唐时期女性参政现象透视》①、张金龙的《灵太后与元叉政变》②、周双林的《从北齐废立皇后冲突看北朝皇后的政治作用》③、王德东和曹金华的《北魏乳母干政的历史考察》④、段塔丽的《北魏至隋唐时期女性参政在地理上的分布》⑤、景有泉的《冯太后传》⑥、覃主元的《论北魏冯太后》⑦、檀新林的《冯太后对北魏封建化的历史作用》⑧、庄华峰的《魏晋南北朝时期妇女的个性解放》⑨、李琼英的《六朝女性风貌述论》⑩、李平的《魏晋南北朝小说所体现的妇女自觉意识》⑪、王万盈的《魏晋南北朝时期上层社会闺庭的妒悍之风》⑫、李凭的《魏晋南北朝之际妇女的精神面貌》⑬、刘振华的《六朝时期南北妇女风貌之比较》⑭ 以及赵玉钟、张玉勤的《论冯太后在北魏太和改革中的主导作用》⑮ 等等。（二）关于南北朝时期妇女经济和社会地位的论著有：杜香芹的《试论魏晋南北朝时期妇女的社会地位》⑯、黄云

---

① 段塔丽：《北朝至隋唐时期女性参政现象透视》，《江海学刊》2001年第5期。
② 张金龙：《灵太后与元叉政变》，《兰州大学学报》1993年第3期。
③ 周双林：《从北齐废立皇后冲突看北朝皇后的政治作用》，载《北朝研究（第2辑）》，燕山出版社2002年版。
④ 王德东、曹金华：《北魏乳母干政的历史考察》，《扬州师范学院学报》1995年第4期。
⑤ 段塔丽：《北魏至隋唐时期女性参政在地理上的分布》，《中国历史地理论丛》2001年第1期。
⑥ 景有泉：《冯太后传》，吉林人民出版社1995年版。
⑦ 覃主元：《论北魏冯太后》，《广西民族学院学报》1994年第2期。
⑧ 檀新林：《冯太后对北魏封建化的历史作用》，《历史教学》1997年第7期。
⑨ 庄华峰：《魏晋南北朝时期妇女的个性解放》，《中国史研究》1993年第1期。
⑩ 李琼英：《六朝女性风貌述论》，《许昌师专学报》1999年第1期。
⑪ 李平：《魏晋南北朝小说所体现的妇女自觉意识》，《大庆社会科学》1995年第1期。
⑫ 王万盈：《魏晋南北朝时期上层社会闺庭的妒悍之风》，《西北师范大学学报》2000年第5期。
⑬ 李凭：《魏晋南北朝之际妇女的精神面貌》，《文献》1993年第4期。
⑭ 刘振华：《六朝时期南北妇女风貌之比较》，《学海》1993年第2期。
⑮ 赵玉钟、张玉勤：《论冯太后在北魏太和改革中的主导作用》，《山西师范大学学报》2002年第4期。
⑯ 杜香芹：《试论魏晋南北朝时期妇女的社会地位》，《三明师专学报》1999年第2期。

鹤的《北朝妇女的经济地位初探》①和《均田制与北朝妇女》②从均田制的颁布方面探讨了北朝妇女的经济地位；庄华峰的《北朝时代鲜卑妇女的生活风气》③和《北朝时代鲜卑妇女的精神风貌》④、朱秀凌的《北朝妇女社会地位与社会作用简述》⑤、李文才的《魏晋南北朝时期妇女社会地位研究——以上层社会妇女为中心考察》⑥以及宁可、郝春文《北朝至隋唐五代间的女人结社》⑦等文章涉及南北朝妇女的社会地位方面。（三）关于南北朝时期妇女的军事和文化地位的论著主要有：王子今的《中国女子从军史》⑧、周兆望的《魏晋南北朝妇女在军事上的地位和作用》⑨和《魏晋南北朝时期的女兵》⑩等都涉及南北朝时期妇女的从军问题；周兆望的《魏晋南北朝妇女对学术文化的贡献》⑪、马植杰的《三国女才人及其有异议问题》⑫和池万兴的《论魏晋南北朝的婚姻赋》⑬等文章涉及南北朝妇女的文化地位问题。

其他还有大量的论著涉及南北朝时期妇女婚姻、家庭结构等方面，相关内容可参见张东华《近十余年来魏晋南北朝女性史研究述评》⑭，这里就不一一赘述了。

上述近20年学术界关于南北朝妇女地位的研究状况，与改革开放

---

① 黄云鹤：《北朝妇女的经济地位初探》，《松辽学刊》1994年第3期。
② 黄云鹤：《均田制与北朝妇女》，《许昌师专学报》1994年第1期。
③ 庄华峰：《北朝时代鲜卑妇女的生活风气》，《民族研究》1994年第6期。
④ 庄华峰：《北朝时代鲜卑妇女的精神风貌》，《安徽师范大学学报》2001年第2期。
⑤ 朱秀凌：《北朝妇女社会地位与社会作用简述》，载《北朝研究》，燕山出版社2000年版。
⑥ 李文才：《魏晋南北朝时期妇女社会地位研究——以上层社会妇女为中心考察》，《社会科学战线》2000年第5期。
⑦ 宁可、郝春文：《北朝至隋唐五代间的女人结社》，《北京师范学院学报》1990年第5期。
⑧ 王子今：《中国女子从军史》，军事谊文出版社1998年版。
⑨ 周兆望：《魏晋南北朝妇女在军事上的地位和作用》，《北朝研究》1995年第3期。
⑩ 周兆望：《魏晋南北朝时期的女兵》，《江西社会科学》1997年第2期。
⑪ 周兆望：《魏晋南北朝妇女对学术文化的贡献》，《江西社会科学》1993年第3期。
⑫ 马植杰：《三国女才人及其有异议问题》，《固原师专学报》1996年第1期。
⑬ 池万兴：《论魏晋南北朝的婚姻赋》，《西藏民族学院学报》1997年第4期。
⑭ 张东华：《近十余年来魏晋南北朝女性史研究述评》，《史学月刊》2003年第8期。

时期之前相比较,不仅学者群体呈不断扩容的态势,新作不断涌现,而且学术视角也趋于多元化。具体分析这些成果,我们不难发现:数量最多的是关于这一时期婚姻制度和家庭生活的论著;其次,关于南北朝时期妇女的政治权力和地位,以及这一时期妇女的精神风貌等,也是颇受关注的问题;再次,关于南北朝时期妇女的经济、军事和文化地位,虽论著不多,但题材新颖,发人深思。但是,以上诸多论著,无一关注人口性比例失调问题与南北朝时期妇女社会地位的关系者。有鉴于此,下文拟就此阐述自己的观点,以求教于方家。

第三节 人口性比例失调问题与南北朝时期妇女社会地位的关系

如前所述,南北朝时期存在着相当普遍的人口性比例失调问题。一方面,这种人口性比例问题存在着南北有别的地域性差异:通过对走马楼吴简户籍材料的研究看,从孙吴到南朝的江南地区很可能存在成年男女中女多男少的问题[①];而北方以鲜卑、原匈奴故族为主的北方少数民族存在着成年男女中男多女少的问题[②]。另一方面,这种人口性比例问题存在着南北有别的时间性差异:孙吴时期江南地区的成年男女中存在着比较严重的女多男少的性比例问题,但随着"永嘉南迁"之后,北方约有90万百姓南迁[③],其中多数应为青壮男性;但也有学者推测这一

[①] 高凯:《从走马楼吴简看孙吴时期长沙郡的人口性比例问题》,《史学月刊》2003年第8期;于振波:《从长沙走马楼三国吴简看其户籍中的性别与年龄结构——兼论户与里的规模》,《台大历史学报》2004年第34期;高凯:《从吴简蠡测孙吴时期临湘侯国的疾病人口问题》,《史学月刊》2005年第12期。

[②] 高凯:《从性比例失调看匈奴的婚姻制度及其影响》,见高凯《秦汉魏晋南北朝人口性比例专题研究》(未刊稿);高凯:《再论从性比例失调看北魏时期拓跋鲜卑与汉族的融合问题》,见高凯《秦汉魏晋南北朝人口性比例专题研究》(未刊稿)。

[③] 谭其骧:《晋永嘉丧乱后之民族迁徙》,载谭其骧《长水集》,人民出版社1987年版,第199—233页。

第六章　从人口性比例失调看南北朝时期的妇女地位

时期南迁的人数至少有 200 万人①。随着大批移民的迁入，江南女多男少的性比例失调问题可能随之缓解；但因为南朝为了防卫北朝，经常性的"军旅大起"、屡发"三五民丁"②，必然带来力役繁重问题，故此因占用和延缓婚育时间而形成的相对性的性比例失调问题肯定比较严重。与此同时，由于北朝所处地区的战争自西晋时期之后就十分频繁，人口损耗十分严重；加之鲜卑、原匈奴后裔所居住的关中平原、黄土高原及黄淮海平原土壤微量元素有效锌的含量低和遗传因素的结果，以鲜卑族、原匈奴后裔为主体的北方少数民族育龄妇女大量死于妊娠过程中的问题仍然存在③，所以，成年男女中女少男多的性比例失调问题应是十分严重的。而正因为南北朝的人口性比例问题存在着这两大差异，所以，对这一时期南朝与北朝的妇女社会地位产生了比较大的影响。这些影响大致表现在以下几个方面：

首先，由于人口性比例失调问题的性质不同和地区性差异的存在，北朝上层贵族妇女在政治上的地位、作用和在家庭中的地位都远较南朝上层贵族妇女为高。

众所周知，拓跋鲜卑形成之前，曾是乌桓的一支。据《三国志·魏书·鲜卑传》注引王沈《魏书》记载鲜卑不仅有"贵少贱老，其性悍骜，怒则杀父兄，而终不害其母，以母有族类"，在儿女婚姻方面有"其嫁娶皆先私通，略将女去，或半岁百日，然后遣媒人送马牛羊以为聘娶之礼"和"父兄死，妻后母执嫂；若无执嫂者，则已子以亲之次妻伯叔焉，死则归其故夫"的"收继婚"婚俗④。结合前节所述，由于鲜卑女人多有育龄妇女死亡、存在女少男多的性比例失调的问题，这就决定了鲜卑女子在鲜卑族中的特殊地位和性格刚烈、贞节观念淡薄的特点。所以，结合《魏书》的相关记载看，北魏拓跋鲜卑入主中原之后，

---

① 葛剑雄：《中国移民史》，福建人民出版社 1997 年版，第 412 页。
② 《宋书》卷 95《索虏传》，中华书局 1977 年标点本，第 2325 页。
③ 高凯：《地理环境与中国古代社会变迁三论》，天津古籍出版社 2006 年版，第 21—132 页；高凯：《试论土壤微量元素变化与黄淮海平原的文明进程》，《史林》2006 年第 3 期。
④ 《三国志》卷 30《鲜卑传》，中华书局 1959 年标点本，第 835 页。

第二编 从人口、性别政策看汉魏时期国家治理

鲜卑女子的政治地位和作用、家庭关系中的"妒""悍"和再婚、再嫁以及婚姻自主权现象,实与鲜卑育龄妇女死亡多、造成人口性比例问题的出现有着密切的关系。而与之相关的是上层贵族妇女在政治上的地位与作用远较南朝为重。关于这一点,从冯太后的临朝与改革即可窥见一斑。《魏书·天象志》高祖延兴三年条下记载"是时,冯太后宣淫于朝,昵近小人而附益之,所费以钜万亿计,天子徒尸位而已"[①];皇兴五年(公元471年)高祖"迫于太后,传位太子"[②],而此时高祖献文帝自己年仅18岁。承明元年(公元476年)毒死献文帝之后,冯太后一面抚养拓跋宏,一面临朝称制,直至太和十四年(公元490年)病逝,共执掌北魏朝政大权达15年之久。在此执政期间,冯太后于太和八年(公元484年)整顿吏治,太和九年推行以计口授田、发展农业经济为特点的"均田令",太和十年实行"三长制",推动北魏社会的封建化进程,从而推动了北魏历史上最强盛时期的到来。所以,有学者认为:北魏孝文帝时期的汉化改革之所以能够获得成功,与冯太后之功密不可分[③]。

北朝妇女的家庭地位问题,亦反映在北朝时期多悍妇、把持门户和离婚、再婚现象比较普遍等方面。如《魏书·长孙嵩传附长孙稚传》记载其后妻罗氏"年大稚十余岁,妒忌防限。稚雅相爱敬,旁无姻妾,僮侍之中,嫌疑致死者,乃有数四。"[④] 又如《魏书·皇后传》记载"宣武皇后高氏,文昭皇后弟偃之女也。宣武纳为贵嫔,生皇子,早夭,又生建德公主。后拜为皇后,甚见礼重。性妒忌,宫人希得进御。"[⑤]等,都反映了上层贵族妇女妒悍之风。至于北朝下层妇女争持门户之

---

① 《魏书》卷105《天象志》,中华书局1974年标点本,第2412页。
② 同上。
③ 景有泉:《冯太后传》,吉林人民出版社1995年版;覃主元:《论北魏冯太后》,《广西民族学院学报》1994年第2期;檀新林:《冯太后对北魏封建化的历史作用》,《历史教学》1997年第7期。
④ 《魏书》卷25《长孙嵩传附长孙稚传》,中华书局1974年标点本,第647页。
⑤ 《魏书》卷13《宣武皇后高氏》,中华书局1974年标点本,第336页。

第六章　从人口性比例失调看南北朝时期的妇女地位

说,见载于北齐颜之推《颜氏家训·后娶》篇,其言亦称"邺下风俗,专以妇持门户,争讼曲直,造请逢迎,车乘填街衢,绮罗盈府寺,代子求官,为夫诉屈。此乃恒、代之遗风乎?",此即反映了当时妇女社会地位的实况。

而与之相对的是南朝上层贵族妇女根本无临朝执政之事,除走马楼吴简户籍材料所反映的存在以女子为户主的"女户"情况外①,少有自主婚姻和婚后主理家庭之权的事例,故《颜氏家训·后娶》篇亦称:"江东妇女,略无交游,其婚姻之家,或十数年间,未相识者,惟以信命赠遗,致殷勤焉。……南间贫素,皆事外饰,车乘衣服,必贵整齐;家人妻子,不免饥寒。"② 充分反映了当时学者对南北朝妇女社会地位变化与差异的观察和比较。

其次,虽然南北各朝人口性比例失调问题存在着地区性差异,但南北各朝妇女均有相当的经济地位;但与鲜卑妇女的政治地位相对应,北朝妇女的经济地位略微高些。

近年来多有史家从北魏太和九年(公元485年)颁布"均田令"的角度来论述北朝妇女经济地位者。如杜香芹的《试论魏晋南北朝时期妇女的社会地位》③、黄云鹤的《北朝妇女的经济地位初探》④ 和《均田制与北朝妇女》⑤ 等,都属于从均田制的颁布方面探讨北朝妇女的经济地位的文章。然而,为许多治秦汉史、魏晋南北朝史的学者所共知的是,从传世文献记载的角度看,至少从春秋、战国时期开始,直到秦汉魏晋时期的历史中,妇女虽然从属于男性世界,但还是具有相当政治与经济地位的。尤其是随着居延汉简、云梦秦简、张家山汉简和走马楼三国吴简等大量地下出土文献的面世,更为认识汉魏时期的妇女地位提供

---

① 高凯:《从走马楼吴简看孙吴时期长沙郡的人口性比例问题》,载高凯《秦汉魏晋南北朝人口性比例专题研究》(未刊稿)。
② 王利器:《颜氏家训集解》,上海古籍出版社1983年版,第51页。
③ 杜香芹:《试论魏晋南北朝时期妇女的社会地位》,《三明师专学报》1999年第2期。
④ 黄云鹤:《北朝妇女的经济地位初探》,《松辽学刊》1994年第3期。
⑤ 黄云鹤:《均田制与北朝妇女》,《许昌师专学报》1994年第1期。

了大量的实证。如张家山汉简《二年律令·户律》中记载西汉初年女性在法律上有在男户主死亡后"代为户主"的权利；在《置后律》中有关于女子的继承权和立户条件的详细的法律规定；关于丈夫死亡，由寡妇继立为户主，如何享有田宅和丈夫爵位的问题，从《二年律令·置后律》"寡为户后，予田宅，比子为后者爵"和"女子比其夫爵"的规定看，不仅仅是汉初从法律上保护以寡妇为户主的"女户"各项政治、经济和社会权益那么简单，同时，亦说明当时妇女与男子一样拥有着针对着封建国家所需要承担的算赋、徭役等社会责任[①]。文物出版社1999年9月所出版的《长沙走马楼三国吴简·吏民田家莂》及2003年所出版的《长沙走马楼三国吴简·壹》反映孙吴长沙郡存在大量女户现象和"女户下品之下不任调"的简文[②]，既充分说明"女户"现象实际上在汉魏时期长期存在的社会问题，又充分证明了"女户"对国家所应承担的义务与男子相同[③]。

据魏收《魏书》卷110《食货志》记载：太和"九年，下诏均给天下民田：诸男夫十五以上，受露田四十亩，妇人二十亩，奴婢依良……诸麻布之土，男夫及课，别给麻田十亩，妇人五亩，奴婢依良。……诸有举户老小癃残无授田者，年十一已上及癃者，各授以半夫田；年逾七十者，不还所受；寡妇守志者，虽免课亦授妇田。"[④] 而从北魏时期"均田令"的颁布情况看，其中不仅涉及一夫一妻家庭中男子与妇人的授田和"奴婢依良"的问题，而且也确实照顾到"寡妇守志者，虽免课亦授妇田"的方面。然而，虽长沙走马楼吴简的材料证明当时妇女有租佃国有土地的权利和有承担国家租、税、役、调和算赋的义务，但从传世文献记载的角度看，由国家法律明确规定妇女享有政府授田的权利和应承担国家义务的时代实开始于西晋时期。《晋书·食货志》记载西

[①] 高凯：《二年律令与汉代妇女权益保护》，《光明日报》2002年11月2日第15版。
[②] 走马楼简牍整理组：《长沙走马楼三国吴简（壹）》，文物出版社2003年版，第982页。
[③] 高凯：《从走马楼吴简看孙吴时期长沙郡的人口性比例问题》，《史学月刊》2003年第8期。
[④] 《魏书》卷110《食货志》，中华书局1974年标点本，第2853页。

第六章　从人口性比例失调看南北朝时期的妇女地位

晋武帝太康元年（公元 280 年）颁布的占田法令称："丁男之户，岁输绢三匹，绵三斤，女及次丁男为户者半输。其诸边郡或三分之二，远者三分之一。夷人输賨布，户一匹，远者或一丈。男子一人占田七十亩，女子三十亩。其外丁男课田五十亩，丁女二十亩，次丁男半之，女则不课。男女年十六已上至六十为正丁，十五已下至十三、六十一已上至六十五为次丁，十二已下六十六已上为老小，不事"①。晋武帝太康元年所颁布的法令，既规定了妇女享有拥有土地的权利，也规定了成年妇女与成年男子一样，都在需要承担应有国家义务的丁口之列。

西晋武帝"占田令"和北魏孝文帝"均田令"颁布的背景，实有着深厚的社会因素：一方面两朝都有经历长期战争破坏，土地大量闲置，需要恢复和发展农业生产，以达到安定社会，繁荣经济的要求；另一方面两朝都有人口耗减严重，劳动力人口严重缺乏，必须以成年男女丁口来承担国家徭役负担的问题。单从正史记载的人口问题而论，以《晋书·地理志》记载"太康元年（公元 280 年）平吴，大凡户二百四十五万九千八百四十，口一千六百一十六万三千八百六十三"的人口数计②，仅为《续汉书·郡国志》刘昭注引应劭《汉官仪》所记载的东汉"永和中，户至千七十八万，口五千三百八十六万九千五百八十八"③最盛时人口数的 30%；据《魏书·食货志》记载"晋末，天下大乱，生民道尽，或死于干戈，或毙于饥馑，其幸而自存者，盖十五焉。④"而北魏时期于太延五年（公元 439 年）统一北方地区，正史却没有记载具体的人口数，只是《魏书·地形志》记载"正光已前，时惟全盛，户口之数，比夫晋之太康，倍而已矣。孝昌之际，乱离尤甚。恒代而北，尽为丘墟；崤潼已西，烟火断绝；齐方全赵，死如乱麻。于是生民耗减，且将大半。永安末年，胡贼入洛，官司文簿，散弃者多，往时编

---

① 《晋书》卷 26《食货志》，中华书局 1974 年标点本，第 790 页。
② 《晋书》卷 14《地理志》，中华书局 1974 年标点本，第 407 页。
③ 《后汉书》志 19《郡国志》，中华书局 1965 年标点本，第 3385 页。
④ 《魏书》卷 110《食货志》，中华书局 1974 年标点本，第 2856 页。

第二编 从人口、性别政策看汉魏时期国家治理

户,全无追访。①"从《晋书·地理志》再到《魏书·地形志》的相关记载看,正史记载的西晋人口仅相当于东汉人口最多时的30%,西晋灭亡时北方的人口仅有西晋太康元年的一半,约为800万人左右;到北魏正光年间人口最多时(公元520—525年间),北魏人口仅仅比西晋太康元年时"倍而已矣",即约3000万人左右。由此,从东汉"永和中"到北魏"正光已前",中间经过380年,北方地区的人口才恢复到东汉时的水平②。而在西晋和北朝时期中的其他大部分时间里,劳动力人口问题都应该是比较严重的,所以才会有两朝颁布保障成年妇女经济自主权和确保成年妇女能够进入力役行列以服务于国家的法令诞生。而且,从北齐、北周的情况看,这种计口授田的法令得以有效地继承下来。

关于南朝妇女的经济地位问题,正史没有明确记载有计口授田之令。然而,从长沙走马楼三国吴简所反映的情况看,三国时期妇女与男子一样可以租佃国有土地;加之西晋颁布占田令在平吴之年,即太康元年(公元280年),那么江南及江东妇女亦在计口授田之列。东晋建立后,对西晋的政令定会沿袭不改,而南朝承东晋之余绪,除史载多次实行"土断"政策以检稽荫庇的人口外,也无记载修改西晋计口授田之令者,故此从将成年妇女纳入国家负役人口的角度看,南北朝妇女的经济地位具有很大的相似性。然而,从南北朝妇女历来的政治地位和风俗习惯看,北朝妇女的经济地位应该更高、经济决策权应该更大一些。南朝妇女的经济从属地位应该更明显,而正如《隋书·地理志下》记载豫章当地风情所称"豫章之俗,颇同吴中,其君子善居室,小人勤耕稼。衣冠之人,多有数妇,暴面市廛,竞分铢以给其夫。及举孝廉,更要富者,前妻虽有积年之勤,子女盈室,犹见放逐,以避后人。俗少争讼,而尚歌舞。一年蚕四五熟,勤于纺绩,亦有夜浣纱而旦成布者,俗呼为鸡鸣布。新安、永嘉、建安、遂安、鄱阳、九江、临川、庐陵、南

---

① 《魏书》卷106《地形志》,中华书局1974年标点本,第2455页。
② 王育民:《中国人口史》,江苏人民出版社1995年版,第176页。

第六章 从人口性比例失调看南北朝时期的妇女地位

康、宜春，其俗又颇同豫章……"以豫章"俗少争讼，而尚歌舞，一年蚕四五熟，勤于纺绩"与北齐颜之推《颜氏家训·后娶》篇相较，后者言称北朝"邺下风俗，专以妇持门户，争讼曲直，造请逢迎，车乘填街衢，绮罗盈府寺，代子求官，为夫诉屈"，由此南朝妇女与北朝妇女的经济和社会地位便一目了然了。

再次，由于南北朝时期人口性比例失调问题存在着地域性的差异和时间上的差异，所以，这也决定了南北朝时期妇女军事和文化地位的差异性。

如前所述，近些年学术界关于南北朝时期妇女军事和文化地位的论著不多，仅有王子今的《中国女子从军史》[①]、周兆望的《魏晋南北朝妇女在军事上的地位和作用》[②] 和《魏晋南北朝时期的女兵》[③] 等，都涉及了南北朝时期妇女的从军问题；周兆望的《魏晋南北朝妇女对学术文化的贡献》[④]、马植杰的《三国女才人及其有异议问题》[⑤] 等文章涉及南北朝妇女的文化地位问题。中国历史上以女子从军的史事，早在三代时期便有了。如殷商时期的"妇好"即为一例。然女子大量从军的史实应多见于秦汉时期。如《史记·淮南衡山列传》记载秦始皇时"使尉佗逾五岭攻百越。尉佗知中国劳极，止王不来，使人上书，求女无夫家者三万人，以为士卒衣补。秦皇帝可其万五千人。[⑥]"在这里征调"无夫家女""万五千人"，是"为士卒衣补"，提供后勤保障服务的。又《史记·平津侯主父传》记载秦始皇统一六国后"秦祸北构于胡，南挂于越，宿兵无用之地，进而不得退。行十余年，丁男披甲，丁女转输，苦不聊生，自经于道树，死者相望。及秦皇帝崩，天下大叛。[⑦]"这里所涉及的"丁女转输"，从事的也是后勤保障工作。又如汉武帝时

[①] 王子今：《中国女子从军史》，军事谊文出版社1998年版。
[②] 周兆望：《魏晋南北朝妇女在军事上的地位和作用》，《北朝研究》1995年第3期。
[③] 周兆望：《魏晋南北朝时期的女兵》，《江西社会科学》1997年第2期。
[④] 周兆望：《魏晋南北朝妇女对学术文化的贡献》，《江西社会科学》1993年第3期。
[⑤] 马植杰：《三国女才人及其有异议问题》，《固原师专学报》1996年第1期。
[⑥] 《史记》卷118《淮南衡山列传》，中华书局1959年标点本，第3086页。
[⑦] 《史记》卷112《平津侯主父列传》，中华书局1959年标点本，第1958页。

第二编 从人口、性别政策看汉魏时期国家治理

期"北却匈奴万里,更起营塞,制南海以为八郡,则天下断狱万数,民赋数百,造盐铁酒榷之利以佐用度,犹不能足。当此之时,寇贼并起,军旅数发,父战死于前,子斗伤于后,女子乘亭鄣,孤儿号于道,老母寡妇饮泣巷哭……①"这里所谈的"女子乘亭鄣",应是从事地方治安、保卫方面的事例。

延至南北朝时期,南朝及北朝均有妇女从军的事例。如据《晋书·列女传》记载东晋王凝之之妻谢道韫"及遭孙恩之难,举厝自若,既闻夫及诸子已为贼所害,方命婢肩舆抽刃出门,乱兵稍至,手杀数人,乃被虏。其外孙刘涛时年数岁,贼又欲害之,道韫曰:'事在王门,何关他族!必其如此,宁先见杀。'②"即记载这个江东才女临危不惧的气节。又《宋书·王华传》记载"王华字子陵,琅邪临沂人……父廞,太子中庶子,司徒左长史。居在吴。晋隆安初,王恭起兵讨王国宝,时廞丁母忧在家,恭檄令起兵,廞即聚众应之,以女为贞烈将军,以女人为官属。"③ 即记载王华之父以女儿"为贞烈将军,以女人为官属"的史实。

与之对应的是北朝时期,女子从军之事亦屡有记载。如《魏书·列女传》记载任城国太妃孟氏"任城国太妃孟氏,巨鹿人,尚书令、任城王澄之母。澄为扬州之日,率众出讨。于后贼帅姜庆真阴结逆党,袭陷罗城。长史韦缵仓卒失图,计无所出。孟乃勒兵登陴,先守要便。激厉文武,安慰新旧,劝以赏罚,喻之逆顺,于是咸有奋志。亲自巡守,不避矢石。贼不能克,卒以全城。④"又李延寿《北史·列女传》记载"梓潼太守苟金龙妻刘氏者,平原人也,廷尉少卿刘叔宗之姊也。宣武时,金龙为郡,带关城戍主。梁人攻围,会金龙疾病,不堪部分,刘遂厉城人,修理战具,夜悉登城拒战,百有余日,兵士死伤过半。戍副高

---

① 《汉书》卷64《贾捐之传》,中华书局1962年标点本,第2836页。
② 《晋书》卷96《列女传》,中华书局1974年标点本,第2516页。
③ 《宋书》卷63《王华传》,中华书局1977年标点本,第1675页。
④ 《魏书》卷92《列女传》,中华书局1974年标点本,第1983页。

第六章 从人口性比例失调看南北朝时期的妇女地位

景阴图叛逆，刘与城人斩景及其党数十人。自余将士，分衣减食，劳逸必同，莫不畏而怀之。并在外城，寻为贼陷，城中绝水，渴死者多。刘乃集诸长幼，喻以忠节，遂相率告诉于天，俱时号叫，俄而澍雨。刘命出公私布绢及至衣服，悬之城内，绞而取水，所有杂器，悉储之。于是人心益固。会益州刺史傅竖眼将至，梁人乃退。"①均绘声绘色地描绘了北朝时期两位民女充任将军、率众抗敌的事迹。此外，脍炙人口的《木兰诗》所描写的一个北朝女子代父从军的故事，也是当时女子从军的真实写照。

与南北朝妇女军事地位相近的特点相比较，南北朝时期妇女的文化地位则显得差异较大。从北朝妇女出身鲜卑等北方少数民族看，北朝多性情刚烈而少有文采的女子，而与之相应的是史载南朝多才女。如东晋王凝之之妻谢道韫，刘义庆《世说新语·贤媛》所记山涛之妻韩氏、王右军之郗夫人等都是有名的才女。

综上所述，由于南北朝时期存在着相当严重的人口性比例失调问题，以及这些人口性比例失调问题存在着地域性和时间性差异，以上因素影响到南北朝妇女在政治、经济、军事和文化等社会地位方面的差异性。

---

① 李延寿：《北史》卷91《列女·苟金龙妻刘氏传》，中华书局1983年标点本，第3000页。

总　结

综上所述，我认为要研究秦汉魏晋南北朝时期的人口性比例问题，必须要先了解各个时期大致的总人口数、大致的性比例状况和产生这些性比例问题的原因等才可以进行下一步的研究。其二，拙著之所以用较多的篇幅去研究秦汉时期北方地区的"匈奴"和汉魏时期的"鲜卑"的人口性比例问题，是因"匈奴"和"鲜卑"实与秦汉魏晋南北朝时期中原政权的政治、经济、军事、文化、民族融合、民俗民风、人口迁徙以及疆域变迁、朝代更替等许多问题有着密不可分的重大关系。一方面，从地域上讲，匈奴起源于鄂尔多斯高原，夏商周三代时期一度进入黄土高原及关中地区而与商周百姓错居；春秋战国时期受到赵、秦、燕三国的挤压而退至阴山之北。鲜卑之前身"山戎"，原散居在山西北部、河北京滦等地区，春秋战国时期受到齐、燕两国的挤压而退至燕山之北。此时匈奴与鲜卑所处地方虽不同，但所处东西纬度大致是平行的，只是匈奴所据地域更大一些；到了两汉之际，随着北匈奴的灭亡，鲜卑又尽据其地。所以，从匈奴与鲜卑的主要活动区域上看，两者具有很大的重合性。另一方面，从"匈奴""鲜卑"活动区域中土壤的成土母质看，无论是阴山以北地区，还是阴山以南的鄂尔多斯高原、黄土高原、关中平原等，多是风成黄土的分布区，那么，自蒙古高原到黄淮海平原的广大区域内，土壤的成土母质具有高度的一致性；所不同的是南北存在纬度高低之别，距离海洋远近不同，所处存在季风区与非季风区的差别和降水量及蒸发量存在多少之别等而已,这使其土壤产生了诸如有机质含量、土壤酸碱度(pH值)等细微差别。其三,从生活在其上的民族构成来看,其间亦有着很多内在的联系:先秦时期,匈奴与鲜卑的先祖一度与诸夏杂居,其间的通婚与融合当在情理之中;以后,匈奴势力强大,汉匈之间虽常年兵戎相见,但"和亲"之举也屡见于史籍;随着匈奴的分裂、南匈奴的内迁以及北匈奴的西迁,匈奴与鲜卑也逐渐内迁,两族直至魏晋南北朝时期完全融入中华民族的大家庭之中。所以,魏晋南北朝及隋唐时期以后,居住在秦岭淮河以北地区的众多百姓大多有着血缘上的关系,即蒙古利亚种。正因为如此,拙著以为需加以重点的关注与研究。其四,人口性比例问题与佛教、道教的关系也十分密切:佛教虽来自于印度,但自传入中国后,因西域地区的人口性比例问题而致小乘教独自盛行①;又因早在佛教产生前的印度就有麻风病盛行,故佛教传入中国时亦将麻风病带入中国②,以致为防止此病传播,梁武帝进行宗教改革,禁止僧侣结婚与性生活,以阻止麻风病进一步传播,造成了因宗教信仰而产生的人口性比例问题等。道教则源自于中国本土,在许多方面讲究的是今生的修炼,自然是十分重视对男女两性生活的追求与提炼,而这些内容不仅仅是道教"房中术"所强调的方面,更是道教中的高层分子自东汉以后关注民生、关注社会安定与国家发展的"兴国广嗣之术"的思想根源所在。所以,探讨人口性比例问题与汉魏时期佛教传播、道教发展的密切关系也是拙著的关注重点。其五,20世纪初至今的100余年,是中国简牍大发现与简牍学大发展的时期,对秦汉魏晋南北朝时期的传世文献有着重大补充、纠讹、补缺与互证价值的地下出土简牍的研究也是拙著研究的重要方面。为此,拙著中《从

---

① 高凯:《从人口性比例和疾病状况看汉晋时期西域在佛教东渐中的作用》,《史林》2008年第6期。

② 高凯:《从麻风病的传播蠡测汉唐时期中印佛教应对措施的差别》(未刊稿);《从汉唐时期佛教的传播路线蠡测中国麻风病的分布特点》(未刊稿);《从西南夷道的开通蠡测印度麻风病传入中国西南地区的时间》(未刊稿);《从麻风病的传播蠡测梁武帝宗教改革的一个重要原因》(未刊稿)。

总结

居延汉简看汉代的"女户"问题》《从尹湾汉简看汉末东海郡的性比例问题及其影响》《从吴简看孙吴时期的性比例和疾病人口问题》等章节都有重点的分析与研究。最后,拙著中《从秦刑徒墓的发现看秦代的性比例问题及其影响》《从人口性比例失调看汉初的人口政策》《从人口性比例失调看南北朝时期的妇女地位》等部分,或侧重于利用考古材料对传世文献记载史实的辨析,或侧重于利用简牍的内容与传世文献记载史实相比较后的重新理解,或侧重于以汉魏时期妇女生活为对象的对比性研究。

与秦汉魏晋南北朝时期产生人口性比例问题的十大原因相对应,这一时期的人口性比例状况也大致表现在以下几个方面。

第一,以秦王朝时代战争与徭役所造成的人口性比例问题为例:战争与徭役对秦代人口繁衍造成了严重的影响。关于秦王朝统一六国后的全国人口数,不仅是近几十年来学术界普遍关注的问题,而且早在一千多年前即有古代学者关注之。如西晋皇甫谧《帝王世纪》以为"计秦及山东六国,戎卒尚存五百余万,推民口数,尚当千余万。及秦兼诸侯,置三十六郡,其所杀伤,三分居二;犹以余力,行参夷之刑,收太半之赋,北筑长城四十余万,南戍五岭五十余万,阿房、骊山七十余万。十余年间,百姓死没相踵于路"①。皇甫氏所认定的人口数,以近现当代学者的评判看,即可明显分为否定与认可两方②。撇开皇甫氏之说,现当代关于秦王朝灭六国之后的人口数量有范文澜《中国通史简编》所持的两千万左右说③。此说多为现当代各种版本的中国通史所沿用:如白寿彝、高敏、安作璋所主编的《中国通史·秦汉史卷》④。赵文林、谢淑君《中国人口史》认为"秦末汉初已降到二千万以下",故

---

① 《后汉书》志19《郡国志》,中华书局1965年标点本,第3385—3554页。
② 高凯:《秦代人口比例与人口的繁衍——从秦刑徒墓的发现来看》,《文史哲》2007年第5期。
③ 范文澜:《中国通史简编》,人民出版社1964年版,第18页。
④ 白寿彝、高敏、安作璋:《中国通史·秦汉史卷(第5卷)》,上海人民出版社1995年版,第230页。

此他们亦认为"一些历史学家从不同角度估计秦初有两千多万人口，还是比较恰当的"①。王育民《中国人口史》认为战国人口在二千万左右，秦王朝因为开拓疆土，人口没有减少，而应有二千多万人②。路遇、滕泽之的《中国人口通史》则认为战国时期的人口应有"二千五六百万"，到战国中期的人口约有 2630 万③；而秦王朝初年有 2000 万人④。另袁祖亮《中国古代人口史专题研究》认为：三代时期全国人口有 1300 多万，到战国时期人口增加 3 倍，故此推测"战国后期的全国人口约有 3000 万"⑤。葛剑雄《中国人口史》则认为秦王朝初年人口可能接近 4000 万，而秦始皇去世时的人口至少应有 3000—3600 万，西汉初年人口有 1500—1800 万⑥。

以范文澜先生《中国通史简编》所持秦王朝统一六国后的全国人口数两千万说计算秦代育龄男女的人口性比例，我们大致可以这样考虑：因为出生婴儿性比例是男多于女，而 60 岁以上老年男女的性比例是女多于男，所以，按男女平均的性比例 100：100 计算，秦代 2000 万人口中有男女各 1000 万。秦代男女以 15 岁成丁，56 岁老免⑦，所以，在 1000 万男子中，老年、稚童、少壮各占三分之一，这就是说秦朝约有三百万左右的少壮男子；但以《史记·秦始皇本纪》记载看：秦始皇除建始皇陵至少有"七十余万人"以外，还修长城、扩宫殿、开直道及驰道、巡行天下、伐湘山、击北胡、取岭南、征"七科谪"及中县民实边、建阿房宫和秦二世逼宫女、工匠殉葬及"尽征其材士五万人

---

① 赵文林、谢淑君：《中国人口史》，人民出版社 1988 年版，第 20—21 页。
② 王育民：《中国人口史》，江苏人民出版社 1995 年版，第 78 页。
③ 路遇、滕泽之：《中国人口通史》，山东人民出版社 1999 年版，第 46—50 页。
④ 同上书，第 73—75 页。
⑤ 袁祖亮：《中国古代人口史专题研究·中国古代人口规模发展变化及其规律》，中州古籍出版社 1994 年版，第 36 页。
⑥ 葛剑雄：《中国人口史·先秦至秦时期的人口数量》，复旦大学出版社 2002 年版，第 300—304 页。
⑦ 白寿彝、高敏、安作璋：《中国通史·秦汉史卷（上）》，上海人民出版社 1995 年版，第 912 页。

总 结

为屯卫咸阳"等①，如此一来，秦王朝已到无人可用的境地。每年三百万左右的少壮男子至少有两百万人不得不去服役；按同样的计算方法，秦朝成年女性也应有三百万人左右，那么扣除200万成年男子服役的因素后，秦朝成年男女理论上的比例应在（男）67：（女）100左右。但实际的情况是在包括秦代在内的整个秦汉魏晋南北朝时期，女性都是承担封建国家赋税、徭役的群体。如据《史记·淮南衡山列传》记载秦王朝"又使尉佗逾五岭攻百越。尉佗知中国劳极，止王不来，使人上书，求女无夫家者三万人，以为士卒衣补。秦皇帝可其万五千人"和从《史记·平津侯主父列传》记载"当是时，秦祸北构于胡，南挂于越，宿兵无用之地，进而不得退。行十余年，丁男披甲，丁女转输，苦不聊生，自经于道树，死者相望"的情况看，秦王朝丁女从事着为秦军提供后勤保障的工作，应与丁男一样承担着对封建国家应尽的义务②。秦自商鞅变法以来，法律规定男子15岁须分家另过，或娶妻成家，或因家贫为赘婿。但以秦王朝后期已无人可以征发徭役的实际看，夫妻同在一地服役的可能性几乎没有，如前引"丁男披甲，丁女转输"以及秦刑徒墓反映只有少数妇女服刑的情况一样③。另外，秦始皇三十三年（公元前214年）派50万军队征岭南，其后又征"七科谪""无夫家"妇女1.5万和大量的中县之民到岭南驻守。但几年之后的公元前209年，中原发生陈胜、吴广农民起义和原东方六国纷纷起兵响应的战争，以致秦人有至少50万人困守在五岭以南地区。所以，秦王朝时代的少壮男子至少会因战争、徭役等被杀死、累死或因战争、徭役占用大量的婚育时间以及因朝代更替、南北对峙而被困死远方、永远丧失婚育机会而造成的人口性比例失调问题。各种因素叠加起来，秦王朝在秦始皇二十六年（公元前221年）到公元前209年陈胜、吴广起义的12年里，300

---

① 《史记》卷6《秦始皇本纪》，中华书局1959年标点本，第223—294页。
② 高凯：《居延汉简看汉代的"女户"问题》，《史学月刊》2008年第9期；高凯：《从尹湾汉简看西汉末年东海郡的人口性比例问题》，《中国历史文物》2008年第9期。
③ 中国社会科学院考古研究所：《新中国的考古发现和研究》，文物出版社1984年版，第389页。

万左右少壮男性中会至少损失150—180万人。所以，秦朝成年育龄男女的（男）67：（女）100左右只能是理论比例，但实际的人口性比例应在男50：女100左右，甚至更低。这就必然影响到秦王朝正常的人口繁衍！

众所周知，秦代在整个秦汉魏晋南北朝时期不是唯一一个多战争、多徭役的时代。事实上，按照时间的顺序，汉初"楚汉战争"、汉初灭异姓王之争、汉匈对峙、"七国之乱"、汉武帝对匈奴及南越等的战争、王莽时期对外战争、西汉末年农民起义、东汉光武帝对匈奴的战争、东汉对羌战争、汉末黄巾起义、汉末封建割据战争、三国时期魏蜀吴对峙战争、西晋统一的战争、"八王之乱"、西晋末年"五胡乱华"和"永嘉南迁"、北方地区十六国争霸战争、"淝水之战"及东晋南朝与北方对峙的系列战争、北魏统一北方战争、南方"侯景之乱"等不一而足。上述所列举的每场战争或直接杀死数万到数十万人不等，或占用数十至上百万少壮男性和女性几年或十几年婚育的时间，或因南北政权人为的对峙造成数万乃至上百万人无家可归。这些都是造成秦汉魏晋南北朝人口性比例问题最主要的因素。

第二，因多妻制、等级婚姻制和人牲、人殉等造成古代社会上许多妇女生育资源的大量浪费。以秦王朝时期秦始皇为例：秦始皇二十六年统一六国之后，荒淫无耻之心更重。以《史记·秦始皇本纪》记载"秦初并天下"（公元前246年）后，即"每破诸侯，写放其宫室，作之咸阳北阪上，南临渭；自雍门以东至泾、渭，殿屋复道周阁相属；所得诸侯美人钟鼓，以充入之"，而这些行宫的修建，应是在建阿房宫之前。秦始皇二十七年，又"作信宫渭南，已更命信宫为极庙，象天极。自极庙道通郦山，作甘泉前殿。筑甬道自咸阳属之。"秦始皇三十五年，"始皇以为咸阳人多，先王之宫廷小……乃营作朝宫渭南上林苑中。先作前殿阿房，东西五百步，南北五十丈，上可以坐万人，下可以建五丈旗。周驰为阁道，自殿下直抵南山。表南山之巅以为阙。为复道，自阿房渡渭，属之咸阳，以象天极阁道绝汉抵营室也。阿房宫未成，

总结

成欲更择令名名之。作宫阿房，故天下谓之阿房宫。隐宫徒刑者七十余万人，乃分作阿房宫，或作丽山。发北山石椁。乃写蜀、荆地材皆至。"秦始皇三十七年，"七月丙寅，始皇崩于沙丘平台……九月，葬始皇郦山……二世曰：'先帝后宫非有子者，出焉不宜。'皆令从死，死者甚众。葬既已下，或言工匠为机，藏皆知之，藏重即泄，大事毕，已藏，闭中羡，下外羡门，尽闭工匠藏者，无复出者。树草木以象山"。故史称秦始皇葬于郦山之阿，曾"多杀宫人，生埋工匠，计以万数。"①以《史记》所记，秦始皇的宫殿除阿房宫以外，尚有"关中计宫三百，关外四百余"，其中妃嫔、美人及宫女总数超过万人之数。另外，除秦始皇之外，秦王朝尚有大批世袭贵族、军功地主和原六国世袭的贵族等，他们也必定占有大量的育龄期妇女。以前述秦王朝有女性1000万计，按小、中、老三个年龄段等分之，可生育子女的女性或有300万左右。又以《史记·淮南衡山列传》记载秦"又使尉佗逾五岭攻百越。尉佗知中国劳极，止王不来，使人上书，求女无夫家者三万人，以为士卒衣补。秦皇帝可其万五千人"②和《史记·平津侯主父列传》记载"当是时，秦祸北构于胡，南挂于越，宿兵无用之地，进而不得退。行十余年，丁男披甲，丁女转输，苦不聊生，自经于道树，死者相望"③的情况看，秦王朝多数女子都在外从事后勤保障、地方治安等职事。由此，秦王朝时期15—40岁处在主要生育期的妇女，至少有150万处在服徭役阶段，至少有20万为各级统治者占有；如考虑秦王朝存在官方30万"隶妾"不能与平民结婚的因素以及地域远近差异的因素，那么在秦王朝时代约300万左右的育龄女人中，在秦始皇在位的12年里当中几乎就只有100万左右育龄女性有生育机会，而其他约200万妇女可能要全部丧失婚育机会。在这种境遇下，秦王朝时期的人口繁衍又怎么能进行呢？

---

① 《史记》卷6《秦始皇本纪》，中华书局1959年标点本，第223—294页。
② 《史记》卷118《淮南衡山列传》，中华书局1959年标点本，第3076页。
③ 《史记》卷112《平津侯主父列传》，中华书局1959年标点本，第2952页。

秦始皇之后的西汉武帝亦是多娶好女。史载武帝"多取好女至数千人以填后宫",以致"内多怨女,外多旷夫",同时,还有"诸官奴婢十万余人"①,以致政府占有的十几万育龄妇女无以适人,从而影响人口的增殖。又如西晋时期同样荒淫侈靡的晋武帝也是独占了数以万计的育龄妇女。史称晋武帝"内宠甚众,掖庭多至万人"②。为了更多更好地遴选后妃,晋帝在泰始九年(公元273年)居然下诏"聘公卿以下子女,以备六宫采择,末毕,权禁断婚姻;"③ 更有甚者,又于"太康二年(公元281年)诏选孙皓妓妾五千入宫。"④

众所周知,自东汉中期以来溺杀女婴成风,据《太平经》记载:"天下失道以来,多贱女子,而反贼杀之",以致女婴大量死亡,从而造成了东汉后期"男多而女少不足"的社会问题⑤。所以,至三国、西晋时期中国北方地区出现了相当严重的男多女少问题。如果再加上西晋门阀制度下高门士族竞相蓄妾之风愈演愈烈和"占田制"下西晋地主可以合理合法地荫庇人口的情况下,女少男多的现象可能更严重。以西晋"太康元年(公元280年)平吴,大凡户二百四十五万九千八百四十户,口一千六百一十六万三千八百六十三"⑥ 的总人口和男女性比例100∶100计,当时,妇女总数应少于808万人;再按0—60岁之间以老、中、小三个年龄段等分,则有生育能力的妇女应少于269万。如再考虑士庶之分、民户等级之分和各民户种类之间严禁通婚的规定,西晋时期的人口性比例状况可能达到男150∶女100的程度。如果把自三国以来政府以兵户妻子儿女为质的因素再考虑进来,西晋时期的性比例可能高达男180∶女100的程度。如何不影响西晋的人口繁衍呢?所以,当代许多人口史专家总在西晋1616万的人口数上下文章,希望能找到

---

① 《汉书》卷72《贡禹传》,中华书局1962年标点本,第3055—3101页。
② 《晋书》卷3《武帝纪》,中华书局1974年标点本,第49—88页。
③ 同上。
④ 同上。
⑤ 王明:《太平经合校》卷35《分别贫富法》,中华书局1960年版,第29页。
⑥ 《晋书》卷14《地理志》,中华书局1974年标点本,第405—449页。

总　结

西晋时期荫蔽了多少人口，总试想西晋统一会吸引民户从隐居地跑出来。试想一下：从东汉结束到三国建立、再到西晋统一的七八十多年里，哪个割据政权不是严格控制人口的？也就是说西晋1616万的人口数完全可能是真实的。

第三，因杀婴、溺婴造成出生婴儿性比例偏高。在秦汉魏晋南北朝时期，有几个朝代或地区的杀婴、溺婴现象比较严重。其中的缘由一方面或出于民间习俗，如汉代有"产子必先占吉凶，后乃为之"的习惯①；另一方面，更多的是由于统治者压迫太残酷，百姓因而不愿产子。如汉武帝时期"重赋于民，民户子三岁则出口钱，故民重困，至于生子辄杀。"②汉武帝"民户子三岁则出口钱"的政策，直至汉元帝即位才有所改变。关于此事，实源自大臣贡禹向元帝提议"宜令儿七岁去齿乃出口钱，年二十乃算……天子下其议，令民产子七岁乃出口钱，自此始"③。汉宣帝时，由于"聘妻送女无节，则贫人不及，故不举子"④。从西汉算赋、口钱的变化看，汉武帝时代至汉元帝时期，全国会有许多的男婴死于杀婴或溺婴。以西汉平帝元始二年全国的1220万户数看，如武帝时期有汉末时期一半户口的话，武帝时期也应有600余户；以每户3年产子、或产女1人计，武帝时期每年也应有200万新增人口；如有50%的家庭溺杀男婴的话，当年的婴幼儿性比例就应该在男婴50：女婴100；这样低的性比例也是相当惊人的。当然，汉代以后也屡有溺杀男婴的时期。如蜀汉政权穷兵黩武，"空劳师旅，无岁不征"，"连年出军，调发诸郡，多不相救"以及"男子当战，女子当运"⑤，以致有"兵士苦役，生男多不养"的现象⑥。另外，到东晋南朝时期，由于徭役负担也十分

---

① 《史记》卷127《日者列传》，中华书局1959年标点本，第3215—3222页。
② 《汉书》卷72《贡禹传》，中华书局1962年标点本，第3055—3101页。
③ 同上。
④ 《汉书》卷72《王吉传》，中华书局1962年标点本，第3055—3101页。
⑤ 《三国志》卷41《杨洪传》，中华书局1959年标点本，第1013—1015页。
⑥ 《晋书》卷42《王濬传》，中华书局1974年标点本，第1207—1216页。

沉重，因而出现"生子不复养，鳏寡不敢妻娶"①的现象。如《宋书·良吏传》有"或乃断截支体，产子不养，户口岁减"②以及《南齐书·武帝纪》有"今产子不育，虽炳常禁，比闻所在，犹或有之"③的记载，都反映了南朝社会因政府剥削太重，而致民生子不养的现象。以刘宋大明八年（公元464年）有901697户、有5173980人计算④，如90万户以3年生子女1人计，每年刘宋会新增人口30万人，如有50%的家庭溺杀男婴的话，每年至少有7.5万男婴死于非命，则出生婴幼儿性比例比较低当在情理之中。

除了因剥削太重而杀溺男婴外，在东汉中后期，社会上因土地兼并严重、农民为了减轻家庭的经济负担也因此形成了严重的杀溺女婴的风气。成书于东汉中后期的《太平经》记载称："今天下一家杀一女，天下几亿家哉？或有一家乃杀十数女者，或有妊之未生出，反就伤之者，其气冤结上天……大中古以来，人失天道意，多贼杀之，乃反使男多而女少不足也。天下失道以来，多贱女子，而反贼杀之"，以致女婴大量死亡，从而造成了东汉后期"男多而女少不足"的社会问题⑤。东汉后期的黄巾起义是以《太平经》为指导思想的。在东汉后期重男轻女的社会里，《太平经》在《分别贫富法》等篇章中反映了当时社会各种残害女性的手段⑥；所以，《太平经》中的"一男二女法"也成为张角等人发动群众的武器之一，史称张角等传道达到了"十余年间，众徒数十万，连结郡国，自青、徐、幽、冀、荆、杨、兖、豫八州之人，莫不毕应。遂置三十六方。方犹将军号也。大方万余人，小方六七千，各立渠帅"⑦的规模，可见《太平经》中所包含的反对重男轻女的"兴国广

---

① 《晋书》卷75《范宁传》，中华书局1974年标点本，第1984—1988页。
② 《宋书》卷92《良吏传》，中华书局1977年标点本，第2261—2274页。
③ 《南齐书》卷3《武帝纪》，中华书局1971标点本，第43—68页。
④ 《宋书》卷35《州郡志》，中华书局1977年标点本，第1027—1216页。
⑤ 王明：《太平经合校》卷35《分别贫富法》，中华书局1960年版，第29页。
⑥ 王明：《太平经合校·附录》，中华书局1960年版，第3—9页。
⑦ 《后汉书》卷71《皇甫嵩传》，中华书局1965年标点本，第2299—2307页。

总结

嗣"思想还是颇得民心的。此外，北魏时期西域有疏勒国，史称"人手皆六指，产子非六指者即不育"，这是局部区域内的习俗，只对当地人口性比例有代表意义，而无碍于整个北魏社会。

第四，以地理环境为背景的育龄男女人口性比例问题具有强烈的地域性和民族性特征。先秦、秦汉时期久居中国北方的"匈奴"和先秦、秦汉、魏晋南北朝从大兴岭南迁匈奴故地、直至入主中原的"鲜卑"的人口性比例问题便是很好的例证。商周时期到公元前3世纪末冒顿即位单于之前，应是匈奴及其先祖从原始氏族、部落联盟再到匈奴国家草创的时期；在这一时期里，匈奴及其祖先从商周时期大致分布在"西自汧、陇，环中国而北，东及太行、常山间"①的广大地区；战国之际，匈奴与秦、赵、燕三国共边，占据着鄂尔多斯高原和阴山南北之地；秦王朝派蒙恬北击匈奴，匈奴退居阴山之北。公元前209年冒顿即位到公元49年南、北匈奴分裂，应是匈奴国家的建立和开始衰亡的时期。在这一时期里，匈奴利用秦王朝灭亡和汉王朝正处草创之机，迅速建立起"东接秽貉、朝鲜"，西至西域，南取秦"所夺匈奴地与汉关故河南塞，至朝那、肤施"，拥有"控弦之士三十余万"②的匈奴帝国。从地域的重合性看，先秦时期在原匈奴的主要活动区域里生活过的各种新石器时代的人群，均不同程度地存在着男多女少的性比例失调，其中最主要的表现，就是青壮年育龄女性人口的大量死亡。如前引宁夏海原菜园村新石器时代墓葬人骨和同一地区先秦、秦汉时期匈奴墓葬人骨资料，均反映这一地区人口中16—30岁青壮男女中女性死亡率极高，青壮男女性比例可能高达男100：女20，而这一现象与汉代"妇人免乳大故，十死一生"③的俗语十分吻合。同时，匈奴青壮男女间这种高性比例问题的出现，为匈奴"收继婚"的实行和汉匈间"和亲"政策的执行创造了条件。

---

① 王国维：《观堂集林》，河北教育出版社2001年版，第296—308页。
② 《史记》卷110《匈奴列传》，中华书局1959年标点本，第2879—2920页。
③ 《汉书》卷97《外戚传》，中华书局1962年标点本，第3933—4012页。

总　结

　　鲜卑作为东胡的一支，早在秦汉时期便活动在匈奴之东的广大地区。从先秦史的实况看，先秦典籍中经常提及的"山戎"就是东胡的祖先。东汉时期以后的乌桓、鲜卑，其活动的区域在匈奴以东和燕、赵之北，即包括今河北东北部及其以北的辽宁、内蒙古等地区。与国内匈奴墓葬凋零现象相对照的是鲜卑墓葬的大量发现。从时间先后的次序上看，目前国内既有鲜卑先祖墓葬的发现，又有拓跋鲜卑南迁"匈奴故地"过程中所留下来的种种遗迹的大量发现。无论从大甸子遗址中鲜卑墓葬人骨材料，还是从呼伦湖、三道湾鲜卑墓葬和七郎山鲜卑墓葬人骨材料所反映的情况看，当时男女性比例失调严重；妇女多死在能够生育的青壮年时期[①]。从"鲜卑"前后墓葬人骨材料所反映的情况看有以下特点：其一，鲜卑育龄妇女的死亡率极高，且多死亡在40岁之前，这就必然造成鲜卑青壮男女的高性比例；其二，鲜卑前期各墓葬人骨材料反映，鲜卑青壮男性远远比青壮女性多，性比例一般在男100：女96至男100：女23之间，平均约数在男100：女50左右；其三，鲜卑后期墓葬人骨材料反映，鲜卑在拓跋代国和北魏初期是军事扩张时期，女性人骨远多比男性，但女性寿命皆在36岁之下；而后期鲜卑人骨材料所反映的实际情况，也正好与文献记载所反映的北魏军队以掳掠汉族女子为生的史实相对应[②]。

　　第五，因宗教信仰为背景的人口性比例在东汉、三国、两晋南北朝时期逐渐呈增长趋势。佛教源于今南亚次大陆的古印度地区，输入中土以后，便与儒教、道教一起成为我国三大主流文化，并在上层建筑、经济领域和社会结构等诸多方面产生了广泛而深远的影响。关于佛教传入中国，学界虽有多种说法，但东汉传入说多得到认可。佛教在中国的传播过程十分曲折，最初依附于道教，仅在西域胡人和汉朝宫廷及部分贵

---

① 内蒙古文物考古所：《朴贲诺尔古墓群1986年清理发掘报告》，载李逸友、魏坚《内蒙古文物考古集》，中国大百科全书出版社1994年版，第369—383页。

② 高凯：《从性比例失调看北魏时期拓跋鲜卑与汉族的融合》，《史学理论研究》2000年第2期。

总结

族中传播。如汉光武帝之子楚王刘英,应是正史所记载的最早信仰佛教教义、"学为浮屠斋戒"的华夏第一人①。到东汉桓帝时期(公元147—167年),因为"桓帝好神,数祀浮图、老子,百姓稍有奉者,后遂转盛。"②但秦汉魏晋南北朝时期佛教在中国内地的传播真正走向鼎盛是在南北朝时期,其决定性的转折期在于东晋出现了中国本土僧人慧远(公元334—417年)和胡僧鸠摩罗什(公元350年—413年)两位高僧。之后的南方与北方都进入到佛教高速发展期③。据魏收《魏书·释老志》记载:文成帝兴安元年(公元452年)曾下诏"制诸州郡县,于众居之所,各听建佛图一区,任其财用,不制会限。其好乐道法,欲为沙门,不问长幼,出于良家,性行素笃,无诸嫌秽,乡里所明者,听其出家。率大州五十、小州四十人,其郡遥远台者十人",以鼓励和支持自拓跋焘灭佛之后的佛教发展;至文成帝和平初年(公元460年)时,佛教已出现"僧祇户、粟及寺户,遍于州镇"的局面。所以,孝文帝延兴二年(公元472年)曾颁布"比丘不在寺舍,游涉村落,交通奸猾,经历年岁。令民间五五相保,不得容止。无籍之僧,精加隐括,有者送付州镇,其在畿郡,送付本曹。若为三宝巡民教化者,在外赍州镇维那文移,在台者赍都维那等印牒,然后听行。违者加罪"的法令,来规范佛教行为,限制私度僧人、与国争民的现象。据汤用彤先生统计:北魏孝文帝太和元年(公元477年)平城有寺院百所,全国有寺院6478所;平城有僧尼2000余人,全国有77258名僧人;孝文帝太和十年(公元486年)曾遣送僧尼1327人还俗④,以限制佛教的过度发展。然而,这一时期佛教的传播已不为政府所能控制,以致北魏明帝时出现"正光(公元520—525年)已后,天下多虞,王役尤甚,于是所在编民,相与入道,假慕沙门,实避调役,猥滥之极,自中国之

---

① 《后汉书》卷42《光武十王传》,中华书局1965年标点本,第1423—1456页。
② 《后汉书》卷88《西域传》,中华书局1965年标点本,第2909—2938页。
③ [法]谢和耐:《中国社会史》,耿昇译,江苏人民出版社1995年版,第175—176页。
④ 汤用彤:《汉魏两晋南北朝佛教史》,上海书店1991年版,第512—513页。

有佛法，未之有也。略而计之，僧尼大众二百万矣，其寺三万有余"的规模①。据魏收《魏书·地形志》记载："正光已前，时惟全盛，户口之数，比夫晋之太康，倍而已矣"。以杜佑《通典·食货七·历代户口盛衰》记西晋太康初有民户245万②，则北魏户口最盛，应有490万户，以每户5口计，北魏时期人口最多2400万左右。以老、中、小三个年龄段计，青壮男子女应有800万左右。然以《魏书·释老志》所言，北魏后期"僧尼大众二百万"即每4个青壮男女就有1人可能是僧人或尼姑，这不仅造成了巨大的劳动力资源的浪费，增加了社会保障的负担，而且也造成了严重的人口性比例失调问题：如200万僧尼中有150万僧侣的话，则在800万青壮男女中的人口性比例可能高达男63：女100；如200万僧尼中180万僧侣的话，则800万青壮男女的性比例为男55：女100；这么严重的性比例失调问题一定会给北魏以后北朝时期的人口繁衍带来极大的危害。

另据唐朝法琳《辨证论》记载：南朝到萧梁时，共有僧尼82700人，比东晋时寺院增加一千余所，僧尼数量增加三倍多。假定宋、齐、梁、陈四朝户口数没有大的变化，则以沈约《宋书·州郡志》记载刘宋大明八年（公元464年）有户901697、口5173980人计③，萧梁时期也应有人口500万左右。以当时僧尼82700人计，占全部167万青壮男女的二十分之一；如僧尼82700人中有8万是僧侣，则青壮男女的性比例将是男95：女100；如果考虑南方多水、温暖潮湿，生活环境中血吸虫、麻风病、脊髓灰质炎多袭扰青壮男性和男孩以及南朝与北朝军事对峙，青壮男性有许多死于战争者等因素，则包括萧梁在内的南朝社会，青壮男女的性比例可能低至男80：女100，或者更低。而对于这一比例的可能性，我们对走马楼吴简所反映的疾病人口的性比例状况

---

① 《魏书》卷114《释老志》，中华书局1974年标点本，第3025—3062页。
② 《通典》卷7《食货七·历代户口盛衰》，中华书局1988年版，第145页。
③ 《宋书》卷35《州郡志》，中华书局1977年标点本，第1027—1216页。

总结

的研究就实际上足以证明之①。

此外，秦汉魏晋南北朝时期的刑罚制度十分严酷，也会造成相当严重的人口性比例问题。如秦王朝修骊山墓动用刑徒70余万人，修阿房宫动用隐宫、刑徒70余万人。以秦300万左右青壮男性看，至少修骊山墓和阿房宫就用工超过百万，秦王朝怎么会不产生性比例失调问题呢?! 另外，三国及南北朝时期盛行单身，肯定也会产生人口性比例问题，只是史无实证，难以揣度其程度而已。

总之，秦汉魏晋南北朝是中国封建社会中的重要时期，研究这一时期的人口性比例问题，对研究封建社会的历史具有相当的代表性意义。笔者认为：秦汉魏晋南北朝时期普遍存在着人口性比例失调问题，虽然直接数字材料奇少，但间接史料屡见于史书。形成这一时期社会的性比例失调问题的原因很多，既有地理环境方面的因素，又有社会方面的因素；而其中经常占据主导地位的还应当是社会方面的因素。同时，与形成性比例失调的诸多因素相对照，秦汉魏晋南北朝时期的性比例失调问题也表现出两个显著的特点，即绝对化与相对化的区别。如由于战争、徭役、杀婴、杀殉、刑法等造成人口大量死亡，从而形成永久性、绝对化性比例失调；由于战争、徭役、服刑等在一定时间范围内占用大量劳动人口或因守丧、婚姻制度、婚姻习俗和单身等延缓婚嫁时间所形成的暂时性、相对化性比例失调问题。而且，这两种性比例失调问题贯穿中国古代历史始终，对中国古代人口的繁衍起了巨大的作用。此外，从另一个侧面看，秦汉魏晋南北朝时期中不同历史时期的性比例失调问题，还可划分为一定阶段的、一定社会的、一定民族的、一定地域的和一定时间范围的性比例失调问题。这几种类型的人口性比例失调问题，或同时出现，或单独作用，无不以自己特有的方式影响了包括秦汉魏晋南北朝时期在内的整个中国古代社会的人口繁衍。

---

① 高凯：《地理环境与中国古代社会变迁三论》，天津古籍出版社2006年版，第204—243页。

参考文献

一 传世文献

《诸子集成·墨子·辞过》,上海书店1986年版。

《诸子集成·墨子·节葬下》,上海书店1986年版。

《诸子集成·墨子·节葬》,上海书店1986年版。

《诸子集成·孟子·离娄上》,上海书店1986年版。

《十三经注疏·周礼注疏·地官司徒》,中华书局1980年影印本。

《十三经注疏·仪礼·丧服·子夏传》,中华书局1980年影印本。

《陈奇猷·韩非子集释》,上海古籍出版社1974年版。

司马迁:《史记·秦始皇本纪》,中华书局1959年标点本。

司马迁:《史记·淮南衡山列传》,中华书局1959年标点本。

司马迁:《史记·平津侯主父列传》,中华书局1959年标点本。

司马迁:《史记·李斯列传》,中华书局1959年标点本。

司马迁:《史记·吕后本纪》,中华书局1959年标点本。

司马迁:《史记·货殖列传》,中华书局1959年标点本。

司马迁:《史记·淮南衡山列传》,中华书局1959年标点本。

班固:《汉书·食货志》,中华书局1962年标点本。

班固:《汉书·外戚传》,中华书局1962年标点本。

班固:《汉书·贡禹传》,中华书局1962年标点本。

参考文献

班固：《汉书·文帝纪》，中华书局1962年标点本。
班固：《汉书·王吉传》，中华书局1962年标点本。
班固：《汉书·刘向传》，中华书局1962年标点本。
班固：《汉书·刑法志》，中华书局1962年标点本。
班固：《汉书·地理志》，中华书局1962年标点本。
班固：《汉书·贾捐之传》，中华书局1962年标点本。
范晔：《后汉书·郡国志》，中华书局1965年标点本。
范晔：《后汉书·仲长统传》，中华书局1965年标点本。
范晔：《后汉书·章帝纪》，中华书局1965年标点本。
范晔：《后汉书·皇甫嵩传》，中华书局1965年标点本。
陈寿：《三国志·吴志·孙皓传》，中华书局1959年标点本。
陈寿：《三国志·魏志·明帝纪》，中华书局1959年标点本。
陈寿：《三国志·魏志·后妃传》，中华书局1959年标点本。
陈寿：《三国志·魏志·杜畿传》，中华书局1959年标点本。
陈寿：《三国志·吴书·朱然传》，中华书局1959年标点本。
陈寿：《三国志·吴书·诸葛恪传》，中华书局1959年标点本。
陈寿：《三国志·吴书·吴主传》，中华书局1959年标点本。
陈寿：《三国志·吴书·骆统传》，中华书局1959年标点本。
陈寿：《三国志·魏书·乌丸鲜卑传》，中华书局1959年标点本。
陈寿：《三国志·张绣传》，中华书局1959年标点本。
房玄龄：《晋书·地理志》，中华书局1974年标点本。
房玄龄：《晋书·范宁传》，中华书局1974年标点本。
房玄龄：《晋书·武帝纪》，中华书局1974年标点本。
房玄龄：《晋书·石季龙载记传》，中华书局1974年标点本。
房玄龄：《晋书·陶侃传》，中华书局1974年标点本。
房玄龄：《晋书·殷仲文传》，中华书局1974年标点本。
房玄龄：《晋书·阮籍传附从子修传》，中华书局1974年标点本。
房玄龄：《晋书·刑法志》，中华书局1974年标点本。

房玄龄：《晋书·列女传》，中华书局 1974 年标点本。

房玄龄：《晋书·食货志》，中华书局 1974 年标点本。

郦道元原注，陈桥驿注释：《水经注》，浙江古籍出版社 2000 年版。

沈约：《宋书·南郡王义宣传》，中华书局 1977 年标点本。

沈约：《宋书·臧质传》，中华书局 1977 年标点本。

沈约：《宋书·颜延之传》，中华书局 1977 年标点本。

沈约：《宋书·索虏传》，中华书局 1977 年标点本。

沈约：《宋书·王华传》，中华书局 1977 年标点本。

王利器：《盐铁论校注》，天津古籍出版社 1983 年版。

杨衒之：《洛阳伽蓝记》，岳麓书社 1996 年版。

龙晦：《太平经全译·序》，贵州人民出版社 2000 年版。

冯逸：《淮南鸿烈集解》，中华书局 1989 年版。

常璩、任乃强：《华阳国志校补图注》，上海古籍出版社 1987 年版。

郭霭春：《黄帝内经素问校注》，人民卫生出版社 1992 年版。

龙晦、徐湘灵、王春淑、廖勇：《太平经全译》，贵州人民出版社 2000 年版。

姚思廉：《梁书·曹景宗传》，中华书局 1973 年标点本。

姚思廉：《梁书·刘勰传》，中华书局 1973 年标点本。

魏收：《魏书·刑罚志》，中华书局 1974 年标点本。

魏收：《魏书·外戚传·贺纳传》，中华书局 1974 年标点本。

魏收：《魏书·咸阳王传》，中华书局 1974 年标点本。

魏收：《魏书·太宗纪》，中华书局 1974 年标点本。

魏收：《魏书·献文六王列传》，中华书局 1974 年标点本。

魏收：《魏书·高宗文成帝纪》，中华书局 1974 年标点本。

魏收：《魏书·高祖孝文帝纪》，中华书局 1974 年标点本。

魏收：《魏书·皇后列传》，中华书局 1974 年标点本。

魏收：《魏书·释老志》，中华书局 1974 年标点本。

魏收：《魏书·食货志》，中华书局 1974 年标点本。

魏收：《魏书·地形志》，中华书局1974年标点本。
魏收：《魏书·列女传》，中华书局1974年标点本。
魏收：《魏书·天象志》，中华书局1974年标点本。
王明：《太平经合校》，中华书局1960年版。
王明：《太平经合校·序言》，中华书局1960年版。
王明：《太平经合校·附录》，中华书局1960年版。
王明：《太平经合校·分别贫富法》，中华书局1960年版。
王明：《太平经合校·六极六竟孝顺忠诀法》，中华书局1960年版。
王明：《太平经合校·一男二女法》，中华书局1960年版。
王明：《太平经·守三实法》，中华书局1960年版。
王明：《太平经·八卦还精念文》，中华书局1960年版。
王明：《抱朴子内篇校释》，中华书局1985年版。
王明：《抱朴子内篇校释·论仙》，中华书局1985年版。
王明：《抱朴子内篇校释·金丹》，中华书局1985年版。
令狐德棻：《周书·李迁哲传》，中华书局1971年标点本。
萧子显：《南齐书·刘谳传》，中华书局1972年标点本。
魏征：《隋书·食货志》，中华书局1973年标点本。

二　学者论著

[日] 西嶋定生：《中国古代帝国的形成与结构——二十等爵制研究》，武尚清译，中华书局2004年版。
安笑生、符绍莲：《环境优生学》，北京医科大学、中国协和医科大学联合出版社1995年版。
[日] 白鸟库吉：《东胡民族考》，方壮猷译，商务印书馆1934年版。
白寿彝、高敏、安作璋：《中国通史·中古时代·秦汉时期（上册）（第5卷）》，上海人民出版社1995年版。
[比利士] 许让：《甘肃土人的婚姻》，费孝通、王同惠译，辽宁教育出版社1998年版。

［苏］彼斯帕洛夫：《蒙古人民共和国的土壤》，方文哲译，科学出版社1959年版。

曹泽毅：《中华妇产科学》，人民卫生出版社1999年版。

陈彩章：《中国历代人口变迁之研究·人口增殖》，商务印书馆1946年版。

陈顾远：《中国婚姻史》，上海书店1984年版。

陈鹏：《中国婚姻史稿》，中华书局1990年版。

陈先枢、金豫北：《长沙地名古迹揽胜》，中国文联出版社2002年版。

陈耀亭、李子微、刘仲宇：《道家养生术》，复旦大学出版社1992年版。

迟钝：《我国的地方病》，新华书店1956年版。

辞海编委会：《辞海（缩印本）》，上海辞书出版社1980年版。

佟新：《人口社会学》，北京大学出版社2000年版。

戴伟：《中国婚姻性爱史稿》，东方出版社1992年版。

董家遵：《中国古代婚姻史研究》，广东人民出版社1995年版。

冻国栋：《唐代人口问题研究》，武汉大学出版社1993年版。

［俄］史禄国：《北通古斯人民的社会组织》（*Social Organization of the Northern Tungus*），商务印书馆1929年版。

［法］谢和耐：《中国社会史》，耿昇译，江苏人民出版社1995年版。

范文澜：《中国通史简编》，人民出版社1964年版。

冯恩学：《俄国东西伯利亚与远东考古》，吉林大学出版社2002年版。

符国禄：《地方病与水土》，民族出版社1988年版。

付立杰等：《畸胎学》，上海科技教育出版社1995年版。

傅朗云、杨旸：《东北民族史略》，吉林人民出版社1983年版。

高敏：《魏晋南北朝社会经济史探讨》，人民出版社1987年版。

高凯：《地理环境与中国古代社会变迁三论》，天津古籍出版社2006年版。

高学训：《全世界军事精粹》，国防大学出版社1990年版。

高世瑜：《中国古代妇女生活》，商务印书馆国际有限公司1996年版。

参考文献

甘肃省文物工作队：《额济纳河下游汉代烽燧遗址调查报告》，见甘肃省文物工作队、甘肃省博物馆《汉简研究文集》，甘肃人民出版社1984年版。

甘肃省文物考古研究所、甘肃省博物馆、文化部文献研究室、中国社会科学院历史研究所：《居延新简》，文物出版社1990年版。

甘肃省博物馆、武威县文化馆：《武威汉代医简》，文物出版社1975年版。

甘肃省文物考古研究所、吉林大学北方考古研究室：《民乐东灰山考古——四坝文化墓地的揭示与研究》，科学出版社1998年版。

甘肃省文物考古研究所：《永昌西岗柴湾岗沙井文化墓葬发掘报告》，甘肃人民出版社2001年版。

葛剑雄：《中国人口发展史》，福建人民出版社1991年版。

葛剑雄：《中国移民史》，福建人民出版社1997年版。

葛剑雄：《中国人口史》，复旦大学出版社2002年版。

顾鉴塘：《中国历代婚姻与家庭》，商务印书馆1996年版。

顾颉刚：《由"烝"、"报"等婚姻方式看社会制度的变迁》，中华书局1982年版。

郭朋：《汉魏两晋南北朝佛教》，齐鲁书社1986年版。

郭兴文：《中国传统婚姻风俗》，陕西人民出版社1994年版。

郭兆元：《陕西土壤》，科学出版社1992年版。

韩康信：《丝绸之路古代居民种族人类学研究·昭苏土墩墓古人类学材料的研究》，新疆人民出版社1993年版。

何光岳：《东胡源流考》，江西教育出版社2004年版。

何双全：《汉简·乡里志及其研究》，见甘肃省文物考古研究所《秦汉简牍论文集》，甘肃人民出版社1989年版。

侯甬坚：《统万城遗址：环境变迁实例研究》，见陕西师范大学西北环发中心《统万城遗址综合研究》，三秦出版社2004年版。

胡焕庸：《人口研究论文集·中国人口史提要》，华东师范大学出版社1983

年版。

胡君泊:《匈奴源流考》,见林干《匈奴史论文选集》,呼和浩特1977年版。

湖南师范大学:《湖南农业地理》,湖南科学技术出版社1981年版。

湖南医学院:《长沙马王堆一号汉墓古尸研究》,文物出版社1980年版。

黄文弼:《论匈奴族之起源》,见《西北史地论丛》,上海人民出版社1981年版。

黄夏年:《陈垣集·陈垣先生与佛学》,中国社会科学出版社1995年版。

黄夏年:《梁启超集·梁启超先生与佛学》,中国社会科学出版社1995年版。

黄卓越:《中国佛教大观》,哈尔滨出版社1995年版。

季方、樊自立、赵贵海:《新疆两大沙漠风沙土土壤理化特性对比分析》,《干旱区研究》1995年第1期。

季羡林:《季羡林文集(24卷本)》,江西教育出版社1998年版。

翦伯赞:《中国史纲要》,人民出版社1995年版。

江西省中医药研究所:《"六经"分类治疗晚期血吸虫病经验选辑》,江西人民出版社1964年版。

姜涛:《历史与人口——中国传统人口结构研究》,人民出版社1998年版。

姜涛:《中国近代人口史》,浙江人民出版社1994年版。

景有泉:《冯太后传》,吉林人民出版社1995年版。

[比利时]雷克洛:《婚姻》,田恩需译,新生出版社1949年版。

李江风、桑修诚、季元中、陈荣芬:《新疆气候·全新世时期气候》,农业出版社1991年版。

李均明、何双全:《散见简牍合辑》,文物出版社1990年版。

李绍连:《古今中外婚姻漫话》,河南人民出版社1985年版。

李小荣:《敦煌密教文献论稿·药师经及其弘传》,人民文学出版社2003年版。

李振宏、孙英民:《居延汉简人名编年》,中国社会科学出版社1997年版。

参考文献

［美］李中清、郭松义：《清代皇族人口行为和社会环境》，北京大学出版社1994年版。

梁启超：《佛教与西域》，见黄夏年《梁启超集》，中国社会科学出版社1995年版。

林干：《东胡史》，内蒙古人民出版社1990年版。

林干：《匈奴社会制度初探》，见林干《匈奴史论文选集》，中华书局1983年版。

林干：《匈奴史》，内蒙古人民出版社1977年版。

林沄：《东胡与山戎的考古探索》，见林沄《林沄学术文集》，中国大百科全书出版社1998年版。

刘观民：《北方草原的青铜文化》，见《新中国的考古发现和研究》，文物出版社1984年版；中国社会科学院考古研究所内蒙古工作队《内蒙古敖汉旗周家地发掘报告》，《考古》1984年第5期。

刘文锁：《尼雅浴佛会及浴佛斋祷文》，《敦煌研究》2001年第3期。

刘学铫：《鲜卑史论》，（台北）南天书局有限公司1994年版。

刘昭民：《中国历史上气候之变迁》，（台北）台湾商务印书馆1982年版。

刘铮等：《土壤的微量元素——微量元素土壤化学》，见《中国科学院微量元素学术交流会汇刊》，科技出版社1980年版。

路遇、滕泽之：《中国人口通史》，山东人民出版社2000年版。

吕思勉：《中国民族史》，中国大百科全书出版社1987年版。

马伯英：《中国医学文化史》，上海人民出版社1994年版。

马长寿：《北狄与匈奴》，生活·读书·新知三联书店1962年版。

马长寿：《论匈奴部落国家的奴隶制》，见周伟洲《马长寿民族学论集》，人民出版社2003年版。

马长寿：《乌桓与鲜卑》，上海人民出版社1962年版。

孟昭华：《中国婚姻与婚姻管理史》，中国社会科学出版社1992年版。

米文平：《鲜卑石室寻访记》，山东画报出版社1997年版。

牟发松：《南北朝交聘中所见南北文化关系略论》，见武汉大学三—九世纪研究所《魏晋南北朝隋唐史资料》，武汉大学出版社1996年版。

牟重行：《中国五千年气候变迁的再考证》，气象出版社1996年版。

穆瑞五、李家耿：《麻风病学》，山东科学技术出版社1980年版。

内蒙古农业地理编辑委员会：《内蒙古农业地理》，内蒙古人民出版社1982年版。

内蒙古文物考古所：《朴赉诺尔古墓群1986年清理发掘报告》，见李逸友、魏坚《内蒙古文物考古集》，中国大百科全书出版社1994年版。

内蒙古文物考古研究所、呼伦贝尔市文物管理站、额尔古纳右旗文物管理所：《额尔古纳右旗拉布达林鲜卑墓群发掘简报》，见李逸友、魏坚《内蒙古文物考古文集》，中国大百科全书出版社1994年版。

内蒙古文物考古研究所：《内蒙古朱开沟遗址》，《考古学报》1988年第3期。

内蒙古自治区土壤普查办公室、内蒙古自治区土壤肥料工作站：《内蒙古土壤》，科学出版社1994年版。

宁夏文物考古研究所、中国历史博物馆考古部：《宁夏菜园——新石器时代遗址、墓葬发掘报告》，科学出版社2003年版。

潘其风：《大甸子墓葬出土人骨的研究》，见中国社会科学考古所《大甸子——夏家店下层文化遗址与墓地发掘报告》，科学出版社1998年版。

彭卫：《汉代婚姻形态》，三秦出版社1988年版。

钱崽、刘约翰：《实用血吸虫病学》，四川人民出版社1982年版。

蒋维乔：《中国佛教史》，上海古籍出版社2001年版。

青海省文物管理处考古队、中国社会科学院考古研究所：《青海柳湾——乐都柳湾原始社会墓地》，文物出版社1984年版。

青海省文物考古研究所、青海省文物管理处、西北大学文博学院：《民和核桃庄》，科学出版社2004年版。

参考文献

裘锡圭：《古文字论集》，中华书局1992年版。

任继愈：《中国道教史·汉魏晋南北朝道教》，上海人民出版社1990年版。

任继愈：《中国佛教史》，中国社科出版社1982年版。

任寅虎：《中国古代的婚姻》，商务印书馆国际有限公司1996年版。

日本东亚研究所编：《异民族统治中国史》，韩润棠译，商务印书馆1964年版。

沙人：《内蒙古优生学研究》，内蒙古人民出版社1990年版。

陕西省考古研究所、临潼区文物工作队：《秦陵徭役刑徒墓》，陕西旅游出版社1992年版。

施雅风、孔昭宸：《中国全新世大暖期气候与环境》，海洋出版社1990年版。

史培军：《地理环境演变研究的理论与实践——鄂尔多斯地区第四纪以来地理环境演变研究》，科学出版社1991年版。

宋镇豪：《夏商社会生活史》，中国社会科学出版社1994年版。

苏冰、魏林：《中国婚姻史》，（台北）文津出版社1994年版。

孙同兴、侯甬坚等：《统万城历史自然景观重建及毛乌素沙漠迁移速率的探讨》，见陕西师范大学西北环发中心《统万城遗址综合研究》，三秦出版社2004年版。

谭其骧：《湖南人由来考》，《长水集》，人民出版社1987年版。

谭其骧：《晋永嘉丧乱后之民族迁徙》，见谭其骧《长水集》，人民出版社1987年版。

汤用彤：《汉魏两晋南北朝佛教史》，上海书店1991年版。

唐长孺：《范长生与巴氐据蜀的关系》，见唐长孺《魏晋南北朝史论丛续编》，生活·读书·新知三联书店1959年版。

田广金、郭素新：《鄂尔多斯式青铜器》，文物出版社1986年版。

田余庆：《北魏后宫子贵母死之制的形成和演变》，见《拓跋史探》，生活·读书·新知三联书店2003年版。

童书业：《童书业历史地理论集》，中华书局2004年版。

汪玢玲：《中国婚姻史》，上海人民出版社2001年版。

王定寰：《血吸虫病中医证治研究·血吸虫病源流及进展》，湖南科学技术出版社1991年版。

王国维：《观堂集林》，河北教育出版社2001年版。

王国维校，袁英光、刘寅生校点：《水经注》，上海人民出版社1984年版。

王夔：《生命科学中的微量元素（第二版）》，中国计量出版社1996年版。

王夔：《生命科学中的微量元素》，中国计量出版社1996年版。

王鹏飞：《史料的选择、引用和诠释》，见牟重行《中国五千年气候变迁的再考证》，气象出版社1996年版。

王文辉、王长根：《内蒙古气候》，农业出版社1990年版。

王育民：《中国人口史》，江苏人民出版社1995年版。

王镇：《跨世纪的中国人口（内蒙古卷）》，中国统计出版社1994年版。

王子今：《中国女子从军史》，军事谊文出版社1998年版。

卫生部全国地方病防治办公室、卫生部血吸虫病专家咨询委员会：《中国血吸虫病流行状况——1995年全国抽样调查》，人民卫生出版社1998年版。

魏坚：《内蒙古地区鲜卑墓葬的发现与研究》，科学出版社2004年版。

吴焯：《佛教东传与中国佛教艺术》，浙江人民出版社1991年版。

吴福助：《马先醒与台湾地区的简牍学》，见中国文化大学文学院、简帛学文教基金会筹备处《简牍研究集刊——第二届简帛学术讨论会论文集》，2004年。

吴申元：《中国人口思想史稿》，中国社会科学出版社1987年版。

萧登福：《道家道教与中土佛教初期经义发展》，上海古籍出版社2003年版。

谢桂华、李均明、朱国炤：《居延汉简释文合校》，北京文物出版社1987

年版。

谢桂华：《尹湾汉墓所见东海郡行政文书考述上》，见《尹湾汉墓简牍综论》，科学出版社1999年版。

新疆文物考古研究所、新疆维吾尔自治区博物馆：《新疆文物考古新收获·察布察尔锡伯县索墩布拉克墓葬》，新疆美术摄影出版社1997年版。

新疆文物考古研究所、新疆维吾尔自治区博物馆：《新疆文物考古新收获·和静县察吾呼沟三号墓地》，新疆美术摄影出版社1997年版。

新疆文物考古研究所、新疆维吾尔自治区博物馆：《新疆文物考古新收获·和静县察吾呼沟五号墓地》，新疆美术摄影出版社1997年版。

新疆文物考古研究所、新疆维吾尔自治区博物馆：《新疆文物考古新收获·和静县察吾呼沟一号墓地》，新疆美术摄影出版社1997年版。

新疆文物考古研究所、新疆维吾尔自治区博物馆：《新疆文物考古新收获·且末县扎洪鲁克古墓1989年清理简报》，新疆美术摄影出版社1997年版。

新疆文物考古研究所、新疆维吾尔自治区博物馆：《新疆文物考古新收获（1990—1996）·新疆考古文化与研究》，新疆美术摄影出版社1997年版。

邢光熹、朱建国：《土壤微量元素和稀土元素化学》，科学出版社2003年版。

熊铁基：《秦汉军事制度史》，广西人民出版社1990年版。

徐经采：《食品、微量元素与健康》，贵州科技出版社1994年版。

徐永庆、何琴：《中国古尸》，上海科学技术出版社1996年版。

许志信、李永强：《草地退化与水土流失》，万方数据库《中国国际草业发展大会暨中国草原学年会第六代表大会论文》，2000年。

薛瑞泽：《嬗变中的婚姻——魏晋南北朝婚姻形态研究》，三秦出版社2000年版。

杨曾文：《中国佛教史论》，中国社会科学出版社2002年版。

叶干运：《麻风病常识》，上海卫生出版社1958年版。

于占洋、侯哲：《微量元素与优生优育》，人民军医出版社1999年版。

袁仲一：《秦始皇陵考古发现与研究》，陕西人民出版社1986年版。

袁祖亮：《中国古代人口史专题研究》，中州古籍出版社1994年版。

岳南：《西汉亡魂——马王堆汉墓发掘之谜》，新世界出版社1992年版。

张博泉：《东北历史疆域史》，见孙进已《东北民族源流》，黑龙江人民出版社1987年版。

张德强：《嬗变中的婚姻家庭》，兰州大学出版社1993年版。

张晋藩、王志刚、林中：《中国刑法史新论》，人民法院出版社1992年版。

张兰生：《中国北方农牧交错带〈鄂尔多斯地区〉全新世环境演变及未来百年预测》，见张兰生等《中国北方农牧交错带全新世环境演变及预测》，地质出版社1992年版。

张丕远：《中国历史气候变化》，山东科学技术出版社1996年版。

张树栋、李秀领：《中国婚姻家庭的嬗变》，（台北）南天书局有限公司1996年版。

张天路：《西藏人口的变迁》，中国藏学出版社1989年版。

张希坡：《中国婚姻立法史》，人民出版社2004年版。

赵文林、谢淑君：《中国人口史》，人民出版社1988年版。

赵玉钟、张玉勤：《论冯太后在北魏太和改革中的主导作用》，《山西师范大学学报》2002年第4期。

浙江人民卫生实验院寄生虫病研究所：《血吸虫病、钩虫病、丝虫病、钩端螺旋体病和疟疾的防治》，浙江人民出版社1978年版。

浙江卫生厅：《中医药防治疾病方法》，浙江人民出版社1959年版。

中国社会科学院考古所：《大甸子——夏家店下层文化遗址与墓地发掘》，科学出版社1998年版。

中国社会科学院考古研究所：《新中国的考古发现和研究》，文物出版社1984年版。

参考文献

周述龙、林建银：《血吸虫学（第二版）》，科学出版社2001年版。

周双林：《从北齐废立皇后冲突看北朝皇后的政治作用》，《北朝研究（第2辑）》，北京燕山出版社2002年版。

周伟洲：《中国中世纪西北民族关系研究》，西北大学出版社1992年版。

周晓农、杨国静等：《全球气候变暖对血吸虫病传播的潜在影响》，《中华流行病学杂志》2002年第2期。

朱德熙著，裘锡圭、李家浩整理：《朱德熙古文字论集》，中华书局1995年版。

朱莲珍译校：《人和动物的微量元素营养》，青岛出版社1994年版。

朱士光：《黄土高原地区环境变迁及其治理》，黄河水利出版社1994年版。

朱秀凌：《北朝妇女社会地位与社会作用简述》，见《北朝研究》1999年第1期，北京燕山出版社2000年版。

竺可桢：《中国历史上气候的变迁》，见《中国科学社论文集》，中国科学社1926年版。

竺可桢：《竺可桢全集第四卷》，上海科技教育出版社2004年版。

祝瑞开：《中国婚姻家庭史》，学林出版社1999年版。

邹逸麟：《中国历史地理概述》，上海教育出版社2005年版。

邹逸麟：《中国历史地理概述》，上海教育出版社1995年修订版。

谢桂华等：《居延汉简释文合校》，文物出版社1987年版。

张家山汉简整理小组：《张家山汉简·二年律令·户律》，文物出版社2001年版。

张家山汉简整理小组：《张家山汉简·二年律令·置后律》，文物出版社2001年版。

睡虎地秦墓竹简整理小组：《睡虎地秦墓竹简·秦律杂抄》，文物出版社1978年版。

睡虎地秦墓竹简整理小组：《睡虎地秦墓竹简·秦律十八种》，文物出版社1978年版。

长沙走马楼吴简整理小组:《长沙走马楼三国吴简·吏民田家莂》,文物出版社 1999 年版。

长沙走马楼吴简整理小组:《长沙走马楼三国吴简·壹》,文物出版社 2003 年版。

湖北省荆沙铁路考古队:《包山楚墓》,文物出版社 1991 年版。

三 论文目录

Lazebink N., *Zinc status, pregnancy complications, and labor abnormalities*, Am J Obstet Gynecol, 1983, 158: 161.

Halstead LS, *Polio syndrome: clinical experience with 132 consecutive outpatients*, Birth Defects, 1987, 23: 13.

[日] 桥本佳明:《肥胖度与死亡率的关系》,《国外医学内科学分册》1996 年第 11 期。

[日] 长部悦弘:《北朝隋唐时代胡族的通婚关系》,冯继钦译,《北朝研究》1992 年第 1 期。

包美荣、崔桂勤:《饮食发锌与胎儿发育》,《包头医学》1994 年第 1 期。

才吾加甫:《汉代佛教传入西域诸地考》,《新疆师范大学学报》2004 年第 3 期。

岑汉群、凌梅秀:《微量元素与妊娠并发症的关系》,《广东微量元素科学》2005 年第 1 期。

陈昌文:《人口史背景下的道教》,《西南民族大学学报》2001 年第 6 期。

陈寒:《略论鸠摩罗什时代的龟兹佛教》,《西北大学学报》2002 年第 1 期。

陈平、王勤金:《仪征胥浦 101 号汉墓〈先令券书〉初考》,《文物》1987 年第 1 期。

陈平:《再谈胥浦〈先令券书〉中的几个问题》,《文物》1992 年第 9 期。

陈锡骐:《1995 年全球小儿麻痹症发病数下降情况》,《广东卫生防疫》1996 年第 22 期。

参考文献

陈直:《玺印木简中发现的古代医学史料》,《科学史集刊》1958年第1期。

初世宾、李永平:《居延新简研究著作、论文目录》,简帛研究网2005年1月15日。

褚大由、李方都:《小儿麻痹症后期综合征》,《中华骨科杂志》1996年第16期。

戴应新:《解放后考古发现的医药资料考述》,《考古》1983年第2期。

邓来送:《佛教与中医心理学》,《五台山研究》2002年第4期。

邓立勇、李鹏金:《38例腹水型晚期血吸虫病并发自发性腹膜炎诊疗的探讨》,《实用预防医学》2003年第2期。

冻国栋:《北朝时期的家庭规模结构及相关问题论述》,《北朝研究》1990年第2期。

杜香芹:《试论魏晋南北朝时期妇女的社会地位》1999年第2期。

段塔丽:《北朝至隋唐时期女性参政现象透视》,《江海学刊》2001年第5期。

段塔丽:《北魏至隋唐时期女性参政在地理上的分布》,《中国历史地理论丛》2001年第1期。

甘肃省博物馆、兰州市文化馆:《兰州土谷台半山——马厂文化墓地》,《考古学报》1983年第2期。

甘肃省博物馆文物工作队、武威地区文物普查队:《甘肃永昌鸳鸯池新石器时代墓地》,《考古学报》1982年第2期。

高大伦:《尹湾汉墓木牍〈集簿〉中户口统计资料研究》,《历史研究》1998年第5期。

高大伦:《居延汉简中所见疾病和疾病文书考述》,《简牍学研究》1998年第2期。

高凯:《从性比例失调看南越国的建立和巩固》,载丘权政《佗城开基客安家》,中国华侨出版社1997年版。

高凯:《论中国古代人口性比例失调问题》,《史学月刊》1998年第3期。

高凯：《从人口性比例失调看蜀汉政权之败亡——兼评刘备、诸葛亮为政之失》，《郑州大学学报》1999年第4期。

高凯：《从性比例失调看北魏时期拓跋鲜卑与汉族的融合》，《史学理论研究》2000年第2期。

高凯：《从走马楼吴简看孙吴时期长沙郡的人口性比例问题》，《史学月刊》2003年第8期。

高凯：《论中国古代人口性比例失调问题》，《史学月刊》1998年第3期。

曹树基：《太平天国战争对苏南人口的影响》，《历史研究》1998年第2期。

高凯：《从走马楼吴简看孙吴时期长沙郡吏民的社会生活》，《光明日报》2004年5月18日。

高凯：《从吴简蠡测孙吴初期临湘侯国的疾病人口问题》，《史学月刊》2005年第12期。

高凯：《二年律令与汉代女性权益保护》，《光明日报·理论周刊》2002年11月5日。

高凯：《从性比例失调看匈奴的婚姻制度及其影响》，见《秦汉魏晋南北朝人口性比例专题研究》（未刊稿）。

高凯：《从性比例失调再论北魏时期拓跋鲜卑与汉族的融合问题》，见秦汉魏晋南北朝人口性比例专题研究》（未刊稿）。

高凯：《试论土壤微量元素变化与黄淮海平原的文明进程》，《史林》2006年第3期。

高凯：《从麻风病的传播蠡测汉唐时期中印佛教应对措施的差别》（未刊稿）。

高凯：《从汉唐时期佛教的传播路线蠡测中国麻风病的分布特点》（未刊稿）。

高凯：《从西南夷道的开通蠡测印度麻风病传入中国西南地区的时间》（未刊稿）。

高凯：《从麻风病的传播蠡测梁武帝宗教改革的一个重要原因》（未

刊稿）。

葛建中：《东晋南朝社会中的家庭伦常》，《中山大学学报》1990年第3期。

龚胜生：《2000年来中国地甲病的地理分布变迁》，《地理学报》1999年第4期。

管宁等人：《微量元素锌与儿科疾病》，《微量元素与健康研究》1995年第3期。

管彦波：《中国古代史上的民族融合问题》，《历史教学》2001年第2期。

郭素新：《再论鄂尔多斯式青铜器的渊源》，《内蒙古文物考古》1993年第1、2期合刊。

何德章：《鲜卑代国的成长与拓跋鲜卑初期汉化》，《武汉大学学报》2001年第1期。

侯仁之：《从红柳河上的古城废墟看毛乌素沙地之变迁》，《文物》1973年第1期。

胡厚宣：《安阳殷墟祭祀坑人骨的性别年龄鉴定》，《考古》1977年第3期。

胡厚宣：《气候变迁与殷代气候之检讨》，《中国文化研究汇刊》1944年第10期。

胡厚宣：《中国奴隶社会的人殉和人祭》，《文物》1974年第8期。

胡先友、王国庆：《2000年全球消灭脊髓灰质炎进展》，《预防医学情报杂志》2002年第18期。

黄灿、彭杏娥：《86例急性血吸虫感染分析》，《中国血吸虫病防治杂志》2003年第2期。

黄建辉：《补锌与妊娠结局及新生儿发育指标的关系》，《职业与健康》2001年第2期。

黄云鹤：《均田制与北朝妇女》，《许昌师专学报》1994年第1期。

黄云鹤：《北朝妇女的经济地位初探》，《松辽学刊》1994年第3期。

黄蕴平：《内蒙古朱开沟遗址兽骨的鉴定与研究》，《考古学报》1996年第 4 期。

霍旭初：《克孜尔石窟故事壁画与龟兹本土文化》，《新疆师范大学学报》2005 年第 4 期。

季羡林：《鸠摩罗什时代及其前后龟兹和焉耆两地的佛教信仰》，《孔子研究》2005 年第 6 期。

贾丽英：《从居延汉简看汉代随军下层妇女生活》，《石家庄师范专科学校学报》2004 年第 6 期。

介永强：《我国西北地区佛教文化重心的历史变迁》，《陕西师范大学学报》2005 年第 5 期。

金岳：《东胡源于土方考》，《民族研究》1987 年第 3 期。

靳枫毅：《夏家店上层文化及其族属问题》，《考古学报》1987 年第 2 期。

靳征：《四川省 2001 年新发现麻风病 225 例分析》，《预防医学情报杂志》2003 年第 3 期。

居来提·克里木、黄万江、杨永光等：《新疆麻风病的流行及防治研究》，《地方病通报》2006 年第 1 期。

孔昭宸：《内蒙古敖汉旗兴隆洼遗址植物的初步报告》，《考古》1985 年第 10 期。

孔昭宸等：《内蒙古自治区几个考古地点的孢粉分析在古植被和古气候上的意义》，《植物生态学与植物学丛刊》1981 年第 3 期。

李春芳：《妊高征危险因素的研究进展》，《国外医学妇幼保健分册》2000 年第 4 期。

李贵生、周明贵等：《新疆喀什地区近 10 年头癣病原菌的构成变化》，《中国皮肤病学杂志》1994 年第 4 期。

李健群、闫玉芹：《碘缺乏病研究的进展》，《中国地方病学杂志》1994 年第 3 期。

李解民：《扬州仪征胥浦简书新考》，见《百年来简帛发现与研究暨长沙吴简国际学术研讨会论文》2001 年第 8 期。

李均明：《居延汉简中的"病书"牒》，《文物天地》1988 年第 2 期。

李平：《魏晋南北朝小说所体现的妇女自觉意识》，《大庆社会科学》1995年第1期。

李凭：《魏晋南北朝之际妇女的精神面貌》，《文献》1993年第4期。

李琼英：《六朝女性风貌述论》，《许昌师专学报》1999年第1期。

李戎：《居延汉简医、药、伤、病简文整理研究报告》，《医古文知识》2001年第4期。

李尚全：《也论克孜尔石窟之开凿》，《敦煌学辑刊》2005年第3期。

李水城：《沙井文化研究》，《北京大学中国传统文化研究中心》，《国学研究》第二卷。

李文才：《魏晋南北朝时期妇女社会地位——以上层社会妇女为中心的考察》，《社会科学战线》2000年第5期。

李文祥：《几种黄土母质土壤磷吸附特性及缓冲性能的初步研究》，《土壤肥料》2002年第1期。

李小玲：《涪城区麻风畸残调查》，《预防医学情报杂志》2003年第2期。

李晓玲：《人口动态平衡的历史分析》，《史学月刊》1998年第1期。

李友松：《中国古尸寄生虫学研究之综述》，《人类学学报》1984年第3期。

李泽纯、王桂平、陈刚：《新疆喀什地区维吾尔族和汉族胃癌443例流行病学分析》，《肿瘤研究与临床》2006年第2期。

李振宏：《汉代居延屯戍吏卒的医疗卫生状况》，《中原文物》1999年第4期。

李志敏：《关于〈魏书〉两个重要地名地望的考实》，《中国历史地理论丛》2002年第2期。

连云港博物馆：《江苏东海县尹湾汉墓群发掘简报》，《文物》1996年第8期。

梁满仓：《论魏晋南北朝的早婚》，《历史教学问题》1990年第2期。

梁幼生、肖荣炜等：《钉螺在不同纬度地区生存繁殖研究》，《中国血吸虫病防治杂志》1996年第8期。

刘振华：《六朝时期南北妇女风貌之比较》，《学海》1993年第2期。

罗福颐：《祖国最古的医方》，《文物参考数据》1956年第9期。

马明达：《汉代居延边塞的医药制度》，《甘肃师大学报》1980年第4期。

马振侠、柏学民：《银川市2015例孕产妇妊高征调查分析》，《宁夏医学杂志》1996年第1期。

马植杰：《三国女才人及其有异议问题》，《固原师专学报》1996年第1期。

玛力亚·亚森、茹先古丽·热衣丁：《新疆克州四年住院各族孕妇妊高征分析》，《江西医学院学报》1999年第41期。

蒙文通：《中国古代北方气候考略》，《史学杂志》1920年第3期。

内蒙古文物工作队：《内蒙古札赉诺乐古墓群发掘简报》，《考古》1961年第12期。

宁可、郝春文：《北朝至隋唐五代间的女人结社》，《北京师范学院学报》1990年第5期。

宁夏文物考古研究所、中国社会科学院考古所宁夏考古组、同心县文物管理所：《宁夏同心倒墩子匈奴墓地》，《考古学报》1988年第3期。

欧阳熙：《匈奴社会的发展》，《华东师大学报》1958年第4期。

祁晓琴：《少数民族地区子痫防活52例分析》，《内蒙古医学杂志》1997年第29期。

钱国旗：《论南迁拓跋鲜卑与汉族融合过程中共同心理素质的形成》，《南京大学学报》1991年第2期。

尚永琪：《北朝胡人与佛教的传播》，《吉林大学社会科学学报》2006年第2期。

施光明：《从〈魏书〉所记鲜卑拓跋部婚姻关系研究》，《中央民族学院学报》1992年第3期。

史成华、龚子同：《我国灌淤土的形成和分类》，《土壤学报》1995年第4期。

参考文献

史念海：《两千三百年来鄂尔多斯高原和河套平原农林牧地区的分布及其变迁》，《北京师范大学学报》1980年第6期。

松田一郎：《生殖发育与锌》，《日本医学介绍》1991年第4期。

宋少华、王素：《长沙走马楼简牍整理的新收获》，《文物》1999年第5期。

高敏：《读长沙走马楼简牍札记之一》，《郑州大学学报》2000年第3期。

孙桂芳：《土壤—植物系统中锌的研究进展》，《华南热带农业大学学报》2002年第2期。

孙华：《关中商代诸遗址的新认识——壹家堡遗址发掘的意义》，《考古》1993年第5期。

孙其斌：《〈居延汉简〉中的医务制度》，《中华医史杂志》1993年第2期。

孙其斌：《〈居延新简〉中的医药简》，《甘肃中医》2002年第4期。

覃主元：《论北魏冯太后》，《广西民族学院学报》1994年第2期。

谭德银、戴鑫琦等：《新疆喀什地区2308例恶性肿瘤病理统计分析》，《肿瘤防治研究》1995年第1期。

谭德银、余良宽：《新疆喀什地区维吾尔族子宫颈癌的临床病理学研究》，《实用肿瘤学杂志》1994年第4期。

谭平：《性比例失调与国家的治乱兴衰》，《成都大学学报》2002年第3期。

檀新林：《冯太后对北魏封建化的历史作用》，《历史教学》1997年第7期。

汤其领：《北朝道教论略》，《洛阳工学院学报》2001年第4期。

汤其领：《东晋南朝道教论略》，《南京晓庄学院学报》2000年第3期。

唐崞龙、唐健：《癫痫1184例临床分析及随访研究》，《实用全科医学》2003年第2期。

陶静华：《脊髓灰质炎》，《实用乡村医生杂志》2002年第1期。

滕昭宗：《尹湾汉墓简牍释文选》，《文物》1996年第8期。

田广金：《桃红巴拉的匈奴墓》，《考古学报》1976 年第 1 期。

田广金：《匈奴墓葬的类型和年代》，《内蒙古文物考古》1982 年第 2 期。

涂明华、王野坪：《微量元素锌的生理作用及其临床》，《九江医学》1995 年第 3 期。

吐尔逊江、周燕：《碘对母子健康影响的研究进展》，《中国妇幼保健》2004 年第 19 期。

汪小烜：《吴简所见"肿足"解》，《历史研究》2001 年第 4 期。

王大斌：《脊髓灰质炎》，《实用儿科临床杂志》2004 年第 8 期。

王德东、曹金华：《北魏乳母干政的历史考察》，《扬州师范学院学报》1995 年第 4 期。

王芳、朱国伟：《有畸胎史妇女口服复方锌制剂后体内微量元素含量的变化》，《山东医科大学学报》1994 年第 33 期。

王根绪、程国栋：《西北干旱地区土壤资源特征与可持续发展》，《地球科学进展》1999 年第 5 期。

王建平、王新平等：《新疆碘缺乏病流行现状与病情预测》，《地方病通报》1995 年第 2 期。

王庆宪：《匈奴人口的计算方法与其社会制度》，《黑龙江民族丛刊》2004 年第 3 期。

王万盈：《论拓跋鲜卑民族的融合》，《西北师大学报》2001 年第 11 期。

王万盈：《拓跋鲜卑在汉化过程中的文化转变》，《西北师范大学学报》1997 年第 5 期。

王万盈：《魏晋南北朝时期上层社会闺庭的妇焊之风》，《西北师范大学学报》2000 年第 5 期。

王晓卫：《北朝鲜卑婚俗考述》，《中国史研究》1988 年第 3 期。

王咏梅等人编译：《胎儿生长发育期的微量元素》，《国外医学地理分册》2001 年第 22 期。

王玉哲：《有关西周社会性质的几个问题》，《历史研究》1957 年第 5 期。

王子今：《居延汉简所见"戍卒行道物故"现象》，《史学月刊》2004 年第 5 期。

卫春智：《太原市土壤中微量元素状况》，《土壤》1994 年第 4 期。

魏德祥、杨文远、马家骅等：《江陵凤凰山 168 号墓西汉古尸的寄生虫研究》，《武汉医学院学报》1980 年第 3 期。

吴世英：《脊髓灰质炎》，《山东医药》1999 年第 11 期。

夏翠芳等：《陕西省 1996—2000 年孕产妇死亡监测结果分析》，《陕西医学杂志》2003 年第 11 期。

夏雷鸣：《从"浴佛"看印度佛教在鄯善国的嬗变》，《西域研究》2000 年第 2 期。

夏凌：《论佛教入华早期对中国本土神学的依附》，《甘肃教育学院学报》2001 年第 3 期。

谢高文：《咸阳塔儿坡秦墓墓主身份考》，《咸阳师范学院学报》2006 年第 3 期。

谢桂华：《尹湾汉墓新出〈集簿〉考述》，《中国史研究》1997 年第 2 期。

辛德勇：《汉武帝徙民会稽史事证释》，《历史研究》2005 年第 1 期。

宿白：《内蒙古陈巴尔旗完工古墓清理简报》，《考古》1965 年第 6 期。

徐国平：《妊娠与锌营养》，《国外医学卫生学分册》1988 年第 1 期。

刘勤、张新、曹志洪：《土壤植物营养与农产品品质及人畜健康关系》，《微量元素与健康研究》2001 年第 2 期。

徐国平：《妊娠与锌营养》，《国外医学卫生学分册》1988 年第 1 期。

徐元邦：《居延汉简中所见记吏卒病伤述略》，《中国历史博物馆馆刊》1989 年第 12 期。

薛平栓：《陕西历史人口地理》，人民出版社 2001 年版。

薛瑞泽、张志红：《试论魏晋南北朝再婚问题》，《思想战线》2000 年第 2 期。

严耀中：《汉传密教》，《学林出版社》1999 年第 11 期。

扬州博物馆：《江苏仪征胥浦 101 号西汉墓》，《文物》1987 年第 1 期。

杨军：《从大乘佛教向汉地的传播看中印早期文化交流的特点》，《烟台师范学院学报》2004 年第 4 期。

杨幼易：《锌与妊娠》，《中国优生与遗传杂志》1994 年第 2 期。

姚大力：《论拓跋鲜卑部的早期历史》，《复旦学报》2005 年第 2 期。

于琨奇：《"赐女子百户牛酒"解——兼论秦汉时期妇女的社会地位》，《中国历史博物馆馆刊》1999 年第 1 期。

于振波：《走马楼户籍性别与年龄分析》，《简帛研究（电子期刊）》，简帛研究网 2004 年 8 月 1 日。

于振波：《走马楼户籍性别与年龄结构分析》，简帛研究网 2004 年 8 月 1 日。

袁延胜：《汉代生育思想初探》，《河南科技大学学报》2004 年第 2 期。

袁祖亮：《再论汉武帝末年人口并非减半——兼与葛剑雄同志商榷》，《学术月刊》1985 年第 4 期。

张承宗：《六朝时期的婚姻与家庭》，《苏州大学学报》1988 年第 3 期。

张东华：《近十余年来魏晋南北朝女性史研究述评》，《史学月刊》2003 年第 8 期。

张国艳：《居延汉简论著目录》，简帛研究网 2005 年 4 月 30 日。

张金龙：《灵太后与元叉政变》，《兰州大学学报》1993 年第 3 期。

张巧巧、关锐：《山西主要农业土壤中重金属含量分布迁移特征及其生走效应》，《农业环境保护》1994 年第 5 期。

张荣强：《说"罚估"》，《文物》2004 年第 12 期。

张寿仁：《居延汉代医简之证、方、药值再探》，《简牍学报》1985 年第 9 期。

张寿仁：《居延汉简、敦煌汉简中所见之病例与药方值》，《简牍学报》1978 年第 6 期。

张寿仁：《居延医方略论稿——居延新简》，《国际简牍学会刊》2001 年第 3 期。

张泽洪：《北魏道士寇谦之的新道教论析》，《四川大学学报》2005 年第 3 期。

参考文献

张泽洪:《魏晋南北朝时期少数民族与道教》,《中南民族大学学报》2005年第6期。

张振标:《中国古代人类麻风病和梅毒病的骨骼例证》,《人类学学报》1994年第4期。

张政烺:《秦汉刑徒的考古资料》,《历史教学》2001年第1期。

赵建国:《论魏晋南北朝时期的家庭结构》,《许昌师专学报》1993年第2期。

赵莉:《克孜尔石窟分期年代研究综述》,《敦煌学集刊》2002年第1期。

赵汝珠:《我院33年孕产妇死亡原因分析》,《兰后卫生》1995年第3期。

赵宇明、刘海波:《〈居延汉简甲乙编〉中医药史料》,《中华医史杂志》1994年第3期。

赵志坚:《魏晋南北朝妇女再婚考述》,《山东大学学报》1995年第1期。

郑全庆、金辉等:《西北地区孕产妇死亡的危险因子及死因分析》,《中国初级卫生保健》1994年第7期。

郑全庆等:《西北地区孕产妇死亡的危监因素及死因分析》,《中国初级卫生保健》1994年第7期。

郑训佐:《论魏晋南北朝妇女人格的蜕变》,《东岳论丛》1992年第6期。

中国社会科学院考古研究所内蒙古工作队:《内蒙古敖汉旗兴隆洼遗址发掘简报》,《考古》1985年第10期。

钟梅等:《妊娠分娩期母血清锌与异常分娩的关系》,《中国优生与遗传杂志》1994年第4期。

周盛行:《颜氏家训中的家庭习俗》,《民俗研究》1991年第2期。

周文英:《略论中国古代的女官制度》,《辽宁大学学报》1996年第3期。

周兆望:《魏晋南北朝时期的女兵》,《江西社会科学》1997年第2期。

周兆望:《魏晋南北朝妇女在军事上的地位和作用》,《江西社会科学》1993年第3期。

周振鹤:《〈二年律令·秩律〉的历史地理意义》,《学术月刊》2003年第1期。

朱和明：《新疆土壤的锌及缺锌的矫正》，《新疆农垦科技》1994 年第 6 期。

朱绍侯：《〈尹湾汉墓简牍〉是东海郡非常时期的档案资料》，《史学月刊》1999 年第 2 期。

朱玉芳、王成兰：《12 例晚期血吸虫病纤维化腹水的护理》，《中国血吸虫病防治杂志》2003 年第 3 期。

竺可桢：《中国近五千年来气候变迁的初步研究》，《考古学报》1972 年第 1 期。

庄华峰：《北朝时代鲜卑妇女的精神风貌》，《安徽师范大学学报》2001 年第 2 期。

庄华峰：《北朝时代鲜卑妇女的生活风气》，《民族研究》1994 年第 6 期。

庄华峰：《魏晋南北朝时期的妇女再嫁》，《安徽师范大学学报》1991 年第 3 期。

庄华峰：《魏晋南北朝时期妇女的个性解放》，《中国史研究》1993 年第 1 期。

宗俊安：《99 例晚期血吸虫病人生存状态调查》，《中国血吸虫病防治杂志》2002 年第 4 期。

后　　记

　　我从儿时即喜欢中国历史，"文化大革命"后期除马列文论之外，家里书架上的《农战史论丛》《经济史论丛》和《历史研究》杂志等都是我的课外读物。先父高敏先生在生活上对我要求极严格，从不给零花钱，所以，为了一洗不能自给自足的"耻辱"，自 1985 年上大学起，我便开始在《历史文摘》《历史大观园》《郑州晚报》等报刊上发表"豆腐块"文章，稿费从 2、3 块到 7、8 块不等，但始终不够自己买一双像样的皮鞋；为了多挣些稿费，并可以写出大块头的文章，我就开始关注起中国上的历史人口问题。终于在 1987 年写出 3500 字的文章，并于次年在《学术百家》杂志以"关于实行超生人口税的建议"为题公开发表；文中以康熙五十年实行"摊丁入亩"、取消人头税为据，提出中国古代人口由数千万人不等到清代康熙之后迅猛攀登至上亿至四亿规模，实由康熙五十年取消人头税而起；同时，鉴于国家控制人口的政策，我建议国家对超生人口征收超生人口税①。

　　在学术追求的过程中，先父对我要求也极严格：从 11 岁起就开始为先父誊写稿子。先父是快笔手，两天两夜即可写出一万多字的论文，因此他的字也相当潦草；一方面先父怕我偷懒，另一方面怕我抄错，总

---

　　① 高凯：《关于实行超生人口税的建议》，《学术百家》1988 年第 3 期。此文论点为《光明日报·文摘报》摘要，引起了学界的关注。

是摆着一副凶巴巴的样子，像地主盯着长工干活一样。刻骨铭心的是先父不仅不给一分钱誊写费，而且错一点点就会骂半天。当然，此过程中培养了我最基本的研究方法和学习态度，但同时也在心底里深深地埋下了叛逆的种子。为了与先父不一样，我本科选择汉语语言文学专业，期间拼命地读小说，以图拓展自己的视野，直到大三才收心准备备考历史学的研究生；而后来更是为了进一步突破自己，38岁时已经是副教授的我，选择离开父母到复旦大学学习历史地理学，期间还自学了与历史学密切相关的中医中药学、土壤化学等。同样是为了区别与先父，我追求学术的过程中专门挑选一些先父不做的话题下手，而且严格要求自己的文章无论题目、内容、文字风格方面，还是在研究方法都要与先父不同。这样下来三十多年，我自觉付出了比常人多得多的努力，才取得了些许的成绩，其中的滋味与苦楚，自是旁人所难以理解的。

在我学术成长的过程中，一件让我感受到浓浓父爱的事情一直记在心里：1993年初，先父罹患结肠癌；先父虽然历来不信邪、不怕死，但手术之前仍然不免紧张，多次对我说：高凯你最小，太年轻，刚刚研究生毕业，将来成不了教授怎么办，等等。为此，他老人家手术前特意回家一趟，拿出来珍藏多年的一红皮笔记本，专门交代说那是他"多年以来，收集好材料的十个题目，只要完成了这十个题目，将来评教授是水到渠成的"。据当时的印象，其中有"汉唐门生故吏制研究""汉魏时期送故制度研究""孙吴时期解烦兵研究""北朝城人考"及"北朝杂户考"等，当时我听从了先父的建议，申报并完成了河南省教育厅项目"汉唐门生故吏制系列研究"后，因为学术功力远达不到先父的要求，于是，我悄悄地改换了自己的学科努力方向。

1996年8月在"庆祝广州建城2210年：中国秦汉史第七届年会暨国际学术讨论会"上，我公开宣读了《从人口性比例失调看中国古代人口繁衍的稳定性与曲折性》的文章，受到学术界前辈及同仁的一致好评；加之1997年12月我又发表了《从性比例失调看南越国的建立与巩固》一文，所以，我受到了著名历史学家、教育家张岂之先生和著名历

后记

史学家、中国社会科学院历史所所长林甘泉先生的不断称赞与鼓励;同时,两位先生或写信或致电先父,都建议我将研究中国古代人口性比例问题作为未来的研究方向,之后我以先父给的题目需要长时段的学术积累、是刚刚30岁出头的我所根本无法完成的理由,在1998年夏季把红皮笔记本又郑重地交还给了先父。

我提交的中国秦汉史第七届年会的参会论文经过近两年的修改,在1998年第3期的《史学月刊》上以"论中国古代人口性比例失调问题"为题正式发表,当年人大复印资料还转载过这篇文章。关于中国古代人口性比例失调产生的原因,当时我主要是从八大社会因素去探讨的;但仍然有一些问题没有解决,那就是:人类生活在地球之上,人类周围的地理环境肯定会影响到人类的自身繁衍和社会的变迁,那么,地理环境是如何影响人类生育过程的?影响的程度又如何?地理环境到底与中国古代人口变迁的关系又是什么?这些问题一直萦绕脑海。1997年受《中国社会科学》上一篇关于南北中国汉族血液大致以长江为界产生差别的文章的启发,我一直都在寻找答案中度过。2000年中国历史地理学会在昆明召开;期间在游览洱海的船上,正与曹树基、吴松弟交谈,我突发奇想,想利用微量元素与历史气候相结合的办法去研究中国历史人口,无奈二人根本没有和我联合做研究的意向;加之当时既无空暇时间,更无资料与精力去专心探究之。2001年为了更好地研究这些问题,我成功申请了国家社科基金"十五"规划的青年项目"秦汉魏晋南北朝人口性比例专题研究"。当时,整个河南省只获得了国家社科基金项目七项,郑州大学也仅有两项而已。为了获得此项目,其时我的课题设计非常之难,涉及秦汉魏晋南北朝时期人口与政治、军事、经济、社会、文化、宗教和民族融合等方面,以致拿下课题之后,我一度发愁到夜不能寐的程度!2003年9月,我有幸进入复旦大学,跟随邹逸麟先生攻读历史地理学博士学位,终于可以静下心来关注这些问题。经过阅读土壤学、矿物学、化学、医学、历史地理学、考古学等方面的宏量文献后,窃以为找到了地理环境下的气候、水文、土壤及土壤微量元素与

后 记

中国古代人口性比例问题、疾病人口等问题之间的一些联系,并且了解到地理环境下的气候、水文、土壤及土壤微量元素等因素通过与中国人口繁衍的关系对中国社会产生许多的影响。然而,在2003—2006年攻读博士学位期间,邹逸麟先生出于对我的关爱,建议我在国家社科基金之外,选取一个新的题目来做博士论文。遵从师命是弟子之道!事实上证明,邹逸麟先生的建议是非常正确与老道的!虽然重新选取博士论文题目,与我最初想以国家社科基金项目作为博士论文的设计不一样,但是,在复旦大学良好的学习环境和邹先生的谆谆教诲下,也使我在顺利完成博士论文的同时,悄悄积累了不少能够完成国家社科基金项目的史料、研究方法和思路。

虽然,我申请到国家社科基金是2001年,但实际上真正坐下来完成课题的写作是在2007—2008年,项目结项后完成初步修改是2010年。而且,我有一个不太好的习惯,就是文章写完之后,总是要在电脑里沉上几年,企图能够获得一些新材料、新想法去充实,以致一个本来应该是2010年就可以出版的专著,偏要拖到现在才拿出来出版;2013年拙著本可以整理出版的,无奈8月先母过世,2014年1月8日先父又离我而去;父母相继过世的5个月内,我天天以泪洗面,苦痛难忍,以致年底我自己大病突至!2014年11月肺癌手术、化疗后,体重从170斤下降到130斤,身体体能极度下降,期间所有工作,几乎完全停顿。经过2年的中医调理,迟至今日,方有余力来整理旧稿。

然而,拙著《秦汉魏晋南北朝人口性比例研究》原稿,实际上是《前言》加十个单篇论文组成,前一篇与后一篇之间没有直接的关系,只是按照时间的先后次序来安排章节的;而且,这十个部分当中,有好几篇都已经发表过,所以,在整理成为书稿的过程中,难免有诸多啰唆与不堪之处!本应加以调整,无奈心有余而力不足矣!尚望方家海涵。

感慨过去的三十多年,不仅是自我奋进的三十多年,也是受到许多老前辈、老专家的无私帮助与支持的三十多年。如已过世的林甘泉先生,自1992年之后的许多年中,每年大年初二都是我给他老人家打电

后记

话请安的时间。每一次林先生总是侃侃而谈、不吝赐教；1998年林先生在我选择将研究中国古代人口性比例问题作为未来的研究方向的问题上，亲自写信给先父，劝先父少干涉年轻人的新奇想法；2001年我之所以能成功申请到国家社科基金项目上，也是因为林先生提供了可贵的支持与帮助……这些恩德弟子永远难忘！仍然健康在世的张岂之先生，对我选择将研究中国古代人口性比例问题作为研究方向的问题上亦非常肯定，不仅1997年将教育部与西北大学合办的"传统文化与现代化高级研讨班"的珍贵学习机会提供给我，而且还亲自致电先父，请他收回成命；张先生这份恩情，弟子牢记在心！在项目最初的设计中，著名经济史学家李根蟠先生曾经提出过宝贵的意见，也是晚辈难以忘怀的！恩师邹逸麟先生改变了我后半生的学术生涯，不仅仅言传身教，而且他的人格魅力也深深地印在弟子的心里，衷心谢谢您在病中为弟子撰写序言和多年来对弟子的谆谆教诲！另外，在我成长的过程中，先父的好朋友龚书铎、田昌五、刘家和、田余庆、李学勤、戴逸、安作璋、朱绍侯、张荣芳、黄今言等先生，在我的成长过程中也有您们的功劳与支持，我会永远牢记的。2013年中国社会科学出版社史学部主任李炳青老师接受了拙著的出版任务，并十分贴心地安排了后续出版的吴丽平和张湉女士作为接手人；尤其是张湉女士为拙著的编辑付出了许多的努力，并提出了宝贵的修改建议。我的研究生赵鹏璞、周斌、唐启胜、王文龙、姚慧琳、张霄等，在我病中轮流到医院照顾我，并且还帮助查对原文、页码等工作，我一并在此表示衷心的感谢！

回望92年前的1926年6月30日，正是先父高敏先生的生日！今临拙著《秦汉魏晋南北朝人口性比例研究》刊发之即，就让愚儿以此艰难、拖沓之作，来慰藉您的在天之灵吧。

2018年6月30日星期六凌晨于郑大
2018年11月22日修改于郑大